शिक्षा के
सामाजिक और दार्शनिक आधार

शिक्षा के
सामाजिक और दार्शनिक आधार

अशोक कुमार
संदीप कुमार

SHIPRA

₹ 295; US$ 10

ISBN : 978-93-91978-42-6 (PB)

2024

First Published in India

शिक्षा के सामाजिक और दार्शनिक आधार

Published by:

SHIPRA PUBLICATIONS

LG 18-19, Pankaj Central Market,
I.P. Ext., Patparganj, Delhi 110092, India
Ph. +9111 47322068; 22235152/6152; 9650028065
info@shiprapublication.com
www.shiprapublication.com

आमुख
(Foreword)

मनुष्य अपनी जिज्ञासा के कारण सत्य को समझने का प्रयास आदिकाल से ही करता आ रहा है। प्रत्येक मनुष्य में पहचानने, समझने और मानने की क्रिया होती है। जिसके कारण मनुष्य अपने अस्तित्व को पहचानने और तर्क एवं अनुभव विधि से समझकर मानने के क्रम में एक बड़ी यात्रा तय कर चुका है। अस्तित्व में विद्यमान मान्यताओं को मनुष्य जिस प्रकार समझता है वही दर्शन है। दर्शन से प्राप्त समझ को शिक्षा के द्वारा आने वाली पीढ़ी को हस्तांतरित किया जाता है। इसी समझ के आधार पर समाज में मनुष्य की सामाजिक प्रक्रियाएँ स्थापित होती हैं। अत: शिक्षा, दर्शन और समाज के बीच की महत्त्वपूर्ण कड़ी है। जिस प्रकार अस्तित्व की कुछ वास्तविकताएँ हैं जिन्हें समझा जा सकता है, उसी प्रकार मानव और मानवीय समाज के लक्ष्य और साधनों का भी निर्माण और उपयोग किया जाता है। यह आचार-विचार, तौर-तरीके, सामाजिक अंत:क्रिया के आधार तथा मूल्य ही उस समाज की संस्कृति बन जाती है।

इस पृथ्वी के विभिन्न क्षेत्रों में भिन्न-भिन्न संस्कृतियाँ विद्यमान हैं जो किसी न किसी दर्शन का ही व्यावहारिक रूप हैं। मुख्य रूप से आदर्शवाद, प्रकृतिवाद, व्यवहारवाद, मानवतावाद, पूँजीवाद आदि अनेक ऐसे दर्शन हैं जिनका प्रभाव मानव जीवन के विभिन्न काल-खंडों और पक्षों में दिखाई देता हैं। किसी भी समाज में जिस दर्शन का अधिक प्रभाव होता है, वहाँ की राजनीति, सामाजिक क्रियाकलाप, बाजार व्यवस्था, और शिक्षा भी पूर्ण रूप से उसी दर्शन से प्रभावित रहती है।

समाज के नागरिकों के व्यक्तित्व को विकसित करने तथा समृद्ध करने में दर्शन तथा शिक्षा महत्त्वपूर्ण घटक हैं। किसी भी समाज में दर्शन का प्रभाव शिक्षा के विभिन्न अवयवों जैसे शिक्षा के उद्देश्य, पाठ्यक्रम, शिक्षण विधियों, शिक्षक, मूल्यांकन के माध्यम आदि पर पड़ता है। वर्तमान समाज में समस्याओं का समाधान और सही-गलत का निर्धारण दर्शन से ही संभव है। प्रत्येक व्यक्ति प्रतिपल कुछ न कुछ तय करता ही है और तय करने का आधार उसका दर्शन ही होता है। जिस व्यक्ति ने वास्तविकताओं को जिस प्रकार देखा हुआ है वह उसी को सही मानता है और उसके अनुसार ही वह प्रत्येक समस्या को हल करता है। अवलोकन के माध्यम से जीवन के मूल्यों और वास्तविकताओं से परिचित कराने के कारण ही दर्शन सभी ज्ञान-विज्ञानों में सर्वोपरि है। यह मनुष्य के स्वयं को जानने तथा अपने समाज को जानने की तृष्णा को दर्शाता है।

विभिन्न दर्शनों के आधार पर ही विभिन्न संस्कृतियों के मानव समाज अपनी बहुत सी आवश्यकताओं को पूरा करने में सक्षम हुए हैं। परन्तु अभी भी मानव समाज में जाति, वर्गभेद, साक्षरता, क्षेत्रवाद, भाषाई मुद्दों के साथ-साथ समानता और अंतर्राष्ट्रीय सद्भावना,

मानवाधिकार, मूल्य, और विश्व शांति जैसे अनेक आयाम अभी भी अनसुलझे हैं जो किसी न किसी रूप में हमारे बीच में दीवार बने हुए हैं। इन विषयों पर सही दृष्टिकोण या समझ बनाना हमारी आवश्यकता है। अत: यह महत्त्वपूर्ण हो जाता है कि हम भविष्य के शिक्षकों में इनकी स्पष्ट समझ विकसित करें जिससे आने वाली पीढ़ी सार्वभौमिक मानवीय आचरण, सामाजिक सहिष्णुता और लोकतांत्रिक मूल्यों के साथ जी सके। भारत विविधताओं का देश है। वर्तमान समय में हमारी कक्षाएँ भी विविध और चुनौतीपूर्ण हैं। कक्षा शिक्षण के दौरान सामाजिक और दर्शन आधारित विविधताएँ शिक्षक को अपने शिक्षण में भी विविधता लाने की चुनौती देती हैं। ऐसे अध्यापकों को तैयार करना हमारी आवश्यकता है जो समाज और दर्शन से जुड़े मुद्दों को समझने और संवाद स्थापित करने में छात्रों की मदद कर सकें। शिक्षा व्यवस्था में बदलाव की पहल तभी संभव है जब इस व्यवस्था से जुड़े लोगों के दृष्टिकोण में परिवर्तन आए और अध्यापक की भूमिका इस दिशा में सर्वाधिक महत्वपूर्ण है।

अपेक्षा है कि प्रस्तुत पुस्तक 'शिक्षा के सामाजिक और दार्शनिक आधार' शिक्षक-शिक्षा पाठ्यक्रम में शिक्षकों की समाज और दर्शन के संदर्भ में मानव जीवन के विभिन्न आयामों पर स्पष्ट दृष्टि विकसित करने का काम करेगी। पुस्तक की विषयवस्तु, भाषा और प्रस्तुतीकरण सहज और स्पष्ट होने के कारण यह पुस्तक शिक्षकों, डी.एल.एड., बी.एड. एवं अन्य शिक्षक प्रशिक्षुओं तथा इस क्षेत्र में रुचि रखने वाले प्रत्येक व्यक्ति के लिए मील का पत्थर साबित होगी। इस अपेक्षा के साथ पुस्तक लेखकों को मेरी बहुत-बहुत शुभकामनाएँ।

प्रो. सारा बेगम
डीन, शिक्षा संकाय
जामिया मिल्लिया इस्लामिया, दिल्ली

इसी कामना के साथ.....

हमारी नूतन राष्ट्रीय शिक्षा नीति, 2020 अपनी परिचयात्मक भूमिका में अपने लक्ष्य को स्पष्ट करते हुए मानती है कि इसका लक्ष्य–

'हमारे देश के विकास के लिए अनिवार्य आवश्यकताओं को पूर्ण करना है'।

शिक्षा के *राष्ट्रीय विकास* सम्बन्धी अपने इस लक्ष्य के आधार को स्पष्ट करने के साथ-साथ राष्ट्रीय शिक्षा नीति, 2020 यह भी मानती है कि इसका कार्य–

'भारत की परंपरा और सांस्कृतिक मूल्यों के आधार को बनाए रखते हुए, 21 वीं सदी की शिक्षा के लिए आकांक्षित लक्ष्यों, जिनमें एस.डी.जी. (स्थायी विकासात्मक लक्ष्य) 4 सम्मिलित हैं, के संयोजन में शिक्षा व्यवस्था, उसके नियमन और प्रशासन सहित, सभी पक्षों के सुधार और पुनर्गठन' करना है।

इन लक्ष्यों की प्राप्ति हेतु राष्ट्रीय शिक्षा नीति, 2020 प्रत्येक व्यक्ति में निहित रचनात्मक क्षमताओं के विकास पर विशेष बल देने की चर्चा करती है । अपने इस आधारभूत सिद्धांत में आस्था व्यक्त करते हुए यह नीति यह भी मानती है कि शिक्षा का प्रकार्य केवल साक्षरता एवं संख्याज्ञान जैसी आधारभूत क्षमताओं, उच्च स्तरीय तार्किक एवं समस्या-समाधान सम्बन्धी क्षमताओं अथवा संज्ञानात्मक क्षमताओं के विकास तक ही परिसीमित न होता अपितु व्यक्ति का नैतिक, सामाजिक एवं भावनात्मक स्तर पर विकास करना भी शिक्षा का ही प्रकार्य है।

नीति की दृष्टि में शिक्षा पूर्ण मानव क्षमता को प्राप्त करने, एक न्यायसंगत और न्यायपूर्ण समाज के विकास और राष्ट्रीय विकास को बढ़ावा देने के लिए एक मूलभूत आवश्यकता है। इसके भाव को अभिव्यक्त करते हुए नीति विश्वास व्यक्त करती है कि गुणवत्तापूर्ण शिक्षा तक सबकी सार्वभौमिक पहुँच प्रदान करना वस्तुतः वैश्विक मंच पर सामाजिक न्याय और समानता, वैज्ञानिक उन्नति, राष्ट्रीय एकता और सांस्कृतिक संरक्षण के परिप्रेक्ष्य में भारत की सतत प्रगति और आर्थिक विकास की कुंजी का उद्घाटन है। यह सच है कि सार्वभौमिक उच्च स्तरीय शिक्षा ही वह उचित माध्यम है, जिसके द्वारा देश की समृद्ध प्रतिभा और संसाधनों का सर्वोत्तम विकास और संवर्धन व्यक्ति, समाज, राष्ट्र और विश्व के हित के लिए किया जा सकता है। यह भी स्पष्ट है कि अगले दशक में संसार के सबसे युवा जनसंख्या वाले हमारे देश में इन युवाओं को उच्चतर गुणवत्तापूर्ण शैक्षिक अवसर के उपलब्ध कराने पर ही राष्ट्र का भविष्य निर्भर करेगा। इस दृष्टि से शिक्षा नीति के आधारभूत सिद्धान्तों एवं दर्शन के अन्तर्गत शिक्षा-नीति की अपेक्षा है कि–

हर बच्चे की विशिष्ट क्षमताओं की स्वीकृति, पहचान और उनके विकास हेतु प्रयास किया जाना चाहिए और इसके लिए केवल शिक्षकों को ही नहीं अपितु अभिभावकों को भी इन क्षमताओं के प्रति संवेदनशील बनाना होगा जिससे वे

बच्चे की अकादमिक और अन्य क्षमताओं में उसके सर्वांगीण विकास पर भी पूरा ध्यान दे सकें।'

ध्यातव्य है कि भारतीय संविधान के अनुच्छेद 51(अ) में अभिभावक बच्चों की शिक्षा हेतु पूर्णत: उत्तरदायी हैं।

यहाँ प्रयुक्त 'संवेदना' शब्द विशेष महत्त्व रखता है। इसमें समाया 'सम्' उपसर्ग बच्चों के अनुभवात्मक स्तर तक आकर उनकी वेदना को अनुभूत करना है। यह इस तथ्य को मानने को प्रेरित करता है कि 'बच्चा 'कोरी सलेट' नहीं है। उसके पास अनुभव भी हैं और अनुभूतियाँ भी। उसके पास भावों का अभाव नहीं है। उसके पास रोकर बात मनवाने की शक्ति है। उसके पास हँसकर आकृष्ट करने की शक्ति है । खेल के मैदान में शीत को अथवा गर्मी को हराने की शक्ति है। वह उस बीज रूपी कोश के समान है जिसमें सम्पूर्ण फलयुक्त विशाल वृक्ष समाया है। प्राचीन भारतीय परम्परा में तैत्तिरीयोपनिषद् की शिक्षावल्ली में विकास की कल्पना को *अन्नमयकोश*, प्राणमयकोश, *मनोमयकोश, विज्ञानमयकोश* तथा *आनन्दमयकोश* के रूप में *पञ्चकोशीय* विकास के रूपक में चित्रित किया गया है जो इसी तथ्य को ही उद्घाटित करता है कि *'बच्चा कोरी सलेट'* नहीं है। वह उर्वरित होने वाली अन्त: ऊर्जा से युक्त है जिसके प्रस्फुटन की प्रक्रिया को ही स्वामी विवेकानन्द ने शिक्षा की संज्ञा दी है। इसके लिए आवश्यकता है *'परिवेश के निर्माण की'*। शिक्षकों की सार्थकता इसी तथ्य में निहित है। यह नीति यही सन्देश देती चलती है कि शिक्षकों का दायित्व बच्चों की *'रचनात्मकता और तार्किक सोच, तार्किक निर्णय* लेने और *नवाचार* को प्रोत्साहित करने हेतु' प्रेरणा में समाया है।

इस दृष्टि से 'विद्यार्थियों के चहुँमुखी विकास' को केन्द्र में रखकर शिक्षा के सम्पूर्ण ताने-बाने को बुनने की बात पुन: पुन: दोहराती है।

ऊपर वर्णित सम्पूर्ण सन्दर्भ व्यक्ति, समाज, राष्ट्र एवं वैश्विक परिप्रेक्ष्य तथा शिक्षा की भूमिका के अन्त:सम्बन्धों को उद्घाटित करता है। यह भी स्पष्ट है कि इन अन्त:सम्बन्धों की पृष्ठभूमि में शैक्षिक प्रक्रिया का गन्तव्य विद्यमान है तथा इस की पृष्ठभूमि में शिक्षा अथवा समाज को देखने की कोई विशिष्ट दृष्टि समाई है। यही दर्शन है। शिक्षा के सन्दर्भ में इसे ही शिक्षा-दर्शन के रूप में निहारा गया है अथवा निहारा जा सकता है। भारतीय सन्दर्भों में इस तथ्य का कुछ विशिष्ट महत्त्व अथवा सन्दर्भ समझा जा सकता है। कारण भी स्पष्ट है कि एक ओर जीवन को देखने की अपनी विशिष्ट दृष्टि समाहित रहती है तो दूसरी ओर, शैक्षिक आधार के रूप में विभिन्न संवैधानिक प्रावधान शिक्षा के स्वरूप को विशिष्ट रूप देने हेतु इसे आवृत्त किए रहते हैं। इसे शिक्षा का सामाजिक दर्शन कहा जा सकता है अथवा कहा जाता है। यह भी ध्यातव्य है कि भारतीय संविधान के अनुच्छेद 21(अ) के अनुसार शिक्षा ही जीवन के लक्ष्यों की साधिका है। प्राध्यापक डा. अशोक कुमार एवं डा. सन्दीप कुमार जी द्वारा रचित यह पुस्तक शिक्षा सम्बन्धी इन्हीं तथ्यों को उद्घाटित करने का ही नहीं अपितु जिज्ञासा जागृत करने की प्रेरणा का प्रतिफल है। पाँच इकाइयों में वितरित पुस्तक की सामग्री अपने-आप में लेखकद्वय के इस कथन को व्यावहारिक रूप देने का प्रयास करती है कि यह 'मूलत: शिक्षा और दर्शन की समझ और इनके अन्तर्सम्बन्ध को विश्लेषित एवं संश्लेषित करती है'। दर्शन का यही कार्य है तो समाज ही इसका सशक्त आधार अथवा परिप्रेक्ष्य है। लेखक द्वय के अनुसार इस

पुस्तक की विशिष्ट सीमा भी है कि 'इस पुस्तक के अधिकांश पाठक शिक्षक-शिक्षण से सम्बन्धित पाठ्यक्रम- डी.एल.एड. एवं बी.एड. के प्रशिक्षणार्थी हैं'। यह सुखद तथ्य है कि लेखकद्वय इसके प्रति सजग है। यह भी सुखकर है कि वे मान कर चल रहे हैं कि पाठक के रूप में छात्र सक्रिय और चिन्तनशील हैं, न कि निष्क्रिय। पुस्तक की पाँचवीं इकाई में प्रदत्त मानवाधिकार एवं बालाधिकार सम्बन्धी मूल सामग्री को देकर लेखकों ने अत्यधिक उपकार किया है। ध्यान रखना होगा कि आज के सामाजिक परिप्रेक्ष्य में शिक्षा केवल नैतिकता का विषय ही नहीं है अपितु यह एक विध्यात्मक विषय है।

यह भी सत्य है कि छात्र केवल अपने समाज का अंग बने रहने तक ही परिसीमित नहीं रहते अपितु वे वैश्विक नागरिक भी होते हैं । शिक्षा उनका केवल मानव के रूप में एक मूलभूत अधिकार नहीं है अपितु बालाधिकार के रूप में भी उनका एक अधिकार है। इसके साथ अनेकानेक अन्य अधिकार भी सम्बद्ध रहते हैं, यथा, भोजन का अधिकार, स्नेह का अधिकार, स्वास्थ्य का अधिकार, खेल का अधिकार आदि। अध्यापकों को इस तथ्य से आवश्यक रूप से परिचित होना चाहिए ताकि वे अपने व्यवहार को उसी रूप में भी ढाल सकें।

आलोचनात्मक चिंतन, समग्रता, खोज, चर्चा तथा विश्लेषण-आधारित अधिगम ही शिक्षण-अधिगम-प्रक्रिया का आधार है। यह भी सत्य है कि कोई दो बच्चे समान नहीं होते। उनके परिवेश, अवस्था अथवा आयु के अनुसार भिन्नता रहती है। उनकी सामाजिकता, रुचि, अभिवृत्ति, विकास दर आदि विभिन्न तत्त्वों की दृष्टि से उनमें भिन्नता रहती है। उनकी अधिगम की शैलियाँ भिन्न-भिन्न होती हैं । अतः समान शिक्षण पद्धति अपनाने की अपेक्षा शिक्षण-अधिगम प्रक्रिया को वैविध्य पूर्ण, क्रीडा-आधारित, समग्र, एकीकृत, आनन्दप्रद और रुचिकर एवं गतिविध्यात्मक होना चाहिए। एतदर्थ शारीरिक, संज्ञानात्मक एवं भावात्मक विकास में समन्वय होना चाहिए। कला-क्रीडा-केन्द्रित पाठ्यचर्या इनका आधार होना चाहिए । इसी के साथ-साथ शिक्षार्थियों को भारत की समृद्ध विविधता का प्रत्यक्ष ज्ञान भी होना चाहिए। शिक्षक की भूमिका सहयोगी एवं प्रेरक की रहनी चाहिए। मनोरंजक और संवादात्मक शैली के माध्यम से सुनने एवं बोलने के अवसर हेतु परिवेश निर्माण करना आवश्यक है। इसके लिए तकनीकी का बृहद् उपयोग चिन्तनीय होना चाहिए। राष्ट्रीय शिक्षा नीति, 2020 का इस विषय में स्पष्ट चिन्तन है। इन सभी तत्त्वों का सम्बन्ध विद्यालयी शिक्षा के परिवेश से ही अधिक है। अध्यापकों को तथ्यों की ओर सजग करना अनिवार्य है। शिक्षा-नीति, 2020 के अनुच्छेद 5.1 में प्राचीनकाल का सन्दर्भ लेते हुए माना गया कि भारत में शिक्षक समाज के सबसे अधिक सम्मानित सदस्य थे और केवल सबसे अच्छे और विद्वान् ही शिक्षक बनते थे। विद्यार्थियों को निर्धारित ज्ञान, कौशल और नैतिक मूल्य प्रदान करने के लिए समाज शिक्षक या गुरुओं को उनकी आवश्यकताओं की सभी वस्तुओं को प्रदान करता है। नीति की यह भी चिन्ता है कि अध्यापक-शिक्षा की गुणवत्ता, भर्ती, पदस्थापन, सेवा शर्तों और शिक्षकों के अधिकारों की स्थिति वैसी नहीं है जैसी होनी चाहिए, और इसके परिणाम स्वरूप शिक्षकों की गुणवत्ता और उत्साह वांछित मानकों को प्राप्त नहीं कर पाता है। अतः शिक्षकों के लिए उच्चतर स्थान और उनके प्रति आदर और सम्मान के भाव को पुनर्जीवित करना होगा ताकि शिक्षण व्यवसाय में बेहतर लोगों को शामिल करने हेतु उन्हें प्रेरित किया जा सके।

यह पुस्तक पाठकवर्ग को इन बिन्दुओं के साथ जोड़ते हुए उनके लिए प्रेरणा बनेगी, साथ ही उन्हें सजग बनाएगी, ऐसा मेरा विश्वास है। साथ ही साथ यह 'उनके सशक्तीकरण की प्रक्रिया में सक्रिय भूमिका का निर्वहण करेगी' इसी कामना के साथ युवक लेखकद्वय डा. अशोक कुमार एवं डा. सन्दीप कुमार को अनेकानेक शुभकामनाएँ देते हुए .....

चान्दकिरण
संस्कृत संवर्धन प्रतिष्ठानम्

पुस्तक के बारे में...

मानवीय जीवन में विचार की शक्ति ही सर्वाधिक महत्त्वपूर्ण होती है। विचार से ही मानव अपनी क्षमताओं को प्रदर्शित करता है और इस विचार के आधार पर कोई भी मानव इस धरा के सामाजिक समूह/समूहों को प्रेरणा देते हुए उस समाज को भौतिक व बौद्धिक उन्नति की ओर ले जाता है। यह वैचारिक शक्ति ही अर्थात समझ ही विभिन्न संस्कृति/संस्कृतियों और सभ्यताओं को सर्वाधिक प्रभावित करती है। मानव में विचार की यह शक्ति शिक्षा और दर्शन द्वारा प्रभावित होती है। जितनी स्पष्टता विषयवस्तु के सम्बन्ध में पाठक को होगी उतनी ही शक्ति के साथ वह व्यक्ति समाज में अपनी भूमिका का निर्वाह कर पायेगा।

प्रस्तुत पुस्तक ''शिक्षा के सामाजिक और दार्शनिक परिप्रेक्ष्य'' मूलतः शिक्षा और दर्शन की समझ और इनके अंतर्सबंध को विश्लेषित एवं संश्लेषित करती है। जो पाठकों को शिक्षा की वास्तविक समझ विकसित करने में सहयोगी होगी। इस पुस्तक के अधिकांश पाठक शिक्षक-शिक्षण से सम्बंधित पाठ्यक्रम-डी.एल.एड एवं बी.एड. के प्रशिक्षणार्थी है। पाठ्यक्रम की सम्पूर्ण विषयवस्तु को पांच अध्यायों में प्रस्तुत किया गया है जो मुख्य रूप से शिक्षा और दर्शन, शिक्षा का अर्थ, सिद्धांत, उद्देश्यों के साथ-साथ शिक्षा और दर्शन के अंतर्सबंध के रूप में प्रस्तुत किया गया है। दर्शन के विभिन्न स्कूल जैसे-आदर्शवाद, प्रकृतिवाद, व्यवहारवाद और मानवतावाद को सहज भाषा में रखने का प्रयास किया गया है। इसी के साथ-साथ, भारतीय और पाश्चात्य दार्शनिकों का शिक्षा के सन्दर्भ बहुत ही सरल और स्पष्ट भाषा में वर्णन किया गया है।

शिक्षा और समाजशास्त्र के अन्तर्सम्बन्ध तथा सामाजिक विविधता (जाति, वर्ग, साक्षरता, गरीबी, धर्म, भाषा) और समाजीकरण के स्तर के अनुरूप रखने का प्रयास किया गया है। समकालीन समाज से जुड़े मुद्दों के साथ-साथ समाज और विद्यालयों में समावेशन को बढ़ावा देने में शिक्षा की भूमिका का उल्लेख किया गया है। संस्कृति और मूल्य शिक्षा के अंतर्गत विभिन्न संस्कृतियों, मूल्य शिक्षा, नैतिक और सामाजिक मूल्यों के विकास में शिक्षक की भूमिका और शांति के लिए शिक्षा को सरल भाषा में रखने का प्रयास किया गया है।

शिक्षा और सामाजिक परिवर्तन को विस्तार देने के लिए सामाजिक परिवर्तन के अर्थ, प्रक्रियाओं, सामाजिक परिवर्तन के कारण और प्रभावों को रखा गया है। सामाजिक परिवर्तन की विभिन्न संस्थाओं को विस्तार से रखा गया है जिससे पाठक की सही समझ विकसित हो सके।

बदलते सामाजिक, सांस्कृतिक परिवेश में मानव अधिकारों की आवश्यकता, मानव अधिकारों की सार्वभौमिक घोषणा, संयुक्त राष्ट्र सम्मेलन द्वारा बच्चों के अधिकार, बच्चों

के अधिकारों से सम्बंधित दिल्ली एवं राष्ट्रीय आयोगों के कार्य एवं कर्तव्यों की चर्चा की गयी है।

अंत में इस पुस्तक लेखन में मिले सहयोग के लिए समस्त मित्रों, विभागीय अधिकारियों, परिवार के सदस्यों एवं उन लेखकों के प्रति कृतज्ञता जिनके आलेखों, पुस्तकों, विचारों से इस पुस्तक के लेखन में सहयोग मिला। लेखकगण उस परमपिता परमात्मा का धन्यवाद करते हैं जिनके आशीर्वाद के बिना यह कार्य संभव नहीं था।

लेखक सहृदय से शिप्रा पब्लिकेशन का भी धन्यवाद करते हैं, जिन्होंने अपना भरसक सहयोग दिया, जिसके कारण पुस्तक अपने अन्तिम रूप में प्रस्तुत हो सकी। कोई भी कार्य कितनी भी सतर्कता से किया जाये फिर भी कोई न कोई मानवीय भूल हो ही जाती है। अतः किसी भी प्रकार की त्रुटि के लिए लेखकगणों की ओर से अग्रिम याचना। इस पुस्तक में किसी भी आयाम में सुधार हेतु पाठकों के सुझाव आमंत्रित हैं।

अशोक कुमार
संदीप कुमार

विषय सूची

इकाई-III
संस्कृति और मूल्य शिक्षा
(Cultural and Value Education)

इकाई–V
मानवाधिकार और बाल अधिकार
(Human Rights and Child Rights)

इकाई-I

शिक्षा और दर्शन
(Education and Philosophy)

प्रासंगिकता

प्रस्तुत इकाई 'शिक्षा और दर्शन' की शिक्षण-अधिगम प्रक्रिया में एक महत्वपूर्ण भूमिका निर्वाह करती है। शिक्षण-अधिगम प्रक्रिया के सही प्रारूप के समझने के लिए या उसे चलाने के लिए शिक्षा तथा दर्शन के सम्प्रत्य को गहराई से समझना आवश्यक ही नहीं अनिवार्य भी हो जाता है। जैसा कि शिक्षा किसी राष्ट्र के विकास में महत्वपूर्ण भूमिका निभाती है तथा बालक के सार्वभौमिक विकास में भी सहयोगी होती है, यहां तक की कोठारी आयोग (1964-66) ने कहा है कि भारत का निर्माण उसके कक्षा-कक्ष में बन रहा है। इस प्रकार शिक्षा के अर्थ व कार्यों को समझना भी अनिवार्य हो जाता है। जिससे शिक्षण-अधिगम प्रक्रिया को और अच्छी प्रकार से समझकर उसे प्रभावशाली तरीकों से सम्पन्न किया जा सके।

इसी के सन्दर्भ में अगर बात दर्शन की करें तो, साधारण भाषा में दर्शन किसी व्यक्ति का एक दृष्टिकोण या जीवन के प्रति एक नजरिया है। इस प्रकार शिक्षा को सही-निर्देशन देने का कार्य दर्शन द्वारा ही पूर्ण होता है। अतः दर्शन के बिना शिक्षा को सही प्रकार से सम्पन्न नहीं किया जा सकता है और शिक्षा का सही सम्पन्न न होने का अर्थ है कि बच्चों या समाज का विकास भी नहीं हो पाना। इस प्रकार दर्शन ही एक ऐसा विषय है, जो शिक्षण-अधिगम प्रक्रिया को प्रभावशील तरीके से आगे बढ़ाने में अतुलनीय भूमिका अदा करता है। अर्थात् दर्शन ही समाज की जरूरत के अनुसार शिक्षा को निर्देशित करके समाज के विकास में सहयोगी सिद्ध होता है। अतः कह सकते हैं, कि दर्शन ही निर्धारित करता है कि शिक्षण प्रक्रिया किस प्रकार सम्पन्न होगी अर्थात् किस प्रकार की शिक्षण विधियों से कक्षा को सरल व सुगम तरीके से चलाया जा सकता है। किस प्रकार का पाठ्यक्रम विकसित किया जाये और क्यों? एक शिक्षक की क्या भूमिका है? शिक्षक को कक्षा में किस प्रकार का अनुशासन रखने की आवश्यकता है, और क्यों? दर्शन ही निर्धारित करता है कि एक शिक्षण-अधिगम प्रक्रिया में बालक की क्या भूमिका है तथा शिक्षा के क्या उद्देश्य होने चाहिये?

अतः उपरोक्त दृष्टिकोण के आधार पर यह निष्कर्ष निकलता है कि शिक्षा और दर्शन के बीच एक अनूठा सम्बन्ध है जिसे अलग-अलग करके कभी नहीं देखा जा सकता है क्योंकि शरीर और रीढ़ की हड्डी को एक दूसरे से अलग किया तो दोनों ही

अर्थहीन हो जाते हैं। इसी सन्दर्भ में दोनों के सम्बंध के आधार पर ही एक अध्यापक अपनी शिक्षण–अधिगम प्रक्रिया को प्रभावी रूप से चलाने में सक्षम हो पाता है तथा बालक व समाज के विकास में अपनी एक अनूठी और प्रभावशील भूमिका अदा करता है। इसी कड़ी में प्रस्तुत इकाई में पाश्चात्य और भारतीय दार्शनिकों के विचार वर्णित किये गए हैं। जिन्होंने अपने दर्शन से शिक्षा के विभिन्न पक्षों को उत्तम व प्रभावशील तरीके से सम्पन्न किया था और शिक्षा के क्षेत्र में अपना अतुलनीय योगदान दिया था। जिनके परिणामस्वरूप शिक्षण–अधिगम प्रक्रिया प्रभावित तरीके से सम्पन्न हो पाएगी और बालक का सही तरीके से विकास हो सकेगा।

अतः प्रस्तुत इकाई से डी.एल.एड व बी.एड तथा अन्य प्रशिक्षणार्थियों को शिक्षण–अधिगम प्रक्रिया को समझने में सहायता मिलेगी। जिसके आधार पर छात्रों के दृष्टिकोण को समझा जा सकता है। अर्थात् उनकी जरूरतों को समझकर उनके अनुसार ही एक शिक्षक अपनी शिक्षण–अधिगम प्रक्रिया को सुचारू व प्रभावशील तरीके से चलाने में सक्षम हो सकेगा और बच्चों के साथ जुड़कर उनके सार्वभौमिक विकास में सहयोगी सिद्ध हो सकेगा।

इस प्रकार यह इकाई प्रशिक्षणार्थियों के लिए भविष्य में शिक्षण–अधिगम प्रक्रिया को व्यवस्थित विधि से सम्पन्न करने में अपनी महत्वपूर्ण भूमिका निर्वाह कर पायेगी और शिक्षा व शिक्षण/अधिगम प्रक्रिया के सम्प्रत्य को गहराई से समझने व समझाने में भी एक महत्वपूर्ण योगदान करेगी।

1

शिक्षा
(Education)

शिक्षा प्रत्येक मानव के जीवन का आधार होती है। शिक्षा के द्वारा चेतना का विकास होता है। शिक्षा द्वारा ही हर मानव चेतना के अपने वर्तमान स्तर से ऊपर उठता है। मानव का विकास उन्नयन शिक्षा पर ही निर्भर करता है। शिक्षा ही मानव के व्यक्तित्व का निर्माण और उसका श्रृंगार करती है। जन्म के समय बालक अपनी मूल प्रवृत्तियों के अनुसार आचरण करता है और अपनी इन्हीं मूल प्रवृत्तियों एवं वातावरण से प्रेरित होकर कार्य करता है। मुख्यतया शिक्षा इन मूल प्रवृत्तियों का सही मार्गदर्शन करके बालक को परिपक्वता प्रदान करके उसे समाज हित में उपयोगी बनाती है तथा सही आचरण के साथ जीने के योग्य बनाती है। विद्वानों ने तो यहाँ तक महसूस किया है कि शिक्षा मानव जीवन स्तर को उत्कृष्ट, पवित्र एवं उपयोगी बनाकर एक ऊँचे शिखर तक पहुँचाने का कार्य करती है। शिक्षा व्यक्ति/मानव में सामाजिक चेतना जागृत करती है। सामाजिक, सांस्कृतिक धरोहर को पीढ़ी दर पीढ़ी ले जाने का कार्य भी शिक्षा ही करती है। शिक्षा ही एक ऐसी प्रक्रिया है जो बालक की मूल प्रवृत्तियों को विकसित करके, समाज में एक सभ्य आचरण के साथ जीने में महत्वपूर्ण सहयोग प्रदान करती है। सभी मानव शिक्षापूर्ण व्यवस्था के अर्थ में भागीदारी करते हुए उस आचरण को प्राप्त करते हैं और एक जागरूक नागरिक बनकर सभी को जगाने का कार्य करते हैं जिससे किसी राष्ट्र व देश का निर्माण किया जा सकता है। शिक्षा व्यक्ति के व्यक्तित्व को एक फूल की भाँति विकसित करने में सहायता करती है जिसकी सुगंध वातावरण (समाज) में चारों ओर फैलती है। इस प्रकार व्यक्ति, परिवार, समाज और राष्ट्र का विकास शिक्षा पर ही निर्भर करता है। विष्णु पुराण (1.19.41) में कहा गया है-''सा विद्या या विमुक्तयें'' अर्थात् शिक्षा ही हमें मुक्ति दिलाती है। इसी के संदर्भ में अरस्तु (Aristotle) ने कहा कि ''जिस प्रकार जीवित व्यक्ति मृतक व्यक्ति से श्रेष्ठ होता हैं, उसी प्रकार शिक्षित व्यक्ति अशिक्षित व्यक्ति से श्रेष्ठ होता है।''

जॉन डयूवी (John Dewey) के अनुसार-''शारीरिक जीवन के लिए जिस प्रकार आहार तथा प्रजनन आवश्यक है। उसी प्रकार सामाजिक जीवन के लिए शिक्षा।''

एडीसन जोसफ (Addison Joseph) के अनुसार-संगमरमर के साथ जो संबंध मूर्तिकला का है वही संबंध आत्मा के साथ शिक्षा का है। यहाँ तक भी कहा गया है कि जिस प्रकार पौष्टिक भोजन शरीर को हृष्ट-पुष्ट बनाता है। उसी प्रकार शिक्षा द्वारा जागृत होने वाले विचार भी व्यक्ति को हृष्ट-पुष्ट बनाने में सहायक सिद्ध होते हैं।

शिक्षा की अवधारणा (Concept of Education)

शिक्षा एक उद्देश्यपूर्ण प्रक्रिया है जो जीवनपर्यन्त चलती है, अर्थात् गर्भ से लेकर मृत्यु तक चलने वाली प्रक्रिया है यह बालक के सर्वांगीण (मानसिक, शारीरिक, सामाजिक, संवेगात्मक और नैतिक) विकास में सहायक सिद्ध होती है। बालक को जीवन की वास्तविक समस्याओं से अवगत कराना व उन समस्याओं से छुटकारा दिलाने में भी सहायता करती है। बालक को परिवार के प्रति, समाज के प्रति एवं राष्ट्र के प्रति कर्त्तव्यों व उत्तरदायित्व को निभाने की भावना विकसित करती है। शिक्षा ही मानव संस्कृति (Culture) को संरक्षित रखने में तथा एक पीढी से दूसरी पीढ़ी तक हस्तांतरित (Transmission) करने में पूर्ण रूप से सहयोग करती है। शिक्षा के द्वारा ही बालक की अंर्तनिहित (Inherent) शक्तियों को विकसित किया जा सकता है। शिक्षा ही बालक में समाज व परिवार की आवश्यकताओं के अनुरूप परिपक्वता व उत्तरदायित्व की भावना विकसित करने में समर्थ होती है।

अत: शिक्षा बालक को समाज में जिम्मेदार नागरिक एवं समाज के सदस्य बनने के लिए उपयुक्त समझ व कौशलों को उपलब्ध कराती हैं। इस प्रकार शिक्षा ही बालक (जैविक प्राणी) को हर प्रकार का अनुभव प्रदान करके उसे सामाजिक प्राणी बनने में सहायक सिद्ध होती है। इसी संदर्भ में लॉक ने कहा ''जिस तरह पौधे जुताई से विकसित होते हैं, उसी तरह मनुष्य शिक्षा से विकसित होता है।'' "Plants are developed by cultivation and man by education."

शिक्षा का शाब्दिक अर्थ (Etymological Meaning of Education)

शिक्षा को अंग्रेजी (एंग्लो) भाषा में 'एजूकेशन' (Education) कहते हैं। शिक्षाशास्त्रियों (Educationists) का मत है कि एजूकेशन शब्द की उत्पत्ति लैटिन (Latin) भाषा के तीन शब्दों से हुई है जिसमें कि एजूकेटम (Educatum) का अर्थ (To train or Act of Teaching or Training) शिक्षित करना तथा दूसरा एजूसीयर (Educere) (to lead out) विकसित करना अथवा निकालना और अंतिम शब्द एजूकेयर (Educare) का अर्थ (To educate to bring up) आगे बढ़ना, बाहर निकालना या विकसित करना है। अत: इस प्रकार शिक्षा का शाब्दिक अर्थ हैं बाहर निकालना, अथवा विकसित करना। अब प्रश्न उठता है कि क्या बाहर निकालना? तो साधारण सा जवाब है। जब बालक जन्म लेता है, तो कुछ अंर्तनिहित शक्तियों और संवेगो के साथ पैदा होता है। शिक्षा एक ऐसी प्रक्रिया है, जो वातावरण के सम्पर्क में बालक की उन अंर्तनिहित शक्तियों को बाहर निकालने का कार्य करती है।

शिक्षा को हम दो रूपों में देख सकते है। जिसमें शिक्षा का व्यापक रूप (Broad meaning) तथा शिक्षा का संकुचित रूप (Narrow meaning) है जो इस प्रकार है-

शिक्षा का व्यापक अर्थ (Broad Meaning of Education)

शिक्षा का व्यापक रूप से अभिप्राय उस रूप से है जिसमें शिक्षा प्रक्रिया गर्भ से लेकर मृत्यु तक-चलती है। अत: इस प्रक्रिया में व्यक्ति के उन सभी अनुभवों (Experiences) को स्थान मिलता है, जिनका प्रभाव उसके ऊपर जन्म से लेकर मृत्यु तक पड़ता है अर्थात् बालक अनियंत्रित वातावरण में रहकर अपनी प्रवृत्ति के अनुसार स्वतंत्रतापूर्वक नये प्रकार

के अनुभव प्राप्त करता है। अतः यह शिक्षा प्रक्रिया किसी विशेष व्यक्ति, समय, स्थान अथवा देश तक ही सीमित नहीं रहती है। बल्कि जब बालक वातावरण या अन्य व्यक्तियों के संपर्क में आता है, तो कुछ भी अपनी रुचि के अनुसार सीख लेता है।

अतः व्यापक अर्थ में बालक किसी भी व्यक्ति से कुछ भी सीखता है तो वह व्यक्ति उसका गुरु होता है और बालक उसका शिष्य हो जाता है तथा जिस स्थान पर बालक सीखता है, वही स्थान उसका विद्यालय बन जाता है। इसी के संदर्भ में एस.एस. मैकेन्जी के शब्दों में शिक्षा का व्यापक अर्थ वह है, जो जीवन पर्यन्त चलती है तथा जीवन के प्रत्येक अनुभव से उसमें वृद्धि होती है।

इस प्रकार शिक्षा के व्यापक अर्थ के अनुसार बालक का कोई अनुभव व्यर्थ नहीं जाता है अर्थात् बालक जीवन भर अपने विभिन्न प्रकार के अनुभवों से सीखता रहता है। यह प्रक्रिया बालक को किसी भी तरह के बंधनों में नहीं बांधती है तथा सीखने के लिए एकदम स्वतंत्रता प्रदान करती है।

शिक्षा का संकीर्ण अर्थ (Narrow Meaning of Education)

शिक्षा के संकीर्ण अर्थ से अभिप्राय उस रूप से है, जिसमें बालक एक नियंत्रित वातावरण में रहकर एक निश्चित अवधि में, निश्चित विधि से, निश्चित प्रकार का ज्ञान प्राप्त करता है, जिससे बालक का मानसिक विकास संभव होता है। शिक्षा की इस प्रक्रिया में अध्यापक की भूमिका महत्वपूर्ण होती है तथा बालक की भूमिका गौण (Secondary) होती है। अतः मुख्य रूप से इस प्रक्रिया द्वारा बालक के व्यवहार को एक आकार (Shape) दिया जाता है जिससे वह अनुशासन में रहकर प्रकृति से व वातावरण के प्रत्येक अनुभव से कुछ न कुछ सीखता रहता है।

इस प्रक्रिया के द्वारा बालक कुछ तथ्यों (Facts) को रटकर (Cram) तोता तो बन जाता है पर तथ्यों को वह अपने अनुभवों में नहीं ला पाता है। इस प्रकार बालक का सीखना एक सीमा तक ही चलता है। यहाँ तक कि बालक का सर्वांगीण विकास भी नहीं हो पाता है। परिणामस्वरूप वह अपने आगामी जीवन में चारों ओर भटकता है। इसी के संदर्भ में विभिन्न विद्वानों ने अपने-अपने शब्दों में शिक्षा के संकुचित अर्थ को समझाने की कोशिश की है। एस.एस. मैकेन्जी के अनुसार शिक्षा संकुचित अर्थ में हमारी शक्तियों के विकास तथा सुधार के लिए चेतनापूर्वक किये गये किसी भी प्रयास से हो सकता है। प्रो. ड्रेवर के शब्दों में शिक्षा वह प्रक्रिया है, जिसमें तथा जिसके द्वारा बालक के ज्ञान, चरित्र एवं व्यवहार को एक विशेष सांचे में ढाला जाता है।

अतः वह शिक्षा प्रक्रिया जो निश्चित समय से शुरू होकर निश्चित उद्देश्यों को प्राप्त करके, निश्चित वातावरण में बालक के व्यवहार को एक निश्चित सांचे में ढालने का कार्य करे, वह शिक्षा का संकुचित अर्थ कहलाता है।

शिक्षा की परिभाषायें (Definitions of Education)

शिक्षा जीवन पर्यन्त चलने वाली प्रक्रिया है जो बालक के विकास में प्रत्यक्ष व अप्रत्यक्ष रूप से सहयोग करती है। शिक्षा के अर्थ को और स्पष्ट रूप से समझने के लिए विभिन्न विद्वानों के मतों को समझना आवश्यक है जो निम्न परिभाषाओं के रूप में है।

सुकरात के शब्दों में-"प्रत्येक मनुष्य के मस्तिष्क में अदृश्य रूप से विद्यमान संसार के सर्वमान्य विचारों को प्रकाश में लाना ही शिक्षा कहलाती है।"

फ्रोबेल के शब्दों में-"शिक्षा वह प्रक्रिया है, जिसके द्वारा बालक की जन्मजात शक्तियाँ बाहर प्रकट होती है।"

विवेकानन्द के शब्दों में-"मनुष्य के अंदर सन्निहित पूर्णता का प्रदर्शन ही शिक्षा है।"

जॉन डीवी-"शिक्षा अनुभवों के निरंतर पुनः निर्माण की प्रक्रिया में जीवन व्यतीत करना है। यह मनुष्य की उन सभी योग्यताओं का विकास है, जो कि उसे वातावरण पर नियंत्रण प्राप्त करने तथा अपनी संभावनाओं को पूरा करने में सहायक होती है।"

हरवर्ट के शब्दों में-"अच्छे नैतिक आचरण के विकास का नाम ही शिक्षा है।"

गांधी जी के शब्दों-"शिक्षा से मेरा अभिप्राय है बच्चे तथा मनुष्य के शरीर, मन तथा आत्मा से सर्वोत्तम तत्वों को प्राप्त करना।"

अतः उपरोक्त परिभाषाओं से यह निष्कर्ष निकलता है कि शिक्षा एक ऐसी प्रक्रिया है जो बालक, व्यक्ति, समाज और राष्ट्र के विकास में भरपूर सहयोग करती है और साथ ही साथ यह नैतिक आचरण का विकास करती है। व्यक्ति परिवार, समाज और राष्ट्र में अनुशासन के साथ रह सकता है और वास्तविक जीवन की सभी समस्याओं का समाधान करने में सफल होता है।

शिक्षा के प्रकार (Types of Education)

शिक्षा निरंतर चलने वाली प्रक्रिया है जो सर्वांगीण विकास में सहायक होती है अर्थात् जो बालक के सामाजिक, मानसिक, धार्मिक, संज्ञानात्मक व नैतिक विकास में सहायक होती है।

इस प्रकार शिक्षा को निम्न तीन भागों में विभाजित करते हैं। प्रत्येक भाग के कुछ गुण और कुछ अवगुण होते हैं। जिस प्रकार "सिक्के के दो पहलू होते हैं।" उसी प्रकार शिक्षा भाग के दो पक्ष होते हैं (ऋणात्मक और धनात्मक) अर्थात् प्रत्येक भाग के गुण और अवगुण होते हैं।

(i) औपचारिक शिक्षा (Formal Education)
(ii) अनौपचारिक शिक्षा (Informal Education)
(iii) निरौपचारिक शिक्षा (Non-Formal Education)

(i) औपचारिक शिक्षा (Formal Education)

औपचारिक शिक्षा वह शिक्षा प्रक्रिया है, जिसमें शिक्षण अधिगम प्रक्रिया कुछ पूर्व निर्धारित औपचारिकताओं (Formalties) के साथ संपन्न की जाती है, वह औपचारिक शिक्षा कहलाती है। जैसे निश्चित समयावधि, निश्चित पाठ्यक्रम, निश्चित स्थान और निश्चित शिक्षण विधि द्वारा जो प्रक्रिया संपन्न होती हों और पूरी होने के बाद बच्चों को एक प्रमाण-पत्र (Certificate) उपलब्ध कराती हो तो वह औपचारिक शिक्षा कहलाती है। इस प्रक्रिया के द्वारा बच्चों के व्यवहार को एक निर्धारित सांचे में ढाला जाता है जिसमें बालक अनुशासन में रहकर अपने जीवन के अनुभवों से ज्यादा से ज्यादा सीख सकें। उदाहरण के लिए-विद्यालय, महाविद्यालय और विश्वविद्यालय की शिक्षा इत्यादि।

औपचारिक शिक्षा के गुण *(Merits of Formal Education)*

.औपचारिक शिक्षा के गुणों को निम्नलिखित बिंदुओं के आधार पर समझेंगे-

1. **सुनियोजित प्रयासों और व्यवस्था से पूर्ण**-औपचारिक शिक्षा कुछ औपचारिकताओं के साथ सम्पन्न की जाती है। इसलिए इस प्रकार की शिक्षा के लिए पहले से ही व्यवस्था की जाती है, जिससे सीखने वाले को किसी प्रकार की बाधा का सामना नहीं करना पड़े तथा सीखने वाला एक निश्चित प्रारूप के द्वारा आसानी से सीख सकें।
2. **बालक के व्यवहार को आकार देना** (To give the Shape of the Behaviour of the Child)-औपचारिक शिक्षा के द्वारा छोटे-छोटे बच्चों के व्यवहार को आकार दिया जाता है, अर्थात् एक सांचे में ढालने का कार्य किया जाता है। उदाहरण के लिए समय पर स्कूल जाना, निश्चित पाठ्यक्रम को पढ़ना, अनुशासन में रहना तथा विद्यालय के सभी नियमों का पालन करना इत्यादि।
3. **सीमित दायरा** (Limited Scope)-औपचारिक शिक्षा का दायरा सीमित होता है क्योंकि यह बच्चे के व्यवहार को नियंत्रित वातावरण में रखकर एक आकार देती है। साथ ही निश्चित प्रकार के कौशलों को विकसित करने में सफल होती है, इसलिए औपचारिक शिक्षा का दायरा सीमित होता है तथा बालक के शुरूआती विकास में मील का पत्थर सिद्ध होती है।
4. **पूर्व निर्धारित उद्देश्य केन्द्रित** (Pre Determined Objective Centric)-औपचारिक शिक्षा के उद्देश्य पूर्व निर्धारित होते हैं अर्थात् एक ही पक्ष में और कुछ सुनिश्चित उद्देश्यों या कौशलों को प्राप्त करने में सहायक होती है। जिससे बालक एक नियोजित तरीके से अपने व्यवहार में परिवर्तन करके पूर्व निर्धारित उद्देश्यों को प्राप्त करने में सफल होता है।
5. **चरित्र निर्माण** (Character Formation)-औपचारिक शिक्षा का एक मुख्य गुण बालक के चरित्र निर्माण में सहायक सिद्ध होना है अर्थात् औपचारिक शिक्षा बालक में शुरुआती दौर से ही अच्छी प्रकार की आदतों के साथ अच्छा व्यवहार भी विकसित करती है। इस प्रकार चरित्र निर्माण में भी सहायक होती है।

अतः उपरोक्त बिन्दुओं के आधार पर औपचारिक शिक्षा के गुणों को समझते हुए कहा जा सकता हैं कि बालक के लिए औपचारिक शिक्षा बहुत महत्वपूर्ण होती है।

औपचारिक शिक्षा के अवगुण *(Limitation of Formal Education)*

औपचारिक शिक्षा के गुणों के साथ-साथ इसके अवगुणों को भी निम्न प्रकार से देख सकते हैं-

1. **विद्यालय तक सीमित** (Limited to School)-औपचारिक शिक्षा विद्यालय तक ही सीमित है इसलिए यह शिक्षा प्राथमिक स्तर के बच्चों तक ही सीमित होती है। इस प्रकार एक समय के बाद इसकी महत्ता कम होती जाती है।
2. **जीवन की वास्तविक समस्याओं के लिए अनुपयुक्त** (Unsuitable for Real Life Problems)-औपचारिक शिक्षा बालक के वास्तविक जीवन की समस्याओं को हल करने में कारगर साबित नहीं होती है। इसलिए औपचारिक शिक्षा का महत्व कम हो जाता है।

3. **कृत्रिम वातावरण** (Artificial Environment)-चूँकि विद्यालय का वातावरण कृत्रिम वातावरण होता है जिसमें बालक की अन्तर्निहित शक्तियों का विकास प्राकृतिक तरीके से ना होकर, कृत्रिम तरीकों से होता है जिससे बालक जीवन के कुछ ही पक्षों को छोड़कर सभी निर्णयों को नहीं ले पाता। इसलिए अगर इस पक्ष से देखा जायें तो बालक का विकास सही रूप में नहीं हो पाता है।
4. **बालक की रटने की प्रवृत्ति** (Craming Attitude of the Child)-इस प्रक्रिया में बालक विषय वस्तु को समझकर नहीं बल्कि रटकर सीखता है जो कि लम्बे समय तक नहीं चलती है। कुछ ही समय में विषय वस्तु के तथ्यों को भूल जाता है। परिणामस्वरूप यह सिर्फ छोटे बच्चों के लिए ही उपयुक्त होती है।

इस प्रकार उपरोक्त बिन्दुओं से औपचारिक शिक्षा प्रक्रिया की सीमाओं को आसानी से समझा जा सकता है।

(ii) अनौपचारिक शिक्षा (Informal Education)

अनौपचारिक शिक्षा प्रक्रिया वह शिक्षा प्रक्रिया है, जिसमें शिक्षण अधिगम (Teaching learning) प्रक्रिया बिना किसी पूर्व निर्धारित औपचारिकताओं (Formalities) के साथ संपन्न होती है। अनौपचारिकतायें जैसे-कोई निश्चित स्थान नहीं, निश्चित शिक्षण विधि नहीं और अंत में किसी प्रकार का कोई प्रमाण पत्र भी नहीं दिया जाता है, अर्थात् यह शिक्षण प्रक्रिया बिना किसी निश्चित और पूर्व निर्धारित उद्देश्य के जीवनपर्यन्त चलती है। यह शिक्षा व्यक्ति, समाज और राष्ट्र के विकास में प्रत्यक्ष व अप्रत्यक्ष रूप से सहयोग करती हैं। अनौपचारिक शिक्षा गर्भ से मृत्यु तक चलती है, अर्थात् यह शिक्षा प्रक्रिया किसी स्थिति, परिस्थति और समय पर निर्भर नहीं करती। व्यक्ति या बालक, इस प्रकार की शिक्षा को अपनी क्षमता, रुचि व आवश्यकताओं के अनुसार प्राप्त करता है। अतः अनौपचारिक शिक्षा कहीं भी भिन्न-भिन्न माध्यमों से प्राप्त की जा सकती है। अर्थात् बालक खेल के मैदान, दोस्तों, परिवार और समाज से भी शिक्षा प्राप्त कर लेता है।

उदाहरण के लिए-महाभारत के एक सन्दर्भ में अर्जुन सुभद्रा को चक्रव्यूह में घुसने की या तोड़ने की कला को बता रहे थे तभी इस कहानी को सुनते-सुनते वह सो जाती है। अभिमन्यु सुभद्रा के गर्भ में था, वह केवल चक्रव्यूह को तोड़ने की कला को ही समझ पाया था लेकिन उससे निकलने की कला को वह नहीं समझ पाया था क्योंकि उसकी माँ सो गई थी। इस सन्दर्भ से अगर देखें तो सीखना गर्भ से कब्र तक चलता है।

***अनौपचारिक शिक्षा के गुण** (Merits of Informal Education)*

निम्नलिखित बिन्दुओं के आधार पर अनौपचारिक शिक्षा के गुणों को संक्षिप्त में समझा जा सकता है-

1. **पूर्व निर्धारित उद्देश्य नहीं** (No Pre-determined objectives)- अनौपचारिक शिक्षा प्रक्रिया में पहले से निर्धारित उद्देश्य नहीं होते हैं, इसलिए बालक प्राकृतिक रूप से विषय वस्तु को समझता है तथा बालक का सार्वभौमिक विकास होता है, बालक अपनी रुचि और आवश्यकतानुसार विषय-वस्तु को समझकर अपने जीवन में प्रयोग करता है, इसलिए अनौपचारिक शिक्षा बालक के प्राकृतिक विकास में सहायक सिद्ध होती है।

2. **शिक्षक को विशेष कौशलों की आवश्यकता नहीं** (No Need of Specific Skills of Teachers)-अनौपचारिक शिक्षा प्रक्रिया में कोई विशेष शिक्षक नहीं होता है। इसलिए अधिगम की पूर्ण स्वतंत्रता होती है, बालक अपनी रुचि और आवश्यकतानुसार विषय वस्तु को समझता है, और विभिन्न प्रकार के कौशलों को विकसित करके वास्तविक जीवन के लिए तैयार होता है।
3. **जीवनपर्यन्त चलने वाली प्रक्रिया** (Life Long Process)-औपचारिक शिक्षा जीवनपर्यन्त चलती है। यह प्रक्रिया मां के गर्भ से चलकर मृत्यु तक चलती रहती है अतः बालक कहीं भी और कभी भी कुछ भी सीख सकता है।
4. **वास्तविक जीवन के लिए शिक्षा** (Education for Real Life)-अनौपचारिक शिक्षा प्रक्रिया का यह मुख्य गुण है कि यह प्रक्रिया पाठ्यक्रम तक ही सीमित नहीं होती है। बल्कि बालक के वास्तविक जीवन के लिए भी प्रयोग में आती है। चूँकि यह प्रक्रिया गर्भ से लेकर मृत्यु तक चलती है, इसलिए यह विद्यालयी शिक्षा तक सीमित ना होकर जीवन भर चलती रहती है।
5. **स्वतंत्र प्रक्रिया** (Independent Process)-अनौपचारिक प्रक्रिया न निश्चित पाठ्यक्रम पर ना निश्चित अवधि और नाही निश्चित स्थान पर निर्भर करती है। बल्कि यह प्रक्रिया स्वतंत्र है। इस प्रकार इस प्रक्रिया द्वारा बालक का प्राकृतिक विकास होता है, इसलिए यह प्रक्रिया बालक के सीखने के लिए महत्वपूर्ण साबित होती है।

***अनौपचारिक शिक्षा के अवगुण** (Demerits of Informal Education)*

अनौपचारिक शिक्षा ऐसी शिक्षा है जिसमें सभी प्रकार के गुण होने के बावजूद कुछ अवगुण भी विद्यमान होते है जो निम्न प्रकार से हैं-

1. **अधिगम के लिए परिपक्वता** (Maturity for Learning)-अनौपचारिक शिक्षा प्रक्रिया का सबसे पहला अवगुण यह होता है कि यह प्रक्रिया सभी के लिए लाभदायक नहीं होती है। अगर सीखने वाला पूर्ण रूप से परिपक्व नहीं होता है तो वह कभी-कभी नकारात्मक तरीके से सीखना प्रारम्भ कर सकता है। जिसका परिणाम बच्चे के व्यवहार पर नकारात्मक रूप से दिखता है।
2. **अत्यधिक स्वतंत्रता** (More Independent)-चूँकि अनौपचारिक शिक्षा में सभी प्रकार की स्वतंत्रता प्रदान की जाती है, तो कभी-कभी बच्चा सीखने के आधारभूत सिद्धान्तों से वंचित रह जाता है और इस प्रकार बच्चा बहुत ही धीमी गति से सीखता है। उदाहरण के रूप में गन्ने के खेत से गन्ने का चुनाव काफी मुश्किल हो जाता है। अर्थात् अत्यधिक स्वतंत्रता से ऐसी समस्या उत्पन्न होती है।
3. **मूल्यांकन की कमी** (Lack of Evaluation)-अगर समय पर बालक का सही मूल्यांकन नहीं हो पाया तो धनात्मक रूप से वह बालक किसी ना किसी पक्ष में कमजोर रह जाता है। अतः बच्चे का सर्वांगीण विकास हो पाना कठिन होता है।
4. **योजना में कमी** (Lack of Planning)-इस प्रक्रिया में पहले से ही किसी भी प्रकार की कोई योजना नहीं होती है जिससे बालक अपनी रुचि के अनुसार सही दिशा को छोड़कर किसी और दिशा का अध्ययन कर सकता है। इस प्रकार बच्चों के भटकने की सम्भावना अधिक होती है।

(iii) निरौपचारिक शिक्षा का अर्थ (Meaning of Non-Formal Education)

निरौपचारिक शिक्षा मुख्यत: औपचारिक शिक्षा और अनौपचारिक शिक्षा का मध्य मार्ग है। निरौपचारिक शिक्षा प्रक्रिया वह प्रक्रिया है जो कुछ औपचारिकताओं के साथ और कुछ औपचारिकताओं के बिना संपन्न की जाती है अर्थात् इस शिक्षण प्रक्रिया में औपचारिक शिक्षा की तरह पूर्ण नियंत्रण नहीं होता है और ना ही अनौपचारिक शिक्षा प्रक्रिया की तरह पूर्ण अनियंत्रित होती है। विद्यार्थी/बालक जहाँ कई क्षेत्रों में पूर्णरूप से नियंत्रित होता है वहीं कई क्षेत्रों में पूर्णरूप से अनियन्त्रित होता है। इस प्रक्रिया में परीक्षाओं में, प्रवेश लेने पर और पाठयक्रम पर नियंत्रण होता है लेकिन नियमित रूप से कक्षा में आना, किसी प्रकार की वेश-भूषा (Uniform) और अनुशासन पर किसी प्रकार का कोई नियंत्रण नहीं होता है। उदाहरण के लिए पत्राचार शिक्षा, मुक्त विद्यालय (Open School) दूरस्थ शिक्षा (Distance Education) और मुक्त विश्वविद्यालय (Open University) इत्यादि।

यह शिक्षण-प्रणाली अत्यधिक लचीली (Flexible) होती है। यह उन सभी व्यक्तियों या बच्चों को शिक्षा ग्रहण करने में मदद करती है जो कभी किसी कारणवश विद्यालयी शिक्षा प्राप्त करने में असमर्थ हो गये थे।

मैक्काल (Macall)-''निरौपचारिक शिक्षा, योजनाबद्ध विद्यालय प्रणाली से बाहर, अनुभववादी समूची आवश्यकता है।''

हरब्यूज्म (Herbuism)-''निरौपचारिक शिक्षा विद्यालय में गये तथा विद्यालय न गये व्यक्तियों के मध्य आये अंतर को समाप्त करने का एकमात्र ढंग है।''

निरौपचारिक शिक्षा के गुण *(Merits of Non-formal Education)*

निरौपचारिक शिक्षा के कुछ महत्त्वपूर्ण गुणों को निम्नलिखित बिन्दुओं के आधार पर समझेंगे-

- इस प्रक्रिया के द्वारा बालक के सीखने में परिश्रम करने की आदत का विकास होता है।
- मुख्यत: इस प्रक्रिया में अवकाश के समय का सदुपयोग होता है।
- लागत कम होने के कारण समाज में यह शिक्षा हर कोई आसानी से प्राप्त कर सकता है।
- अत्यधिक लचीली (Flexible) प्रक्रिया है।
- इस प्रक्रिया के द्वारा दूरस्थ स्थानों पर रहने वाले लोग भी इसका लाभ उठा सकते हैं।

निरौपचारिक शिक्षा के अवगुण *(Demerits of Non-Formal Education)*

निरौपचारिक शिक्षा के बहुत से गुण होने के बावजूद कुछ अवगुण भी है, जो इस प्रकार है-

- इस प्रक्रिया के द्वारा विद्यार्थी अनिवार्य डिग्री तो प्राप्त कर लेता है पर औपचारिक प्रक्रिया की तरह आत्मविश्वास नहीं प्राप्त कर पाता।
- नियमित पढ़ाई ना होने के कारण, डिग्री को प्राप्त करने में निर्धारित समय सीमा से कहीं अधिक समय लगता है।
- विद्यार्थी परीक्षाओं के निकट आने पर ही पढ़ते है, जिससे उनकी सफलता अधिक से अधिक भाग्य पर निर्भर करती है ना कि उनके पढ़ने के कौशल पर।
- विद्यार्थियों में आत्मविश्वास की प्राय: कमी रहती है।

औपचारिक, अनौपचारिक और निरौपचारिक शिक्षा में अंतर
(Difference between Formal, Informal and Non-formal Education)

क्रम सं.	*अंतर का आधार*	*औपचारिक (Formal Education)*	*अनौपचारिक (Informal Education)*	*निरौपचारिक (Non-formal Education)*
1.	अर्थ (Meaning)	औपचारिक शिक्षा प्रक्रिया कुछ औपचारिकताओं के साथ संपन्न होती है अर्थात् कुछ पूर्व निर्धारित उद्देश्य को प्राप्त करने के लिए संपन्न होती है।	अनौपचारिक शिक्षा किसी भी प्रकार की औपचारिकताओं के साथ संपन्न नहीं होती है। यह शिक्षा कहीं भी और कैसे भी प्राप्त हो सकती है।	निरौपचारिक शिक्षा कुछ औपचारिकता और कुछ बिना औपचारिकताओं के साथ संपन्न होती है।
2.	क्षेत्र (Scope)	इसका क्षेत्र सीमित होता है।	इसका क्षेत्र असीमित होता है।	इसका क्षेत्र सामान्य रूप से सीमित होता है।
3.	समयावधि (Time Duration)	यह विद्यालय से विश्वविद्यालय तक दी जाती है।	इसका क्षेत्र सीमित नहीं होता है। यह जीवनपर्यन्त होती है।	इसका क्षेत्र सामान्य रूप से सीमित होता है। यह जीवनपर्यन्त हो सकती है।
4.	संस्था (Organiz-ation)	यह शिक्षा औपचारिक संस्थाओं द्वारा दी जाती है। जैसे विद्यालय, पुस्तकालय और महाविद्यालय आदि।	यह अनौपचारिक संस्थाओं द्वारा प्रदान की जाती है। जैसे-परिवार, समुदाय, संगठन आदि।	यह सामान्य रूप से अल्पकालीन संस्थाओं द्वारा दी जाती है। जैसे-मुक्त विश्वविद्यालय, खुला विद्यालय आदि।
5.	लक्ष्य (Aims)	इसमें शिक्षा पूर्व निश्चित लक्ष्यों व आदर्शों के अनुसार संगठित होती है।	इसमें कोई पूर्व निश्चित लक्ष्य नहीं होता। इसमें शिक्षा असंगठित होती है।	इसमें शिक्षा कुछ उद्देश्यों को प्राप्त करने के लिए दी जाती है।
6.	समय (Time)	इसमें समय निश्चित होता है।	इसमें समय निश्चित नहीं होता है।	इसमें समय आंशिक रूप से निश्चित होता है।
7.	शिक्षण विधियां (Teaching methods)	औपचारिक शिक्षा में कुछ निश्चित प्रकार की शिक्षण विधियों का प्रयोग किया जाता है।	अनौपचारिक शिक्षा में कोई निश्चित शिक्षण विधि प्रयोग नहीं होती है।	इसमें अधिगम प्रक्रिया लचीली होती है।

क्रम सं.	अंतर का आधार	औपचारिक (Formal Education)	अनौपचारिक (Informal Education)	निरौपचारिक (Non-formal Education)
8.	पाठ्यक्रम (Curriculum)	निश्चित पाठ्यक्रम।	अनिश्चित पाठ्यक्रम।	लचीला पाठ्यक्रम
9.	मूल्यांकन (Evaluation)	पूर्ण रूप से मूल्यांकन पर निर्भर करती है।	यहाँ स्व-मूल्यांकन या किसी भी प्रकार का मूल्यांकन नहीं।	कुछ मूल्यांकन व कुछ बिना मूल्यांकन संपन्न होता है।
10.	स्थान (Place)	यह शिक्षण संस्थानों द्वारा दी जाती है।	यह शिक्षा अनिश्चित स्थानों पर दी जाती है।	यह शिक्षा संस्थाओं के परिवेश के बाहर से ग्रहण की जाती है।
11.	योजना (Plan)	यह शिक्षा पूर्व नियोजित होती है।	यह शिक्षा पूर्व नियोजित नहीं होती है।	यह अधिक लचीली योजना के साथ होती है।

शिक्षा की विशेषताएँ (Characteristics of Education)

शिक्षा एक ऐसी प्रक्रिया है जो व्यापक, और संकीर्ण भी तथा प्रत्यक्ष और अप्रत्यक्ष भी और यहाँ तक कि औपचारिक, अनौपचारिक, और निरौपचारिक भी है। इस प्रकार शिक्षा की अनगिनत विशेषतायें है जिन्हें एक सूत्र में बांधना असंभव हैं। फिर भी कुछ शिक्षाशास्त्रियों ने शिक्षा की विशेषताओं को निम्न सूत्रों में बांधने का भरसक प्रयास किया है–

1. **शिक्षा सबसे उत्तम मित्र** (Education as the Best Friend) विदेशों में विद्या मनुष्य का सच्चा मित्र होती है। घर में शीलगुण युक्त नारी मनुष्य की वास्तविक मित्र होती है। रोगी के लिए औषधि मित्र होती है और मरे हुए मनुष्य का मित्र उसका धर्म होता है।
2. **शिक्षा सबसे मूल्यवान जेवर** (Education as the most Valuable Ornament)
   ताराणां भूषणम् चन्द्र नारीणां भूषणं पतिः।
   पृथ्विव्यां भूषणं राज्ञः विद्या सर्वस्व भूषणम्।।
   तारों का आभूषण चंद्रमा है, नारी का आभूषण पति है,
   पृथ्वी का आभूषण राजा है, परंतु विद्या सभी का आभूषण है।।
3. **शिक्षा व्यक्ति को विनम्र बनाती है।** (Education make people polite)
   इसको एक श्लोक के द्वारा जान सकते हैं–
   ''विद्यां ददाति विनयं विनयाद् याति पात्रताम्।
   पात्रत्वात् धनमाप्रोति धनात्धर्मं ततः सुखम्।।

ज्ञान अनुशासन बनाता है और लोगों को विनम्र बनाता है। विनम्रता से मनुष्य योग्यता को प्राप्त करता है, योग्यता से धन प्राप्त करता है, धन से धर्म प्राप्त होता है, और धर्म से सुख प्राप्त होता है।

4. **शिक्षा विभिन्न प्रकार की भूमिका अदा करती है** (Education play multiple roles)
   नास्ति विधासमो बन्धुनास्ति विधासमः सुहत्।
   नास्ति विधसंम वित्त नास्ति विधासमं सुखद।।
   शिक्षा जैसा कोई मित्र नहीं है, शिक्षा जैसा काई बन्धु नहीं होता है, शिक्षा जैसी सम्पत्ति नहीं है और यहां तक कि शिक्षा जैसा कोई महान सुख नहीं है।

5. **विद्या सबसे अच्छा धन है** (Education is the Best Wealth)
   न चोरहार्यं न राजहार्य न भ्रातृभाज्यं न च भारकारि।
   व्यये कृते वर्धत एव नित्यं विधाधनं सर्वधनप्रधानम्।।
   "शिक्षा को कोई चोर चुरा नहीं सकता है, किसी राजा द्वारा भी इसको गमन नहीं किया जा सकता है और यह भाईयों के द्वारा बांटी नहीं जा सकती है शिक्षा कोई भार नहीं है और शिक्षा ऐसा धन है जो खर्च/बाँटने से और बढ़ता ही जाता है। इसलिए विद्याधन ही सबसे उत्तम धन है।"

शिक्षा के कार्य (Functions of Education)

शिक्षा के कार्यो से अभिप्राय है कि मुख्यतया शिक्षा क्या करती है? शिक्षा व्यक्ति या बालक का सर्वांगीण विकास (Over all development) करती है। इस तरह शिक्षा का क्षेत्र बहुत ही व्यापक हैं। इसके अंतर्गत वह सभी बातें आ जाती हैं जो व्यक्ति को प्रत्यक्ष और अप्रत्यक्ष रूप से प्रभावित करती है और बालक/व्यक्ति को वास्तविक जीवन में जीने के योग्य बनाती है जिससे वह स्वयं, समाज, परिवार और राष्ट्र का निर्माण करने में सहायक सिद्ध हो सकें।

शिक्षा एक गतिशील प्रक्रिया है जो व्यक्ति, समाज और राष्ट्र की आवश्यकताओं के अनुसार समय-समय पर परिवर्तित होती रहती है। इस प्रकार शिक्षा के कार्य बहुत ही व्यापक है। अतः शिक्षा के कार्यो को निम्नलिखित रूपों में वर्णन कर सकते है।

1. शिक्षा के व्यक्तिगत स्तर के कार्य (Individual level functions of education)
2. शिक्षा के सामाजिक कार्य (Social functions of education)
3. राष्ट्रीय जीवन में शिक्षा के कार्य (National life functions of education)

1. शिक्षा के व्यक्तिगत स्तर के कार्य
(Individual Level Functions of Education)

शिक्षा का मुख्य कार्य व्यक्ति का विकास करना है। व्यक्ति के जीवन को खुशहाल, संपन्न और समृद्ध बनाना है। शिक्षा ही व्यक्ति का शारीरिक (Physical), बौद्धिक (Intellectual), संवेगात्मक (Emotional), सामाजिक (Social), आध्यात्मिक (spirituality) और नैतिक (moral) विकास करती है और व्यक्ति की आवश्यकताओं और आकांक्षाओं को पूरा करने में योगदान देती है। इस परिपेक्ष्य में शिक्षा के निम्नलिखित कार्य है-

(i) **बालक की जन्मजात शक्यिों का विकास** (Development of innate powers of child)-जब बालक जन्म लेता है तो कुछ जन्मजात शक्तियों और प्रवृत्तियों को साथ लेकर आता है। जैसे-जिज्ञासा (Curiosity), प्रेम (Love), कल्पना (imagination) और आत्म-सम्मान (Self-respect) आदि। शिक्षा का मुख्य कार्य यह है कि वह इन शक्तियों का समुचित विकास कर सके। शिक्षा के अभाव में इन प्रवृत्तियों का विकास होना संभव ही नहीं होता है। शिक्षा इन प्रवृत्तियों को चलाना, मार्गदर्शन करना और नियंत्रण करना सिखाती है जिससे बालक का व्यवहार संतुलित हो और बालक समाज में खुशी-खुशी जी सके। इसी संदर्भ में पेस्तालॉत्सी (Pestalozzi) ने इसका समर्थन करते हुए कहा कि "शिक्षा मनुष्य की जन्मजात शक्यिों का स्वाभाविक, संतुलित एवं प्रगतिशील (Progressive) विकास करती है।

(ii) **व्यक्ति का सर्वांगीण विकास** (All round development of person)-शिक्षा बालक के सभी पक्षों जैसे-शारीरिक, मानसिक, नैतिक, संवेगात्मक और आध्यात्मिक आदि के विकास में सहयोग करती है। शिक्षा ही एकमात्र साधन है जो बालक के सभी पक्षों में संतुलन (Balance) बनाकर खुशहाल जीवन जीने के लिए प्रेरित करती है।

(iii) **चरित्र निर्माण में सहायक** (Helpful in character formation)-शिक्षा अगर सही अर्थों में हो तो उसका मुख्य कार्य चरित्र निर्माण का है। यहाँ तक कि हर्बट महोदय ने शिक्षा के संपूर्ण कार्य को एक ही शब्द में प्रकट किया है, वह है नैतिकता (Morality).

(iv) **व्यस्क जीवन की तैयारी** (Prepration for adult life)-आज का बालक आने वाले-कल के समाज का एक होनहार और सभ्य नागरिक होगा। शिक्षा बालक को व्यस्क जीवन या भविष्य के लिए तैयार करती है और इतना योग्य बना देती है कि बालक भविष्य में प्रौढ़ बनकर अपने कर्त्तव्यों का पालन करते हुए समाज का एक अच्छा नागरिक बने। जो सभी तरह की जिम्मेदारियों को व्यवस्थित तरीके से निभाने का कार्य करता है। **मिलटन** ने इस कार्य की व्याख्या करते हुए कहा है कि "मैं उसे पूर्ण शिक्षा कहता हूँ, जो मनुष्य को शांति तथा युद्ध के समय, व्यक्तिगत व जनसाधारण दोनो प्रकार के सभी कार्यों को उचित रूप से करने के योग्य बनाती है।"

(v) **सामाजिक भावना का विकास** (Development of social feeling)-बालक समाज का एक हिस्सा है, इसलिए दोनों का एक-दूसरे के साथ अटूट संबंध होता है। व्यक्ति जन्म से लेकर मृत्यु तक समाज में रहता है। यहीं रहकर वह उन्नति करते हुए दूसरों का कल्याण कर सकता है, इसलिए प्रेम, सहानुभूति, दया, परोपकार आदि सामाजिक गुणों का होना अति आवश्यक है। शिक्षा उसमें यह गुण पैदा कर सकती हैं। **एच. गोरडन** (H. Gordon) के अनुसार, "शिक्षक को यह जानना जरूरी है कि उसे सामाजिक प्रक्रिया के उन व्यक्तियों को समझना चाहिये, जो इसे समझने में असमर्थ है।"

2. शिक्षा के सामाजिक कार्य (Social Function of Education)

(i) **बालक का समाजीकरण** (Socialisation of the child)-जन्म से बालक एक जैविक प्राणी होता है। जैसे-जैसे बालक परिवार, समाज और दोस्तों के संपर्क

में आता है, तो बालक समाज के नियमों, और रीति-रिवाजों को सीखता है। उसके अनुसार अपना जीवन व्यतीत करता है। शिक्षा बालक को सभ्य बनाती है। बालकों की मूल-प्रवृत्तियों व रूचियों को समाज हित के अनुसार मोड़कर उसका समाजीकरण करती है।

(ii) **व्यवसायिक कुशलता की प्राप्ति** (Achievement of Vocational Efficiency)-मानव जीवन में शिक्षा का कार्य विद्यार्थियों को व्यवसायिक कुशलता की प्राप्ति में सहायता देना है। हमारे देश में तीव्र गति से औद्योगीकरण हो रहा है। इसलिए समाज में वैज्ञानिकों, इंजीनियरों और शिल्पकारों की जरूरत पड़ती है।

(iii) **अच्छे नागरिकों का निर्माण** (Formation of Good Citizen)-शिक्षा का महत्वपूर्ण कार्य बालक को सभ्य नागरिक बनाना है जिससे बालक सभ्य, स्वतंत्र, स्पष्ट चिंतन, सहयोग, सहनशीलता एवं अनुशासन आदि गुणों को विकसित करके समाज व देश के विकास में सहयोगी हो सके।

(iv) **वास्तविक जीवन के लिए तैयार** (Preparation of real life)-जीवन एक संघर्ष है और सभी प्रकार के संघर्षों से ऊपर उठने के लिए विभिन्न प्रकार के कौशलों की जरूरत होती है। शिक्षा इन कौशलों को प्रदान करने का कार्य करती है। इस प्रकार बालक अपने वास्तविक जीवन में आने वाली सभी स्थितियों और परिस्थितियों में सही निर्णय लेकर अपने जीवन को सुखद बनाने में सक्षम हो पाता है।

3. राष्ट्रीय जीवन में शिक्षा के कार्य
(Functions of Education in National Life)

शिक्षा का कार्य समाज, परिवार तथा व्यक्तिगत तक ही सीमित नहीं है। जिस तरह शिक्षा अपने आप में एक व्यापक एवं सतत् प्रक्रिया हैं, उसी प्रकार शिक्षा के कार्य भी व्यापक है जिन्हें राष्ट्रीय स्तर पर भी देख सकते हैं कि किस प्रकार शिक्षा किसी राष्ट्र को विकसित करने में सहायक सिद्ध होती है। किसी भी राष्ट्र में व्यक्तियों की उत्तमता व हीनता राष्ट्र की उन्नति व पतन का कारण बनती है। इस प्रकार राष्ट्रीय जीवन की उन्नति उसके उत्तम एवं चरित्रवान नागरिकों में उत्तरदायित्त्व की भावना विकसित होने पर निर्भर करती है। इसी संदर्भ में मैकल्वर ने कहा है कि यदि तेल ही खराब होगा तो ज्योति कैसे चमकदार हो सकती है? अर्थात् सामाजिक इकाईयाँ (Units) कमजोर हो, तो राष्ट्र कैसे उन्नति कर सकता है।

अत: शिक्षा के इन कार्यो को निम्नलिखित रूप में समझ सकते हैं-

1. **राष्ट्रीय विकास** (National development)-शिक्षा राष्ट्रीय विकास की रीड़ की हड्डी या आधार शिला है। शिक्षा का कार्य प्रत्येक नागरिक को जागरूक व शिक्षित करना है। शिक्षित व्यक्ति अपने मतदान के आधार पर एक योग्य, चरित्रवान, साहसी नेता का चुनाव करेगा। वह ईमानदार सरकार के आधार पर राष्ट्र का विकास करने में भरसक सहयोग कर पायेगा।
2. **भावनात्मक एकता** (Emotional integration)-शिक्षा ही ऐसा माध्यम है जो किसी बालक या व्यक्ति के भावनात्मक और क्रियात्मक पक्ष को विकसित करती

है। जिस प्रकार राष्ट्रीय विकास के लिए, राष्ट्रीय एकता की जरूरत है, उसी प्रकार राष्ट्रीय एकता के लिए भावनात्मक एकता की आवश्यकता होती है और भावनात्मक एकता के सूत्र में बाँधने का कार्य शिक्षा ही करती है।

3. **नैतिकता का प्रशिक्षण** (Training of morality)–नैतिकता मुख्यतया प्रत्येक राष्ट्र की अमूल्य संपत्ति है। इसलिए नैतिकता के बिना कोई राष्ट्र विकसित नहीं हो सकता है। देश की स्वतंत्रता के पश्चात् कई प्रकार की अनैतिकता का प्रवेश हो गया है, इसलिए राष्ट्र के विकास के लिए आने वाली पीढी अर्थात् बच्चों में सत्यता, प्रेम, आदि गुणों को विकसित करना शिक्षा का एक महत्वपूर्ण कार्य है।
4. **सामाजिक कुशलता की उन्नति** (Promotion of Social Efficiency)–बर्कले (Berkeley) के अनुसार, कुशल सामाजिक व्यक्ति वह है, जो अपने समाज अथवा राष्ट्र पर बोझ न हों दूसरों के कार्यों में हस्तक्षेप न करें तथा समाज की उन्नति में अपना योगदान दें। प्रत्येक राष्ट्र का कल्याण इसी में है कि वहाँ के नागरिक सामाजिक दृष्टि से कुशल व प्रगतिशील हों। एडलर का कथन है–"मनुष्य के उचित कार्य केवल वही है, जो समाज के लिए उपयोगी हैं।" भारत में शिक्षा का कार्य यह है कि विद्यार्थियों को उन व्यवसायों व उद्योगों में कुशल बनाये, जो न केवल उनके लिए, बल्कि समाज तथा राष्ट्र के लिए भी उपयोगी सिद्ध हों।
5. **कुशल कर्मियों की पूर्ति** (Supply of skilled workers)–राष्ट्रीय जीवन में शिक्षा का कार्य योग्य परिश्रमकर्त्ताओं की पूर्ति करना भी है। ऐसे परिश्रमी व्यक्ति व्यापार व उद्योग के उत्पादन में वृद्धि करेंगे, राष्ट्रीय संपत्ति में वृद्धि होगी तथा समाज उन्नति करेगा।
6. **नेतृत्व के लिए प्रशिक्षण** (Training for Leadership)–कोई भी लोकतान्त्रिक देश तब तक सफल नहीं होगा जब तक वहाँ के नागरिकों को कर्तव्यों व उत्तरदायित्वों के लिए प्रशिक्षित न किया जाये। इसलिए योग्य, अनुभवी व कुशल नेताओं का होना अति आवश्यक है। लोकतांत्रिक समाज के प्रत्येक क्षेत्र में, विभिन्न स्तरों के लिए, अधिक से अधिक निर्देशन करने का प्रशिक्षण प्राप्त होना चाहिए।

   धरती पर जितनी भी क्रियायें होती हैं, उन क्रियाओं का कोई ना कोई उद्देश्य अवश्य होता है। उद्देश्यहीनता में किया गया कोई भी कार्य अव्यवस्थित, असंगठित और अनियोजित होने की संभावना अधिक होती है। अतः इस प्रकार जब भी कोई क्रिया आरंभ होती है तो उसका कोई अंत अवश्य होता है। किसी क्रिया का अंत कहाँ होगा यह उस क्रिया के आरंभ होने पर निर्भर करता है। अतः नेतृत्व से सही उद्देश्य को प्राप्त किया जा सकता है।

शिक्षा के उद्देश्य (Aims of Education)

शिक्षा एक उद्देश्यपूर्ण प्रक्रिया है अर्थात् शिक्षा के भी उद्देश्य होते है। उद्देश्य विहीन शिक्षा निरर्थक होती है। आधुनिक शिक्षा के **विश्वकोश** के अनुसार, "शिक्षा एक उद्देश्यपूर्ण एवं नैतिक क्रिया होती है। इसे उद्देश्यों के अभाव में सोचा नहीं जा सकता है। (Education is purposeful and ethical activity. Hence, it is unthinkable without aims) इसलिए शिक्षा के उद्देश्यों को भी पूर्ण निर्धारित करना आवश्यक होता है।

इस प्रकार शिक्षा के उद्देश्यों को निम्नलिखित भागों में विभाजित किया जा सकता है-

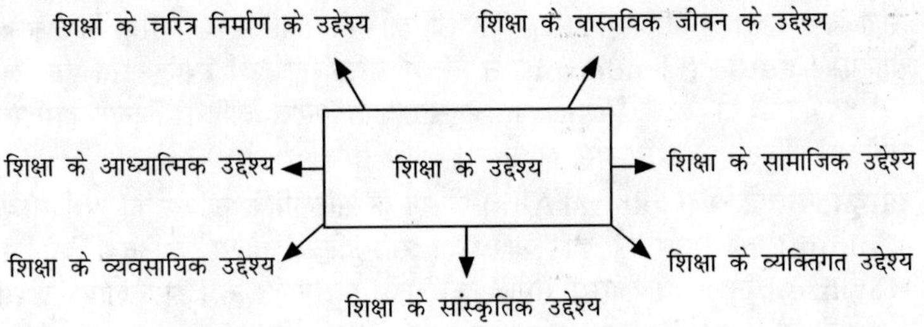

शिक्षा के उद्देश्यों को निम्नलिखित विवरण के आधार पर आसानी से समझा जा सकता है-

1. **शिक्षा के व्यक्तिगत उद्देश्य** (Individual Aims of Education)-शिक्षा एक उद्देश्यपूर्ण (Purposeful) प्रक्रिया है जिसका महत्वपूर्ण उद्देश्य व्यक्ति, समाज और राष्ट्र का विकास करना है। व्यक्तिगत उद्देश्य से तात्पर्य यह है कि शिक्षा को व्यक्तियों की रुचियों, एवं आवश्यकतानुसार विकसित करना चाहिए जिसके आधार पर व्यक्ति या समाज का सार्वभौमिक विकास हो सके। जिससे वह समाज, परिवार ओर राष्ट्र के लिए सहयोगी सिद्ध हो सकें। इस प्रकार शिक्षा का यह एक महत्वपूर्ण उद्देश्य है जिसका प्रभाव प्रत्यक्ष और अप्रत्यक्ष रूप से राष्ट्र के विकास पर नजर आता है।
2. **सामाजिक उद्देश्य** (Social Aims of Education)-शिक्षा का एक महत्वपूर्ण उद्देश्य 'सामाजिक विकास' भी है। जॉन. डी.वी. ने सामाजिक उद्देश्य का अर्थ "सामाजिक निपुणता" से लगाया है और सामाजिक निपुणता में, नागरिक संबंधी योग्यता, व्यवसायिक योग्यता और धार्मिक योग्यता को शामिल किया था। सामाजिक उद्देश्य व्यक्ति को एक समाज का 'पुर्जा' (Tool) मानता है। शिक्षा व्यक्ति को सामाजिक उत्तरदायित्व व सामाजिक कर्तव्यों से अवगत कराती है जिससे समाज सही और सरल तरीके से चल सके। जे.बी. बैडबिन के अनुसार-व्यक्तित्व को केवल सामाजिक अर्थो में ही प्रकट किया जा सकता है अन्यत्र और किसी अर्थ में व्यक्त नहीं किया जा सकता है।
3. **व्यवसायिक उद्देश्य** (Vocational Aims of Education)-व्यक्ति को समाज में जीवनयापन करने के लिए जीविका कमाना भी जरूरी है क्योंकि इसके बिना जीवनयापन संभव नहीं है। इसलिए शिक्षा का मुख्य और महत्वपूर्ण उद्देश्य है कि वह व्यक्ति को इतना योग्य बना दे, जिससे व्यक्ति परिवार और समाज में सरलतापूर्वक जीवनयापन करने में सक्षम हो सकें।

   माध्यमिक शिक्षा आयोग (Secondary Education Commission) के अनुसार यदि शिक्षित व्यक्ति अपना पेट भरने में अगर असमर्थ है तो वह सारी शिक्षा व्यर्थ है। इस प्रकार बालक जब दूसरों पर निर्भर होता है तब वह अपने निर्णय नहीं ले पाता है और दूसरों पर निर्भर रहता है। अत: शिक्षा का मुख्य उद्देश्य बालक या व्यक्ति को व्यवसाय के लिए तैयार करना है।

4. **चरित्र निर्माण** (Character Building)-शिक्षा का उद्देश्य चरित्र का विकास और निर्माण करना है। जिससे व्यक्ति उत्तम चरित्र के साथ समाज में अपने आपको सिद्ध कर सकें। हर्बर्ट के अनुसार ''शिक्षा का एकमात्र उद्देश्य चरित्र निर्माण होना चाहिए।'' हेंडरसन (Henderson) ने नैतिक चरित्र का अर्थ स्पष्ट करते हुए लिखा है-''व्यक्तियों को उनके सिद्धातों के अनुसार कार्य करना चाहिये, जिनके द्वारा उनमें सर्वोत्तम व्यक्तित्व का विकास हो सके।''
5. **सांस्कृतिक उद्देश्य** (Cultural Aim)-शिक्षा के सांस्कृतिक उद्देश्य का अर्थ संस्कृति (Culture) के प्रसार से है। शिक्षा का सांस्कृतिक उद्देश्य व्यक्तियों को सभ्य (Civilize) बनाना है। जिससे समाज को सही और सरल रूप से चलाया जा सकें और इसी के आधार पर एक व्यक्ति साधारण (Simple) से विशेष बनता है। हुमायूँ कबीर के अनुसार ''संस्कृति से परंपरा की निरंतरता किसी भी राष्ट्र के जीवन के लिए अनिवार्य शर्त होती है। शिक्षा का उद्देश्य संस्कृति की परंपराओं की निरंतरता को बनाये रखना व उसमें वृद्धि करना है।''
6. **आध्यात्मिक उद्देश्य** (Spiritual Aim)-आदर्शवादियों के अनुसार शिक्षा का प्रमुख उद्देश्य बच्चे का आध्यात्मिक विकास करना है। अर्थात् बच्चे को 'सत्यम शिवम सुंदरम' से अवगत कराना है। आध्यात्मिक उद्देश्य मानव मन व आत्मा को शक्ति प्रदान करता है। इसी संदर्भ में डॉ. राधाकृष्णन के अनुसार ''शिक्षा का उद्देश्य, न तो राष्ट्रीय कुशलता है तथा न ही अंतर्राष्ट्रीय एकता, बल्कि व्यक्ति को यह अनुभव करवाना है कि उसमें बुद्धि से भी अधिक महत्वपूर्ण कोई चीज हैं, जिसे चाहे तो आप आत्मा कह सकतें हैं।'' जिस तरह भारतीय परंपरा के अनुसार आत्मा ही पूर्ण है और पूर्णता का ज्ञान देना ही शिक्षा का उद्देश्य होना चाहिए। इसलिए अध्यात्मिकता का ज्ञान कराना ही अनिवार्य है।
7. **वास्तविक जीवन का उद्देश्य** (Aim of Real life)-व्यक्तियों का संपूर्ण विकास ही वास्तविक जीवन को जीने के लिए सरल व आनंदपूर्ण बनाता है और उस संपूर्ण विकास को विकसित करने के लिए शिक्षा की भूमिका महत्वपूर्ण होती है। **स्पैंसर** के अनुसार ''शिक्षा की हमें संपूर्ण जीवन के नियमों एवं ढंगों से जान पहचान करनी चाहिए। शिक्षा का महत्वपूर्ण उद्देश्य यह है कि व्यक्तियों को जीवन के लिए इस प्रकार तैयार करना है कि व्यक्ति उचित प्रकार से व्यवहार कर सकें तथा शरीर मस्तिष्क व आत्मा का सदुपयोग कर सकें। एक अच्छे और उपयोगी नागरिक की तरह समाज में रह सकें।

अत: निष्कर्ष के रूप में शिक्षा व्यक्ति को सफल तथा खुले विचारों वाला बनाती है। यहां तक कि शिक्षा व्यक्ति के दृष्टिकोण के साथ सही और गलत में अन्तर कर पाने के लिये व्यक्ति को जागरूक बनाती है।

शिक्षा व्यक्ति को उसकी आधारभूत आवश्यकताओं को पूरा करने के लिए तैयार करती है तथा व्यक्ति/बालक का समाजीकरण करके उसे समाज में रहने के योग्य बनाती है। इस प्रकार शिक्षा बालक या किसी व्यक्ति की तीसरी आँख की तरह कार्य करती है। इसलिए कह सकते हैं कि शिक्षा के अभाव में व्यक्ति आंख होने के बावजूद भी अंधा है।

2

शिक्षा और दर्शन
(Education and Philosophy)

बालक जब संसार में आता है तो कुछ जिज्ञासाओं के साथ होता है और बचपन से ही अपने आसपास की घटनाओं को महसूस करता है और उनका अवलोकन करता है। उन सभी घटनाओं पर गहराई से सोचता है और अपनी सभी जिज्ञासाओं को शांत करने का प्रयास करता है। साधारण भाषा में जो बालक या व्यक्ति अपने जीवन की घटनाओं को गहराई से सोचता है तथा अवलोकन करता है तो वह दार्शनिक कहलाता है। गहराई का अर्थ है घटना के पीछे के कारणों को देखना। उदाहरण के लिए जैसे–जब कोई बालक अपने दादा के साथ दशहरा के मेले में जाता है, तब वह मिट्टी के बने विभिन्न प्रकार के खिलौने जैसे घोड़ा, गधा, आदि को खरीदने की जिद्द करता है, तो उसके दादा कहते है, बेटा कोई एक ले लो, सभी खिलौने मिट्टी से ही बने हैं। इस उदाहरण से स्पष्ट होता है कि दादा किसी चीज की गहराई के अर्थात् तत्व (मिट्टी) को देख रहे है और बेटा चीजों को ऊपर (आकार) से देखता है तो इस उदाहरण में दादा एक दार्शनिक है जो कि खिलौनों को गहराई से देख पा रहे हैं।

एक दूसरे उदाहरण से देख सकते हैं–बल्ब का जलना, पंखें का चलना, फ्रिज का चलना, ए.सी. का चलना, हीटर का चलना इत्यादि-इत्यादि। इस तरह से सारी चीजें अलग-अलग चलती जरूर दिख रही हैं, लेकिन सबमें केवल ऊर्जा ही (Light/Power) है अर्थात् जो इन सबके एक ही अस्तित्व को देखता है तो वह दार्शनिक है।

अत: जब कोई व्यक्ति किसी घटना या वस्तु के होने के पीछे के कारणों को गहराई से सोचता और विचार करता है, तो वह दार्शनिक कहा जाता है।

अब प्रश्न खड़ा होता है कि एक व्यक्ति गहराई में क्यों सोचता है और दूसरा इतनी गहराई से क्यों नहीं सोच पाता है? तो व्यक्ति अपने अनुभव के आधार पर सोचता है, इसलिए एक दार्शनिक शापनहार ने कहा "हर व्यक्ति या बालक जन्म से ही दार्शनिक होता है। क्योंकि वह अपने चारों तरफ होने वाली हर घटना को देखता है और उस पर सोचता है" और प्लेटो ने इस संबंध में कहा कि "दार्शनिक वह व्यक्ति है जो प्रत्येक घटना की जानकारी प्राप्त करना चाहें या सीखना चाहे और कभी भी संतुष्ट न हों तो वह दार्शनिक कहलाता है।

अत: उपरोक्त व्याख्या से यह निष्कर्ष निकलता है कि दर्शन एक सोच, एक नजरिया और एक दृष्टिकोण है, जो व्यक्ति के अपने अनुभव के आधार पर धीरे-धीरे विकसित होता है। साधारण भाषा में यही दर्शन है।

दर्शन

साधारण शब्दों में अगर दर्शन को समझे तो ''दर्शन एक दृष्टिकोण (Vision) है, दर्शन एक सोच है, दर्शन एक नजरिया है और दर्शन प्रत्येक व्यक्ति का अपना दृष्टिकोण है।''

भारतीय चिंतन के संदर्भ में दर्शन का शाब्दिक अर्थ

'दर्शन' शब्द भारतीय प्राचीन भाषा 'संस्कृत' से प्रतिपादित है। दर्शन शब्द संस्कृत की 'दृश' धातु से बना है। जिसका अर्थ है 'देखना' अर्थात् 'जिसके द्वारा देखा जाये' या जिसके द्वारा 'सत्य व ज्ञान' को सही अर्थों में जाना जाता है। देखने वाला (दृष्टा) क्या देखता है? शरीर या ऊर्जा (Energy), रूह या आत्मा आदि-आदि। अत: देखने वाला सत्य (Permanent) देखता है या असत्य (Changeable) परिर्वतनशील को देखता है। इसी देखने को भारतीय परंपरा में दर्शन कहा गया है। ''दृश्यते इति दर्शनेन''

डॉ. राधाकृष्णन के शब्दों में दर्शन वास्तविकता के स्वरूप की तर्कशील व्याख्या है। (Darshan is a logical explanation of the nature of reality.)

पश्चात्य चिन्तन संदर्भ में दर्शन का शाब्दिक अर्थ

पश्चिमी विचारधारा के अनुसार फिलोस्फी (Philosophy) शब्द की उत्पत्ति **'ग्रीक'** भाषा के दो शब्दों से मिलकर हुई है, फिलोस (Philos) तथा सोफिया (Sophia) जिसमें फिलोस (Philos) का अर्थ है प्रेम या अनुराग (Love) तथा सोफिया (Sophia) का अर्थ ज्ञान (Knowledge or wisdom) इस प्रकार Philosophy का शाब्दिक अर्थ 'ज्ञान से प्रेम', 'ज्ञान से अनुराग' है।

दर्शनशास्त्र का अर्थ

दर्शनशास्त्र के अर्थ को संकीर्ण (Narrow) और व्यापक दोनों (Wider) रूपों में समझा जा सकता है।

दर्शन का संकीर्ण अर्थ (Narrow meaning of Philosophy)

दर्शनशास्त्र का संकीर्ण अर्थ अमूर्त चिंतन करने के उस प्रयत्न से है, जिसके द्वारा आत्मा, प्रकृति व संपूर्ण जीवन के रहस्य को जाना जा सकता है। जैसे-जीवन क्या है? मनुष्य संसार में क्यों आता है? ईश्वर का क्या स्वरूप है? यह ही दर्शन का मुख्य विषय है।

दर्शन का व्यापक अर्थ (Wider meaning of Philosophy)

व्यापक अर्थ से दर्शनशास्त्र के अर्थ में वे सभी व्यक्ति दार्शनिक है जो किसी ना किसी रूप में सत्य की खोज करते हैं। हम अपने दिन-प्रतिदिन के जीवन में इसका निरीक्षण व अवलोकन कर सकते हैं कि व्यक्ति किसी ना किसी रूप में सत्य की खोज करता रहता है और सत्य की खोज करना ही दर्शन है। इसलिए व्यापक अर्थ के रूप में प्रसिद्ध दर्शन शास्त्री शापनहार (Schopenhauer) ने बोला है कि-''संसार का प्रत्येक व्यक्ति जन्मजात दार्शनिक है। (Every man is a born meta-physician)

महोदय हक्सले के अनुसार-''प्रत्येक व्यक्ति का अपना दर्शन होता है। चाहे वह अच्छा हो या बुरा, उच्च हो या निम्न, सार्वजनिक हो या असाधारण''।

दर्शन की परिभाषाएँ (Definitions of Philosophy)

भारतीय दार्शनिकों द्वारा प्रस्तुत परिभाषाएँ

जैसा की पहले से ही विदित है कि दर्शन एक विचारधारा है, एक सत्य है, एक दृष्टिकोण है। इस प्रकार इसे परिभाषित करना बहुत ही कठिन है। क्योंकि हर व्यक्ति और हर समाज की अपनी-अपनी विचारधारा है, इसलिए परिभाषित करना थोड़ा मुश्किल है। फिर भी कुछ भारतीय व पाश्चात्य दार्शनिकों ने दर्शन को अपनी-अपनी विचारधारा के अनुसार परिभाषित किया है। जो कि निम्नलिखित है-

डॉ. राधाकृष्णन-''दर्शन-शास्त्र यथार्थ के स्वरूप का तार्किक विवेचन है।''

रविंद्रनाथ टैगोर-''सत्यम्, शिवम् एवं अद्वेतम् का समन्वय ही दर्शन हैं।''

श्री अरविन्द-''जिसमें सभी विभिन्नताएं अपनी विभिन्नताओं को खोकर एकरूप हो जाएं, वही दर्शन है।''

पाश्चात्य दार्शनिकों द्वारा प्रस्तुत परिभाषाएँ

बरट्रेंड रसल-''अन्य विद्याओं के समान दर्शन का मुख्य उद्देश्य ज्ञान की प्राप्ति है।''

फिक्टे-''दर्शन ज्ञान का विज्ञान हैं।''

प्लेटो-''पदार्थों के सनातन स्वरूप का ज्ञान करना ही दर्शन है।''

अरस्तु-''दर्शन एक ऐसा विज्ञान है जो परम तत्व के यर्थाथ स्वरूप की जांच करता है।''

दर्शन की उपरोक्त परिभाषाओं से ज्ञात होता है कि कुछ दार्शनिकों ने समीक्षात्मक दर्शन को ही दर्शन माना है। वहां दूसरी ओर कुछ दार्शनिक केवल समन्यात्मक दर्शन को ही एकमात्र दर्शन मानते हैं। यह दोनों ही मत एकांगी है। भारतीय दृष्टि में दर्शन केवल पुस्तकीय विद्या नहीं है, अपितु तार्किक दिव्य दृष्टि, आत्मज्ञान, गहन चिंतन आदि का परिणाम है।

दर्शन विश्लेषण, स्पष्टीकरण और आलोचना की क्रिया है। दर्शन प्रकृति, व्यक्तियों, वस्तुओं तथा उनके लक्ष्यों और उद्देश्यों के विषय में निरन्तर विचार करना है। इस ब्रह्माण्ड और उसमें मानव जीवन के प्रति जो हमारे विभिन्न दृष्टिकोण हैं उसकी और उसके आधार पर समस्त ज्ञान विज्ञान एवं भौतिक उपलब्धियों की तर्क सहित विवेचना ही दर्शन है।

दर्शन की प्रकृति और मुख्य विशेषताएँ (Nature and Characteristics of Philosophy)

निम्नलिखित बिंदुओं के आधार पर दर्शन की प्रकृति और विशेषताओं को दर्शाया गया है-

1. **विस्मय की भावना**-दार्शनिक वह व्यक्ति होता है जो अपने चारों ओर की प्राकृतिक एवं सांसारिक व्यवस्था एवं घटनाओं को देखकर आश्चर्य प्रकट करता है। केवल आश्चर्य ही प्रकट नहीं करता बल्कि उन मूल कारणों की खोज करता है। अत: मूल कारणों को जानना ही दर्शन है।
2. **संदेह**-दार्शनिक प्रत्येक बात के मूल में ठोस प्रश्नों की खोज के लिए प्रत्येक बात को संदेहात्मक दृष्टि से देखता है और उसका आलोचनात्मक अध्ययन करके संदेह की खोज करता है।
3. **मीमांसा**-दार्शनिक किसी भी बात को ज्यों का त्यों स्वीकार नहीं करता बल्कि उसकी मीमांसा करके भी उसको मान्यता प्रदान करता है।

4. **चिंतन**-मीमांसा के लिए चिंतन की आवश्यकता होती है। अतः दार्शनिक का दृष्टिकोण चिंतनशील स्वभाव का होता है।
5. **तटस्थता (आरम्भ से सोचना व औरों से हटकर सोचना)**-दार्शनिक अंधविश्वासी नहीं होता है। वह तटस्थ भाव से किसी प्रश्न पर चिंतन करता है। साथ ही उसमें विचार स्वातंत्र्य होता है। वह जनमत आदि से अलग रहता है। वह स्वयं अपने मत का निर्धारण करता है।
6. **तत्वज्ञान**-दार्शनिक की दृष्टि तत्व पर होती है ना कि किसी स्वरूप पर। उदाहरण के लिए पंखे का चलना, बल्ब का जलना, कूलर का चलना, मशीन का चलना। अतः इन सभी में चलना एक सामान्य प्रक्रिया है। जो सिर्फ (Light) बिजली है, तत्त्व है, जिसे दार्शनिक देखता है। एक साधारण व्यक्ति, पंखा, बल्ब, कूलर व मशीन को ही देखता है ना कि बिजली को।
7. **जीवन का एक ढंग**-दर्शन जीवन जीने की एक शैली है। प्रत्येक व्यक्ति का जीवन के प्रति अपना ही दर्शन होता है। जिसके अनुसार जीवन व्यतीत करता है। जैसा कि शापनहार महोदय ने भी कहा-''प्रत्येक व्यक्ति जन्मजात दार्शनिक होता है।'' अर्थात् सूक्ष्म विचारधारा वाला होता है। व्यक्ति अपने अनुभव के आधार पर कुछ नियम बना लेता है तथा उसी के आधार पर कुछ मूल्य स्थापित कर लेता है। तत्पश्चात अपने जीवन में प्रयोग करता है। इसी प्रकार हक्सले ने कहा-''मनुष्य अपने जीवन दर्शन तथा संसार के बारे में अपने संकल्पो, प्रत्ययों के अनुसार जीवन व्यतीत करता है।''

शिक्षा और दर्शन में सम्बन्ध
(Relationship between Education and Philosophy)

शिक्षा और दर्शन दोनो ही अलग-अलग पक्ष है। इसलिए दोनों ही पक्ष अपने आप में अधूरे है। जब एक पक्ष-दूसरे पक्ष से मिलता है तभी कोई उद्देश्यपूर्ण कार्य संपन्न होता है। इसके लिए दोनों ही पक्षों को अलग-अलग रूप में समझना अति आवश्यक है और इसी के आधार पर एक-दूसरे पक्ष की उपयोगिता (Utility) को समझना आसान हो जाता है। जिसमें पहला पक्ष शिक्षा है। जिसका अध्ययन पहले अध्याय में भली प्रकार से किया गया है। फिर भी दोनों के संबंध को समझने के लिए यहाँ शिक्षा का आशय इस प्रकार है-

शिक्षा (Education)-शिक्षा एक सुव्यवस्थित, संगठित और उद्देश्यपूर्ण प्रक्रिया है जो किसी बालक या व्यक्ति के सर्वांगीण विकास में सहायक सिद्ध होती है। अतः इस प्रकार इस प्रक्रिया को व्यापक या संकीर्ण रूप में भी समझ सकते है। इसी प्रकार यह व्यक्ति को समाज के उचित कार्यों के लिए प्रेरित करती हे। अर्थात् यह एक प्रक्रिया (Process) है जो कि जन्म लेकर मृत्यु तक चलती ही रहती है।

दर्शन (Philosophy)-साधारण भाषा में दर्शन किसी व्यक्ति की एक अपनी विचारधारा है जिसे व्यक्ति अपने-अनुभवों से विकसित करता है। और उसी के अनुसार अपने जीवन व अपने कार्य को एक प्रारूप देता है। इस प्रकार प्रोषवी आर, तनेजा ने दर्शन को सभी विचारधाराओं की जननी कहा था और इसी के कारण सभी कलायें, विज्ञान, अपनी समस्याओं के समाधान के लिए दर्शन की ओर देखते है। कई विद्वानों ने इसे विज्ञानों का विज्ञान कहा है। सिसरो (Cisero) ने इसे ''सभी कलाओं की जननी''

कहा-अतः इस प्रकार दर्शन एक विचारधारा है। जो सभी तरह की विचारधाराओं की जननी है।

दर्शन और शिक्षा का संबंध (Relationship between Philosophy and Education)-साधारण तरीके से शिक्षा और दर्शन के संबंध को इस प्रकार समझ सकते है-जैसे कि शिक्षा एक प्रक्रिया (Process) है और दर्शन एक विचारधारा (Vision or thought) है, इसलिए जब तक प्रक्रिया में विचारधारा को समाहित नहीं किया जाता तब तक प्रक्रिया (शिक्षा) अपना कार्य नहीं कर सकती है। उसी प्रकार यदि कोई विचारधारा है और उसको सिद्ध करने के लिए प्रक्रिया नहीं होती तो विचारधारा को सिद्ध करना असंभव है। इस प्रकार शिक्षा में दर्शन (विचारधारा) को समाहित किया जाता है, तो शिक्षा उद्देश्यपूर्ण (Purposeful) कार्य को करने में सफल होती है। अतः इस संबंध को हम इस प्रकार भी समझ सकते हैं-'जिस प्रकार शरीर को चलाने के लिए एक अदृश्य (Invisible) शक्ति (आत्मा) कार्य करती है उसी के आधार पर शरीर कार्य करता है। उसी प्रकार शिक्षा को उद्देश्यपूर्ण तरीके से चलाने के लिए दर्शन (विचारधारा, दृष्टिकोण) अदृश्य रूप से कार्य करता है।' उसी के आधार पर शिक्षा प्रक्रिया सुचारू रूप से कार्य करती है।

अतः शिक्षा व दर्शन दोनों का उद्देश्य व्यक्ति को सत्य का ज्ञान कराना व व्यक्ति में निहित योग्यताओं को विकसित करना है। ऐसी स्थिति में शिक्षा और दर्शन का अटूट संबंध ही नहीं है, बल्कि दोनों एक-दूसरे के बिना अधूरे है अर्थात् एक दूसरे पर निर्भर है। इसको व्यवस्थित तरीके से समझने के लिए निम्न बिंदुओं को समझना आवश्यक है।

(A) **दर्शन व शिक्षा की अंतर्सम्बंधता** (Interelation between Philosophy and Education)-दर्शन व शिक्षा दोनों एक-दूसरे से प्रभावित होते है। दर्शनशास्त्र सिद्धांतों या विचारधाराओं के द्वारा शिक्षा को व्यावहारिक रूप देता है। अर्थात् दर्शन विचार प्रस्तुत करता है और शिक्षा उसका प्रयोग करती है। इस प्रकार दोनों अनुशासन एक-दूसरे पर आत्मनिर्भर या अंतर्सम्बधित होते है। अतः इस प्रकार दर्शन व शिक्षा की अर्न्तसम्बंधता को शरीर और आत्मा के रूप में देख सकते हैं।

(B) **दर्शन की शिक्षा पर निर्भरता** (Dependency of Philosophy on Education)

(i) दर्शन, शिक्षा का अनुसरण करता है-इस आधार पर दर्शन शिक्षा पर निर्भर करता है। शिक्षा, दर्शन की उत्पत्ति के लिए आधार प्रदान करती है। शिक्षित व्यक्ति ही विधिपूर्ण व क्रमबद्ध ढंग द्वारा तर्कसंगत रूप में चिंतन कर सकता है।

(ii) शिक्षा, दर्शन की प्रचारक है-शिक्षा द्वारा ही एक पीढ़ी का दर्शन, दूसरी पीढ़ी तक पहुँचता है। शिक्षा ही दर्शन को जीवित रखती है। दर्शन का प्रचार-प्रसार शिक्षा के बिना असंभव है।

(iii) महान दार्शनिक पहले महान शिक्षा-शास्त्री-सभी दार्शनिकों ने शिक्षा द्वारा अपने दर्शन का प्रचार किया है, महान दार्शनिक जैसे-महात्मा गांधी, टैगोर, प्लेटो, तथा अरस्तु आदि महान शिक्षा शास्त्री भी है।

सर जॉन एडम्स के अनुसार-''शिक्षा, दर्शन का क्रियात्मक पहलू है। यह दार्शनिक विश्वास का सक्रिय पहलू तथा जीवन के आदर्शों को वास्तविक रूप देने का क्रियात्मक

साधन है।'' जॉन डीवी के अनुसार-''शिक्षा एक ऐसी प्रयोगशाला है जहाँ दार्शनिक सिद्धांत तथा विशिष्टताएं स्पष्ट होती हैं तथा उनका परीक्षण होता है।''

(C) **शिक्षा की दर्शन पर निर्भरता** (Dependency of education on philosophy)-इसके संदर्भ में बहुत से विद्वानों ने निम्न विचार प्रस्तुत किये हैं-

(i) फिक्टे (Fichte)-''शिक्षा की कला, दर्शनशास्त्र से भिन्न कभी भी पूर्ण स्पष्टता प्राप्त नहीं कर सकती'' (The art of education will never attain complete clearness without philosophy.)

(ii) रॉस (Ross)-''शिक्षा संबंधी सभी प्रश्न, अंततः दर्शन-शास्त्र के ही प्रश्न हैं।''

(iii) जैंटाईल (Gentile)-''दर्शन की सहायता के बिना शिक्षण-प्रक्रिया ठीक मार्ग पर नहीं चल सकती है।''

(iv) स्पैंसर का विचार-''सच्ची शिक्षा को केवल सच्चा दार्शनिक ही क्रियात्मक रूप प्रदान कर सकता है।'' (True education is practicable only by a true philosopher.)

(v) दर्शन, शिक्षा को रास्ता दिखाता है (Philosophy shows the path of education.)-शिक्षा एक उद्देश्यपूर्ण प्रक्रिया है जिसे अच्छे मार्गदर्शन की जरूरत होती है। बिना मार्गदर्शन के शिक्षा अपने उद्देश्य को प्राप्त नहीं कर सकती। इसलिये स्पैंसर ने कहा कि ''सच्ची शिक्षा, सच्चे दर्शन के कारण ही घटित होती है।''

(vi) दर्शन, शिक्षा को आगे बढ़ाने की शक्ति प्रदान करता है (Philosophy provide power to education for progress.)-दर्शन, शिक्षा को ऊर्जा प्रदान करता है, जिससे उसे सही मार्ग ही नहीं बल्कि आगे बढ़ने की शक्ति भी मिल सकें। इसीलिए दर्शन को शिक्षा की विद्युत शक्ति (यंत्र) कहा जाता है। इसी प्रकार दर्शन शिक्षकों को उत्साहित व प्रेरित करने का कार्य करता है। अतः विभिन्न शिक्षाशास्त्रियों ने दोनों की अंतर्सम्बधता से संबंधित विचारों को इस प्रकार दर्शाया है-

(i) रॉस के अनुसार (According to Ross)-''दर्शन व शिक्षा, एक ही सिक्के के दो पहलू हैं अर्थात् पहला विचारशील पहलू है तथा दूसरा क्रियाशील पहलू है।''

(ii) जेंटिल के अनुसार-''शिक्षा दर्शन की सहायता के अभाव में सही मार्ग पर नहीं बढ़ सकती है।''

(iii) दोनों के निष्कर्ष एक समान है (Ends of both are same.)-दर्शन व शिक्षा में अटूट संबंध है। क्योंकि शिक्षा के निष्कर्ष, दर्शन के निष्कर्षों के समान है अर्थात् बुद्धिमता (Wisdom) प्राप्त करना।

इसके संदर्भ में प्रो. बरैडल के अनुसार ''दर्शन के बिना शिक्षा दृष्टिहीन है तथा शिक्षा बिना दर्शन अपंग है।'' (Education without philosophy is blind and philosophy without education is invalid.).

शिक्षा और दर्शन का पारस्परिक सम्बन्ध
(Mutual Relationship between Education and Philosophy)

शिक्षा और दर्शन दोनों के पारस्परिक संबंधों का पता हम साधारण रूप से निम्नलिखित बिंदुओं के आधार पर लगा सकते हैं-

1. **शिक्षा दर्शन का व्यवहारिक पक्ष है :** प्रत्येक जीवन दर्शन एक निश्चित विश्वास पर आधारित होता है। अतः दर्शन से शिक्षा को अलग नहीं किया जा सकता।
2. **दर्शन और शिक्षा परस्पर एक-दूसरे पर निर्भर है :** शिक्षा दर्शनिक विचारों को मूलरूप प्रदान करती है। जॉन डीवी प्रयोगशाला में दार्शनिक विशिष्टताएँ स्पष्ट होती है और उनका परीक्षण होता है।
3. **शिक्षा दर्शन को जीवित रखती है :** कोई भी समाज शिक्षा के अभाव में दार्शनिक सिद्धांतों का ज्ञान प्राप्त नहीं कर सकता। इस प्रकार शिक्षा दर्शन को जीवित रखने में सहायता प्रदान करती है।
4. **शिक्षा दर्शन को गतिशील रखती है :** शिक्षा हमारे भीतर निरीक्षण और चिन्तन शक्ति का विकास करती है और जीवन की नई समस्याओं के प्रति हमें संवेदनशील बनाती है। शिक्षा के अभाव में दर्शन शास्त्र का विकास संभव नहीं है।
5. **दर्शन के अभाव में शिक्षा को समझना संभव नहीं :** दर्शन के बिना शिक्षा-अपने स्वरूप में असफल रहेगी। दार्शनिक विचारों के बिना शिक्षा संबंधी विचारों में स्पष्टता आ ही नहीं सकती।
6. **दर्शन शिक्षा के विभिन्न पहलुओं को प्रभावित करता है :** दर्शन ने शिक्षा के प्रत्येक पक्ष पर प्रभाव डाला है। दर्शन से शिक्षा के उद्देश्यों, पाठ्यक्रम, शिक्षण विधियां, अनुशासन आदि प्रभावित होते हैं। फिक्टे के अनुसार ''दर्शन के बिना शिक्षा की कला कभी भी स्पष्ट नहीं हो सकती।''

यद्यपि आज के युग में विज्ञान ने शिक्षा को अत्यधिक प्रभावित किया है फिर भी शिक्षा दर्शन से अलग नहीं हो पाई। अब भी शिक्षा की प्रत्येक समस्या का हल दर्शन में ही ढूँढ़ा जाता है। शिक्षा और दर्शन के संबंध के महत्व को झूठलाया नहीं जा सकता। प्रत्येक मनुष्य जन्मजात दार्शनिक होता है और विकास के लिए शिक्षा आवश्यक है।

उपरोक्त चर्चा के आधार पर शिक्षा और दर्शन के संबंध को निष्कर्ष के रूप में कह सकते हैं कि दर्शन विचारधारा है तथा शिक्षा एक व्यवहारिक पक्ष हैं। दर्शन जीवन का विचारात्मक पक्ष है तथा शिक्षा शिक्षार्थियों में इन मूल्यों को विकसित करती है। दर्शन शिक्षा के सभी पक्षों को प्रभावित करता है। इस प्रकार यह कह सकते हैं कि दर्शन व शिक्षा का आपस में अटूट संबंध है तथा दोनों एक दूसरे को प्रभावित करते हैं।

शिक्षा और दर्शन के उद्देश्य (Philosophy and Aims of Education)

शिक्षा का कोई ना कोई उद्देश्य जरूर होता है। इसलिए शिक्षा को एक उद्देश्यपूर्ण प्रक्रिया कहा गया है। शिक्षा का उद्देश्य जीवन के उद्देश्यों पर आधारित होता है और जीवन का उद्देश्य अपने समय के दर्शन से प्रभावित होता है। अतः शिक्षा के उद्देश्य का निर्माण, जीवन के दर्शन के अनुसार किया जाता है क्योंकि जीवन के उद्देश्य जीवन

दर्शन के अनुसार बदलते रहते हैं, इसलिए जो जीवन का उद्देश्य होता है वही शिक्षा के उद्देश्य होते हैं।

प्राचीन युग (Ancient time)-सबसे पहले हम अगर स्पार्टा का उदाहरण लें तो स्पार्टा पर शत्रुओं का आक्रमण होता रहता था। इन आक्रमणकारियों से टक्कर लेने के लिये राज्यों को शक्तिशाली योद्धाओं की आवश्यकता बनी रहती थी। अतः प्राचीन काल में स्पार्टा के जीवन का उद्देश्य अथवा जीवन दर्शन यही बन गया था कि ''जीवन एक संघर्ष है''। जीवन के उद्देश्य से प्रभावित होकर वहां की शिक्षा का उद्देश्य बालकों में देश-प्रेम, उत्साह, साहस तथा आज्ञा पालन की भावना विकसित करना एवं शारीरिक शक्ति को उत्पन्न करके ऐसे बलवान योद्धाओं का निर्माण करना था जो युद्ध कला में निपुण हो। इस उद्देश्य को प्राप्त करने के लिए बालकों में दौड़ना, कूदना, कुश्ती लड़ना, गोला फेंकना, शिक्षा का उद्देश्य बन गया था।

मध्य युग (Medieval period)-मध्य युग में जीवन दर्शन में अनेक उतार-चढ़ाव आये। इससे जीवन के लक्ष्य और शिक्षा के उद्देश्य बदलते गये। उस समय चारों ओर ईसाई धर्म का प्रचार हो रहा था। जिसके कारण शिक्षा में भी धर्म का ही समावेश हो गया था अर्थात् शिक्षा का एकमात्र उद्देश्य धर्म का प्रचार प्रसार था।

आधुनिक युग (Modern period)-आधुनिक युग में लगभग सभी राष्ट्र अपनी-अपनी विचारधाराओं तथा आवश्यकताओं के अनुसार अपने-अपने जीवन लक्ष्यों को दृष्टि में रखते हुये अपने-अपने यहां शिक्षा के उद्देश्यों का निर्माण कर रहे हैं। जिन देशों में जनतंत्र की भावना प्रबल है वहां शिक्षा जनतंत्रीय-सिद्धांतों एवं मूल्यों पर आधारित थी। इंग्लैण्ड और अमेरिका में जनतंत्र फैला हुआ है। अतः इग्लैण्ड में जनतंत्रीय भावना के अनुसार व्यक्ति के विकास पर बल दिया अर्थात् वहां की शिक्षा का उद्देश्य बालक के व्यक्तित्व का विकास करना है। अंग्रेजी शासनकाल में भारत में ऐसे लोगों की आवश्यकता थी जो शासन के कार्य में सहयोग प्रदान कर सकें। अतः शिक्षा का उद्देश्य केवल दफ्तरों में कार्य करने वाले बाबुओं का निर्माण करना मात्र रह गया था।

दर्शन तथा पाठ्यक्रम (Philosophy and Curriculum)

शिक्षा के उद्देश्यों की भांति पाठ्यक्रम का निर्माण भी दर्शन के अनुसार ही होता है। जिस देश में जिस समय जैसी विचारधारायें, आकांक्षायें तथा मान्यतायें एवं आदर्श प्रचलित होते हैं, उस समय उन्हीं के अनुसार पाठ्यक्रम का निर्माण किया जाता है तथा उसके अन्तर्गत उन्हीं विषयों को सम्मिलित किया जाता है।

दर्शन तथा शिक्षण-पद्धतियाँ (Philosophy and Teaching Methods)

दर्शन तथा शिक्षण-पद्धतियों में घनिष्ट सम्बन्ध होता है। यही कारण है कि समय-समय पर बदलती हुई दार्शनिक विचारधाराओं के अनुसार शिक्षण-पद्धतियों में भी परिवर्तन होता रहता है। वास्तविकता यह है कि शिक्षा के उद्देश्य को प्राप्त करने के लिये ही शिक्षण विधियों का प्रयोग किया जाता है अर्थात् शिक्षा भी दर्शन से प्रभावित हुये बिना रह नहीं सकती है।

अतः प्रत्येक दार्शनिक विचारधारा के अनुसार शिक्षण की विधियां भी अलग-अलग ही है।

प्रकृतिवादी विचारधारा के अनुसार पाठ्यक्रम की अपेक्षा बालक को अधिक महत्व दिया जाता है। इसलिए प्रकृतिवादी डाल्टन पद्धति, मान्टेसरी विधि, खेल द्वारा शिक्षण, निरीक्षण पद्धति आदि अनेक विधियों का निर्माण किया। इसी तरह प्रयोजनवादियों ने योजना विधि का प्रतिपादन करते हुए बालक के विकास को मुख्य स्थान दिया।

आदर्शवादियों ने भी अपनी शिक्षण-पद्धति में प्रश्नोत्तर तथा वाद-विवाद एवं व्याख्यान विधियों को विशेष महत्व दिया। अतः बालक के दर्शन के आधार पर शिक्षण-पद्धतियों को सुनिश्चित किया जाता था।

दर्शन तथा अनुशासन (Philosophy and Discipline)

दर्शन, अनुशासन के स्वरूप को निश्चित करता है। अनुशासन पर दार्शनिक विचारधाराओं का गहरा प्रभाव पड़ता है जिसमें स्कूली अनुशासन कठोर नियंत्रण पर आधारित होना चाहिए अथवा पूर्ण नियंत्रण पर आधारित होना चाहिये यह एक दार्शनिक समस्या है। जिस तरह एडम्स ने अपनी प्रसिद्ध पुस्तक मॉडर्न डेवलमपेंट इन एजूकेशन प्रैक्टिस में अनुशासन के निम्नलिखित तीन प्रकार के रूपों पर प्रकाश डाला है-

1. प्रभावात्मक अनुशासन (Impressionistic Discipline)
2. दमनात्मक अनुशासन (Repressionistic Discipline)
3. मुक्त्यात्मक अनुशासन (Emancipationist Discipline)

1. **प्रभावात्मक अनुशासन**-प्रभावात्मक अनुशासन आदर्शवादी दर्शन पर आधारित है। इस विचारधारा के समर्थकों का विश्वास है कि बालकों के व्यवहार में शिक्षक के व्यक्तित्व का गहरा प्रभाव पड़ता है। अतः शिक्षक को चाहिए कि वह अपने व्यक्तित्व तथा आदर्शों के द्वारा बालक को इस प्रकार से प्रभावित करें कि उनमें आत्म अनुशासन विकसित हो जाये। इस प्रकार प्रभाववादी दमनकारियों की भांति बालक को सुधारने के लिये दण्ड व भय का प्रयोग न करके उसके हृदय को प्रेम से जीत कर पूर्ण अनुशासन बनाये रखने का समर्थन करते हैं।
2. **दमनात्मक अनुशासन**-यह दमनवादी विचारधारा पर आधारित है तथा स्वेच्छाचारी शासन की ओर संकेत करता है। इस विचारधारा के अनुसार बालक की किसी प्रकार की स्वतंत्रता को नियंत्रण में रखे जाने पर बल दिया जाता है। इस दृष्टि से दमनात्मक अनुशासन मारपीट तथा भय पर आधारित होता है।
3. **मुक्त्यात्मक अनुशासन**-यह प्रकृतिवादी दर्शन पर आधारित होता है। इसमें बालक की स्वभाविक अच्छाई में विश्वास किया जाता है। अतः मुक्तिवादियों का विश्वास है कि यदि बालक को उसके विकास के लिये पूर्ण स्वतंत्रता प्रदान की जाये तो उसके जीवन में नैतिकता की सुन्दरता इस प्रकार से प्रस्फुटित हो उठेगी, जिस प्रकार नाना प्रकार के पुष्पों में स्वाभाविक सौंदर्य फूट पड़ता है। अतः मुक्तिवादी, दमनकारियों तथा प्रभाववादियों से बिल्कुल सहमत न होकर बालक की अनियन्त्रित स्वतंत्रतापूर्ण आत्मभिव्यक्ति का समर्थन करते हैं।

दर्शन तथा पाठ्य-पुस्तक (Philosophy and Text Book)

जीवन में आदर्शों तथा शिक्षा के उद्देश्यों को प्राप्त करने के लिए पाठय-पुस्तक एक महत्वपूर्ण साधन होती है। पाठ्य पुस्तक को देश की दार्शनिक विचारधाराओं, सिद्धांतों,

आदर्शों तथा भावनाओं को ध्यान में रखते हुए लिखा जाता है। जो अध्ययन में उत्सुकता बढाती है। अन्यथा उन पुस्तकों का बहिष्कार कर दिया जाता है।

दर्शन का महत्व (Importance of Philosophy)

हम शिक्षा और दर्शन के महत्व को इस तरह से समझ सकते हैं। जैसे–जिस तरह शरीर में रीड की हड्डी कार्य करती है उसी तरह मानव जीवन में दर्शन का अपना महत्व है। जीवन का कोई पक्ष ऐसा नहीं होता है जो दर्शन के विषय क्षेत्र से भिन्न हो। ग्रीक के महान दार्शनिक अरस्तु ने दर्शन के महत्व को इंगित करते हुए कहा है कि, "प्रत्येक व्यक्ति दर्शन के अनुसार कार्य करता है भले ही वह जानता हो या नहीं" इसी प्रकार फ्रांसीसी बेकन ने कहा था कि "दर्शन सभी विज्ञानों की जननी है।"

साधारण शब्दों में अगर दर्शन को समझे तो "दर्शन एक सोच है! दर्शन एक नजरिया है। दर्शन एक व्यक्ति का दृष्टिकोण है।"

अब प्रश्न उठता है कि किसी व्यक्ति विशेष का दर्शन कैसे बनता है? एक उदाहरण के द्वारा समझे तो जब बालक पैदा होता है और थोड़ा बड़ा होकर जब दोस्तों के साथ खेलता है तो उसे विभिन्न प्रकार के अनुभव प्राप्त होते हैं। जैसे-वह गुल्ली-डंडा खेलता या कोई भी खेल खेलना शुरू करता है, तो धीरे-धीरे उसे उसमें मजा आने लगता है और अच्छा लगने लगता है। इस प्रकार उसकी यह सोच बन जाती है कि खेलने में तो बड़ा मजा है या खेलना ही सच है और वह उसके प्रति सोचना शुरू कर देता है। सारा समय सोचता है अर्थात् वह जो भी करता जैसा भी करता है सिर्फ खेल के प्रति करता है। इस तरह बालक के अनुभव के आधार पर खेल के प्रति नजरिया बनता जाता है। दर्शन उतना ही प्राचीन है जितना कि मानव जीवन। जीवन का कोई भी ऐसा पक्ष नहीं है जो दर्शन के विषय क्षेत्र के अध्ययन में न आता हो, इसकी व्यापकता से ही दर्शन का महत्व इंगित करता है।

शिक्षक के लिए दर्शन का महत्त्व (Importance of Philosophy for the Teacher)-शिक्षक, शिक्षण-अधिगम प्रक्रिया का एक महत्त्वपूर्ण पक्ष है। अर्थात् शिक्षक एक ड्राईवर की तरह कार्य करता है। जिस तरफ और जैसा भी चाहे गाड़ी को ले जा सकता है। उसी तरह शिक्षण भी कक्षा को जिस तरफ ले जाना चाहे ले जा सकता है। इस तरह शिक्षक की भूमिका बहुत ही महत्त्वपूर्ण और अकथनीय है। शिक्षा का ऐसा कोई भी पक्ष नहीं है, जो दर्शन से अछूता है। साधारणतया दर्शन संस्कृत के दृश धातु से बना है, जिसका अर्थ है देखना। अतः इस प्रकार दर्शन एक दृष्टिकोण हैं। एक नजरिया है, जिसके द्वारा कोई व्यक्ति, किसी वस्तु अथवा विचार को एक गहराई से देखता है। अतः उपरोक्त वर्णन के आधार पर शिक्षक एक महत्त्वपूर्ण पक्ष है। शिक्षा अधिगम प्रक्रिया की रूपरेखा को शिक्षक किस दृष्टिकोण से देखता है, किस गहराई के साथ अपने विचारों का आदान-प्रदान करता है। अतः शिक्षक के लिए महत्त्वपूर्ण है कि शिक्षण-अधिगम प्रक्रिया से पहले शिक्षण के पाठ्यक्रम, शिक्षण विधियों, अनुशासन, विद्यार्थी, कक्षा-कक्ष आदि को जानना आवश्यक और यह सब जानने में दर्शन की भूमिका अति आवश्यक हो जाती है। किसी विद्वान ने यहाँ तक लिखा है कि अगर शिक्षक का गहरा दर्शन नहीं है तो, उसे शिक्षण छोड़कर 'दुकानदारी' का व्यवसाय करना चाहिये।

अतः हैण्डरसन के विचार के अनुसार 'दर्शन' किसी शिक्षक की निम्नलिखित विभिन्न गतिविधियों में मार्गदर्शन करता है-

1. दर्शन अध्यापक को शिक्षण विधियों के चयन में सहायता करता है।
2. दर्शन अध्यापक को पाठ्यक्रम का निर्माण करने तथा उसे व्यावहारिक बनाने में सहायता देता है।
3. अनुशासन दर्शन से प्रभावित होता है। समय-समय पर दार्शनिक विचारधाराओं ने शिक्षा क्षेत्र में अनुशासन की समस्या को अपने ढंग से सुलझाया है।
4. दर्शन, अध्यापक की शिक्षण प्रक्रिया को समझने में सहायक होता है।

दर्शन के कार्य (Functions of Philosophy)

दर्शन की विषयवस्तु अपने आप में सार्थक है, अर्थात् दर्शनशास्त्र तर्कशील तथा वैज्ञानिक हैं, जो मुख्यतः समस्याओं को दो प्रकार से हल करने में सहायता प्रदान करता है। इन्हीं दोनों प्रकार को दर्शन के कार्यों के रूप में देखा जा सकता है।

1. **विश्लेषण करना** (To analysis)-दर्शन का कार्य मुख्य रूप से विश्लेषण करना है। विश्लेषण से अभिप्राय है कि किसी बड़ी समस्या को लेकर उसके छोटे-छोटे सार्थक अंगों में विभाजित करना तथा पुनः उन अंगों की सार्थकता के बारे में सूक्ष्मता से विचार करना। अतः इसके अनुसार पहले समस्या के छोटे भाग का तर्क (Logic) की सहायता से विश्लेषण किया जाता है और फिर समस्या के निर्णयों पर पहुँचा जाता है। जिसे विश्लेषण कहा जाता है।
2. **संश्लेषण करना** (To synthesis)-इस कार्य के अंतर्गत किसी समस्या या स्थिति के बारे में संपूर्ण संबंधित ज्ञान या अनुभव को एकत्रित किया जाता है। फिर उसका संश्लेषण करके निष्कर्ष निकाले जाते हैं। इस संदर्भ में संश्लेषण का अर्थ-समस्या के सूक्ष्म अंशों को जोड़कर पूर्ण रूप से निष्कर्ष पर पहुँचना है। यह विश्लेषण का एक विपरीत कार्य है। यह विधि व ढंग पर अधिक बल नहीं देता है। केवल निष्कर्ष पर ही आधारित है। संश्लेषण के अंतर्गत दार्शनिक ब्रह्मांड को समूचे रूप में समझता है। इस प्रकार उपरोक्त के अलावा दर्शन के अन्य कार्य भी है। जो निम्नलिखित है-

- दर्शन शब्दों एवं अर्थों का स्पष्ट विश्लेषण कर कार्य की सही दिशा निश्चित करता है।
- जीवन में आने वाली नवीन समस्याओं के समाधान में व्यक्ति की संश्लेषण व विश्लेषण विधि से सहायता करता है।
- दर्शन व्यक्ति की उत्सुकता एवं जिज्ञासा को शांत करके ज्ञान प्राप्त करने में सहायता प्रदान करता है।
- दर्शन जीव, जगत, सत्य, चित्त, आनंद, आत्मा, परमात्मा मानस आदि से संबंधित प्रश्नों के उत्तर ढूंढ़ने का प्रयास करता है।
- दर्शन ध्यान को केन्द्रित करने में व्यक्ति की मदद करता है। यम, नियम, संयम, प्राणायाम, धारणा द्वारा चित्तवृत्तियों पर संयम करना संभव है और इस कार्य में दर्शन द्वारा सहायता प्राप्त होती है।
- दर्शन मात्र तथ्यों का संग्रह नहीं करता वरन् वस्तु के वास्तविक स्वरूप को देखने की कोशिश करता है।

उपरोक्त विवरण के आधार पर यह सिद्ध हो जाता है कि दर्शन मानव जीवन के आदि और अंत पर विचार करके जीवन को सोद्देश्य बनाता है तथा विभिन्न विज्ञानों द्वारा प्राप्त

सत्यों में अंर्तविरोधों को दूर कर जीवन की विविधताओं और विसंगतियों की स्थितियों में सामंजस्य लाने का प्रयास करता है। यह मानव की सभी प्रकार की जिज्ञासाओं का संश्लेषण व विश्लेषण विधि से हल करने में सहायक होता है।

दर्शन की शाखायें (Branches of Philosophy)

दर्शन शास्त्र के लिए दुख-सुख, जन्म-मरण, जीवन, जगत, भविष्य, आकाश, पृथ्वी, सत्य-असत्य, पहलू विचारणीय होते हैं। परंतु यह सारे ही विषय बहुत विस्तृत हैं, इस कारण उनके स्वरूप के अनुसार दार्शनिकों ने उन्हें विभिन्न भागों में विभाजित कर दिया है। इस प्रकार दर्शन शास्त्र की शाखाओं द्वारा उपरोक्त सभी समस्याओं का हल उनकी प्रकृति के अनुसार किया जाता है और निष्कर्ष पर आसानी से पहुँचा जा सकता है। अतः दर्शन की शाखाएँ इस प्रकार हैं-

I. तत्व मीमांसा (Meta Physics)

II. ज्ञान मीमांसा (Epistemology)

III. कर्म/मूल्य मीमांसा (Axiology)

दर्शन का विषय क्षेत्र/दर्शन की शाखायें

- तत्व मीमांसा
- ज्ञान मीमांसा
- कर्म/मूल्य मीमांसा
  1. नीति शास्त्र
  2. तर्क शास्त्र
  3. सौन्दर्य शास्त्र

I. तत्व मीमांसा (Metaphysics)

तत्वमीमांसा को पराभौतिक विज्ञान भी कहा जाता है। इसे अंग्रेज़ी में Metaphysics कहते है। जिसका अर्थ Meta (मैटा) का अर्थ परे या दूर है तथा Physics (फिजिक्स) का अर्थ भौतिक या प्रकृति या भौतिकता से हटकर अर्थात् "भौतिकता से परे" अतः सच (तत्व) वह है जो भौतिकता से परे है। यह सूक्ष्म विज्ञान भी कहलाता है। इसकी विषयवस्तु ईश्वर, आत्मा, शरीर इत्यादि है। इसकी कई उपशाखायें भी है। जो निम्न प्रकार है-

1. **सत्तामीमांसा** (Ontology)-इसके द्वारा अंतिम सत्य का अध्ययन किया जाता है। जैसे सत्य एक हो या अनेक हों अगर अनेक हैं तो क्या कोई संबंध होता है। ऐसे सभी प्रश्न सम्मलित होते हैं।
2. **ब्रह्माण्ड विज्ञान** (Cosmology)-इसमें रचना (Creation) की उत्पत्ति से संबंधित सभी समस्याओं का अध्ययन किया जाता है। जैसे ब्रह्माण्ड एक है या अनेक आदि-आदि।
3. **सृष्टिशास्त्र** (Cosmogony)-इसके अंर्तगत सृष्टि से संबंधित सभी प्रश्न आते हैं। जैसे सृष्टि की रचना हुई है या यह दैवीय है। सृष्टि की रचना कैसे हुई? सृष्टि की रचना किसने और क्यों की? आदि इसकी विषय वस्तु है।

4. **धर्मशास्त्र** (Theology)-दर्शन की इस शाखा में परमात्मा का अस्तित्व एवं उसके बारे में विचार किया जाता है। जैसे–परमात्मा क्या है? परमात्मा की क्या सत्ता है?
उपरोक्त सभी तत्व मीमांसा की शाखायें हैं, जिनके द्वारा तत्व को किसी ना किसी रूप में समझा जा सकता है।

II. ज्ञान मीमांसा *(Epistemology)*

एपिस्टेमोलोजी (Epistemology) शब्द ग्रीक भाषा के ऐपिस्टेमे (Episteme) से बना है। जिसका अर्थ होता है-'ज्ञान प्राप्त करना' अथवा 'जानना', दर्शन शास्त्र की इस शाखा में ज्ञान की उत्पत्ति, इसकी संरचना एवं प्रकृति, उसे प्राप्त करने की विधि तथा उसकी वैधता एवं सीमाओं के संबंध में परिचय प्राप्त होता है।

ज्ञान मीमांसा की मुख्य तीन उपशाखायें हैं जो निम्न प्रकार हैं-

1. **असंभववाद** (Agnosticism)-इसका विश्वास है कि अंतिम सत्य का ज्ञान असंभव है।
2. **संदेहवाद** (Skepticism)-संदेहवाद मत इस बात का संदेह करता है कि किसी के पास कोई ज्ञान है।
3. **संभववाद** (Affirmation knowledge)-इसके द्वारा अंतिम सत्य का वास्तविक ज्ञान संभव तो है परंतु यह आंशिक होता है पूर्ण नहीं।

ज्ञान मीमांसा की अन्य उपशाखायें निम्न प्रकार है-

(क) अनुभाववाद (ख) बुद्धिवाद

(ग) प्रत्ययवाद (घ) यथार्थवाद

यदि दर्शन शब्द की प्रकृति को देखें तो इसमें ज्ञान के प्रति अनुराग निहित है इसलिए दर्शनशास्त्र की एक उस शाखा के रूप में ज्ञान शास्त्र को मान्यता प्राप्त है। वास्तव में ज्ञान की दिशा मुक्तिदायक होती है। ज्ञान को सद्गुण कहा गया है। सामान्य रूप में तो ज्ञान को सच्चा मित्र बताया गया है। यह व्यक्ति के नेत्र पर पड़े अज्ञानता के पर्दे को हटाता है।

ज्ञान प्राप्त करने के साधन, सत्य और असत्य का स्वरूप, प्रमाण और अप्रमाण का स्वरूप, भ्रम और भ्रम निवारण! जब किसी को भ्रम होता है तो वास्तविक ज्ञान प्रदान किया जाता है।

(क) **अनुभववादः** अनुभव को समस्त ज्ञान का स्रोत माना जाता है। अनुभववाद के अनुसार मनुष्य को ज्ञान उसकी विभिन्न इन्द्रियों के माध्यम से प्राप्त संवेदनाओं के द्वारा होता है। अनुभववाद के जनक ब्रिटिश दार्शनिक जॉन लॉक के मतानुसार ज्ञान जन्म के समान होता है। जैसे-जैसे वह बाह्य के संपर्क में आता है। अपनी इंद्रियों के माध्यम से अनुभवों को प्राप्त करता है और वे संवेदनाओं के रूप में वस्तुओं के चिन्ह् मस्तिष्क की इस खाली पट्टी पर अंकित होते जाते हैं। इस प्रकार की सामग्री बाहर से आती है।

(ख) **बुद्धिवादः** बुद्धिवाद से तात्पर्य ज्ञान के क्षेत्र में उस सिद्धांत से है जो कि समस्त ज्ञान को बुद्धि पर आधारित मानता है। ऐतिहासिक दृष्टि से पश्चिम में बुद्धिवाद का प्रारंभ डेकार्ट से माना जाता है। बुद्धिवाद में सत्य का अन्वेषण आवश्यक है और हम बिना प्रमाण के किसी तथ्य को स्वीकार नहीं कर सकते।

(ग) **प्रत्ययवादः** प्रत्ययवाद के अनुसार परम सत्ता मानव की है तथा विश्व प्रत्येक मानव पर आधारित है। ज्ञानेन्द्रियों द्वारा अनुभव किया गया संसार सत्य नहीं हैं। इसके अनुसार संसार की प्रत्येक भौतिक वस्तु क्षणिक तथा परिवर्तनशील है। ब्रह्माण्ड की प्रत्येक घटना एवं तत्व अपने अस्तित्व के लिए मानव पर आश्रित तथा आधारित है।

(घ) **यथार्थवादः** इसमें अध्यात्म की सत्ता से परे भौतिक सत्ता में ही विश्वास प्रकट किया गया है। मन और मानसिकता को चिंतन ना मानते हुए पदार्थ को ही जगत का आधार माना गया है। प्रसिद्ध विचारक बटलर के अनुसार ''यथार्थवाद संसार को सामान्यता उसी रूप में स्वीकार करता है जिस रूप में वह हमें दिखाई देता है।''

III. मूल्य मीमांसा (Axiology)

अंग्रेजी भाषा का ''एग्जियोलॉजी' शब्द ग्रीक भाषा के एक्सिअस (Axios) से निकला है जिसका अर्थ है **मूल्य या कीमत**। मूल्य मीमांसा जिसे नीतिशास्त्र भी कहते है। दर्शन शास्त्र की वह शाखा जिसमें मूल्यों से संबंधित सामान्य सिद्धांतों की चर्चा की जाती है। हमारे आधार या व्यवहार की कसौटी क्या हो? मूल्य क्या है और उनकी वांछनीयता या उपयुक्तता का मापदंड क्या हो? यह कैसे निर्धारित किया जाए कि अमुक व्यवहार अच्छा है अथवा बुरा, वह सदाचार है या कदाचार ऐसे प्रश्न नीति शास्त्र या मूल्य मीमांसा की परिधि में आते हैं।

बुनियादी मूल्य मुख्य रूप से सत्यम, शिवम, सुन्दरम ही मूल्य मीमांसा के विषय हैं। इनकी कुछ निम्नलिखित उपशाखायें हैं-

कर्म/मूल्य मीमांसा

(1) नीतिशास्त्र
1. अच्छा क्या है?
2. बुरा क्या है?
3. अच्छा और बुरा व्यवहार क्या है?

(2) तर्कशास्त्र
1. तार्किक विचार चिंतन की प्रकृति क्या है?
2. आगमन विधि और निगमन विधि का क्या संबंध है?

(3) सौन्दर्य शास्त्र
1. सुन्दरता का मापदंड क्या है?
2. कुरूपता क्या है?

1. **नीतिशास्त्र** (Ethics)-नीतिशास्त्र के अन्तर्गत उन मूल विषयक 'समस्याओं का अध्ययन होता है जिनका संबंध व्यक्ति के आचरण से होता है। इस प्रकार के प्रश्नों में सम्मिलित हैं-शुभ-अशुभ, सत्य-असत्य, शगुन-अपशगुन आदि। मनुष्य को क्या करना चाहिए अथवा क्या नहीं? वह भी इसी में निहित है, अर्थात् क्या अच्छा है? क्या बुरा है?
2. **तर्कशास्त्र** (Logic)-तर्कशास्त्र को बोध चिंतन के नियमों का आदर्शमूलक विज्ञान कहा जाता है। यह दार्शनिक चिंतन की एक पारंपरिक विधि है। इसमें चिंतन की प्रक्रिया का वर्णन नहीं होता अपितु जिज्ञासा होती है कि चिंतन कैसे होता है? इसमें जाने-पहचाने तथ्यों से चिंतन शुरू होता है, जिसे प्रमाण कहा जाता है। प्रमाण के आधार पर व्यक्ति परिणामों का अनुमान लगाता है कि क्या यह अनुमान सही है? अथवा किस सीमा तक सही है? यह जांच की एक सीमा है और यही प्रयास तर्कशास्त्र करता है। इसमें आगमन-निगमन की लंबी प्रक्रिया निहित है।

3. **सौंदर्यशास्त्र** (Aesthetics)-सौंदर्यशास्त्र में सौंदर्य विषयक प्रश्नों के उत्तर खोजे जाते हैं जैसे-सौंदर्य क्या है? सौंदर्य का मापदण्ड क्या है, सुन्दर और कुरूप में क्या भेद है? आदि।

दर्शनशास्त्र की विभिन्न शाखाओं के विस्तृत अध्ययन के पश्चात यह कहा जा सकता है कि तत्व मीमांसा और ज्ञान मीमांसा में विषय की गहराई है, जबकि मूल्य मीमांसा में बाह्य आकर्षण है। व्यक्ति के आचरण और व्यवहार को मूल्य मीमांसा से दिशा मिलती है।

निष्कर्ष रूप में कहा जा सकता है कि दार्शनिक अंधविश्वासी नहीं होता है। वह परमात्मा, जीवन और मरण के प्रश्नों, उनके क्षेत्रों तथा स्वरूपों के ज्ञान प्राप्त करने हेतु तर्कपूर्ण विचारों के आधार पर इनका परस्पर संबंध जानने की कोशिश में लगा रहता है। इसीलिए सभी दार्शनिक जिज्ञासु प्रवृति के होते हैं।

अवधारणा (Concept) की दृष्टि से दर्शन की तीनों शाखाओं का अध्ययन प्रत्येक दर्शन (प्रकृतिवाद, आदर्शवाद, प्रयोजनवाद) आदि में करते हैं-

दर्शन की अवधारणा (Concept of Philosophy)

दर्शन की अवधारणा को मुख्यतः दो भागों में देखा जाता है। औपचारिक रूप से यह दोनों संकल्प या अवधारणायें शिक्षा में समान अर्थों में प्रयोग में लाई जाती है, परंतु औपचारिक रूप से दोनों में थोड़ा-सा अंतर है। इन दोनों के अंतर को स्पष्ट किया जाता है।

शिक्षा का दर्शन (Philosophy of Education)

शैक्षिक दर्शन (Educational Philosophy)

शिक्षा का दर्शन (Philosophy of Education)-यह दर्शन ज्ञान की वह शाखा है जो दार्शनिक दृष्टिकोण (Perception) से शिक्षा तथा संबंधित समस्याओं पर चर्चा करके शिक्षा के भवन को खड़ा करता है, वह शिक्षा का दर्शन कहलाता है।

शैक्षिक दर्शन (Educational Philosophy)-यह दर्शन की अवधारणा अधिक व्यवहारिक (Practical) तथा वैज्ञानिक है। इसका प्रयोग शिक्षा के क्षेत्र में किया जाता है। इसमें शिक्षक जो कुछ दार्शनिक रूप से सोचता है, शिक्षा का प्रयोग कर वह उसे व्यवहारिक रूप देता है।

जब एक दार्शनिक शिक्षा पर अपने विचार प्रकट करता है, उसे शिक्षा-दर्शन (Philosophy of education) कहा जाता है। जब एक शिक्षक के रूप में, जो शिक्षा के क्षेत्र में कार्य कर रहा है, जब वह दर्शन से मार्ग दर्शन प्राप्त करके, अपनी शिक्षा समस्याओं का समाधान करना चाहता है, तो उसे शैक्षिक दर्शन (Educational Philosophy) कहते हैं। पाठ्यक्रम की दृष्टि से यहाँ पर शैक्षिक दर्शन (Educational Philosophy) का विवरण ही महत्त्वपूर्ण है। परंतु दोनों को समझना अति आवश्यक है।

शिक्षक के लिए शैक्षिक दर्शन की आवश्यकता (Need of Educational Philosophy for the Teacher)

शिक्षा एक महत्त्वपूर्ण और उद्देश्यपूर्ण प्रक्रिया है जिसके द्वारा बच्चों की अंर्तनिहित शक्तियों का विकास किया जाता है। शिक्षा की शिक्षण-अधिगम प्रक्रिया में शिक्षक की भूमिका महत्त्वपूर्ण होती है तथा शिक्षा के सभी पक्ष दर्शन से प्रभावित होते हैं। इसी

प्रकार शिक्षक का भी अपना दर्शन होता है जिसके आधार पर वह शिक्षा प्रक्रिया को आगे बढ़ाने में सहायक होता है, अर्थात् शिक्षा की सभी समस्याओं का समाधान दर्शन द्वारा प्राप्त होता है।

आज शिक्षा दर्शन का महत्व इसीलिए बढ़ गया है, क्योंकि यह शैक्षिक समस्याओं को वैज्ञानिक तरीके से प्रयोग एवं प्रमाण के आधार पर समझाने का अथक प्रयास करता है। इस संदर्भ में हरबर्ट स्पेन्सर लिखते हैं ''वास्तविक शिक्षा का संचालन वास्तविक दर्शन ही कर सकता है।''

शिक्षक के लिए दर्शन की आवश्यकता स्वाभाविक है। दर्शन शिक्षक व शिक्षा का एक प्रमुख आधार है। दर्शन द्वारा शिक्षा के उद्देश्य, पाठ्यक्रम, शिक्षण विधि, विद्यालय संगठन, अनुशासन आदि को एक निश्चित रूप प्रदान किया जाता है। अत: शिक्षा योजना को सफल बनाने के लिए शिक्षक आधाार और उसके लिए दर्शन आवश्यक है।

इस प्रकार शैक्षिक दृष्टिकोण में दर्शन का अध्ययन परम आवश्यक है क्योंकि इसके द्वारा शिक्षा का पथप्रदर्शन किया जाता है। दर्शन शिक्षा के प्रयोगों के लिए पथप्रदर्शक है। अत: निम्नलिखित बिंदुओं के आधार पर दर्शन का शिक्षक के लिए, महत्त्व को आसानी से समझा जा सकता है-

1. **शिक्षण-अधिगम प्रक्रिया की सफलता के लिए** (For the success of teaching-learing process) प्रत्येक शिक्षक यही चाहता है कि वह अपने कार्य में सफलता प्राप्त करें और कार्य की सफलता कार्य के स्वरूप पर निर्भर करती है। शिक्षक होने के नाते अपने कार्य के स्वरूप को सही मायने में पहचानना चाहिये, जिससे वह अपने कार्य में सही रूप से सफल हो सकें। बात अगर शिक्षा के कार्य की करें तो इसका स्वरूप दर्शन ही निर्धारित करता है। अत: इस प्रकार शिक्षक के लिए दर्शन बहुत ही महत्त्वपूर्ण है।
2. **शिक्षा के रहस्यों के ज्ञान के लिए**-शिक्षक को वास्तविक रूप से शिक्षा के सभी रहस्यों अर्थात् विषय की निपुणता के साथ-साथ जीवन के सभी व्यवहारिक पक्षों से भी रूबरू होना चाहिये। अत: विषय का सच्चा ज्ञान होना तभी माना जायेगा जब शिक्षक विषय से जीवन की समस्याओं का समाधान कर सकता है। इस संदर्भ में दर्शन की भूमिका महत्त्वपूर्ण होती है। इसलिए हर्बट स्पैंसर ने कहा कि ''सच्चा दार्शनिक ही सच्ची शिक्षा को व्यावहारिक बना सकता है।'' (True education is practicable only by a true philosopher.)
3. **दूरदृष्टि के लिए**-शिक्षक को शिक्षा में, शिक्षक सिद्धांतकार तथा व्यावसायिक-शिक्षक के तौर पर अपने कार्य एवं कर्त्तव्य निभाने के लिए कई प्रकार की भूमिकाएँ निभानी पड़ती हैं। इस प्रकार सभी भूमिकाओं के लिए शिक्षक का दार्शनिक दृष्टिकोण होना आवश्यक है जिससे वह शिक्षा में भविष्य में आने वाली सभी समस्याओं को समाधानित करता है।
4. **शिक्षा के उद्देश्यों व लक्ष्यों के बारे में जानकारी** (Knowlege of goals and objectives of Education)-दर्शन शिक्षा के उद्देश्यों व लक्ष्यों का निर्धारण करता है तथा शिक्षा निर्धारित लक्ष्यों को पूरा करने में भरपूर सहयोग देती है। इसके संदर्भ में

बोडे (Bode) ने कहा है कि "जब तक हमारे पास उद्देश्य निर्धारित करने के लिए कोई मार्गदर्शन करने वाला दर्शन नहीं है तब तक हम कहीं भी नहीं पहुँच सकतें हैं।" इस प्रकार दर्शन उद्देश्य निर्धारित करने में सहयोग देता है। इसलिए यदि शिक्षक का दर्शन मजबूत होगा तो शिक्षा प्रक्रिया भी मजबूत होगी।

5. **पाठ्यक्रम का निर्धारण** (Selection of curriculum)-दर्शन ही उचित पाठ्यक्रम के निर्धारण में सहायक होता है। जब उद्देश्य निर्धारित हो जाते हैं तो फिर शिक्षक उन्हें प्राप्त करने में सहायक होता है। अर्थात् शिक्षक का मार्गदर्शन ही दर्शन द्वारा होता है। इसके संदर्भ में ब्रिग (Brigg) ने कहा "यहीं पर पाठ्यक्रम में शिक्षा को चिंतनशील, निदेशक चाहिये, जिनके पास व्यापक दर्शन का भंडार है तथा वह इसमें दूसरों को कायल कर सके। अतः जिस शिक्षक को विभिन्न दर्शनों का ज्ञान है तो वह पाठ्यक्रम के निर्धारण में अपना सहयोग देता है।
6. **शिक्षण-विधियों का चुनाव** (Selection of Teaching Methods)-शिक्षण एक कला है और शिक्षण प्रक्रिया को सही रूप से चलाने के लिए उचित प्रकार का कक्षा का वातावरण और शिक्षक-अधिगम की सही और उचित विधियों का चयन भी महत्त्वपूर्ण हो जाता है और यह तभी संभव होता है जब शिक्षक को विभिन्न प्रकार के दर्शनों का ज्ञान होता है। अतः इस प्रकार शिक्षक के लिए प्रकृतिवादी बालक को खेल विधि से पढ़ाना उचित होगा और आर्दशवादी बालक को व्याख्यान विधि से शिक्षण कराना उचित होगा इस प्रकार दर्शन का महत्त्व शिक्षक के लिए वास्तविक रूप से अकथनीय है।

इस प्रकार उपरोक्त सभी बिंदुओं से समझा जा सकता है कि यदि शिक्षक को दर्शन का ज्ञान नहीं होता तो वह शिक्षक-अधिगम प्रक्रिया को सुचारू रूप से नहीं चला सकता है और फिर छात्रों का विकास भी संभव नहीं हो पाता है। रस्क (Rusk) ने भी कहा है, "जो शिक्षक दर्शन को नजरअंदाज करते हैं, उन्हें अपने कार्यों को प्रभावहीन बनाने के रूप में इस अनदेखी की सजा को भुगतना पड़ता है।" इस प्रकार दर्शन का ज्ञान होना शिक्षक के लिए अनिवार्य है।

किसी भी प्रकार के चिंतन को प्राचीन भारत में दर्शन कहा जाता था, परंतु जैसे-जैसे ज्ञान के क्षेत्र में विकास हुआ, वैसे-वैसे हमने उसे पृथक-पृथक अनुशासन में विभाजित करना प्रारंभ किया जैसे मानव शास्त्र, धर्मशास्त्र, चिकित्साशास्त्र आदि। ज्ञान की उस शाखा को जिसमें अंतिम सत्य की खोज की जाती है उसे दर्शन शास्त्र कहा जाता है।

शैक्षिक दर्शन उन बुनियाद नियमों की और संकेत करता है जिन पर शिक्षा के समूचे ढाँचे की रचना हुई है। यह दर्शन के बहुत सारे भागों का एक महत्त्वपूर्ण भाग है।

शैक्षिक दर्शन की परिभाषायें (Definition of Educational Philosophy)

टी.ई. शील्ड के अनुसार-"शिक्षा दर्शन का कार्य शुद्ध दर्शन द्वारा प्रतिपादित सत्यों एवं सिद्धान्तों को शैक्षिक प्रक्रिया के संचालन में प्रयुक्त करता है।"

रस्क (Rusk)-"दर्शन के प्रयोग द्वारा शिक्षा की समस्याओं के अध्ययन को शैक्षिक दर्शन कहते हैं।"

अतः शिक्षा दर्शन शिक्षा के क्षेत्र की सभी गहन समस्याओं को समग्र रूप में अध्ययन करता है और विज्ञान के लिए उन समस्याओं को अध्ययन के लिए छोड़ देती है जो तात्कालिक हैं तथा जिनका वैज्ञानिक विधि से सरलतापूर्वक अध्ययन किया जा सकता है।

शैक्षिक दर्शन के कार्य (Function of Educational Philosophy)

साधारण तरीके से किसी विषय के कार्यक्षेत्र में वह सब कुछ शामिल किया जाता है जिसका उसके अंतर्गत अध्ययन किया जाता है। इसी प्रकार शैक्षिक दर्शन का भी कार्यक्षेत्र बहुत व्यापक है क्योंकि यह दर्शन के सभी स्कूलों में (Schools of Philosophy) जैसे कि आदर्शवाद, प्रकृतिवाद, प्रयोजनावाद, यथार्थवाद आदि जो शिक्षा से संज्ञादित हैं उन सभी में शैक्षिक दर्शन का योगदान महत्त्वपूर्ण है जिसे हम निम्न कार्यों के रूप में निम्न तरीके से देख सकते हैं-

1. **मानव जीवन के विभिन्न उद्देश्यों का ज्ञान कराना** (To Provide the Knowledge of Objectives of Human Life) : दर्शन द्वारा मानव जीवन के विभिन्न पक्षों पर चिंतन करने के बाद जीवन के उद्देश्य निर्धारित किए जाते हैं। शिक्षा दर्शन के उद्देश्यों का ज्ञान कराके, शिक्षा के लक्ष्यों को निर्धारित करने में सहायक होती है।
2. **शिक्षा के सिद्धांतों का प्रतिपादन** (Rendring the Principles of Education) : शिक्षा दर्शन ही शिक्षा के सिद्धांत प्रतिपादित करता है। शिक्षा के सिद्धांत भी, मानव जीवन के परिपेक्ष्य में निश्चित किए जाते हैं। शिक्षा दर्शन का ज्ञान होने पर ही अध्यापक इन सिद्धांतों को ठीक प्रकार से समझ सकता है।
3. **शिक्षा के दोषों और गुणों का विवेचन करना** (To Describe the Merits and Demerits of Education) : शिक्षा में समय के साथ दोष आ जाते हैं, जिनके कारण ऐसी शिक्षा जीवन लक्ष्य की प्राप्ति में सहायक सिद्ध नहीं होती, शिक्षा दर्शन शिक्षा के गुण एवं अवगुणों का विवेचन कर शिक्षा शास्त्रियों का ध्यान अपनी और आकर्षित करती है और शिक्षा के सही मायनों को सिद्ध करती है।
4. **शिक्षा की विभिन्न शाखाओं में समन्वय स्थापित करना** (Coordination among various branches of Education) : शिक्षा की अनेक शाखाएँ होती है, इनमें समन्वय स्थापित करना आवश्यक होता है। शिक्षा दर्शन इन शाखाओं में समन्वय स्थापित करने में सहायक होती है और बालक या व्यक्ति के विकास में सहायक सिद्ध होती है।

शैक्षिक दर्शन के मुख्य रूप से कुछ अन्य कार्य इस प्रकार हैं जो कि शैक्षिक दृष्टिकोण से अति आवश्यक है। जो ब्रूबेकर (Brubacher) के अनुसार निम्न है-

1. **विचारशील कार्य** (Speculative functions)-शैक्षिक दर्शन का विचारात्मक कार्य शिक्षक के मार्गदर्शन के लिए उसे दृष्टि का पूर्वालोकन प्रस्तुत करने में सहायक होता है। अतः यह शिक्षक के विचारशील कार्यो के अंतर्गत, शैक्षिक दर्शन, वास्तविक तथ्यों तथा विभिन्न स्त्रोतों से प्राप्त किये गये ज्ञान के टुकड़ों में संश्लेषण उत्पन्न करता है और इस प्रकार शैक्षिक प्रशासन शिक्षक को समस्याओं को समझने के लिए तर्कशील स्थिति तक पहुँचा देता है। इस प्रकार यह एक महत्त्वपूर्ण कार्य बन जाता है।

2. **गुणात्मक कार्य** (Qualitative function)-शैक्षिक दर्शन शिक्षक के लिए गुण उद्देश्य, सिद्धांत तथा स्तर निश्चित करता है। इन गुणों के बिना शिक्षक, प्रशासन उचित निर्णय लेने में सफल नहीं होते हैं। इसके संदर्भ में प्रो. वी. आर. तनेजा (V. R. Taneja) के अनुसार जब व्यक्ति का सामना दुविधाओं, बाधाओं, विरोधात्मक स्थितियों व कठिन समस्याओं से होता है। तब दर्शन उसे सही-गलत के बारे में सोचने तथा सही निर्णय पर पहुँचने के योग्य बनाता है। इस तरह यह भी एक मुख्य और महत्त्वपूर्ण कार्य है।
3. **आलोचनात्मक कार्य** (Critical function)-यह शिक्षा के विभिन्न पक्षों के साथ आलोचनात्मक व्यवहार करना, शैक्षिक दर्शन का महत्त्वपूर्ण कार्य है। यह शिक्षा उसके कार्यों तथा विधियों पर खोज पूर्ण दृष्टि रखती है। यह शिक्षा की प्रक्रिया का मूल्यांकन करती है। इसके साथ ही यह तर्कशील चिंतन को उत्साहित करता है। इस संदर्भ में जॉन डीवी ने कहा कि ''शिक्षा एक ऐसी प्रयोगशाला है, जिससे दार्शनिक विचार स्पष्ट हो जाते हैं तथा सही रूप में जाँचे जाते हैं।'' अतः इस तरह उपरोक्त अन्य कार्य भी मुख्य कार्य के रूप में होते हैं।

3

आदर्शवाद और शिक्षा
(Idealism and Education)

प्रस्तावना (Introduction)

आदर्शवाद एक प्राचीन दर्शन है। इसकी उत्पत्ति "अरस्तु" व "सुकरात" के लेखों व भाषणों द्वारा हुई। अगर भारतीय संदर्भ में बात करें तो इसकी उत्पत्ति वेदों, पुराणों, व उपनिषदों आदि ग्रंथों से हुई "आदर्शवाद ने मनुष्य के मन पर अधिक प्रभाव डाला है। आर्दशवाद ने विश्व के महान दार्शनिकों के शिक्षाशास्त्रियों का ध्यान अपनी तरफ आकर्षित किया है। जिसमें पाश्चात्य व भारतीय चिंतक इस प्रकार हैं-कांट, हीगल, फ्रोबेल, फिक्टे, गुरुनानक, स्वामी विवेकानंद, स्वामी दयानंद, टैगोर और गांधी।

आदर्शवाद का अर्थ (Meaning of Idealism)

आदर्शवाद शब्द अंग्रेजी के Idealism शब्द का रूपातंरण है जिसकी उत्पत्ति प्लेटो के विचारवादी सिद्धांत (Theory of Ideas) से हुई है, इसलिए वास्तविक शब्द Idea है। लेकिन उच्चारण की सुविधा से ism जोड़कर Idealism का नाम दिया गया है।

आदर्शवाद में दो शब्द "Idea" और "Ideal" निहित है। होइर्नल के अनुसार 'Idealism' की उत्पत्ति इन्हीं दो शब्दों से हुई है। कुछ दर्शनशास्त्री Idealism शब्द की उत्पत्ति Plato के आध्यात्मिक सिद्धान्त से मानते हैं कि 'अंतिम वास्तविकता विचारों या विचारवाद में है। प्रचलित भाषा में आदर्शवाद का अर्थ उस वाद से है जो ऊंचे नैतिक, धार्मिक तथा आध्यात्मिक आदर्शों को प्रधानता देता है।

आदर्शवाद की परिभाषाएं (Definition of Idealism)

डी.एस. दत्ता के अनुसार-"आदर्शवाद वह सिद्धांत है जो अंतिम वास्तविकता, आध्यात्मिकता को मानता है।"

हैंडसरनर के अनुसार, "आदर्शवाद मनुष्य के आध्यात्मिक पक्ष पर बल देता है। इसका कारण यह है कि आध्यात्मिक मूल्य मनुष्य और जीवन से सबसे महत्त्वपूर्ण है।"

टाइरस के अनुसार, "आदर्शवाद के अनुसार वास्तविकता विचारों, मन तथा आत्मा में निहित है न कि भौतिक संसार की सत्ता में।"

रॉस के अनुसार-"आदर्शवाद के अनेक विविध रूप हैं। परन्तु सबका आधारभूत तत्व यह है कि संसार की उत्पत्ति का कारण मन तथा आत्मा है तथा वास्तविक स्वरूप मानसिक रूप है।"

आदर्शवाद और दर्शन

1. तत्व मीमांसा (Metaphysics)

आदर्शवाद के अनुसार विचार सत्य है, पदार्थ नहीं। विंचार निरंतर रहने वाला है जबकि पदार्थ उत्पन्न किया जा सकता है पर निरन्तर नहीं है। यह संसार इंद्रिय जगत है जिनके द्वारा ज्ञान की प्राप्ति होती है। वास्तविक ज्ञान की प्रकृति भौतिक न होकर आध्यात्मिक है। आदर्शवादी विचारक आत्मा और परमात्मा में विश्वास करते हैं और परमात्मा को संसार का रचयिता मानते हैं। यह विचारधारा मानव को सर्वोत्तम मानती है क्योंकि मानव अपनी आध्यात्मिक शक्ति के कारण अन्य प्राणियों से भिन्न है। अत: आदर्शवाद में तत्व वह है जो दिखता नहीं है, वही सत्य है।

इस प्रकार आर्दशवाद संसार को दो रूपों से देखता है। आध्यात्मिक (Spiritual) तथा भौतिक (Physical), भौतिक संसार नाशवान तथा झूठ है जो बदलने वाला है तथा आध्यात्मिक संसार ही अंतिम सत्य है। अत: आदर्शवाद में ही वास्तविक संसार निहित है। अर्थात् एक ब्रह्म ही सत्य है और जगत मिथ्या है।

इस तरह आदर्शवादियों की मान्यता है कि यह जगत भौतिक नहीं है, अपितु मानसिक या आध्यात्मिक है। "जगत विचारों की एक व्यवस्था, तर्ष्णी का अग्रभाग अथवा दृढ़ संकल्पशक्ति (Will power) है।" भौतिक सृष्टि का आधार मानसिक जगत है, जो उसे समझता है, तथा मूल्य प्रदान करता है अर्थात् मानसिक जगत के अभाव में भौतिक जगत अर्थहीन है।

2. ज्ञान मीमांसा (Epistemology)

मानव में मन होता है, जिसकी सहायता से वह ज्ञान एकत्रित करता है। मानव ज्ञान की प्राप्ति ज्ञानेंद्रियों के अलावा दूसरे साधनों से भी करता है। तर्क, अंत: प्रज्ञा, प्रमाण, ईश्वर प्रदत्त ज्ञान, चिंतन, समाधि, निर्वाण, आदि ज्ञान प्राप्ति के विभिन्न साधन माने जाते हैं। ज्ञान की प्राप्ति, विचारों, धारणाओं व मन से होती है। ज्ञान संपूर्ण है, आदर्शवादियों को यह विश्वास है कि इंद्रियों द्वारा प्राप्त ज्ञान, सदैव अधूरा व अनिश्चित होता है। वास्तविक ज्ञान अपनी आत्मा को पहचानने से होता है। अत: वास्तविक ज्ञान प्राप्त करने के साधन है-अंत: ज्ञान (Intuition), ध्यान (meditation), प्रमाण (Testimony) तथा मुक्ति (Salvation) आदि।

परिणाम के रूप में आदर्शवादी ज्ञान का एकमात्र स्त्रोत बाह्य जगत नहीं है। इसी प्रकार ज्ञान प्राप्ति केवल इन्द्रियों के माध्यम से नहीं होती। जो लोग यह मानते हैं कि ज्ञान केवल इन्द्रियों के माध्यम द्वारा प्राप्त किया जाता हैं उन्हें इन्द्रियानुभववादी (Empiricist) कहा जाता है। आदर्शवादी इसका प्रतिकार करते हैं तथा अपने आपको तर्क बुद्धिवादी (Rationalist) कहते हैं। इस प्रकार आदर्शवादी आगमन (Induction) प्रणाली की अपेक्षा निगमन (Deduction) प्रणाली द्वारा ज्ञान प्रदान करने में विश्वास रखते हैं।

3. मूल्य मीमांसा (Axiology)

आदर्शवाद का वास्तविक अर्थ नैतिक मूल्यों को प्राप्त करना है जो आत्मानुभूति से प्राप्त किए जा सकते हैं। आदर्शवाद की नैतिकता परम सत्ता पर आधारित है मानवीय समाज पर नहीं। यह विचारधारा ईश्वर में विश्वास, चरित्र निर्माण, सामाजिक कर्तव्य पर बल देती

है। आदर्शवादी सत्यता, सुंदरता व कल्याण अर्थात् सत्यम्, शिवम, सुंदरम को ही सर्वोच्च स्थायी मूल्य मानते हैं। ये मूल्य अविनाशी हैं। इनका संबंध भौतिक संसार से नहीं है, बल्कि आध्यात्मिक संसार के साथ है। इन मूल्यों की प्राप्ति ही मानवीय जीवन का उद्देश्य है।

आदर्शवाद और शिक्षा के उद्देश्य (Idealism and Aims of Education)

आदर्शवाद भारतीय प्राचीन दार्शनिक विद्यालय है जिसकी झलक भारतीय शिक्षा पर प्रत्यक्ष और अप्रत्यक्ष रूप से दिखती है। अतः आदर्शवाद ने शिक्षा के निम्नलिखित उद्देश्यों को विकसित किया-

1. **आत्मानुभूति** (Self-realisation)-आदर्शवादियों के अनुसार मनुष्य ईश्वर की सबसे महान व सुंदर कृति है। जिसको शिक्षा के माध्यम से ऊँचा उठाया जा सकता है। इसी के संदर्भ में एडम्स (Adams) ने व्यक्तित्व के विकास पर बड़ा बल दिया है। मनुष्य के अंदर छुपी दैवी शक्ति को पहचानने व परिचित कराने की आवश्यकता है। जो कि केवल और केवल शिक्षा के द्वारा ही संभव हो सकता है।

   जे.एस. रॉस (J.S. Ross) ने भी इसी के संदर्भ में संकेत किया है कि व्यक्तित्व का विकास (Development of personality) आत्म-अनुभव अर्थात् आत्मा की सर्वाच्च शक्तियों को वास्तविक रूप देना है। इस प्रकार शिक्षा का यह एक महत्त्वपूर्ण उद्देश्य होना चाहिए।

   अतः आदर्शवादियों के अनुसार मानव जीवन का लक्ष्य यही है कि वह अपने वास्तविक स्वरूप को पहचाने और उसकी अनुभूति कर सके।

2. **शारीरिक विकास** (Physical Development)-स्वस्थ शरीर से ही आध्यात्मिक पूर्णता प्राप्त की जा सकती है। उनके अनुसार मानव शरीर ब्रह्म का निवास स्थान है। आदर्शवादी शारीरिक सुखों को महत्त्व नहीं देते फिर भी इस बात पर बल देते हैं कि शरीर का स्वस्थ होना आत्मानुभूति के लिए आवश्यक है। इसलिए शिक्षा का मुख्य उद्देश्य बालक का सही रूप में शारीरिक विकास करना है।

3. **रचनात्मक शक्तियों का विकास** (Development of Constructive Powers)-मनुष्य अपनी संकल्प शक्ति द्वारा भौतिक वातावरण को बदल सकता है। आदर्शवाद के अनुसार शिक्षा का उद्देश्य व्यक्ति की रचनात्मक शक्तियों का विकास करना है जिससे कि वह सत्य की खोज में लगा रहे।

4. **नैतिक विकास** (Moral Development)-नैतिकता का संबंध समाज से है। मनुष्य को समाज में रहकर अपना विकास करना है और जिस समाज का निर्माण नैतिकता के आधार पर नहीं होता, वह शीघ्र लुप्त हो जाता है। फ्रोबेल ने लिखा है "शिक्षा को मनुष्य का पथ प्रदर्शन इस प्रकार करना चाहिए कि उसे अपने आपको प्रकृति का सामना करने का और ईश्वर से एकता स्थापित करने का स्पष्ट ज्ञान हो जाये, जिससे कि उसका नैतिक विकास हो सके।"

5. **सार्वभौमिक शिक्षा** (Universal Education)-आत्मानुभूति का उद्देश्य केवल एक व्यक्ति के लिए नहीं बल्कि सभी के लिए है। इसलिए सभी को शिक्षा मिलनी चाहिए। आदर्शवाद के अनुसार आध्यात्मिक या मानसिक उपलब्धियों की दृष्टि से सभी व्यक्ति समान है। अतः प्रत्येक व्यक्ति को शिक्षा प्राप्ति के समान अवसर प्राप्त होने चाहिये। शिक्षा सार्वभौमिक हो और सभी बंधनों अर्थात् रंगभेद, धर्म, जाति, पदवी आदि से मुक्त हो।

6. **बौद्धिकता व विचारशीलता का विकास** (Development of Intelligence and Rational)-आदर्शवाद के अनुसार शिक्षा मनुष्य के मन को पूर्ण विकसित करती है, यह मनुष्य को विचारशील भी बनाती है। फ्रोबेल (Frobel) के अनुसार सभी वस्तुओं पर कानून लागू होता है, यह सबसे अधिक शक्तिशाली तथा स्व चेतना, एकता का कानून है, यह एकता परमात्मा है। अतः शिक्षा को चाहिये कि वह मनुष्य को प्रकृति का सामना करने तथा परमात्मा के साथ अभेदता प्राप्त करने में सहायक गुणों का विकास करे व उसके योग्य बनायें।
7. **पवित्र जीवन के लिए तैयारी करना** (Preparation for a holy life)-आदर्शवाद के अनुसार बालक के अंदर आध्यात्मिक मूल्यों के प्रति श्रद्धा उत्पन्न करने के लिए उन सभी परिस्थितियों को निर्मित करना आवश्यक है, जिनमें रहते हुए वह पवित्र जीवन व्यतीत करके आध्यात्मिक पूर्णता प्राप्त कर सकें। इस प्रकार शिक्षा का एक उद्देश्य, बच्चों को पवित्र जीवन व्यतीत करने के लिए तैयार करना भी है।
8. **सभ्यता एवं संस्कृति का विकास** (Development of Civilization and Culture)-आदर्शवादियों का मानना है कि व्यक्ति जिस समाज में रहता है उसे उस समाज की सभ्यता व संस्कृति का ज्ञान आवश्यक है। **रस्क** का विचार है-सांस्कृतिक वातावरण मानव का स्वरचित वातावरण है अथवा यह मनुष्य की सृजनात्मक क्रिया का परिणाम है जिसकी रक्षा व विकास करना शिक्षा का उद्देश्य होना चाहिए।

समर्थक विद्वान (Founders)

इस विचारधारा के प्रमुख प्रतिपादक स्वामी दयानन्द, स्वामी विवेकानंद, गांधी जी तथा डॉ. राधाकृष्णन हैं। पश्चिम में इसका सूत्रपात सुकरात ने किया परंतु प्लेटो ने इस विचारधारा को चरम सीमा तक पहुंचाया। कान्त तथा फ्रोबेल इस विचारधारा के अन्य प्रमुख समर्थक थे।

आदर्शवाद के मूल सिद्धांत (Principles of Idealism)

1. **आध्यात्मिक जगत भौतिक जगत की अपेक्षा श्रेष्ठ है** (Spiritual World is more superior as compare to Physical World.)-आदर्शवादियों का विचार है कि आध्यात्मिक जगत भौतिक जगत की अपेक्षा श्रेष्ठ है। प्राकृतिक या भौतिक जगत जो इंद्रियों के समक्ष है, मिथ्या है तथा यह प्राकृतिक जगत आध्यात्मिक जगत का प्रकाशन मात्र है अथवा प्रतिच्छाया मात्र है। अतः भौतिक जगत नश्वर है जबकि आध्यात्मिक जगत अनश्वर है।
2. **आत्मा, परमात्मा का अंश है** (Soul is the part of God.)-आदर्शवादियों का विचार है कि आत्मा, परमात्मा का अंश है। आत्मा अनादि और अनंत है जो अंततः परमात्मा अर्थात् परम आत्मा में विलीन हो जाती है। उनका मानना है कि आत्मा को इंद्रियों द्वारा नहीं जाना जा सकता है बल्कि इसे बुद्धि द्वारा समझा जा सकता है। परमात्मा के विषय में आदर्शवादी एकमत नहीं परंतु अधिकतर आदर्शवादी उसे सर्वश्रेष्ठ आत्मा के रूप में देखते हैं।
3. **मनुष्य संसार का सर्वश्रेष्ठ प्राणी है** (Man is the Supreme creation of God.)-आदर्शवादी मनुष्य को संसार का सर्वश्रेष्ठ प्राणी मानते हैं। इनका विचार है

कि मनुष्य के पास अन्य प्राणियों की तरह भौतिक शक्तियां तो होती हैं परंतु इसके साथ ही साथ आध्यात्मिक शक्तियां मनुष्य को विचारवान, विवेकवान तथा बौद्धिक प्राणी बनाती हैं। अतः वह इस संसार के अन्य प्राणियों की भांति वातावरण का दास नहीं बना रहता, बल्कि उसमें आवश्यकतानुसार परिवर्तन भी करता है और देवत्व का स्थान ग्रहण करता है। मनुष्य आध्यात्मिक शक्तियों के द्वारा ही सभ्यता, संस्कृति, कला, नीति और धर्म को जन्म देता है और यथोचित विकास करता है जिससे उसका भौतिक जीवन सुखमय बनता है। वह आध्यात्मिक अनुभूति के लिए स्वयं आध्यात्मिक वातावरण तैयार करता है। जिसके द्वारा अनंत आत्मानुभूति प्राप्त करता है। इसी के संदर्भ में बहुत से आदर्शवादी यह मानते हैं कि भगवान ने इंसान को अपने जैसा ही प्रकट किया है। (God creates the man in own image.) इस प्रकार मानव धरती की एक अद्भुत शक्ति है।

4. **आध्यात्मिक मूल्यों एवं सत्यों में अटल विश्वास** (Faith in Spiritual Values)-आदर्शवादी दार्शनिक आध्यात्मिक मूल्यों एवं सत्यों में विश्वास करते हैं। इनके अनुसार सत्यं, शिवं, सुन्दरं मानव जीवन के तीन आध्यात्मिक मूल्य हैं। ये मूल्य शाश्वत, अपरिवर्तनशील तथा सर्वव्यापी हैं। मानव जीवन का परम लक्ष्य इन मूल्यों को आत्मसात करना है तथा जीवन को इनके अनुसार ढालना है। इस संदर्भ में आदर्शवादी विचारधारा के समर्थक रॉस का विचार है कि ''सत्यं शिवं और सुन्दरं निरपेक्ष गुण है जिनमें से प्रत्येक अपनी आवश्यकता के कारण उपस्थित है और वह अपने आप में पूर्णतया वांछनीय है।''
5. **विभिन्नता में एकता के सिद्धांत का पूर्ण समर्थन** (Full Support to the principle of unity in Diversity)-आदर्शवादी विचारक विभिन्नता में एकता के सिद्धांत का पूर्ण समर्थन करते हैं। उनका मानना है कि संसार की समस्त वस्तुओं में भिन्नता होते हुए भी एकता निहित है। इसी एकता को ये समर्थक एक शक्ति, चेतना, तत्व या ईश्वर आदि विभिन्न नामों से पुकारते हैं। आदर्शवादियों का विश्वास है कि जिस प्रकार से किसी यंत्र को केंद्रीय शक्ति द्वारा उसके भिन्न-भिन्न अंग अपना-अपना कार्य करते रहते हैं ठीक उसी प्रकार से एक एकतारूपी केंद्रीय शक्ति के द्वारा संसार के विभिन्न अंग अपना-अपना कार्य करते रहते हैं। दूसरे शब्दों में संसार के विभिन्न कार्यों का संचालन सर्वशक्तिमान ईश्वर के द्वारा ही होता रहता है। आदर्शवादियों के अनुसार बालक को इस ईश्वर या शक्ति रूपी एकता का आभास कराना है।
6. **जीवन का अंतिम उद्देश्य आत्मानुभूति या ईश्वर प्राप्ति** (Ultimate goal of life is realisation of God)-आदर्शवादी, जीवन का अंतिम उद्देश्य आत्मानुभूति या ईश्वर की प्राप्ति मानते हैं। इनका मानना है कि मनुष्य के अंदर आत्मा का निवास होता है। यह आत्मा सूक्ष्म, अनादि और अनंत है। इस दृष्टि से प्रत्येक मनुष्य परिपूर्ण है। अतः जब मनुष्य इस पूर्णता की अनुभूति करने योग्य हो जाता है, तब वह संसार के कष्टों से मुक्त होकर परमानंद का अनुभव करता है। इस प्रकार मोक्ष की प्राप्ति होती है। कुछ आदर्शवादी इसे आदर्श व्यक्तित्व की प्राप्ति की भी संज्ञा देते हैं।

7. **आध्यात्मिक मूल्यों का महत्त्व** (Importance of spiritual values)- आदर्शवादियों के अनुसार, ''जीवन का लक्ष्य आध्यात्मिक मूल्यों को प्राप्त करना है।'' ये मूल्य हैं-सत्यम्, शिवम्, सुंदरम्। आदर्शवादियों के अनुसार, यह मूल्य शाश्वत, देवीय, स्थायी, अपरिवर्तनीय, चिरंतन, अंतिम और सर्वव्यापी है। जो मनुष्य इन आध्यात्मिक मूल्यों को जान जाता है, वह ईश्वर को पहचान जाता है।
8. **एकता में विभिन्नता का सिद्धांत** (The principle of unity in diversity)- आदर्शवादी विभिन्नता में एकता पर विश्वास रखते हैं। इस दर्शन का विश्वास है कि संसार की सभी वस्तुओं में भिन्नता होते हुए भी एकता है। सभी वस्तुओं में एकता छिपी हुई है और इनको एकता के सूत्र में बांधने वाली शक्ति का नाम परमात्मा है।

आदर्शवाद और शिक्षा (Idealism and Education)

आदर्शवादी विचारधारा को सर्वप्रथम यूनान के प्रसिद्ध दार्शनिक प्लेटों ने क्रमबद्ध रूप से प्रस्तुत किया। अपने आदर्शवाद को जनमानस तक पहुंचाने के लिए उन्होंने शिक्षा का सहारा लिया और आदर्शवाद के दर्शन के लिए अकादमी की स्थापना की। उन्होंने अपने दार्शनिक विचारों के आधार पर शिक्षा का संप्रत्यय, उसका उद्देश्य, उसकी पाठ्यचर्या और उसकी शिक्षण विधियां निर्धारित की। इतना ही नहीं, उन्होंने शिक्षा का स्वरूप अनुशासन का स्वरूप, शिक्षक एवं शिक्षार्थियों का सापेक्षिक स्थान, उनके आपसी संबंध और शिक्षा जगत से जुड़ी अन्य समस्याओं के दार्शनिक हल प्रस्तुत किये। आधुनिक युग में इस विचारधारा को आगे बढ़ाने और शिक्षा में इसका प्रयोग करने वाले पाश्चात्य विद्वानों में स्विटजरलैंड के पेस्टालॉजी, जर्मनी के हरबर्ट, फ्रोबेल, इंग्लैंड के नन, इटली के जेन्टिले और अमेरिका के हॉर्न मुख्य हैं।

आदर्शवाद व शिक्षा की अवधारणा
(Idealism and Concept of Education)

प्लेटो के अनुसार-''शिक्षा मानवीय व्यक्तित्व के सार्वजनिक विकास का सर्वोत्तम साधन है। यह उसे आतंरिक जगत को समझने के योग्य बनाती है।

रस्क के अनुसार, ''शिक्षा के साथ आध्यात्मिक क्षेत्र की सीमाओं को विस्तृत किए जाने की संभावना बनी रहती हैं।'' (Education is expected to enlarge the boundries of the spiritual realm.)

फ्रोबल के अनुसार, ''शिक्षा वह है जो प्रकृति का सामना करने व परमात्मा को मिलाने के लिए, मनुष्य का मार्गदर्शन करती है।''

अतः आदर्शवादियों के अनुसार शिक्षा मनुष्य की एक आत्मिक आवश्यकता है न कि प्राकृतिक आवश्यकता। शिक्षा का कार्य मनुष्य के प्राकृतिक आवश्यकता के प्राकृतिक स्वभाव को आत्मीयता में बदलना है। अत: यह कार्य शिक्षा से ही संभव हो सकता है।

आदर्शवाद एवं स्कूल (Idealism and School)

आदर्शवादी स्कूल को पवित्र मन्दिर की संज्ञा देते हैं। स्कूल का संपूर्ण वातावरण मानवीय मूल्यों पर आधारित रहना चाहिए।

चूंकि आदर्शवादी मानवीय मूल्यों को महत्त्व देते हैं तो इसलिए बच्चों में मानवीय मूल्यों का विकास करना चाहते थे। इस उद्देश्य को प्राप्त करने के लिए शिक्षक के पथ-प्रदर्शन की आवश्यकता है जो कि विद्यालय में रहकर ही अधिक संभव है। इस प्रकार स्कूल का वातावरण मानवीय मूल्यों पर आधारित होना चाहिए। फ्रोबेल (Frobel) ने स्कूल को बाग कहा तथा बच्चों को कोमल पौधा। शिक्षक एक माली की भांति उस पौधे का पालन पोषण करता है। रॉस (Ross) का कथन है-"प्रकृतिवादी कांटो में घिरा रहता है, परन्तु आदर्शवादी गुलाब के सुंदर फूल चाहता है।"

इसलिए विद्यालय एक ऐसा स्थान है जहाँ शिक्षक के उचित निर्देशन द्वारा विद्यार्थी उच्च आध्यात्मिक आदर्श व मानवीय मूल्यों को प्राप्त करता है।

अगर देखें तो आदर्शवाद छात्र के लिए केवल शरीर, इन्द्रियों तथा मस्तिष्क का बना हुआ अंग मात्र नहीं है बल्कि वह मनस एवं आत्मा है। उसका शरीर भी है, परन्तु उसका वास्तविक स्वरूप शरीर की सीमाओं को लांघ जाता है। वह अपूर्ण है, परन्तु वह पूर्णता की ओर निरन्तर अग्रसर होता जा रहा है।

आदर्शवाद व पाठ्यक्रम (Idealism and Curriculum)

आदर्शवाद को मानने वाले, पाठ्यक्रम की रचना करते समय, छात्र तथा उसकी क्रियाओं की अपेक्षा, मानव के विचारों, भावों, आदर्शों व मूल्यों को अधिक महत्त्व प्रदान करते है। अतः उनके अनुसार पाठ्यक्रम में समूची मानव जाति के अनुभवों का प्रतिबिंब होना चाहिए। इन अनुभवों को दो प्रकार से ग्रहण किया जा सकता है। इस दृष्टि से आदर्शवादी, पाठ्यक्रम में विज्ञान व मानवीय, दोनों प्रकार के विषयों को शामिल करने पर बल देते हैं।

इस संबंध में कुछ आदर्शवादी दार्शनियों के पाठ्यक्रम संबंधी विचार प्रस्तुत किये जाते हैं।

1. **टी.पी. नन के पाठ्यक्रम संबंधी विचार** (Views of T.P. Nunn about curriculum)-आदर्शवादी टी.पी. नन के अनुसार, विद्यालय का कर्त्तव्य है कि वह आध्यात्मिक शक्ति व ऐतिहासिकता को बनाये रखें। अतः नन के अनुसार पाठ्यक्रम में मानव के भावों की उत्तम अभिव्यक्ति (The Grand expression of Human expresion) करने वाली क्रियाओं के साथ संबंधित विषयों को ही शामिल करना चाहिये।

   नन ने पाठ्यक्रम को दो भागों में बांटा-

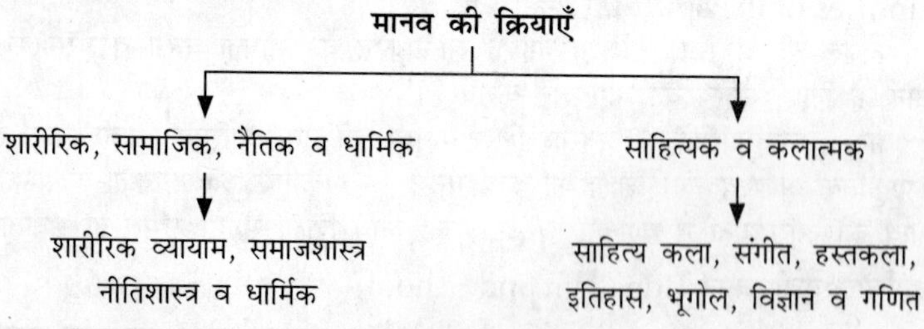

2. **प्लेटो के पाठ्यक्रम संबंधी विचार** (Views of plato about curriculum)-प्लेटो कट्टर आदर्शवादी थे। उनके अनुसार जीवन का उद्देश्य ईश्वर को प्राप्त करना

है। जो केवल सत्यम्, शिवम्, सुन्दरम् जैसे अविनाशी मूल्यों की प्राप्ति द्वारा ही संभव है। प्लेटो ने पाठ्यक्रम का निम्नलिखित स्वरूप प्रस्तुत किया–

मानव की क्रियाएँ

- बौद्धिक → भाषा, इतिहास, साहित्य, भूगोल, गणित व विज्ञान
- कलात्मक → कला व कविता
- नैतिक → धर्म व आध्यात्मिक शास्त्र एवं नीति शास्त्र

3. **रॉस के पाठ्यक्रम संबंधी विचार** (Views of Ross about curriculum)–रॉस ने भी मानव क्रियाओं को दो भागों में विभाजित किया जिनमें निम्न विषयों को सम्मिलित करना अनिवार्य समझा–

मानव क्रियाएँ

- शारीरिक → कला, कौशल व स्वास्थ्य शिक्षा
- मानसिक
  - बौद्धिक → साहित्य, भाषा, इतिहास, भूगोल
  - नैतिक → नीतिशास्त्र
  - कलात्मक → ललित कला
  - धार्मिक → धर्म व आध्यात्मिक शांति

आदर्शवाद एवं शिक्षण विधियाँ (Idealism and Teaching Methods)

आदर्शवाद ने किसी एक विशेष शिक्षण विधि पर बल नहीं दिया है। विभिन्न आदर्शवादी शिक्षकों द्वारा विभिन्न शिक्षण विधियों को अपनाया गया है। जैसे एक उद्देश्य को प्राप्त करने के अनेक मार्ग हो सकते हैं।

सुकरात ने प्रश्न विधि, प्लेटो ने संवाद विधि, अरस्तु ने आगमन और निगमन विधि, हीगल ने तर्क विधि और हरबर्ट ने निर्देश विधि को अपनाया। बटलर ने प्रश्नोत्तर विधि, भाषण विधि, प्रयोजन विधि को प्रमुख विधि बताया है। कुछ आदर्शवादियों ने व्याख्या विधि और वाद-विवाद विधियों को भी अपनाया है।

प्रोजेक्ट विधि को आदर्शवादी इसलिए महत्व देते हैं क्योंकि इससे मानव की रचनात्मक ज्ञानेंद्रियों का विकास होता है।

आदर्शवादियों का मानना है कि अध्यापक को किसी एक शिक्षण विधि से बंधना नहीं चाहिए, उन्हें अपने उद्देश्य या बालक की रूचियों और योग्यताओं के अनुसार शिक्षण

विधि का चयन करना चाहिए। आदर्शवादी शिक्षण विधियों की अपेक्षा शिक्षा के उद्देश्यों पर अधिक बल देते हैं। उनके अनुसार यदि हमारे लक्ष्य निश्चित हैं तो स्वयं शिक्षण विधि का निर्माण कर सकते हैं।

आदर्शवादियों का मानना है कि हमारे लक्ष्य स्पष्ट और निश्चित होने चाहिए। यदि ऐसा है तो बालकों की योग्यता और रुचि के अनुसार विधि की खोज सुगमता से की जा सकती है। विभिन्न आदर्शवादी शिक्षकों ने विभिन्न शिक्षण विधियों को अपनाया है।

आदर्शवादी विचारक	शिक्षण विधि
सुकरात	प्रश्नोत्तर विधि
प्लेटो	संवाद विधि
अरस्तु	आगमन एवं निगमन विधि
हीगल	तर्क विधि
डिकार्ट	सरल से जटिल की ओर
हरबर्ट	निर्देशन विधि
फ्रोबेल	खेल विधि
पेस्टालॉजी	अभ्यास एवं आवृत्ति विधि

बटलर ने सही ही कहा था "आदर्शवादी अपने आपको शिक्षण-विधियों के निर्माणकर्ता व निर्धारक समझते थे। वह किसी एक विधि के भक्त नहीं बनना चाहते थे।"

अत: उपरोक्त विधियों के अलावा कुछ आदर्शवादियों ने 'व्याख्या और वाद-विवाद' विधियों को अपनाया है जबकि कुछ आदर्शवादी विचारकों ने 'पाठ्य पुस्तक विधि' तथा प्रोजेक्ट विधि का भी समर्थन किया है।

आदर्शवाद एवं अध्यापक (Idealism and Teacher)

आदर्शवाद में शिक्षक को महत्वपूर्ण स्थान दिया गया है। आदर्शवाद के अनुसार छात्र के समान ही शिक्षक भी इस तर्कनापूर्ण विश्व की एक इकाई है। शिक्षक और शिक्षार्थी दोनों ही विश्वात्मा के अंग हैं। दोनों के बीच का सम्बन्ध यह है कि अध्यापक अपने व्यक्तित्व तथा कृतित्व द्वारा छात्रों के लिए एक ऐसा वातावरण तैयार करता है, जिसमें विकास पाकर बालक सत्ता के निकट तक पहुँचता है। अध्यापक के मार्गदर्शन द्वारा छात्र क्रमश: पूर्णता की ओर अग्रसर होता है। अध्यापक दायित्व के सम्बन्ध में आदर्शवादी दार्शनिक फ्रोबेल द्वारा उद्धत विद्यालय को उद्यान शिक्षक को माली एवं बच्चों को पौधा माना है। बालक के विकास की शक्तियाँ तो उसमें उसी प्रकार अंतर्निहित होती हैं, जैसे बीज में वृक्ष के सभी लक्षण अंतर्निहित होते हैं। बिना माली के वृक्ष तो बढ़ेगा ही परन्तु चतुर माली की देख-रेख में उसका विकास वांछनीय दिशा में होगा। प्रकृति के सहारे छोड़ देने से वृक्ष नष्ट भी हो सकता है। परन्तु चतुर माली वृक्ष को सभी प्रकोपों से बचाकर विकसित कर देता है।

अत: इस प्रकार एक शिक्षक की भूमिका को निम्न बिन्दुओं के द्वारा देख सकते हैं-

- शिक्षक बालक के लिए सत्ता का साकार रूप होता है।
- शिक्षक को विषय का पूर्ण ज्ञाता होना चाहिए।

- शिक्षक को अपनी व्यावसायिक कला में दक्ष होना चाहिए।
- शिक्षक को अपने छात्रों का मित्र, हितैषी तथा दार्शनिक होना चाहिए।
- शिक्षक को जीवन की कला में निपुण होना चाहिए।
- शिक्षक को चरित्रवान होना चाहिए।
- शिक्षक में छात्रों के अन्दर रूचि विकसित करने की क्षमता होनी चाहिए।
- शिक्षक को निरंतर अध्ययन करते रहना चाहिए।

अन्य निम्न विशेषतायें

1. **आदर्श गुरु**-आदर्शवाद में अध्यापक की विशेष महिमा होती है। अध्यापक के प्रभाव में बालक के व्यक्तित्व का सर्वांगीण विकास होता है। आदर्शवाद में शिक्षक पूर्णतया अपने विद्यार्थी को समर्पित है। आदर्शवाद में अध्यापक की महिमा इस प्रकार बताई गई है-

   गुरु ब्रह्मा, गुरु विष्णु, गुरु देवो महेश्वरा:।
   गुरु साक्षात परब्रह्म तस्मै श्री गुरवे नमः।। (स्कंद पुराण)

2. **पथ प्रदर्शक** (Guide)-आदर्शवाद के अनुसार शिक्षक के बिना शिक्षण प्रक्रिया को सुचारू रूप से चलाना कठिन है। बच्चा संपूर्ण नहीं है। वह पूर्णता की ओर बढ़ रहा होता है। शिक्षक उसे अनेक प्रकार की त्रुटियों व शक्ति के अपव्यय से बचा सकता है। इसलिए शिक्षक ही मार्गदर्शक कहलाता है।

अत: उपरोक्त बिन्दुओं के विवरण के आधार पर यह आसानी से देखा जा सकता है कि आदर्शवाद के अनुसार शिक्षक, शिक्षण-अधिगम प्रक्रिया का एक केन्द्र है। इससे यह समझ आता है कि शिक्षक की भूमिका आदर्शवाद में महत्वपूर्ण होती है।

आदर्शवाद एवं अनुशासन (Idealism and Discipline)

आदर्शवादी नियन्त्रित स्वतंत्रता में विश्वास रखते हैं। उनके विचार में छात्र की धार्मिक तथा आध्यात्मिक शक्तियों को उचित ढंग से प्रशिक्षित करने के लिए नियंत्रण की आवश्यकता है। आदर्शवादी प्रभावात्मक अनुशासन पर बल देते हैं। आदर्शवादी चाहते हैं कि शिक्षक अपने प्रेम व सहानुभूति का सहारा लेकर, पहले बच्चों के आदर्शों का पात्र बनें तथा फिर उसे अपने उच्च आदर्शों के साथ प्रेरित करें। पेस्टालाजी के अनुसार-"बच्चे के प्रति सहानुभूति की जायें।"

फ्रोबल के शब्दों में "बच्चे पर नियंत्रण, उसके दर्शन के ज्ञान के आधार पर तथा सहानुभूति प्रेम के प्रकाशन द्वारा करनी चाहिये। अनुशासन व स्वतंत्रता को सही अनुपात में रखना आवश्यक है। अत: आदर्शवादियों ने अनुशासन को 'प्रभावात्मक अनुशासन' का नाम दिया।

आदर्शवाद और विद्यार्थी (Idealism and Students)

आदर्शवाद बालक को शिक्षा का केंद्र नहीं मानते हैं। वे शिक्षा के आदशों या विचारों को केंद्रीय स्थान देते हैं। प्राचीन समय में तो आदर्शो पर आधारित पाठ्यक्रम की रचना करते थे, तथा छात्रों से आशा करते थे कि वे इन आदर्शों की प्राप्ति के लिए प्रयत्नशील रहे। आदर्शवादी छात्र को एक आध्यात्मिक प्राणी मानते हैं। प्रकृतिवादी उसे केवल शरीर मानते

हैं। आदर्शवादी छात्रों को आत्मविहीन शरीर के रूप में स्वीकार नहीं करते हैं। उनके अनुसार छात्र का एक व्यक्तित्व होता है जिसका आधार केवल शरीर ही नहीं होता है आध्यात्मिक सत्यता भी होती है। वे मन को शरीर से अधिक महत्व देते हैं।

B.B. Bogoslonski के अनुसार-''विद्यार्थी एक निश्चित व्यक्ति है, जिसे उचित ढंग से शिक्षा दी जाती है ताकि वह एक असीमित व्यक्ति के रूप में बढ़ने लगे (The student is a finite person, who when properly get education grows into the image of an infinite person) विद्यार्थी को अपने शिक्षक की आज्ञा का पालन करना चाहिए। उसमें गुरु के प्रति आदर भावना, अनुशासन, एकाग्रता, चेतना, आदि संपूर्ण गुण होने चाहिये।

आदर्शवाद के गुण एवं दोष (Merit and Demerits of Idealism)

गुण (Merits)

- आदर्शवादी शिक्षा के अंतर्गत बालकों में सत्यम्, शिवम् और सुंदरम् जैसे गुणों का विकास किया जाता है ताकि उनमें उत्कृष्ट चरित्र का निर्माण हो सके।
- आदर्शवादी शिक्षा इस अर्थ में अद्वितीय है कि इसमें शिक्षा के उद्देश्यों की विस्तृत व्याख्या की गई है।
- आदर्शवादी शिक्षा में शिक्षक को महत्वपूर्ण स्थान दिया गया है। यह बालक और समाज दोनों के लिए मंगलमय है।
- आदर्शवादी शिक्षा में बालक के व्यक्तित्व का आदर किया जाता है। यह शिक्षा उनकी रचनात्मक शक्तियों के विकास पर भी बल देती है।
- आदर्शवाद बालक के व्यक्तित्व के पूर्ण विकास पर बल देता हैं। वह बालकों में आध्यात्मिक विकास करके उसे आत्मानुभुति एवं 'सत्यम्, शिवम् और सुंदरम्' के दर्शन करने के योग्य बनाना चाहता है।
- शिक्षा के क्षेत्र में आत्मानुशासन और आत्म नियंत्रण के सिद्धांतों का प्रतिपादन करके आदर्शवाद ने शिक्षा के क्षेत्र में महत्वपूर्ण कार्य किया है।
- आदर्शवाद दर्शन के रूप में हमें जीवन के प्रति एक सच्चा दृष्टिकोण प्रदान करता है।
- आदर्शवाद ने व्याख्या, वाद-विवाद, प्रश्न, आगमन-निगमन, अभ्यास, आवृत्ति और नाटक आदि अनेक विधियों का निर्माण करके आवश्यकतानुसार इनका प्रयोग करने के लिए शिक्षण को स्वतंत्रता प्रदान की है।

दोष (Demerits)

- आदर्शवादी शिक्षा के उद्देश्य केवल 'अमूर्त' है, इनका संबंध मात्र भविष्य से है।
- आदर्शवादी पाठ्यक्रम में आध्यात्मिक विषयों को ही सर्वप्रथम स्थान दिया गया है। जबकि आज के औद्योगिक युग में इनको आवश्यक नहीं समझा जाता।
- आदर्शवाद हमें जीवन के अंतिम ध्येय की और ले जाता है। जिसकी हमें तत्कालिक आवश्यकता नहीं है। इस समय तो हमारी आवश्यकताएं रोटी, कपड़ा और मकान से ही मुख्य रूप से संबंधित है।

- आदर्शवाद में मूल्यों की प्राप्ति पर अत्यधिक बल दिया गया है किंतु मूल्य स्वयं में एक विवादास्पद विषय हैं। व्यक्ति अपने मूल्यों का निर्माण वातावरण के संपर्क में आकर स्वयं करता है।
- आदर्शवाद पाठ्यक्रम में मानवीय विषयों को ही प्रमुख स्थान दिया गया है। जबकि आज के वैज्ञानिक युग में वैज्ञानिक विषयों को ही मुख्य स्थान मिलना चाहिए।
- आदर्शवाद सदैव निरपेक्ष एवं अंतिम सत्ता की बात करता है, जिसका ज्ञान करना कठिन है।
- शिक्षण विधियों के क्षेत्र में आदर्शवाद का कोई महत्वपूर्ण योगदान नहीं है, क्योंकि आदर्शवाद ने आदर्शों पर विस्तृत प्रकाश डाला है, किंतु उन आदर्शों को प्राप्त करने की विधियों का वर्णन नहीं किया है।
- आदर्शवादी शिक्षण विधियों में क्रियात्मकता की उपेक्षा की गई है।
- आदर्शवादी शिक्षण-प्रक्रिया में शिक्षक का स्थान महत्वपूर्ण मानते हैं। बालक को गौण स्थान देकर आदर्शवादी मनोवैज्ञानिक सिद्धांत की उपेक्षा करते हैं।
- आदर्शवादी समाज को व्यक्ति से ऊपर स्थान न देकर उनको एक-दूसरे का पूरक मानते हैं।

4

प्रकृतिवाद और शिक्षा
(Naturalism and Education)

प्रस्तावना (Introduction)

प्रकृतिवाद को भौतिकवाद या पदार्थवाद के नाम से भी जाना जाता है। भौतिक संसार ही वास्तविक संसार है। आध्यात्मिक संसार केवल एक कल्पना मात्र है। प्रकृतिवादी दर्शन का विकास संसार के आरंभ से ही माना जाता है। जैसे थैलीज ने विश्व का मूल कारण जल (पानी) को माना और एंपीकलीज ने पृथ्वी, अग्नि, जल तथा वायु को स्थायी तत्व माना है। यहाँ तक कि भारत में भी वैदिक काल से ही मनुष्य के विचार, अग्नि, जल तथा वायु को स्थायी तत्व माना है। इस प्रकार ग्रीक तथा भारतीय दोनों दर्शनों में प्रकृतिवाद की झलक स्पष्ट रूप से दिखायी देती है। अतः इस प्रकार प्रकृतिवाद का जन्म आदर्शवाद की प्रतिक्रिया स्वरूप हुआ। प्रकृतिवादी दार्शनिकों के अनुसार इस सृष्टि की रचना परमाणुओं के संयोग से हुई है। इनके अनुसार जो कुछ हम देखते हैं वह परमाणुओं के संयोगों का फल है। प्रकृतिवाद प्रकृति को मूल तत्व मानता है। यह अलौकिक और परलौकिक को न मानकर प्रकृति की ही पूर्ण वास्तविकता स्वीकार करता है।

प्रकृतिवादियों के अनुसार मनुष्य इंद्रियों एवं विभिन्न शक्तियों का समन्वित रूप है। इसमें आत्मा नामक चेतन तत्व नहीं है। संपूर्ण सृष्टि में नियम विद्यमान है। सब कार्य नियमानुसार होते हैं। प्रकृति के नियम शाश्वत एवं अपरिवर्तनशील हैं। इसमें परिवर्तन किसी प्रयोजन से नहीं होते हैं, वरन् कार्य संबंध के आधार पर अपने आप स्वयं हो जाते हैं।

प्रकृतिवाद की अवधारणा (Concept of Naturalism)

प्रकृतिवाद, दर्शन-शास्त्र की एक विद्या है जो यह मानती है कि अंतिम सत्य केवल प्रकृति है। प्रकृतिवादी दर्शन यथार्थ मन व जीवन की व्याख्या, भौतिक व रसायनिक नियमों द्वारा करके, शक्ति, गति, प्रकृति के नियमों तथा कार्य-कारण संबंध की सहक्रिया पर बल देता है। प्रकृतिवादी, बच्चे की शिक्षा में, स्वतंत्रता की धारणा को महत्वपूर्ण स्थान प्रदान करता है। प्रकृतिवादियों का विश्वास है कि जब तक बच्चे के समक्ष स्वतंत्र वातावरण प्रस्तुत नहीं किया जाएगा, तब तक उसका स्वाभाविक विकास नहीं हो सकेगा।

रूसो का विचार है कि प्रत्येक व्यक्ति स्वतंत्र पैदा होता है। परमात्मा किसी को बंधन में नहीं रखता, सभी बंधन तो मानव रचित हैं। रूसो तथा टी.पी. नन के अनुसार,

"शिक्षा का उद्देश्य व्यक्तित्व का स्वतंत्र विकास करना है। इसलिए शिक्षा इस प्रकार की होनी चाहिए कि प्रत्येक बच्चे का निजी व्यक्तित्व विकसित हो सके।"

उदाहरण-एक चिड़िया अपने बच्चे को दाना तब तक खिलाती है जब तक वो उड़ने के लिए तैयार नहीं हो जाता। कुछ समय बाद चिड़िया अपने बच्चे को घोंसले से स्वयं धक्का देकर उड़ने के लिए प्रेरित करती है और वह धीरे-धीरे उड़ने लगता है और अपने लिए स्वयं दाना ढूंढने लगता है। उसी प्रकार हमें भी बालक को प्रकृति में स्वतंत्र छोड़ देना चाहिए ताकि वह स्वयं प्रकृति से सीखें तथा अपने अनुभवों से सीखें।

उपरोक्त उदाहरण से हम कह सकते हैं कि बच्चे को उसके विकास के लिए प्रकृति में स्वतंत्र छोड़ देना चाहिए क्योंकि कुछ मनोवैज्ञानिकों का मानना है कि बच्चे का लगभग 90% मानसिक विकास 5 वर्ष की आयु तक हो जाता है। इसलिए वह अपनी रचनात्मक शक्ति और अपनी प्रतिभा से अपना विकास स्वयं कर सकता है।

समर्थक विद्वान (Founders)

प्रकृतिवादी विचारधारा के समर्थकों में काम्टे, बेकन, हॉब्स, लैमार्क, रूसो, हक्सले तथा सेमुअल बटलर आदि प्रमुख हैं।

प्रकृतिवाद का अर्थ (Meaning of Naturalism)

प्रकृतिवाद तत्व मीमांसा का वह रूप है जो प्रकृति को पूर्ण रूप से वास्तविक मानता है। यह अलौकिक और परलौकिक को नहीं मानता है। प्रकृतिवांदी विचारधारा यांत्रिक भौतिकवाद से मिलती है। भौतिकवादी के लिए भौतिकता मूल तत्व है। उनके अनुसार प्रकृति में अनेक पदार्थ हैं, जिनके परस्पर संयोग से विभिन्न प्रकार की रचनाएं जन्म लेती हैं। ये भौतिक संसार को सत्य और परलौकिक जगत को मिथ्या मानते हैं।

प्रकृतिवाद की परिभाषा (Definition of Naturalism)

विभिन्न विद्वानों ने प्रकृतिवाद को अपने कथानुसार विभिन्न प्रकार से परिभाषित किया है-

आर.बी. पैरी (R.B. Perry)-"प्रकृतिवाद आदर्शवाद के विरुद्ध, मन को पदार्थ के अधीन करता है तथा मानता है कि अंतिम सत्य भौतिक है न कि आध्यात्मिक।

वार्ड (Ward) के अनुसार, प्रकृतिवाद वह दर्शन है, जो प्रकृति को ईश्वर से अलग करता है। आत्मा को पदार्थ के अधीन बनाता है तथा प्रकृति के नियमों को सर्वोच्च मानता है। (Naturalism is the doctrine which separates nature from God, subordinates spirit to matter and set up unchangable laws of nature.)

थॉमस और लैंग-"प्रकृतिवाद, आदर्शवाद के विपरीत मस्तिष्क को पदार्थ के अधीन मानता है और यह विश्वास करता है कि अंतिम वास्तविकता भौतिक है, आध्यात्मिक नहीं।"

जेम्स वार्ड-"प्रकृतिवाद वह सिद्धांत है, जो प्रकृति को ईश्वर से पृथक करता है आत्मा को पदार्थ के अधीन करता है और अपरिवर्तनीय नियमों को सर्वोच्चता प्रदान करता है।"

जॉयसे-"प्रकृतिवाद वह विचारधारा है जिसकी प्रमुख विशेषता है कि यह आध्यात्मिकता को अस्वीकार करता है अथवा प्रकृति एवं मनुष्य के दार्शनिक चिंतन में उन बातों को स्थान देता है जो हमारे अनुभवों से परे नहीं है।"

अतः उपरोक्त विवरण के आधार पर प्रकृति ही अंतिम शाश्वत सत्य (Ultimate reality) है। केवल प्राकृतिक संसार ही वास्तविक संसार है। प्रकृतिवादियों का नारा है कि 'प्रकृति की ओर लौटो' (Back of Nature).

प्रकृतिवाद और दर्शन (Naturalism and Philosophy)

1. प्रकृतिवाद में तत्वमीमांसा (Metaphysics in Naturalism)

प्रकृतिवाद के अनुसार केवल प्रकृति ही अंतिम सत्य है। प्रकृति से परे कोई भी सत्य नहीं (Everything is nature, nothing beyond nature.) प्रत्येक वस्तु प्रकृति से उत्पन्न होती है और उसी में विलीन हो जाती है। 'प्रकृति की ओर लौटो' और 'समाज के बंधन तोड़ो' प्रकृतिवाद के नारें हैं। प्रकृतिवादी भौतिक संसार को सत्य मानते हैं। पदार्थ अणुओं, परमाणुओं, रिक्त स्थान तथा गति से बना हुआ है। मनुष्य स्वयं भी पदार्थ ही है और उस का मन उस के मस्तिष्क की क्रियाओं का परिणाम है।

'डाल्टन' के अनुसार, 'अलग-अलग पदार्थ अलग-अलग परमाणुओं के संश्लेषण द्वारा बनाए जाते हैं। और यह दुनिया भी अलग-अलग पदार्थों के संश्लेषण द्वारा बनाई गई है।''

'डेमोक्रिट्स' के अनुसार-'यह दुनिया परमाणुओं के संश्लेषण से बनाई गई है। अतः परिणाम के रूप में परमाणु को सत, अनश्वर एवं अविभाज्य मानते हैं। ये परमाणु आकार एवं मात्रा में भिन्न होते हैं। इन्हीं के संयोग से ब्रह्माण्ड की रचना होती है। जो दृश्य है वह परमाणुओं के संयोग का फल है। प्रकृतिवादियों के अनुसार मनुष्य-इन्द्रियों एवं विभिन्न शक्तियों का समन्वित रूप है। सब प्रकृति का खेल है। इसमें कोई आत्मा नामक चेतन तत्व नहीं है। सम्पूर्ण सृष्टि में नियम विद्यमान है। सब कार्य नियमानुसार होते हैं, मनुष्य भी प्रकृति के अधीन है स्वतंत्र नहीं। इस तरह प्रकृति के नियम, शाश्वत एवं अपरिवर्तनशील हैं।

2. प्रकृतिवाद में ज्ञानमीमांसा (Epistemology in Naturalism)

प्रकृतिवाद के अनुसार ज्ञान इंद्रियों द्वारा प्राप्त होता है। ज्ञानेन्द्रियाँ, ज्ञान का द्वार हैं। इन्द्रियों द्वारा अंतिम सत्य की प्राप्ति होती है। प्रकृतिवादी प्रकृति के प्रत्यक्ष ज्ञान में विश्वास रखता है। उसका पुस्तकीय ज्ञान में कोई विश्वास नहीं। प्रकृतिवादी आध्यात्मिक एवं पारलौकिक ज्ञान में विश्वास नहीं रखते।

'थामस हॉबस' ने इन्द्रिय जनित ज्ञान की व्याख्या 'गति' के रूप में की है। संवेदनायें वस्तुओं को भीतर स्थापित करती हैं और इन्द्रियां इन्हें बाहर लाने का प्रयास करती है।

'फ्रांसिस बेकन' के अनुसार-इंद्रियों द्वारा प्रकृति तथा प्राकृतिक क्रियाओं के प्रत्यक्ष निरीक्षण से ज्ञान की प्राप्ति होती है। प्रकृति के एक-एक अंश का निरीक्षण करके और एक-एक निरीक्षण के एकत्रीकरण द्वारा मनुष्य अपने विश्व का ज्ञान प्राप्त करता है। इस प्रकार प्राप्त किया गया ज्ञान सामान्य सिद्धान्तों से प्राप्त किये गये ज्ञान की अपेक्षा अधिक विश्वसनीय एवं उपयोगी होता है।

'बेकन' ने ज्ञान प्राप्ति के लिए निगमनात्मक (Deductive) की अपेक्षा आगमनात्मक (Inductive) विधि का समर्थन किया है। आगमनात्मक विधि विज्ञान की विधि है। इसमें पाँच अवस्थाएं हैं-

1. आंकड़ों का सूक्ष्म निरीक्षण,
2. आँकड़ों का विस्तृत एकत्रीकरण
3. आंकड़ों का वर्गीकरण
4. बुद्धिमतापूर्वक व्याख्या
5. परिणाम का सामान्यीकरण।

प्रकृतिवादी प्रत्यक्ष का समर्थन करते हैं। ये इन्द्रियों तथा अनुभव के माध्यम से ज्ञान की प्राप्ति पर बल देते हैं। वे इन्द्रियों द्वारा प्राप्त ज्ञान को ही सत्य मानते हैं। हरबर्ट स्पेन्सर इस ज्ञान को निम्न स्तर के ज्ञान से ऊँचा और तत्व ज्ञान से निम्न मानते हैं। रूसो ने शिक्षा के सब स्तरों पर प्रत्यक्ष ज्ञान को महत्वपूर्ण स्थान प्रदान किया था।

3. प्रकृतिवाद में मूल्यमीमांसा (Axiology in Naturalism)

प्रकृतिवाद केवल प्राकृतिक नैतिकता का पक्षधर है, मनुष्य को उसके अनुसार व्यवहार करने में खुशी मिलती है। प्रकृतिवादियों के अनुसार बाहरी शाश्वत अथवा अंतिम मूल्य नाम की कोई चीज नहीं है। आध्यात्मिक मूल्यों का कोई अस्तित्व नहीं है। मूल्य प्रकृति में निहित हैं। प्रकृतिवादियों का विचार है कि जीवन के मूल्य जीवन की 'आवश्यकताओं एवं स्थितियों से उत्पन्न होते हैं। इसलिए मूल्य सापेक्ष होते हैं और बदलते रहते हैं। प्रकृतिवादी प्रकृति के सौन्दर्यात्मक मूल्यों पर विश्वास करते हैं। 'प्रकृति का अनुसरण करो' यह उनका नारा है। वे नैतिकता को सापेक्ष मानते हैं। 'सुख' नैतिकता का आधार है। जो क्रिया सुख प्रदान करती है वह नैतिक है। इस प्रकार प्रकृतिवादी 'सुखवादी' है अर्थात् उनके लिए 'सुख' ही सर्वोत्तम है। मनुष्य दिन प्रतिदिन नैतिकता का चुनाव करेगा और स्थायी सुख प्राप्त करने का प्रयास करेगा। इस प्रकार वह अपनी नैतिकता में सचेत रूप से प्रकृतिवाद की ओर अग्रसर होगा। अतः इसके परिणामस्वरूप प्रकृतिवाद प्राकृतिक पदार्थ एवं क्रियाओं को ही सत्य मानता है। इसके अनुसार प्रकृति अपने आप में शुद्ध है और मनुष्य को इसके अनुकूल आचरण करना चाहिये, जिससे कि सुख मिले। मनुष्य को अपनी प्रकृति के अनुकूल ही आचरण करना चाहिए। वे मनुष्य को किसी प्रकार से सामाजिक नियमों और आध्यात्मिक बंधनों में बांधकर नहीं रखना चाहते हैं। मनुष्य को जो कार्य सुख देते हैं, वह वही कार्य करे। प्रकृतिवादी केवल प्राकृतिक नैतिकता को मानते हैं।

प्रकृतिवाद के मुख्य सिद्धांत (Main Principles of Naturalism)

प्रकृतिवादियों ने निम्नलिखित सिद्धांत को दिया जो यह सिद्ध करते हैं कि केवल प्रकृति ही सत्य है और प्रकृति के सिवाय और कुछ भी नहीं होता है। अतः प्रकृतिवाद के मुख्य सिद्धांत निम्नलिखित हैं–

1. **प्रकृति ही अंतिम तथा समूची वास्तविकता है** (Nature is ultimate reality.)–प्रकृतिवादियों के अनुसार प्रकृति ही अंतिम सत्य तथां समूची वास्तविकता है। इस प्रकार प्रकृति तथा वास्तविकता एक ही है। हॉकिंग (Hocking) के अनुसार "प्रकृतिवादी किसी ऐसी वस्तु के अस्तित्व को नहीं मानते जो प्रकृति से अलग या ऊपर हो। इस प्रकार सब-कुछ प्रकृति ही है।"
2. **प्रकृति के नियम** (Law of nature.)–अगर वैज्ञानिक रूप से देंखे तो प्रकृति के नियम सर्वव्यापक व अटल हैं अर्थात् प्रकृति के नियम अपरिवर्तनशील हैं। और इस ब्रह्माण्ड की छोटी से लेकर बड़ी इकाई इन नियमों के अधीन ही कार्य करती है।

3. **ब्रह्मांड पदार्थ की उपज** (Universe is the creation of matter.)–इनके अनुसार समूचा ब्रह्माण्ड पदार्थ का बना हुआ है। इसमें कोई आत्मा और जीवात्मक वस्तु नहीं है। अत: ब्रह्माण्ड की प्रत्येक वस्तु भौतिक विज्ञान के नियमों के अधीन होती है। अत: किसी भी तरह का कोई चमत्कार धरती पर नहीं होता है।
4. **भौतिक संसार की वास्तविकता** (Reality of physical world)–संसार की सभी वस्तुऐं पदार्थ से उत्पन्न हुई हैं तथा अंत में इसका रूप धारण कर लेती हैं। पदार्थ, अणुओं, खाली स्थान व गति से उत्पन्न कर लेता है।
5. **आत्मा पर विश्वास नहीं** (Unbelievable on Soul)–प्रकृतिवादियों को आत्मा परमात्मा तथा आध्यात्मिक जगत के अस्तित्व पर विश्वास नहीं होता। वह केवल भौतिक जगत, पदार्थ तथा प्रकृति के अस्तित्व को ही स्वीकार करते है।
6. **मानसिक क्रियाएँ** (Mental activities)–पदार्थ समूचे जगत का आधार है। मनुष्य भी पदार्थ है। उसका मन, दिमाग की गति का परिणाम है। सोचना, अनुभव करना, दलील देना आदि सभी मानसिक क्रियाएँ हैं। जिन्हें करना दिमाग का कार्य है।

इस प्रकार उपरोक्त सभी बिंदुओं से यह निष्कर्ष निकलता है कि संसार का अस्तित्व केवल प्रकृति पर ही निर्भर करता है और इसके सिवाय और कुछ भी नहीं है।

प्रकृतिवाद के रूप (Forms of Naturalism)

दर्शन में प्रकृतिवाद के निम्नलिखित तीन रूप हैं–

1. **पदार्थवादी प्रकृतिवाद** (Physical Naturalism)–यह पदार्थ को सत्य मानती है। इस जगत में जो कुछ भौतिक रूप में उपस्थित है, वही सत्य है। यह मानव का अध्ययन भी पदार्थ जगत के नियमों के अनुसार करता है। इसमें शिक्षा जगत की कोई देन नहीं है। इसका कारण संभवत: यह है कि शिक्षा भौतिक विज्ञानों की नहीं, मानव की प्रक्रिया है।
2. **यंत्रवादी प्रकृतिवाद** (Mechanical Naturalism)–इसका आशय प्रकृतिवाद के उस स्वरूप से है जो संपूर्ण विश्व को एक ऐसे यंत्र के रूप में देखता है जो कि पदार्थ से बनता है और जिसमें प्राकृतिक गति होती है। इस विचारधारा के अनुसार मनुष्य एक मशीन है जिसमें कुछ सहज क्रियाएं होती हैं, जो पर्यावरण परिस्थितियों के मिलने पर उत्तेजना पाती हैं और क्रियाशील होती हैं। इसी कारण प्रकृतिवादी पुस्तकीय ज्ञान को शिक्षा नहीं मानते। इनके अनुसार वास्तविक शिक्षा वह है जो प्रकृति के अनुकूल विकास करने एवं जीवन को सुखमय बनाने में सहयोग देती है।
3. **जैविक प्रकृतिवाद** (Biological Naturalism)–यह वाद चार्लस डार्विन (1809–1882) के विकासवादी सिद्धांत पर आधारित है। इसके अनुसार मानव का विकास पशुओं से हुआ है। ये पशु और मानव में भेद नहीं करते। ये मानव के उस स्वभाव पर बल देते हैं जो उसको अपने पूर्वजों से वंशानुक्रम के आधार पर प्राप्त होता है। नैसर्गिक स्वभाव के कारण मानव और पशु में अधिक समानता पाई जाती है। दोनों की मूल प्रवृत्तियां लगभग समान होती हैं। इनके अनुसार इन मूल प्रवृत्तियों का विकास ही शिक्षा का उद्देश्य होना चाहिए।

डार्विन द्वारा प्रतिपादित दो महत्वपूर्ण सिद्धांत हैं-

1. जीवन के लिए संघर्ष तथा
2. समर्थ का अस्तित्व, इस संप्रदाय का आधार है जिसके अनुसार मानव का विकास पशुओं से तथा वह इस विकास प्रक्रिया का सर्वोच्च रूप है।

प्रथम सिद्धांत के अनुसार प्राणी को जीवित रहने के लिए स्वयं को परिस्थितियों के अनुसार ढालना पड़ता है। द्वितीय सिद्धांत के अनुसार उसे जीवित रहने के लिए संघर्ष करना पड़ता है।

शिक्षा में प्रकृतिवाद (Naturalism in Education)

शिक्षा में प्रकृतिवाद का अर्थ एक ऐसे शिक्षा प्रबंध से है, जिसमें बच्चा अपनी प्रकृति के अनुसार विकसित होता है। वैसे तो प्रकृतिवादियों का आंदोलन शिक्षा के क्षेत्र में आरंभ करने का श्रेय बेकन तथा कोमेमियस को जाता है। परंतु रूसो ने इस आंदोलन को चरम सीमा तक पहुँचाया था।

एडम्स (Adams) के अनुसार "प्रकृतिवाद शिक्षा के सिद्धांत के रूप में प्रशिक्षण के ऐसे रूपों में प्रयोग में लाया जाता है जो विद्यालयों अथवा शिक्षण संस्थानों पर निर्भर नहीं है, बल्कि विद्यार्थी के वास्तविक झुकावों को सही प्रकार से मोड़ने पर निर्भर है।"

कोमेनियस के अनुसार-बच्चे के मस्तिष्क में ज्ञान को बलपूर्वक थोपना गलत है। प्रकृति का अनुसरण ही शिक्षा प्रदान करने का सर्वश्रेष्ठ साधन है। इसी संदर्भ में रूसो ने अपने दर्शन को स्पष्ट करते हुये, अपनी पुस्तक 'एमील एवं एजुकेशन (Emile and Education) की रचना की जिसमें केवल प्रकृति को ही सर्वश्रेष्ठ शिक्षिका मानते हुये शिक्षा को एक प्राकृतिक प्रक्रिया घोषित किया तथा बताया कि "शिक्षा आंतरिक विकास है। बाहर से थोपी हुई कोई वस्तु नहीं है।" इस प्रकार प्रकृतिवादियों ने बालक पर से बाह्य बंदिशो को हटाकर, केवल प्राकृतिक परिणायों का शासन स्वीकार किया है। इस प्रकार इनकी शिक्षा प्रणाली प्रचलित प्रणाली से बिल्कुल विपरीत है।

प्रकृतिवादी शिक्षा की विशेषतायें

(Characteristics of Naturalistic Education)

चूंकि प्रकृतिवादियों की शिक्षा प्रणाली बिल्कुल भिन्न थी। इसी संदर्भ में इनकी शिक्षा प्रणाली की निम्न विशेषतायें थी-

1. **प्रकृति की ओर लौटो** (Back to Nature)-प्रकृतिवादियों ने शिक्षा के सभी साधनों में प्रकृति को सर्वोच्च स्थान दिया है। इसलिए प्रकृतिवादी शिक्षा की प्रथम विशेषता यह है कि 'प्रकृति की और लौटो'। इनके अनुसार बच्चे का आंतरिक विकास बच्चे की प्रकृति के अनुसार विकसित होने के लिए प्राकृतिक वातावरण प्रस्तुत करना चाहिए।
2. **बाल-केंद्रित शिक्षा** (Child centred Education)-प्रकृतिवादियों ने बच्चे को समूची शिक्षा का केंद्र माना है। इनका विश्वास है कि बच्चा शिक्षा के लिए नहीं बल्कि शिक्षा बच्चे के लिए होनी चाहिए।
3. **बच्चे की स्वतंत्रता** (Freedom of Child)-प्रकृतिवादियों ने बच्चे की स्वतंत्रता को महत्त्वपूर्ण स्थान दिया है। उनका विश्वास है कि बच्चे की स्वतंत्रता बच्चे की

अंर्तनिहित शक्तियों को पूर्ण रूप से विकसित होने में सहायक होती है। अगर स्वतंत्रता नहीं है तो बच्चे का स्वभाविक विकास नहीं हो सकेगा। अत: शिक्षक व अभिभावकों को बच्चे के किसी कार्य में बाधा नहीं डालनी चाहिये। बल्कि उन्हें स्वतंत्र वातावरण उपलब्ध कराना चाहिये जिससे वह अपनी स्वेच्छानुसार अपने को विकसित कर सकें।

4. **नकारात्मक शिक्षा** (Negative Education)-यह सम्प्रत्य रूसो ने दिया था इसके अनुसार बालक की प्राथमिक शिक्षा नकारात्मक होनी चाहिये। इसका मतलब है कि बालक को सत्य के सिद्धांतों की शिक्षा, प्रत्यक्ष से नहीं देना बल्कि उसके दिल की बुराई के विरुद्ध तथा मन की गलती के विरुद्ध मार्गदर्शन करना चाहिये। अत: नकारात्मक शिक्षा औपचारिक व प्रत्यक्ष शिक्षा नहीं है। इसमें पुस्तकों व अनुशासन का कोई हस्तक्षेप नहीं होता है। परंतु यह पुरानी रीतियों का अनुकरण करने की प्रेरणा देती है।

   5 वर्ष से 12 वर्ष की आयु तक बच्चे को नकारात्मक शिक्षा प्रदान करनी चाहिए। 'रूसो' का कथन है, मैं उसे नकारात्मक शिक्षा कहता हूँ जो ज्ञान के साधन इन्द्रियों को पूर्णता प्रदान करती है। नकारात्मक शिक्षा से तात्पर्य निष्क्रियता का समय नहीं है। यह अच्छाई नहीं सिखाती, बल्कि बुराई से बचाती है। नकारात्मक शिक्षा की विशेषताएं हैं-

   (i) समय को बचाना नहीं।
   (ii) पुस्तकीय शिक्षा नहीं।
   (iii) औपचारिक अनुशासन नहीं।
   (iv) पुराने रिवाजों का अनुसरण।
   (v) औपचारिक पाठ नहीं।
   (vi) प्रत्यक्ष नैतिक शिक्षा नहीं।
   (viii) आदतों का निर्माण नहीं।

5. **पुस्तकीय ज्ञान का विरोध** (Opposition of Bookish knowlege)- शिक्षा के अनुसार पुस्तकों को बलपूर्वक लगवाकर बच्चे को ज्ञानी बनाने का प्रयास किया जाता था। प्रकृतिवादियों ने पुस्तकीय ज्ञान का विरोध किया तथा बच्चे के स्वाभाविक रूप से होने वाले विकास पर बल दिया। यहाँ तक कि रुसों ने कहा ''बाल्यावस्था में प्रत्येक बालक की शिक्षा केवल करके सीखने तथा निरीक्षण के अनुभव द्वारा ही होनी चाहिये।''

6. **इन्द्रियों के प्रशिक्षण पर बल** (Stress on the training of Senses)- प्रकृतिवादी शिक्षा बच्चे की इन्द्रियों के प्रशिक्षण पर बल देती है। वह बच्चे के मस्तिष्क में ज्ञान को बाहर से बलपूर्वक थोपने के विरोधी है। उनके अनुसार, ज्ञान को प्रभावशाली बनाने के लिए इन्द्रियों को प्रशिक्षित करना अति आवश्यक है। इसलिए रूसो ने कहा कि ''शिक्षा को इन्द्रियों का उचित प्रयोग करके, ज्ञान के द्वार खोलने चाहिये।''

7. **सकारात्मक शिक्षा** (Positive Education)-प्रत्यक्ष एवं स्पष्ट रूप से दी जाने वाली शिक्षा 'सकारात्मक शिक्षा' कहलाती है। रूसो के अनुसार, ''मैं उस शिक्षा को स्वीकार्य मानता हूँ जो समय के पहले मन का निर्माण करती है और बच्चे को मानवीय कर्त्तव्यों का शिक्षण देती है।'' रूसो ने तीन प्रकार की सकारात्मक शिक्षा का समर्थन किया है-

(i) स्वतंत्रता और शारीरिक शिक्षा।
(ii) जीवन के अनुभव।
(iii) संवेदनाओं का प्रशिक्षण।

प्रकृतिवाद और शिक्षा के उद्देश्य (Naturalism and Aims of Education)

शिक्षा के उद्देश्यों को लेकर प्रकृतिवादियों के मत निम्नलिखित हैं। जिन्हें प्राप्त करना ही शिक्षा का एकमात्र ध्येय है।

1. **आत्माभिव्यक्ति** (Self-expression)-आदर्शवाद आत्मज्ञान (Selfrealisation) पर बल देता है। जबकि प्रकृतिवाद आत्माभिव्यक्ति (Self Expression) को मुख्य उद्देश्य दर्शाता है।
2. **वर्तमान तथा भावी प्रसन्नता की प्राप्ति** (Attainment of present and future happiness)-जैविक प्रकृतिवाद के अनुसार, मानव का उद्देश्य वर्तमान में प्रसन्नता को प्राप्त करना है। इस प्रकार प्रकृतिवादी आदर्शवादियों की तरह बच्चे को परलोक के लिए नहीं बल्कि वर्तमान की खुशियों के लिये तैयार करते हैं। परंतु मैकडूगल ने सुख-दुख के सिद्धांत का समर्थन न करते हुये कहा कि सुख या दुःख का जन्म तो प्राकृतिक प्रक्रिया के प्रवृत्तियों का पोषण उचित दिशा की और करना भी शिक्षा का उद्देश्य होना चाहिए।
3. **बालक के स्वाभाव के अनुसार शिक्षा** (Education according to nature of child)-प्रकृतिवादियों के अनुसार, शिक्षा बच्चे के स्वभाव, जीवन, उसके अनुभवों के अनुसार व बच्चों की रुचि के अनुसार होनी चाहिये। शैक्षिक उद्देश्य को प्राप्त करने के लिए उसके स्वभाव को जानना जरूरी है। रूसो के अनुसार, उन्होंने इस बात पर बल दिया है कि पहले बच्चे के स्वभाव को समझा जाये तत्पश्चात उसे शिक्षा देने की बात सोची जायें तथा टैगोर ने भी इस बात पर बल दिया है कि बच्चे के स्वभाव को प्रमुख रखकर उसे शिक्षा दी जानी चाहिये, अन्यथा इसका कोई लाभ नहीं होगा।
4. **व्यक्तित्व का स्वतंत्र विकास** (Autonomous Development of Personality)-प्रकृतिवादियों ने शिक्षा के उद्देश्य में बताया कि बालक के व्यक्तित्व का विकास तभी होगा, जब तक समाज का कोई हस्तक्षेप नहीं होगा। रूसो ने इस बात पर जोर दिया कि शिक्षा का उद्देश्य व्यक्तित्व का स्वतंत्र विकास करना है। इसलिए शिक्षा इस प्रकार भी होनी चाहिये कि प्रत्येक बच्चे का व्यक्तित्व विकसित हो सकें।
5. **मानवीय मशीन की पूर्णता** (Perfection of human machine)-यांत्रिक प्रकृतिवाद का सुझाव है कि शिक्षा का उद्देश्य मानवीय मशीन की कुशलता तथा पूर्णता होना चाहिए।
6. **सफलतापूर्वक संघर्ष करना** (To struggle successfully)-डार्विन कहते हैं कि शिक्षा का उद्देश्य है कि वह व्यक्ति को सफलता से संघर्ष करना सिखाये ताकि वह जीवित रह सके, और वास्तविक जीवन की चुनौतियों का सामना कर सकें।

7. **सामंजस्य प्राप्ति** (To secure adjustment)-लैमार्क तथा उसके अनुयायी इस बात में निश्चय रखते हैं कि शिक्षा का उद्देश्य व्यक्ति को शारीरिक तथा मानसिक तौर पर अपने वातावरण तथा जीवन को बदलती स्थितियों के साथ सामंजस्य प्राप्त करने के योग्य बनाना है।

उपरोक्त बिन्दुओं के विवरण के आधार पर सही मायने में प्रकृतिवादियों के अनुसार शिक्षा के उद्देश्यों को भली प्रकार से समझ सकते हैं तथा वर्तमान की शिक्षा व्यवस्था के साथ देखकर तुलना भी कर सकते हैं।

प्रकृतिवाद और शिक्षण विधि
(Naturalism and Methods of Teaching)

शिक्षण अधिगम प्रक्रिया में शिक्षण विधियों का महत्त्वपूर्ण स्थान है। क्योंकि कक्षा में शिक्षक द्वारा ज्ञान व सूचनाओं का आदान-प्रदान शिक्षण विधियों द्वारा होता है। अर्थात प्रभावशाली शिक्षण विधियों द्वारा ही प्रभावशील तरीके से ज्ञान व सूचनाओं का आदान-प्रदान सम्भव है। अत: प्रकृतिवादियों ने भी शिक्षण विधियों पर प्रकाश डाला है जिसमें रूसों का नाम मुख्यतया चर्चा में आता है। उनके अनुसार विद्यार्थी को कोई शाब्दिक पाठ पढ़ाने की आवश्यकता नहीं है। उसे अनुभव द्वारा सीखने दो (Let him learn by own experience.)। मुख्यतया प्रकृतिवादी बच्चें को शिक्षा प्रक्रिया का केंद्र बिंदु (Center point) मानते हैं। इसलिए प्रकृतिवादियों ने छात्र केन्द्रित शिक्षण विधियों पर जोर डाला-

A. खेल विधि (Play-way Method)

प्रकृतिवादी खेल विधि (play-way method) को अधिक उपयुक्त (More suitable) मानते हैं। फ्रोबेल के अनुसार खेल द्वारा बच्चे कई प्रकार के कौशलों (Skills) को सीखते हैं। यह विधि बालक की प्राकृतिक अभिक्षमताओं को प्रकट करती है तथा उन्हें भावी जीवन के लिए तैयार करती है। सभी आधुनिक विधियाँ जैसे-किण्डरगार्टन तथा मान्टेसरी विधि इसी खेल विधि पर आधारित होती हैं।

B. प्रत्यक्ष अनुभवों पर आधारित शिक्षण विधियाँ

1. **आत्मअनुभव द्वारा सीखना** (Learning by self experience)-अनुभव व क्रिया शिक्षा के दो मुख्य आधार है। रूसो ने इन दोनों साधनों को बच्चे की शिक्षा में प्रयोग में लाने का सुझाव दिया है। क्योंकि उनके अनुसार संपूर्ण ज्ञान वास्तविक अवस्था व अनुभवों से ही उत्पन्न होता है।
2. **ज्ञानेन्द्रियों द्वारा शिक्षा** (Education through Senses)-रूसो के अनुसार ज्ञानेन्द्रियों द्वारा शिक्षा, शिक्षा ग्रहण करने की प्रभावशाली विधि है। इस प्रकार बालक को भी अधिक से अधिक ज्ञानन्द्रियों का प्रयोग कराकर शिक्षा दी जानी चाहिये।
3. **प्राकृतिक संसार का प्रत्यक्ष अध्ययन** (Direct study of Natural World)-बच्चों को स्कूल से बाहर प्राकृतिक संसार का प्रयोगशाला में अध्ययन करना चाहिये। बच्चा प्राकृतिक वस्तुओं के साथ स्वयं अनुभवों द्वारा सीखे।
4. **भ्रमण विधि** (Excursion Method)-प्रत्यक्ष रूप से शिक्षा ग्रहण करने की भ्रमण विधि बहुत उपयुक्त है, जो भूगोल व इतिहास की शिक्षा कक्षा में बैठकर पुस्तकों के नक्शें से नहीं बल्कि शैक्षिक भ्रमणों को इसका आधार बनाना चाहिये।

C. निरीक्षण पर आधारित शिक्षण विधियाँ
(Methods based on Observation)

प्रकृतिवाद ने निरीक्षण कार्यों के प्रयोगों को बड़ा अच्छा समझा है। बालक को ऐसे अवसर प्रदान किए जाने चाहिये जिससे वह वस्तुओं का निरीक्षण करना अच्छे से सीख सके।

1. **खोज विधि** (Heuristic Method)-प्रकृतिवाद ने इस विधि पर अत्यधिक बल डाला है। विज्ञान व गणित की शिक्षा के लिए उन्होंने इस विधि का समर्थन किया था क्योंकि इस विधि से बच्चा स्वयं खोजी (Self-Discover) बनकर विषय का अध्ययन गहराई से कर पाता है। जिससे बालक अपने दिन प्रतिदिन की क्रियाओं को जोड़कर विषय का गहन अध्ययन करता है।
2. **निरीक्षण विधि** (Observation Method)-प्रकृतिवादियों के अनुसार विज्ञान की शिक्षा के अध्ययन के लिए इस विधि का प्रयोग करना चाहिये। इससे बच्चा स्वयं करके सीखता है।

   उपरोक्त विधियों के साथ अन्य निम्न विधियों को भी शामिल किया जा सकता है-
   - कार्य करके सीखना (Learning by doing)
   - स्व-अधिगम विधि (Self-Learning)
   - स्थूल से सूक्ष्म की ओर (Abstract to Concrete)
   - प्रयोग से तर्कशीलता की ओर (Empirical to Rational)
   - प्रकृतिवाद व अनुशासन (Naturalism and Discipline)

अतः शिक्षण विधियों के क्षेत्र में प्रकृतिवाद की देन बहुत महत्वपूर्ण है। यह प्राचीन और परंपरागत शिक्षण विधियों के विरूद्ध है। यह रटने और निष्क्रिय अभ्यास का विरोध तथा 'करके सीखने' और 'अनुभव द्वारा सीखने' का समर्थन करती है।

प्रकृतिवाद के 'क्रिया द्वारा सीखने' और 'स्वानुभव द्वार सीखने' के विचारों के आधार पर शिक्षा-जगत में निम्न शिक्षण विधियों की खोज हुई-ह्यूरिस्टिक विधि, 'निरीक्षण विधि', खेल विधि, किंडरगार्टन विधि, मांटेसरी विधि, डॉल्टन विधि इत्यादि।

प्रकृतिवाद तथा पाठयक्रम (Naturalism and Curriculum)

प्रकृतिवादियों ने पाठयक्रम के लचीलेपन पर जोर डाला। उनका मानना था कि पाठ्यक्रम बच्चे के लिए है, बच्चा पाठयक्रम के लिए नहीं है। अर्थात् पाठ्यक्रम का लचीला होना आवश्यक है। बच्चे की रुचि और आवश्यकता को पूरा करने के लिए पाठयक्रम लचीला होना चाहिये।

अतः प्रकृतिवादियों के अनुसार पाठयक्रम की रूपरेखा निम्न बिन्दुओं को ध्यान में रखकर होनी चाहिये।

- बालक की रुचि
- व्यक्तिगत विभिन्नतायें
- बालक की मूल प्रवृतियाँ

अतः उपरोक्त सभी बिन्दुओं के आधार पर अगर पाठयक्रम का निर्माण होता है तो वह बालक के सार्वभौमिक विकास में सहायक सिद्ध होगा। अर्थात बालक की अंर्तनिहित

शक्तियों को स्वतंत्रतापूर्वक विकसित किया जा सकता है। इन सभी पक्षों को ध्यान में रखकर मुख्यतः इन विषयों को सम्मिलित करना चाहियें। जैसे शरीर विज्ञान, खेलकूद, पदार्थ विज्ञान, प्रकृति, निरीक्षण, भाषा तथा भूगोल और इतिहास इत्यादि।

इस प्रकार प्रकृतिवादियों के पाठयक्रम पर निम्न विचार प्रस्तुत हैं-

कठोर पाठयक्रम नहीं (No rigid curriculum)-पाठयक्रम के लिए बालक नहीं होना चाहिए बल्कि बालक के लिए पाठयक्रम होना चाहिये अर्थात बच्चे की रुचि, और आवश्यकता के अनुसार पाठयक्रम को लचीला (Flexible) होना चाहिये। रूसो के अनुसार-बच्चे के लिए कोई विशेष पाठयक्रम निश्चित नहीं किया जाये। प्रकृति की गोद (Lap of nature) में स्वयं शिक्षा प्राप्त करने दी जाये जिससे उसका प्राकृतिक रूप से विकास हो सके।

आधारभूत विज्ञानों पर बल (Emphasis on Basic Science)-बालक के वास्तविक जीवन के लिए सभी जरूरी विज्ञानों पर जरूर बल देना चाहिये जैसे-शरीर की आवश्यकताओं के लिए भौतिक विज्ञान, रसायन विज्ञान, जीव विज्ञान, वनस्पति विज्ञान तथा प्राणी विज्ञान व भाषा साहित्य, गणित का भी समावेशन होना चाहिये।

अतीत के अनुभव (Subject concerning past experiences)-प्रकृतिवाद नस्ल में अतीत के अनुभवों पर अधिक जोर देते हैं। अतीत के अनुभव, ही वर्तमान अनुभवों के स्त्रोत हैं। इसलिए इतिहास, मानव विज्ञान, तथा भूगोल के विषय भी पाठयक्रम में शामिल करने चाहिये।

पाठयक्रम संबंधी रूसो के विचार (The views of Rousseau about Curriculum)-रूसो ने बालक की आयु के अनुसार पाठ्यक्रम को निर्धारित किया था।

शैशवावस्था *(Infancy stage)* ***(जन्म से 5 वर्ष)***

- अनिश्चित पाठयक्रम
- शारीरिक गतिविधियों पर बल
- पूर्ण स्वतंत्रता

बाल्यवस्था *(Childhood stage)* ***(5 वर्ष से 12 वर्ष)***

- प्रकृतिवाद और शिक्षा
- इन्द्रियों के प्रशिक्षण पर बल
- पुस्तकीय ज्ञान से दूर
- नकारात्मक शिक्षा

किशोरावस्था *(Adolescence stage)* ***(12 से 15 वर्ष)***

- विज्ञान, गणित, संगीत, साहित्य और भाषायें इत्यादि।

प्रौढ़ावस्था *(Adulthood stage)* ***(15 से 20 वर्ष)***

- स्त्री शिक्षा पर बल
- सामाजिक जीवन की शिक्षा

अतः उपरोक्त विवरण के आधार पर प्रकृतिवादियों ने लचीले पाठयक्रम पर अत्यधिक जोर डाला, जिसमें बालक का प्राकृतिक रूप से विकास हो सके।

प्रकृतिवादी प्रकृति को ही सबसे उत्तम शिक्षक मानते हैं। प्रकृतिवादी शिक्षा में अध्यापक को कोई स्थान नहीं दिया गया है। उनका विचार था कि अध्यापक दूषित समाज का ही अंग है। अतः वह बालकों पर अपना प्रभाव डालने में असमर्थ होगा। इसके विपरीत उदार प्रकृतिवादी विद्यालय में शिक्षक की आवश्यकता तो महसूस करते हैं किंतु वे शिक्षक को ज्ञान देने वाला नहीं मानते, अपितु वे अध्यापक से यह आशा करते हैं कि वह बालक के लिए ऐसी परिस्थिति तैयार कर दें जिनमें बालक स्वयं ज्ञान अर्जित कर सकें। उसके अनुसार-शिक्षक का क्या स्थान व कार्य हैं? इसके बारे में रॉस ने लिखा है-''यदि शिक्षक का कोई स्थान है, तो वह पर्दे के पीछे है।'' वह बालक के विकास का निरीक्षण करने वाला है न कि उसको सूचनाओं, विचारों, आदर्शों और इच्छा शक्ति को देने वाला तथा उसके चरित्र का निर्माण करने वाला। बालक इन बातों को स्वयं ही समझ लेगा। वह किसी भी शिक्षक की अपेक्षा अधिक अच्छी तरह जानता है कि उसे क्या, और कैसे सीखना है? उसकी शिक्षा उसकी रूचियों और प्रेरणाओं का स्वतंत्र विकास है न कि इसके लिए शिक्षक द्वारा किया गया कृत्रिम प्रयास।''

प्रकृतिवाद शिक्षक को वह स्थान प्रदान नहीं करता जो आर्दशवादी करते हैं। प्रकृतिवादियों के अनुसार एक शिक्षक निम्न भूमिकाएँ निभाता है।

- शिक्षक का कार्य एक संरक्षक की तरह होता है। वह एक संरक्षक की तरह बच्चे को सभी गलत चीजों से बचाता है।
- शिक्षक का कार्य बच्चे के स्वभाव को समझकर उसके अनुसार उसका निरीक्षण करना होता है। इसलिए वह एक निरीक्षक की भूमिका निभाता है।
- रॉस के अनुसार शिक्षक केवल मंच तैयार करने वाला है और एक बालक इसमें अभिनयकर्त्ता की भूमिका निभाता है।
- टैगोर के अनुसार एक शिक्षक को कोई भी कदम उठाने से पहले बालक के स्वभाव के बारे में सोचना चाहिए।

प्रकृतिवादियों के अनुसार शिक्षक की भूमिका बच्चे की मदद करना है। यह शिक्षक को सिर्फ एक सहायक के रूप में देखते हैं तथा बच्चों को शिक्षक के मुकाबले ज्यादा स्थान देते हैं तथा बच्चे को स्वयं सीखने पर ज्यादा बल देते हैं।

प्रकृतिवाद तथा विद्यार्थी (Naturalism and Students)

प्रकृतिवाद शिक्षा बाल-केंद्रित शिक्षा पर जोर देता है। प्रकृतिवादी बालक की प्राथमिक भूमिका मानते हैं। उनके अनुसार शिक्षण प्रक्रिया में बालक को केंद्र मान कर सारी प्रक्रिया होनी चाहिए। इसलिए इसे बाल केंद्रित शिक्षा भी कहते हैं। बच्चों को ऐसा वातावरण देना चाहिए कि वह स्वयं अपने ज्ञान की वृद्धि कर सकें तथा सीख सकें तथा शिक्षा बच्चे के व्यक्तित्व के विकास के अनुसार होनी चाहिए।

रॉस के अनुसार ''शिक्षा बच्चे को उसकी प्रकृति, योग्यता, सामर्थ्य के अनुसार प्राकृतिक रूप से विकसित करने के लिए होती है।''

टैगोर के अनुसार ''शिक्षक दीपक के समान है जो स्वयं जल कर दूसरों को प्रकाशित करता है।''

प्रकृतिवाद तथा अनुशासन (Naturalism and Discipline)

प्रकृतिवाद परम्परागत अनुशासन का विरोध करते हैं। वे बच्चे को अधिकतम स्वतंत्रता देते हैं। वे शारीरिक दंड प्रणाली के विरोधी हैं, क्योंकि उनका निश्चय है कि इसके द्वारा बच्चे में अनावश्यक द्वंद आरम्भ हो जाता है। स्पेंसर ने कहा है कि ''जब एक बच्चा गिरता है या उस का सिर किसी मेज के साथ टकराता है तब उसे दर्द होता है, जिसकी याद उसे अधिक सावधान बनाती है तथा इसका परिणाम यह होता है कि वह अपनी गति को अनुशासन में रखकर उसे उचित निर्देशन प्रदान करता है।''

यदि कोई बच्चा गलती करता है, तो उसे उस का बदला प्रकृति से मिलेगा इस प्रकार से सही और गलत में अंतर करना सीखेगा।

प्रकृतिवाद तथा स्कूल (Naturalism and School)

प्रकृतिवाद इस बात पर बल देते हैं कि स्कूल प्रकृति की गोद में स्थित होना चाहिए। स्कूल का वातावरण स्वतंत्र, लचीला तथा कठोरता से मुक्त होना चाहिए। वहाँ निश्चित एवं कठोर टाइम-टेबल की व्यवस्था नहीं होनी चाहिए। स्कूल का प्रबंध प्राकृतिक नियमों पर आधारित होना चाहिए। वहाँ दण्ड का प्रावधान नहीं होना चाहिए। प्रकृति अपने आप में ही एक स्कूल है जहाँ बच्चे प्राकृतिक सिद्धांतों के अनुसार सीखते हैं। प्रकृतिवादी प्राकृतिक मूल्यों के निर्माण में विश्वास रखते हैं। स्कूल का सामाजिक वातावरण, स्वतंत्रता, समानता, तथा भाईचारे के सिद्धांतों पर आधारित होना चाहिए। विद्यार्थियों को स्वयं स्कूल का नेतृत्व करने का प्रशिक्षण मिलना चाहिए। प्रकृतिवादी स्कूल सह-शिक्षा के समर्थक है। स्कूल में प्रकाश एवं वायु की उचित व्यवस्था होनी चाहिए। 'रूसो' ने बच्चों की प्रकृति तथा उनकी विकास अवस्थाओं के अनुसार स्कूलों के गठन का सुझाव दिया है।

प्रकृतिवाद के गुण (Merits of Naturalism)

- प्रकृतिवाद बाल केंद्रित शिक्षा देकर बच्चों के सर्वांगीण विकास की बात पर जोर देता है।
- शिक्षा प्रणाली के सभी अंग बच्चे के व्यक्तित्व के अनुसार होने चाहिए।
- प्रकृतिवाद के अनुसार बच्चे को स्वतंत्र वातावरण देकर स्वयं अनुशासित होने को कहता है।
- प्रकृति के प्रति प्रेम भाव का विकास करता है।
- बच्चे को अनुभवों से सीखने का अवसर प्रदान करता है।
- प्राचीन रूढिवादी शिक्षण-विधियों के स्थान पर गतिशील विधियों का प्रयोग करता है।
- प्रकृतिवाद शैक्षिक प्रक्रिया में बालक को केंद्र-बिंदु मानता है।

प्रकृतिवाद के दोष (Demerits of Naturalism)

- प्रकृतिवाद बच्चे के आध्यात्मिक व नैतिक विकास की और ध्यान नहीं देता।
- बच्चे को अधिक स्वतंत्रता प्रदान करने की बात कही गई है।
- प्रकृतिवाद, व्यक्तित्व के विकास पर बल देता है। यह विचारधारा समाज विरोधी है।

- प्रकृतिवाद शिक्षक को अधिक महत्त्व नहीं देकर सिर्फ सहायक के रूप में देखता है।
- प्रकृतिवाद एक पक्षीय मनोविज्ञान पर आधारित है।
- प्रकृतिवाद शिक्षक को गौण स्थान देकर उसकी उपेक्षा करता है।
- प्रकृतिवाद, बालक के केवल वर्तमान जीवन को महत्व देता है। और उसके भावी जीवन से कोई सरोकार नहीं है।
- प्रकृतिवादी स्वतंत्रता पर आवश्यकता से अधिक बल देता है। किंतु सीमा से अधिक स्वतंत्रता देना स्वयं बालक के हित में नहीं है।
- प्रकृतिवाद के कारण बालक के पाठ्यक्रम का आधार बन जाने से पाठयक्रम का महत्व कम हो गया है।
- प्रकृतिवाद पुस्तकों की अवहेलना करता है।
- प्रकृतिवाद केवल तत्कालिक उपयोगिता को महत्व देता है।
- प्रकृतिवाद आध्यात्मिक गुण एवं सांस्कृतिक मूल्यों की अवहेलना करता है।
- पाठयक्रम में भाषा, संगीत, साहित्य एवं कला को गौण स्थान दिया है।

5

प्रयोजनवाद और शिक्षा
(Pragmatism and Education)

प्रस्तावना (Introduction)

प्रयोजनवाद दर्शन, शैक्षिक दर्शन की एक महत्त्वपूर्ण शाखा है। दर्शन की इस शाखा को प्रकृतिवाद और आदर्शवाद का मध्य दर्शन कहा जाता है। मूलतः यह दर्शन एक अमेरिकी दर्शन है। जैसा कि लैटिन अमेरिका का इतिहास, यहाँ के निवासी सभी प्रवासी के रूप में यहाँ पर बसे थे। इसलिए यहाँ के लोग अधिक व्यवहारिक है अर्थात् ये व्यक्ति कुछ करके प्राप्त करने में विश्वास रखते थे। उपयोगितावाद ने अमेरिकी स्वभाव में जन्म लिया जो कि नई खोजी हुई धरती से लाभ प्राप्त करने के अवसर ढूंढ़ता रहा। अतः यह भी कह सकते हैं कि वहाँ का हर व्यक्ति अपने अस्तित्व को बचाने के लिए कुछ ना कुछ करना अनिवार्य समझता था। इन परिस्थितियों के साथ वहाँ के लोग उपयोगिता व व्यवहारिकता पर ज्यादा विश्वास करते थे। इस प्रकार इस दर्शन में अमेरिकन समाज की पृष्ठभूमि ज्यादा नजर आती है।

अर्थ (Meaning)

प्रयोजनवाद जिसे अंग्रेजी में "Pragmatism" कहते हैं जिसकी उत्पत्ति लैटिन भाषा के शब्द Pragma से हुई है। एक मत यह भी है कि यह शब्द ग्रीक भाषा के Pragmatikos शब्द से लिया गया है जिसका अर्थ है 'व्यावहारिकता' या 'उपयोगिता'। प्रयोजनवाद के शाब्दिक अर्थ प्रेग्मा (Pragma) का अर्थ है क्रिया या किया गया कार्य।

आदर्शवादियों ने ''विचार'' को महत्व दिया, प्रकृतिवादियों ने 'पदार्थ' को जबकि प्रयोजनवादियों ने 'अनुभव' को सब कुछ माना है। प्रयोजनवाद को कई नामों से जानते हैं जैसे-व्यावहारिक, प्रयोगवादी, उपयोगितावाद दर्शन आदि नामों से जाना जाता है।

आदर्शवाद तो मनुष्य की नियति को भी किसी अज्ञात विश्वात्मा में स्थापित कर देता है। ऐसी स्थिति में मनुष्य के करने के लिए कुछ नहीं रह जाता है। इसी प्रकार प्रकृतिवाद मनुष्य को प्रकृति का एक खिलौना मानकर, उसके अस्तित्व को ही समाप्त कर देता है। प्रयोजनवाद इन दोनों मान्यताओं को चुनौती देते हुये अनेक नई मान्यताएँ प्रस्तुत करता है जिनमें व्यक्ति के व्यवहार को ही शीर्ष माना जाता है।

प्रयोजनवादी दार्शनिक मानव जीवन के वास्तविक या व्यवहारिक पक्ष पर ही विचार करते हैं। वे सृष्टि की रचना के बारे में विचार करने को कोई महत्व नहीं देते। उनके अनुसार यह ब्रह्मांड अनेकों वस्तुओं एवं क्रियाओं से बनता रहता है। प्रयोजनवादी दार्शनिक

सृष्टि के किसी अंतिम सत्य की खोज नहीं करते। ये तो प्रत्यक्ष को ही सत्य मानते हैं। जेम्स और शिलर संसार की उन्हीं वस्तुओं और क्रियाओं को सत्य मानते थे जो मानव के जीवन के लिए उपयोगी हैं और उसकी प्रकृति को-समग्र रूप से-संतुष्ट करती हैं। उनकी इस विचारधारा को मानवतावादी प्रयोजनवाद कहा जाता है। कुछ प्रयोजनवादी केवल उसे ही सत्य मानते हैं, जो प्रयोग की कसौटी पर खरा उतरता है। उनकी इस विचारधारा को प्रयोगवादी प्रयोजनवाद कहा जाता है।

प्रयोजनवादी मानते हैं कि मानव जीवन स्थिर नहीं वरन् परिवर्तनशील है। उसमें निरंतर परिवर्तन होते हैं। अत: उनके लिए कोई निश्चित जीवन मूल्य एवं आदर्श नहीं हो सकते हैं एवं उनके आचरण को निश्चित नहीं किया जा सकता। ये विचारक केवल बालकों में सामाजिक कुशलता का विकास करना चाहते हैं। प्रयोजनवादी विचारों के अनुसार मूल्यों पर पुन: शोध कर नए-नए मूल्यों की रचना की जा सकती है अर्थात् मूल्य मानव द्वारा सृजित किए जाते हैं क्योंकि उपयोगिता के आधार पर समय-समय पर परिवर्तन होते रहते हैं। जैसा कि लॉक ने कहा-हमें सभी वस्तुओं का ज्ञान प्राप्त करना उतना आवश्यक नहीं है जितना कि उन वस्तुओं का जिनका हमारें जीवन के साथ संबंध है। अत: उपयोगिता को ही सर्वोच्च माना है।

विभिन्न दार्शनिकों के अनुसार-प्रयोजनवाद, अर्थ-क्रियावाद या व्यवहारवाद की संकल्पना–

1. **पियर्स के अनुसार क्रियावाद अथवा व्यवहारवाद का अर्थ**-क्रियावाद अथवा प्रैगमैटिज्म शब्द का प्रयोग सर्वप्रथम चार्ल्स-सैण्डर्स पियर्स की पुस्तक में मिलता है। पियर्स के मतानुसार कोई अवधारणा अन्तिम नहीं है। उसका अर्थ, "उसके व्यवहारिक प्रभाव से निर्धारित किया जाता है। अत: संक्षेप में 'सत्य' सम्बन्धी सभी अभिधारणायें अस्थायी है, उनमें निरन्तर परिवर्तन होता रहता है तथा व्यवहार के साथ उनके अर्थ बदलते रहते हैं। सत्य को पूर्वानुभूत अथवा पूर्व-सिद्ध आधारों पर स्वीकार नहीं किया जा सकता है।"
2. **विलियम जेम्स का अनुभववाद**-जेम्स के अनुसार विचार का प्रयोजन मानवीय रुचियों की संतुष्टि करना है। विचार अनुभव में अंतर्निहित होता है, और अनुभव की उत्पत्ति विचार के रूप में प्रस्फुटित होती है। अनुभव से परे कोई विचार नहीं होता है। अनुभव, ही सब कुछ है और जीवन के सभी मूल्य अनुभव से ही उत्पन्न होते हैं। सत्य का मूल्य वह है जो क्रिया में प्रस्फुटित होता है। सत्य का मूल्य व्यवहारिक है क्योंकि मानवीय आवश्यकताओं की पूर्ति हल करने में सत्य की अवधारणा सहायक होती है। कोई विचार सत्य है या नहीं, इसका पता उसके कार्यात्मक परिणाम से ही लगता है। अत: यह अनुभव के आधार पर ही सत्यापन होता है।
3. अत: जेम्स के अनुसार कोई कथन सत्य या मिथ्या नहीं होता, अपितु सत्यापन के पश्चात ही उसे सही या गलत कहा जा सकता है।

प्रयोजनवाद की अवधारणा (Concept of Pragmatism)

उपयोगिता एक स्वभाव, एक विधि व एक दर्शन है जिसका सम्बन्ध मानव व उसके जीवन से अधिक है। उपयोगितावाद मानव-केंद्रित है, जिसके अनुसार मानव का निजी अनुभव ही वास्तविकता का केन्द्र बिन्दु है। उपयोगितावाद में सत्य वही वस्तु व सिद्धांत

है जिसे प्रयोग द्वारा सत्य सिद्ध किया जा सके। उपयोगितावाद समाज के माध्यम द्वारा ही बच्चे के व्यक्तित्व को विकसित करना चाहता है।

इस प्रकार इस विचारधारा के अंतर्गत क्रियाशीलता व व्यवहारिकता को महत्वपूर्ण स्थान दिया गया है। इसमें पहले किया या प्रयोग किया जाता है। परिणामस्वरूप, विचारों या सिद्धांतों का निर्माण होता है इसलिए उपयोगितावाद को प्रयोगवाद भी कहा जाता है। लॉक के अनुसार, ''हमें सभी वस्तुओं का जिनके साथ हमारे जीवन का संबंध है।'' इसके आधार पर इस दर्शन को व्यावहारिकतावाद भी कहा जाता है।

उपयोगितावाद में वही वस्तु या सिद्धांत सत्य है जो मानव की इच्छाओं, आवश्यकताओं, उद्देश्यों व उमंगों की पूर्ति करता हो तथा जिससे उसका कल्याण होता है। इसमें वही सत्य है, जो मानव-प्रकृति को पूर्ण रूप में संतुष्ट करता हो। उपयोगितावादी पूर्व-निर्धारित सत्यता में विश्वास नहीं करते, उनके अनुसार सत्य सदैव देश, काल व स्थिति के अनुसार परिवर्तित होता रहता है। यदि एक विशेष वस्तु किसी विशेष स्थान व किसी विशेष मनुष्य के लिए सत्य है, वह दूसरी ओर, किसी मनुष्य के लिए असत्य भी सिद्ध हो सकती है। इसी प्रकार यदि कोई बात किसी के लिए कल सत्य थी, यह आवश्यक नहीं कि वही बात, उसी मनुष्य के लिए आज भी सत्य ही रहेगी। इसका अर्थ है कि उपयोगितावादियों के लिए सत्य, सदैव परिवर्तनशील है। जॉन डीवी के शब्दों में, ''सत्यता उसी प्रकार से बनती है जैसे स्वास्थ्य, संपत्ति तथा शक्ति अनुभव में से गुजर कर बनते हैं।''

उदाहरणार्थ-किसान के लिए सर्वप्रथम 'बीज' सत्य है। जब वह बीज को बोकर 'अनाज' प्राप्त कर लेता है तो वह 'अनाज' उसके लिए सत्य है। जब वह अनाज को बेचकर 'धन' प्राप्त कर लेता है तो वह 'धन' उसके लिए सत्य है। जब वह उस धन से 'साधन' खरीदता है तो वह 'साधन' उसके लिए सत्य है और जब वह साधन का 'उपभोग' कर लेता है, तो फिर पुनः उसके लिए वह 'बीज' सत्य बन जाता है। इस प्रकार यह उपयोगिता चक्र चलता रहता है ओर मनुष्य के लिए उसकी उपयोगिता के अनुसार 'सत्य' सदैव परिवर्तनशील रहता है।

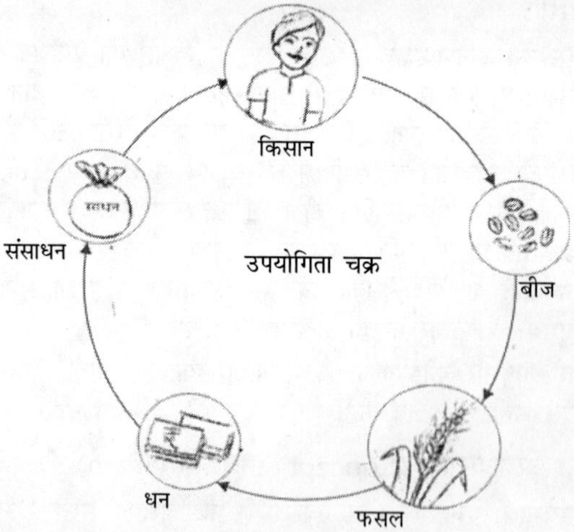

चित्र : उपयोगिता चक्र

रॉस के अनुसार-उपयोगितावाद वास्तव में एक मानवतावादी दर्शन है। जो यह दर्शाता है कि कार्य के दौरान मनुष्य अपने मूल्य स्वयं निर्मित करता है। वास्तविकतावाद अभी निर्माणाधीन है तथा भविष्य में संपूर्ण होगा। यह दर्शन भी यह दर्शाता है कि हमारी सत्यता निर्माणाधीन है।

रोजन के विचार में-"प्रयोजनवाद के अनुसार सत्य को उसके व्यावहारिक परिणामों के द्वारा जाना जा सकता है।"

विलियम जेम्स के अनुसार-"प्रयोजनवाद मन/मस्तिष्क का एक स्वभाव तथा दृष्टिकोण है। यह विचारों तथा सत्य की प्रकृति का सिद्धांत भी है तथा अन्त में यह वास्तविकता संबंधी सिद्धांत है।" (Pragmatism is a temper of mind an attitude, it is also a theory of the nature of ideas and truth; and finally, it is a theory about reality)

कह सकते हैं कि प्रयोजनवाद दर्शन की वह विचारधारा है जो इस संसार को विभिन्न तत्वों का प्रमाण मानती है और यह मानती है कि यह भौतिक संसार ही सत्य है और इसके अतिरिक्त कोई अन्य नहीं है यह आत्मा को एक क्रियाशील तत्व के रूप में स्वीकार करती है।

समर्थक विद्वान (Founders)

प्रयोजनवाद लैटिन अमेरिका की देन है। अमेरिका के चार्ल्स सेन्डर्स पियर्स (1839-1914), विलियम जेम्स (1842-1910) इस विचारधारा के प्रतिपादक माने जाते हैं। बेकन को प्रयोजनवाद का सर्वप्रथम प्रवर्तक माना जाता है।

प्रयोजनवाद और दर्शन (Pragmatism and Philosophy)

A. तत्व मीमांसा (Metaphysics)

प्रयोजनवादी संसार को विभिन्न तत्वों का योग मानते हैं। यह संसार निर्माण की प्रक्रिया में रहता है। प्रयोजनवादी मनुष्य को सर्वश्रेष्ठ प्राणी मानते हैं। डीवी के अनुसार वस्तुनिष्ठ सत्ता का हमारे ज्ञान के साथ तादात्म्य कभी नहीं हो सकता। उसके अनुसार "स्वयं अनुभव" ही एक मात्र सत्ता है। सत्ता अनेक भिन्न-भिन्न वस्तुओं तथा व्यक्तियों से युक्त है।

1. संसार में लगातार क्रिया तथा परिवर्तन होते रहते हैं। इस प्रकार संसार अनिश्चित है। वह बदलता रहता है। यथार्थ सदा परिवर्तन की स्थिति में होता है तथा यह कभी न समाप्त होने वाला उत्पादन है, जो हमारे मस्तिष्क पर निर्भर करता है।
2. विश्व में कुछ भी स्थिर, शाश्वत व स्थायी नहीं है। प्रयोजनवादियों का मानना है कि वास्तविकता वह है जो हम अपनी इंद्रियों से महसूस करते हैं। प्रयोजनवादी व्यावहारिकता की वास्तविकता में विश्वास करता है व सत्य को परिवर्तनशील मानता है।

   अतः इसके अनुसार वास्तविकता अभी निर्माणाधीन है अर्थात् पूर्णरूप से निर्मित नहीं हुई है। संसार में कुछ भी स्थायी नहीं है।

इस तरह प्रयोजनवादियों द्वारा 'सत्य परिवर्तनशील है' जो शायद आज सत्य है, कल सत्य नहीं होगा, इस तरह सत्य परिवर्तनशील है।

B. ज्ञान मीमांसा (Epistemology)

प्रयोजनवाद में बालक अपने अनुभव के आधार पर या व्यावहारिकता व उपयोगिता के आधार पर ज्ञान प्राप्त करता है। उपयोगिता ही ज्ञान का एक मात्र साधन है। प्रयोजनवादियों के अनुसार जो ज्ञान उपयोगिता के आधार पर प्राप्त होता है। वह स्थिर व अधिक महत्वपूर्ण होता है।

1. प्रयोजनवाद के अनुसार परिवर्तन ही ज्ञान प्राप्ति का साधन है।
2. ज्ञान तथ्यों के आधार पर नहीं बल्कि यह तो स्वयं क्रिया द्वारा प्राप्त किया जाता है।

C. मूल्य मीमांसा (Axiology)

प्रयोजनवाद में वास्तविक मूल्यों को अपने अनुभव व उपयोगिता के आधार पर प्राप्त किया जा सकता है। प्रयोजनवाद में नैतिकता परम सत्ता पर आधारित ना होकर मानवीय समाज की उपयोगिता पर आधारित होती है अर्थात् मनुष्य का अनुभव, मूल्यों का प्रमुख निर्धारक है। मूल्य समाज से प्राप्त होते हैं। तथा समाज परिवर्तनशील है। इसलिए कोई मूल्य स्थायी नहीं है।

डीवी-नैतिक सिद्धान्तों को वैधता के आधार पर पूर्ण तथा चिन्तन नहीं मानता। उसके अनुसार नैतिक मूल्यों की निरन्तर पुनर्रचना होती रहती है। जैसे-जैसे ज्ञान में वृद्धि होती है तथा सामाजिक परिवर्तन आता है, वैसे-वैसे नैतिक मूल्यों में भी परिवर्तन आता है। साथ ही डीवी यह भी मानता है कि नैतिक मूल्य सापेक्ष दृष्टि से अधिक स्थायी होती है। शुभ एक दिन के लिए शुभ नहीं होता, अपितु लम्बे समय तक शुभ बना रहता है।

डीवी-तीन नैतिक मूल्यों को स्वीकार करता है। यथा-1. लोकतंत्र 2. विचार तथा वाणी की स्वतंत्रता 3. नैतिक एवं कानूनी प्रतिबन्धों को स्वीकार करते हुये कार्य की स्वतंत्रता।

प्रयोजनवाद के रूप (Forms of Pragmatism)

1. **मानवतावादी प्रयोजनवाद** (Humanistic Pragmatism)-यह प्रयोजनवाद सबसे अधिक लोकप्रिय है। इसके अनुसार मानव प्रकृति को पूर्ण रूप से संतुष्ट करने वाली बात सत्य है। जेम्स का मानवतावादी, प्रयोजनवादियों की श्रेणी में रखा जाता है। मानवतावाद का कहना है-"जो बात मेरे उद्देश्यों को पूरा करती है, मेरी इच्छाओं को संतुष्ट करती है और मेरे जीवन का विकास करती है, वही सत्य है।" अर्थात् इसके अनुसार वही वस्तु या सिद्धांत सत्य है जो मानव की इच्छाओं आवश्यकताओं व उद्देश्यों की पूर्ति करता है। तथा जिसमें उसका कल्याण हो सकें वहीं पूर्ण रूप से सत्य है।
2. **प्रयोगवादी प्रयोजनवाद** (Experimental Pragmatism)-इस बात का आधार विज्ञान की प्रयोगशाला विधियां है। इस वाद का कथन है-"जिस बात को प्रयोग से सत्य सिद्ध किया जा सकता है, वही सत्य है या जो बात ठीक कार्य करती है, वही सत्य है।" अर्थात् जो वस्तु व सिद्धांत प्रयोग की कसौटी पर पूर्ण रूप से खरी उतर सके सिर्फ और सिर्फ वही सत्य है।
3. **जीव-विज्ञानवादी प्रयोजनवाद** (Biological Pragmatism)-आधुनिक समय में इस बात का प्रभाव बढ़ता जा रहा है। इसका प्रमुख प्रतिनिधि अमेरिका के प्रोफेसर जॉन डीवी थे। डीवी के अनुसार-'इस प्रयोजनवाद की जांच मानव की अपने वातावरण से अनुकूलन करने की विचार-प्रक्रिया से की जाती है। इसके अनुसार मानव की उस शक्ति को महत्त्वपूर्ण समझा जाता है, जिसकी सहायता से वह, स्वयं को वातावरण के अनुसार बनाता है तथा आवश्यकता पड़ने पर वातावरण को भी अपने अनुकूल बना लेता है।

प्रयोजनवाद तथा शिक्षा (Pragmatism and Education)

प्रयोजनवाद एक व्यावहारिक दर्शन है। अत: इसने शिक्षा को अत्यधिक प्रभावित किया है। शिक्षा के क्षेत्र में प्रयोजनवादी विचारधारा को प्रयोग में लाने का श्रेय महान शिक्षाशास्त्री जॉन डीवी को है। डीवी के शब्दों में किसी वस्तु की सच्ची उपयोगिता यही है कि वह मानव कल्याण के लिए उपयोगी है। शिक्षा को उपयोगी उस समय कहा जा सकता है। जब उसके विभिन्न अंगो का संबंध मानव कल्याण के साथ हो। यदि शिक्षण संस्थायें मानव के लिए कल्याणकारी व उपयोगी है, तो सही है। नहीं तो इन्हें भी परिवर्तित कर दिया जाना चाहिये। समाज में होने वाले प्रत्येक परिवर्तन के साथ शिक्षा में परिवर्तन होना आवश्यक है। प्रगतिशील समाज में वह स्कूल ही जीवित रह सकते हैं, जो समाज में होने वाले परिवर्तन के अनुसार अपने में परिवर्तन कर सकें। डीवी ने तो यहाँ तक कहा कि दर्शन शिक्षा के प्रयोग व व्यवहार से उत्पन्न होता है। (Philosophy is the theory of Education in its most general phase.) उपयोगितावाद ने आधुनिक शिक्षा के क्षेत्र में नवीन चेतना व जागृति पैदा कर दी है जिसके फलस्वरूप रूढ़ियों, अंधविश्वासों व कुरीतियों का अंत होता जा रहा है। यह दर्शन निगमन विधि द्वारा ज्ञान प्राप्ति पर बल देती है। जिसमें बच्चा स्वयं खोज करके, केवल उन आदर्शों, मूल्य व सत्यता को स्वीकार करता है। जो प्रयोग व अनुभव द्वारा सत्य सिद्ध हो सकें। शिक्षा बच्चों को निम्न विधियों से दी जाती है–

1. **बाल केंद्रित शिक्षा** (Child Centered Education)–आदर्श शिक्षा या अध्यापक प्रधान शिक्षा के विरोध में प्रयोजनवाद ने बालक शिक्षा को महत्वपूर्ण स्थान दिया। प्रयोजनवादियों के अनुसार शिक्षा का स्वरूप बालक की मूल प्रवृत्तियों, रूचियों तथा आवश्यकताओं के आधार पर निर्धारित होना चाहिए। उनके मतानुसार शिक्षा बालक के लिए होती है न कि बालक शिक्षा के लिए। इसलिए प्रयोजनवाद ने इस बात पर जोर दिया कि शिक्षा देते समय बालकों की रूचियों एवं क्षमताओं पर विशेष ध्यान देना चाहिए।
2. **शिक्षा एक लोकतंत्रीय प्रक्रिया** (Education as a Democratic process)- प्रयोजनवादी शिक्षा को एक लोकतंत्रीय प्रक्रिया मानते हैं। जिस प्रकार लोकतंत्र आत्मसंयम, स्वप्रेरणा तथा क्रियाशीलता आदि गुणों पर बल देता है, वैसे ही शिक्षा भी व्यक्ति तथा उसके उपर्युक्त वर्णित गुणों के विकास पर बल देती है। इस दृष्टि से लोकतंत्र तथा शिक्षा में समानता पायी जाती है। अत: इस प्रकार शिक्षा को बाल केंद्रित होने पर अधिक बल दिया।

जॉन डीवी द्वारा शिक्षा की परिभाषा इतनी कार्यकारी साबित हुई की आज शिक्षा जगत में व्यापक मान्यता प्राप्त हुईं। डीवी के अनुसार "शिक्षा अनुभव का पुनर्निर्माण अथवा पुर्नरचना करने वाली प्रक्रिया है जिससे कि विशुद्ध वैयक्तिक कुशलता के माध्यम द्वारा उसे अधिक सामाजिक मूल्य प्राप्त होता है।" (Education is the process of reconstruction or resocialized value through the medium of increased individual efficiency.)

प्रयोजनवाद और शिक्षा के उद्देश्य (Pragmatism and Aims of Education)

चूंकि प्रयोजनवाद के अनुसार–प्रत्येक वस्तु के उद्देश्य समय के अनुसार बदलने वाले हैं, इसलिए शिक्षा के उद्देश्यों को भी स्थिर नहीं किया जा सकता है। इसलिए प्रयोजनवादी

शिक्षा का कोई उद्देश्य निर्धारित नहीं करते। उनके अनुसार शिक्षा का कोई निश्चित आदर्श नहीं होता। प्रयोजनवाद किसी एक सर्वव्यापी शिक्षा में विश्वास नहीं करता है। सब जगत, जीवन तथा व्यक्ति सभी परिवर्तनशील हो तो शिक्षा का अन्तिम उद्देश्य नहीं हो सकता है। जॉन डीवी ने लिखा है कि शिक्षा के उद्देश्य नहीं होते हैं। उद्देश्य केवल व्यक्तियों के होते हैं और व्यक्तियों के उद्देश्य बहुत अधिक भिन्न होते हैं। अतः फिर भी कुछ उपयोगितावादियों ने शिक्षा के निम्न उद्देश्य बताये हैं।

1. **सामाजिक कुशलता का विकास** (Development of Social Efficiency)- जॉन डीवी ने शिक्षा के सामाजिक उद्देश्य पर बल दिया है। उनके अनुसार शिक्षा का सबसे पहला उद्देश्य सामाजिक कुशलता का विकास करना है। सामाजिक कुशलता में सामाजिक व्यवहार प्रेम, सहानुभूति एवं सहयोग से जीवन व्यतीत करने को उचित स्थान दिया जाना चाहिये।
2. **गतिशील मस्तिष्क का विकास** (Development of Dynamic Mind)- प्रयोजनवादियों के अनुसार शिक्षा का उद्देश्य बच्चे की आवश्यकताओं, इच्छाओं और रूचियों का विकास करना है। इसलिए शिक्षा का उद्देश्य गतिशील और लचीले मस्तिष्क का विकास है।
3. **अनुभवों का निरंतर पुनर्निमाण** (Continuous Reconstruction of Experience)-शिक्षा का उद्देश्य नवीन परिस्थितियों के अनुसार अनुभवों का पुनर्निमाण करना है। एक अनेक, अनुभवों की ओर मार्गदर्शन करता है। शिक्षा का उद्देश्य विद्यार्थी को प्रभावशाली रूप में अनुभव प्रदान करना है।
4. **गतिशील निर्देशन** (Flexible Direction)-प्रयोजनवादियों के अनुसार शिक्षा का उद्देश्य छात्रों का गतिशील निर्देशन करना है। व्यक्ति या बालक से नित्य नये अनुभवों की खोज करने के लिए गतिशील रहने की आशा करता है।
5. **आदर्शों और मूल्यों का निर्माण** (Formation of ideal and values)-बच्चों में अपने सामाजिक पर्यावरण को समझने, अनुभवों को प्राप्त करने और आदर्शों को निश्चित करने की क्षमता का विकास करना चाहिए। प्रयोजनवादी कहते हैं मनुष्य एक सामाजिक प्राणी है। वह समाज में पैदा होता है, समाज में रहता है और समाज में ही समाप्त हो जाता है। उसका सामाजिक पर्यावरण सदैव बदलता रहता है।
6. **निजी तथा सामाजिक अनुकुलन** (Personal and social adjustment)- शिक्षा का उद्देश्य ऐसे अनुकूलित वातावरण को विकसित करना है, जो जीवन की सभी परिस्थितियों व समस्याओं को सरलता से समाधान करने के योग्य बना सके।

उपरोक्त बिन्दुओं के आधार पर ऐसा निष्कर्ष के रूप में कह सकते हैं कि ऐसा समय कभी नहीं आता कि मनुष्य नवीन अनुभव प्राप्त करना बंद कर दे और फलतः शिक्षा पूरी तरह रुक जाये। अतः इस प्रकार शिक्षा का कोई अन्तिम लक्ष्य हो ही नहीं सकता है।

प्रयोजनवाद की विशेषतायें (Features of Pragmatism)

1. **सत्य परिवर्तनशील है** (Truth is dynamic or ever changing)- प्रयोजनावादी पूर्व निर्धारित सत्यता में किसी भी प्रकार से विश्वास नहीं करते हैं इनके अनुसार सत्य

देश, काल, पात्र, स्थिति तथा परिस्थिति के अनुसार बदलता रहता है। जैसे यदि एक विशेष वस्तु किसी विशेष स्थान व मनुष्य के लिए सत्य है वह किसी दूसरे के लिए असत्य सिद्ध हो सकती है। जॉन डीवी के अनुसार-सत्यता उसी प्रकार ही बनती है। जैसे स्वास्थ्य, संपत्ति व शक्ति, अनुभव में से गुजर कर बनती है।

2. **प्रयोग में विश्वास** (Faith in experiment)-इसके अनुसार मानवीय जीवन एक प्रयोगशाला है जिसमें प्रत्येक व्यक्ति अपने जीवन की समस्याओं का समाधान करने के लिए कई प्रयोग करता रहता है। इसलिए यह प्रयोग में विश्वास करते हैं।
3. **क्रिया का महत्त्वपूर्ण स्थान** (Important role of activity)-यह विचारों की अपेक्षा क्रिया को महत्त्व देता है। इस दर्शन का मत है कि विचार का जन्म, सदैव क्रिया के पीछे होता है, मानव भी एक क्रियाशील प्राणी है। प्रत्येक क्षण-कुछ ना कुछ सीख ही रहा है। इसलिए क्रिया का स्थान महत्वपूर्ण है।
4. **उपयोगिता के सिद्धांत पर जोर** (Emphasis on the principle of Utility)-दर्शन के अनुसार प्रत्येक सिद्धांत की सार्थकता उसकी उपयोगिता में निहित है। यदि कोई विचार हमारे जीवन में उपयोगी है तो वह व्यर्थ नहीं है। विलियम जेम्स ने इस संदर्भ में कहा कि-किसी वस्तु की सत्यता, उसकी उपयोगिता के आधार पर निर्धारित की जा सकती है। (it is true because it is useful).
5. **मानवतावाद में विश्वास** (Believe in humanism)-यह दर्शन मानव-मूल्य की धारणा पर आधारित है। यह मानवीय अनुभवों, मूल्यों को खोजता व पहचानता है।

प्रयोजनवाद के सिद्धांत (Principles of Pragmatism)

प्रयोजनवादियों में प्रयोजनवाद के दृष्टिकोण में थोड़ा अन्तर अवश्य है पर कुछ मूलभूत बातें ऐसी है जिसका समर्थन वे सभी करते हैं, उन्हें ही हम प्रयोजनवाद के मूल सिद्धांत कह सकते हैं जो निम्नलिखित हैं-

- यह संसार उन तत्वों से निर्मित है जो सदैव निर्माण की अवस्था में रहता है।
- यह भौतिक संसार ही सत्य है और इसके अतिरिक्त कोई अन्य संसार नहीं है क्योंकि यह व्यक्ति के उद्देश्य को पूरा कर सकता है।
- संसार में किसी की सार्वभौमिक सत्ता नहीं है। आत्मा एक क्रियाशील तत्व है। तथा जीवन के मूल्य तथा सत्य बदलते रहते हैं।
- विचारों की सभी पद्धतियों का संबंध उस स्थिति और उन व्यक्तियों से है जिसमें वे उत्पन्न होती है और जिसको वे सन्तुष्ट करती हैं। उनमें परिणामों द्वारा सदैव परिवर्तन होता रहता है।
- प्रयोजनवाद बालक की अभिरुचियों पर भी बल देता है।
- प्रयोजनवाद शिक्षा में अनुभव पर बल देता है।
- प्रयोजनवाद भौतिक तथा सामाजिक शिक्षा पर बल देता है।
- जगत निरंतर परिवर्तन की क्रिया से गुजर रहा है। इसमें कोई वस्तु स्थिर नहीं है। यहां सब कुछ परिवर्तन की स्थिति में है।
- आदर्श और मूल्य शाश्वत नहीं हैं।

प्रयोजनवाद और स्कूल (Pragmatism and School)

डीवी ने स्कूल को समाज का लघुरूप माना है तथा इसे समाज का सच्चा प्रतिनिधि। प्रयोजनवादी शिक्षा को सामाजिक प्रक्रिया मानते हैं। उनका मत है कि शिक्षा ही समाज को नया रूप देती है। अतः वे शिक्षा-संस्था को सामाजिक संस्था मानते हैं। उनका कहना है कि विद्यालय समाज का छोटा रूप है। परंतु यह सरल रूप शुद्ध और विभिन्न तत्वों के बीच संतुलन स्थापित करने वाला होना चाहिए। जब विद्यालय ऐसा होगा तभी बालक को समाज में रहना, कार्य करना और आधुनिक सामाजिक जीवन की विषमताओं के बीच अपनी क्षमताओं का उपयोग करना सिखाया जा सकेगा। प्रयोजनवादी विद्यालय को सामुदायिक जीवन का केंद्र भी मानते हैं। डीवी का कथन है, "विद्यालय को समाज का वास्तविक प्रतिनिधि होना चाहिए।" इस प्रकार विद्यालय का स्थान महत्त्वपूर्ण है और समाज में होने वाले परिवर्तन का आधार भी है।

प्रयोजनवाद और पाठ्यक्रम (Pragmatism and Curriculum)

जॉन डीवी के अनुसार ज्ञान तथा संस्कृति का विकास मानवीय प्रमुख क्रियाओं के अनुसरण द्वारा हुआ। मानव जाति को अन्न-वस्तु तथा निवास सम्बन्धी आवश्यकताओं की पूर्ति के लिए अनवरत रूप से प्रयत्न करना पड़ा है। जो-जो चुनौतियां आई, उनका सामना करना पड़ा है। जहाँ अनवरत क्रम तथा संघर्ष की आवश्यकता पड़ी, वहां संघर्ष भी करना पड़ा है। इसी अनवरत श्रम तथा संघर्ष के फलस्वरूप ज्ञान का विकास, भाषा तथा साहित्य, दर्शन, ललित कलाओं आदि का विकास हुआ।

प्रयोजनवाद (दर्शन) ने लचीला पाठ्यक्रम पेश करने पर अधिक बल दिया था। पाठ्यक्रम में बालक के सभी अनुभवों को शामिल करता है। जो बालक कक्षा-कक्ष, खेल के मैदान व पुस्तकालय तथा अन्य सामाजिक संबंधों द्वारा प्राप्त करता है। अतः प्रयोजनवादियों के अनुसार पाठ्यक्रम में ऐसे विषय होने चाहिए जो बच्चे को उसके वर्तमान और भावी जीवन के लिये तैयार करे इसीलिए पाठ्यक्रम लचीला होना चाहिए। प्रयोजनवादियों ने पाठ्यक्रम के निर्माण में विभिन्न सिद्धान्त दिए हैं–

1. **उपयोगिता का सिद्धान्त** (Principle of utility)–डीवी के अनुसार पाठ्यक्रम में स्वास्थ्य विज्ञान, इतिहास, भूगोल, गणित, विज्ञान और शारीरिक प्रशिक्षण को स्थान दिया जाना चाहिए। लड़की के लिए गृह विज्ञान तथा लड़कों के लिए इसके स्थान पर कृषि विज्ञान की व्यवस्था होनी चाहिए। इन विषयों के अध्ययन के साथ व्यवसायिक प्रशिक्षण भी दिया जाना चाहिये।
2. **छात्रों की रुचि का सिद्धांत** (Principle of student interest)–पाठ्यक्रम का दूसरा सिद्धान्त बच्चों की रुचि का ध्यान रखना है। बच्चा अपनी इच्छा के द्वारा सीखने के लिए प्रेरित होता है। डीवी ने बच्चों की स्वाभाविक रुचियों के अनुसार पाठ्यक्रम का निर्माण करने पर बल दिया है। **जॉन डीवी** के अनुसार "रुचियाँ चार प्रकार की होती हैं। बातचीत करने की रुचि, खोज की रुचि, रचना की रुचि तथा कलात्मक अभिव्यक्ति की रुचि। इन रुचियों के आधार पर प्राथमिक स्तर पर पाठ्यक्रम में लिखने-पढ़ने, गणना करने आदि विषयों को शामिल किया जाता है।"

3. **एकीकरण का सिद्धांत** (Principle of integration)-प्रयोजनवादियों के अनुसार विभिन्न विषयों एवं क्रियाओं का एकीकरण होना चाहिए। रॉस ने कहा है, ''प्रयोजनवादी पाठ्यक्रम में विषयों के परम्परागत रूप की निन्दा करते हैं, एक विषय को दूसरे विषय से कठोरता पूर्वक अलग नहीं किया जाना चाहिए। अर्थात् बच्चे अपनी रुचि के अनुसार विषयों को एकीकृत करके विषयों को अच्छे ढंग से समझकर उसका अवलोकन करें।''
4. **छात्रों के अनुभव का सिद्धान्त** (Principle of students experience)-प्रयोजनवादी सबसे अधिक महत्व क्रिया और अनुभव को देते हैं। उनके अनुसार पाठ्यक्रम का संबंध बच्चों की वास्तविक क्रियाओं तथा इन क्रियाओं का संबंध अनुभव के साथ होना चाहिए तथा पढ़ाये जाने वाले विषयों के साथ-साथ पाठ्यक्रम में सामाजिक क्रियाओं का भी स्थान होना चाहिए।
5. **वैयक्तिक विभिन्नता** (Individual differences)-प्रयोजनवाद पाठ्यक्रम भी वैयक्तिक विभिन्नता का ध्यान रखकर उपयोगी विषयों की शिक्षा देता है और साथ ही साथ अध्ययन के प्रति बालक की रुचि को पैदा करता है।

प्रयोजनवाद तथा शिक्षण विधियाँ (Pragmatism and Teaching Methods)

शिक्षा में शिक्षण विधियों का एक महत्वपूर्ण स्थान है। प्रयोजनवाद ने विभिन्न शिक्षण विधियों का प्रतिपादन किया है। इनका विश्वास है कि ''प्रत्येक बालक की सोचने, समझने और सृजनात्मकता की क्षमता अलग-अलग होती है अर्थात् एक समान नहीं होती है।'' इस प्रकार प्रत्येक बच्चे को एक प्रकार की शिक्षण विधि से नहीं पढ़ाया जा सकता है। शिक्षण विधियों का बच्चे के जीवन के साथ सीधा संबंध होना चाहिए तथा क्रियाशीलता व्यवहारिकता आदि का सुमेल होना चाहिए। अतः उनके अनुसार शिक्षण विधियों का निर्माण करने में बच्चे की जन्मजात शक्तियों, रुचि, अभिरूचि एवं योग्यता को ध्यान में रखकर किया जाना चाहिए।

शिक्षण विधियों के चुनाव का आधार निम्नलिखित सिद्धांत होने चाहिए-

1. **शिक्षा के अनुभव का सिद्धांत**-प्रयोजनवाद विचार के स्थान पर कार्य पर बल देता है। उसके अनुसार प्रयोग और रचनात्मक क्रिया द्वारा बालक को विभिन्न बातों को स्वयं सीखने के लिये प्रोत्साहित किया जाना चाहिए।
2. **सीखने की उद्देश्यपूर्ण प्रक्रिया का सिद्धांत**-प्रयोजनवाद के अनुसार बच्चा स्वयं ही ज्ञान प्राप्त करने का प्रयत्न करे। वह यह नहीं चाहता है कि बालक दूसरे द्वारा दिये गये ज्ञान को आंख बंद करके प्राप्त करने का प्रयास करे। बल्कि जीवन की वास्तविकता का सफलतापूर्वक सामना करके सीखने का प्रयत्न करें।
3. **सीखने की प्रक्रिया के समीकरण का सिद्धांत**-प्रयोजनवादियों के अनुसार ज्ञान कभी भी विभिन्न टुकड़ों में नहीं सीखा जाता। प्रयोजनवादियों के अनुसार बालक को जो भी पढ़ाया जाये उसका शिक्षण विधि द्वारा समीकरण और समन्वय किया जाना चाहिए। प्रयोजनवादियों ने निम्नलिखित शिक्षण-विधियों का प्रतिपादन किया था-
   (i) **प्रोजेक्ट विधि** (Project Method)-यह शिक्षा विधि, जॉन डीवी के शिष्य किल्पैट्रिक (Kilpatrik) ने प्रयोजनवाद के अनुसार तैयार की है- किल्पैट्रिक

के अनुसार "प्रोजेक्ट एक समूची उद्देश्यपूर्ण कार्यक्षमता है जो सामाजिक वातावरण में आगे बढ़ती है।" (Project is a whole hearted purposeful activity, proceeding in a social environment.)

(ii) **प्रयोगात्मक विधि** (Experimental Method)-यह शिक्षण विधि अधिगम तकनीक में सारा बल बच्चे पर देती है न कि पुस्तक व शिक्षक पर। प्रो. तनेजा के शब्दों में वह सभी विधियाँ, जो बच्चे को जागरूक तथा क्रियाशील बनाती है, उपयोगितावाद की विधियाँ है।

प्रयोजनवाद व शिक्षक (Pragmatism and Teacher)

शिक्षा प्रक्रिया में शिक्षक की एक महत्त्वपूर्ण भूमिका है जो कि बालक के सर्वांगीण विकास में सहयोगी सिद्ध होती है। प्रयोजनवाद में शिक्षक की भूमिका आदर्शवाद व प्रकृतिवाद से बिल्कुल भिन्न होती है। इसमें शिक्षक बच्चों का मित्र, पथप्रदर्शक व मार्गदर्शक होता है। इसमें शिक्षक से उम्मीद की जाती है कि वह बच्चों की आवश्यकताओं व रुचियों को ध्यान में रखकर उन्हें शिक्षा प्रदान करे। समय-समय पर बच्चों के सामने ऐसी परिस्थिति उत्पन्न करनी चाहिये जिससे बालक का सामाजिक दृष्टिकोण व सामाजिक रुचियों का विकास हो सकें। अतः प्रयोजनवाद में शिक्षक की चर्चा निम्नलिखित तरीके से की जा सकती है।

1. **शिक्षक का स्थान** (Position of teacher)-प्रयोजनवाद में शिक्षक की भूमिका प्राथमिक होती है। आदर्शवाद की तरह इतना आवश्यक नहीं है। प्रकृतिवाद की तरह इतना फालतू नहीं लेकिन उपयोगिता के अनुसार शिक्षक का होना अनिवार्य है, वह एक सलाहकार की तरह स्वःअनुशासन में रहकर कार्य करता है।
2. **शिक्षक एक मित्र व सहायक** (Teacher—a friend and helper)-उपयोगितावाद के अनुसार शिक्षक बच्चों को, केवल उसी समय सहायता करने की आज्ञा देता है, जब उन्हें उसकी आवश्यकता हो और वे किसी समस्या से ग्रस्त हों। वह एक मित्र की भांति उन्हें ऐसे अवसर प्रदान करता है, जिनके द्वारा बच्चे विद्यालय व विद्यालय से बाहर अपने व्यक्तित्व का सुधार कर सकें। वस्तुतः प्रयोजनवादी अध्यापक का प्रमुख दायित्व यह है कि वह छात्रों की समस्याएं सुलझाये तथा उन्हें उन समस्याओं का समाधान प्राप्त करने के लिए प्रेरित करे। उसे छात्रों के मस्तिष्क को इस प्रकार प्रशिक्षित करना चाहिए कि वे स्वयं ही समस्या का समाधान ढूंढ सके। प्रयोजनवादी अध्यापक क्रियावादी होता है तथा छात्रों को प्रयोग में व्यस्त रखना चाहता है। वह चाहता है कि छात्र प्रयोग के माध्यम से अनुभव प्राप्त करें। अनुभव क्रिया या प्रयोग द्वारा ही होता है तथा बच्चे अनुभव के द्वारा ही सही रूप में सीखते हैं। प्रयोजनवादी शिक्षक का दृष्टिकोण लोकतांत्रिक होता है, वह छात्रों को विकास के लिए अधिकाधिक स्वतंत्रता प्रदान करता है। जब छात्र स्वतंत्रतापूर्वक अपनी बुद्धि का प्रयोग एवं उपयोग करेंगे तभी उनका अधिक विकास होगा।
3. **शिक्षक, अनुभव कराने के लिए** (Teacher for Providing Experience)-अनुभव के लिए सामाजिक परिस्थितियों को सरल रूप में प्रस्तुत करना ताकि बालक की क्षमता के मुताबिक आसानी से तथा अल्प समय में शैक्षिक अनुभव अर्जित किये जा

सके। उदाहरण के लिए, केन्द्र तथा प्रदेशों का शासन, एक अत्यन्त जटिल प्रक्रिया है, जिसे बालक प्रत्यक्ष अनुभव द्वारा नहीं समझ सकता, अतः इस सामाजिक अनुभव को विद्यालय द्वारा सरल एवं संक्षिप्त रूप में प्रस्तुत करना चाहिए।

4. **शिक्षक, सामाजिक अनुभवों हेतु** (Teacher for Sharing Social Experience)- वास्तविक जगत में अनुभव सन्तुलित रूप में नहीं मिल पाते। किसी परिस्थिति का अनुभव अधिक और किसी का अत्यन्त न्यून मिलने की आशंका बनी रहती है। शिक्षक का काम छात्रों के सम्मुख सामाजिक अनुभवों को संतुलित रूप से प्रस्तुत करना है।

प्रयोजनवाद तथा विद्यार्थी (Pragmatism and Student)

अर्थ क्रियावाद के अनुसार छात्र अनुभव का केन्द्र है। यदि वह अनुभव करने में अक्षम है, तो उसकी शिक्षा सम्भव नहीं हो सकती है। अर्थ क्रियावाद/प्रयोजनवाद अनुभव की सीमा को इन्द्रियानुभव से थोड़ा आगे सामाजिक अनुभव तक लाकर छोड़ देता है। यहां तक कि प्रकृतिवाद के अनुसार छात्र केवल शरीर-इन्द्रिचर मस्तिष्क आदि का बना हुआ अंग है, जो बाह्य जगत के अनुभव ग्रहण करता है। परन्तु अर्थ-क्रियावादी के अनुसार यह अनुभव सामाजिक परिवेश में किया जाता है तथापि अर्थ क्रियावाद की कल्पना आदर्शवादी धरातल का संस्पर्श नहीं करती, जहां अनुभव की परिधि आत्मा तक मानी जाती है।

अतः अन्य शब्दों में देखे तो प्रयोजनवाद के अनुसार शिक्षा बच्चे पर केंद्रित होनी चाहिये। शिक्षा बच्चे के मनोविज्ञान, आवश्यकताओं रुचियों व सामर्थ्य के अनुसार होनी चाहिए बालक शिक्षा को केवल सुनने का कार्य नहीं करता है। बल्कि वह शिक्षा में क्रियाशील होकर भाग भी लेता है। इस प्रकार बच्चे के लिए लचीला वातावरण प्रदान करना चाहिए।

प्रकृतिवाद बालक को प्राणी या जीव मानता है। परंतु प्रयोजनवाद उसे एक सामाजिक प्राणी मानता है। वह बालक के शारीरिक, मनोवैज्ञानिक तथा सामाजिक पक्ष पर बल देता है। प्रयोजनवाद बालक को अनुभव का केंद्र मानता है। डीवी के अनुसार, बालक की वास्तविक शिक्षा तब होती है जब सामाजिक परिस्थितियों की चुनौतियों के फलस्वरूप उसकी शक्तियां उद्दीप्त होती है। बालक जन्म से शरीर एवं शक्तियों को लेकर आता है परंतु जब वह अपने साथियों के विचारों, आदर्शों, मनोवृत्तियों, तथा आवश्यकताओं का अपने विचारों, आदर्शों आदि के साथ तादात्म्य करने लगता है तब सामाजिक पुनर्जन्म होता है। दूसरे शब्दों में, वह संस्कारी बनता है। अन्य लोगों के साथ उसके संबंधों, उसकी शक्तियों का विकास होना शुरू होता है। उपयोगितावाद के अनुसार विद्यालय केवल बच्चे की शिक्षा का केंद्र ही नहीं है बल्कि सामुदायिक जीवन का केंद्र भी है डीवी ने कहा-विद्यालय को समाज का सच्चा प्रतिनिधि होना चाहिये। (School should be the true representative of society.) इस प्रकार विद्यालय मनुष्य की सामाजिक-मनोवैज्ञानिक आवश्यकता है क्योंकि यह मनुष्य में सामाजिक भावना का विकास करता है तथा बच्चे की आवश्यकताओं को मान्यता देता है।

प्रयोजनवाद एवं अनुशासन (Pragmatism and Discipline)

प्रयोजनवादी या अर्थ क्रियावादी के अनुसार अनुशासन के चार तत्व हैं।

1. शिक्षार्थी जिसे अनुशासन में रखना
2. शिक्षण-प्रक्रिया जिसे सुचारू रूप से चलाने के लिए अनुशासन आवश्यक है।
3. सामाजिक वातावरण जिसमें अनुशासन रखा जाता है, और अन्त में
4. अनुशासन स्वयं तथा उसकी रुचि एवं बाह्य नियंत्रण से सम्बन्ध।

अर्थ क्रियावादी के लिए अनुशासन का अर्थ सामान्यतया लिये जाने वाले ''अनुशासन के अर्थ से भिन्न है। कक्षा में शांतिपूर्वक छात्र अध्ययन करते रहे।'' अनुशासन की यह परिकल्पना अर्थ-क्रियावाद स्वीकार नहीं करता है। उसके अनुसार कक्षा अनवरत रूप से चलती रहनी चाहिए, छात्रों में सामूहिक रूप से विचार-विमर्श भी हो सकता है। अतः अनुशासन का प्रयोजन कक्षा में व्यवस्था रखना नहीं है, अपितु सक्रिय रूप से छात्रों को ज्ञानार्जन करने के अवसर प्रदान करना है।

जॉन डीवी महोदय विद्यालय में घर जैसा वातावरण लाना चाहते है। परिवारों का कोई लिखित विधान नहीं होता। फिर भी परिवार के सभी सदस्य सहज रूप से अपने-अपने कर्त्तव्यों का निर्वाह करते हैं तथा प्रत्येक व्यक्ति का सामाजिक व नैतिक विकास होता रहता है। यदि विद्यालयों में भी इसी प्रकार परिवारिक क्रियाओं में लगकर शिक्षण-अधिगम प्रक्रियायें आयोजित की जायें तो अनुशासन की समस्यायें स्वयं हल हो जाती हैं।

प्रयोजनवाद सामाजिक अनुशासन (Social Discipline) में विश्वास रखता है। डीवी के शब्दों में-''अनुशासन एक मानसिक व्यवहार है। इस व्यवहार को कायम रखने के लिए समाजीकृत कार्य क्षमतायें अनिवार्य हैं।'' (Discipline is a mental attitude and in order to maintain this attitude, socialise activities are essential.)

बाह्य अनुशासन शिक्षक के श्रेष्ठ अधिकार और शारीरिक दंड की निंदा करते हैं। दूसरे शब्दों में, व्यक्तिगत अनुशासन के सभी रूपों को बुरा बताते हैं। उनका कहना है कि अनुशासन सामाजि़क समझदारी पर आधारित होना चाहिए। ऐसी दशा में अनुशासन उचित होने के साथ-साथ सामाजिक भी होगा। अनुशासन की स्थापना के लिए वे बालक की रूचियों और क्रियाओं पर बल देते हैं। उनका मत है कि ये क्रियाएं सहयोगी और सामाजिक होनी चाहिए। इस प्रकार की क्रियाएं आत्म-अनुशासन को जन्म देती हैं। इस प्रकार का अनुशासन नैतिक या चारित्रिक प्रशिक्षण की ओर अग्रसर करता है।

डीवी के अनुसार, ''सामाजिक जीवन ही अनुशासन का आधार है।''

प्रयोजनवाद में मूल्यांकन (Evaluation of Pragmantism)

प्रयोजनवाद के गुण (Merits of Pragmatism)

1. **बच्चों को व्यवहारिक जीवन के लिए तैयार करना** (Prepare for Real life)-प्रयोजनवाद का मुख्य उद्देश्य बच्चों को वास्तविक जीवन के लिए तैयार करना है। जिसमें बालक व्यवहारिक रूप से जीवन में आने वाली समस्याओं का सामना कर सकें ओर उनको हल करने में सक्षम हो।
2. **बाल केंद्रित शिक्षा** (Child Centred Education)-इसके द्वारा बच्चे के व्यक्तित्व का विकास व अच्छे लोकतांत्रिक नागरिक पैदा करना है जिसमें समाज व राष्ट्र

का निर्माण हो सके। यह तभी संभव है जब शिक्षा का गठन बालक की रुचियों व आवश्यकताओं को ध्यान में रखकर किया जाये।

3. **बाल मनोविज्ञान** (Child Psychology)-शिक्षा बच्चे की वृद्धि व विकास के विभिन्न स्तरों व अवस्थाओं के अनुसार होनी चाहिये। अत: बाल मनोविज्ञान बच्चे की व्यक्तिगत विभिन्नताओं की ओर विशेष ध्यान देता है जिसमें बालक का सही मायने में विकास किया जा सके।
4. **क्रिया का बल** (Emphasis on Activity)-प्रयोजनवाद विचार की अपेक्षा क्रिया को अधिक महत्व देता है। इसलिए क्रिया के द्वारा अधिगम सिद्धांत उपयोगिताओं का विशेष शिक्षा सिद्धांत है।
5. प्रयोजनवाद शिक्षा को सामाजिक, गतिशील और विकास की प्रक्रिया मानता है।
6. प्रयोजनवाद की शिक्षण विधियों के क्षेत्र में महत्वपूर्ण देन है। प्रोजेक्ट विधि शिक्षण के क्षेत्र में महत्वपूर्ण देन है। इसमें छात्र क्रियाशील रहते है।
7. प्रयोजनवाद ने शिक्षण-प्रक्रिया में बालक को प्रथम स्थान देकर महत्वपूर्ण योगदान दिया है।
8. प्रयोजनवादियों ने पुस्तकीय ज्ञान की आलोचना करके प्रायोगिक तथा व्यावहारिक शिक्षा पर अधिक बल दिया है।

प्रयोजनवाद के दोष (Demerit of Pragmatism)

1. **सत्य परिवर्तनशील** (Truth is Changeable)-इसके अनुसार सत्य सदैव देश, काल व परिस्थितियों के अनुसार बदलता रहता है। इसका निर्माण, इसके परिणाम के साथ होता है। यदि किसी क्रिया का परिणाम संतोषजनक है। तो वह सत्य ही नहीं तो असत्य है।
2. **पूर्व निश्चित मूल्यों का विरोध** (Opposition of pre-determind values)-आदर्शमूल्य मानव द्वारा निर्मित होते हैं। पूर्व-निर्धारित मूल्य नहीं होते हैं। सत्य की तरह देश काल पात्र व परिस्थिति के अनुसार परिर्वतन होते रहते हैं। संसार में जितनी भी महान वस्तुएँ आई हैं, वे सभी महान व्यक्तियों के परिश्रम का फल है अर्थात् आदर्श बनाये नहीं जाते हैं, बल्कि आदर्श प्राप्त किये जाते हैं।
3. **शिक्षा के पूर्व निर्धारित उद्देश्य नहीं** (No Pre-determined objectives of Education)-इसके अनुसार शिक्षा के उद्देश्य पूर्व निर्धारित नहीं होते हैं। स्थिति व परिस्थति के अनुसार बदलते रहते हैं। इस प्रकार निश्चित उद्देश्यों के बिना शिक्षा की प्रक्रिया का संचालन काफी कठिन हो जाता है।
4. प्रयोजनवाद का आध्यात्मिकता में कोई विश्वास नहीं है। इस विचार से उन लोगों की भावनाओं को ठेस पहुंचती है जिन्हें आध्यात्मिकता की अनुभूति लगातार होती रहती है।
5. प्रयोजनवादियों द्वारा दी गई योजना पद्धति द्वारा प्राप्त ज्ञान क्रम रहित रहता है। इस विधि द्वारा बालकों को व्यवस्थित ढंग से चिंतन करने का अभ्यास नहीं करवाया जा सकता है।

6. प्रयोजनवादी विचारधारा के अनुसार मानव की बुद्धि, उसकी भावनाओं और मूल-प्रवृत्तियों के अधीन होती है अर्थात् मानव अपनी बुद्धि का प्रयोग अपनी भावनाओं व मूल प्रवृत्तियों की सुविधानुसार करता है।
7. विचार क्रिया से ही उद्‌भव नहीं होता, बल्कि अनेक बार विचार की परिणति क्रिया में होती है।
8. बालक केवल अनुभव का केन्द्र ही नहीं है तथा उसका अस्तित्व सामाजिक ही न होकर अर्थ क्रियावाद आध्यात्मिक पथ की अपेक्षा करता है।
9. अर्थ क्रियावाद ने चीर मूल्यों की उपेक्षा करके शैक्षिक उद्देश्यों को निम्न स्तर पर लाकर खड़ा कर दिया।

सारांश (Summary)

रीड के अनुसार, "प्रयोजनवाद क्रिया, व्यस्तता, वचनबद्धता तथा प्रतिद्वन्द को केन्द्रीय विषय मानते हैं।"

रोजन के अनुसार, "प्रयोजनवाद के अनुसार सत्य को उसके व्यावहारिक परिणामों के द्वारा जाना जा सकता है।

प्रयोजनवाद में दर्शन (Philosophy in Pragmatism)

1. **तत्व मीमांसा** (Metaphysics)-प्रयोजनवादी मनुष्य को सर्वश्रेष्ठ प्राणी मानते हैं। संसार अनिश्चित है तथा बदलता रहता है। प्रयोजनवादियों का मानना है कि वास्तविकता वह है जो हम अपनी इंद्रियों से महसूस करते हैं।
2. **ज्ञान मीमांसा** (Epistemology)-प्रयोजनवाद में ज्ञान को प्रयोगात्मक विधि से लिया जाता है। इन्द्रियों के द्वारा प्राप्त ज्ञान ही सत्य है।
3. **मूल्य मीमांसा** (Axiology)-प्रयोजनवाद में मूल्यों का निर्माण प्रयोग के आधार पर होता है, जो विचार या वस्तु जीवन के लिये उपयोगी हो वही समाज के मूल्य बन जाते हैं।

प्रयोजनवाद व शिक्षा के उद्देश्य (Pragmatism and Aims of Education)

- सामाजिक कुशलता का विकास।
- गतिशील मस्तिष्क का विकास।
- लोकतांत्रिक जीवन की शिक्षा।
- गतिशील निर्देशन।
- आदर्शों और मूल्यों का निर्माण।
- शिक्षा में व्यावसायिक शिक्षा पर बल

प्रयोजनवाद के सिद्धांत (Principles of Pragmatism)

- बालक की अभिरुचियों पर बल।
- शिक्षा में अनुभव पर बल।
- भौतिक तथा सामाजिक शिक्षा का सिद्धांत।

- शिक्षा का आधार समाज है।
- यह संसार अनेक तत्वों से निर्मित है और सदैव निर्माण की अवस्था में रहता है।

प्रयोजनवाद एवं पाठ्यक्रम (Pragmatism and Curriculum)

- उपयोगिता का सिद्धांत।
- छात्रों की रुचि का सिद्धांत।
- एकीकरण का सिद्धांत।
- छात्रों के अनुभव का सिद्धांत।
- वैयक्तिक विभिन्नता का सिद्धांत।

प्रयोजनवाद तथा शिक्षण विधियां (Pragmatism and Teaching Methods)

- शिक्षा के अनुभव का सिद्धांत।
- सीखने की उद्देश्यपूर्ण प्रक्रिया का सिद्धांत।
- सीखने की प्रक्रिया का एकीकरण का सिद्धांत।
- प्रयोगात्मक विधि पर बल।
- प्रोजेक्ट विधि पर बल।

प्रयोजनवाद एवं शिक्षक (Pragmatism and Teacher)

- छात्रों को क्रियात्मक बनाना।
- छात्रों में समस्या समाधान की अभिवृत्ति का विकास करना।
- छात्रों में स्वयं सोचने की शक्ति का निर्माण करना।
- छात्रों को करके सीखने पर बल देना।
- छात्रों की पहल शक्ति को बढावा देना।

प्रयोजनवाद तथा छात्र (Pragmatism and Students)

- छात्रों को महत्वपूर्ण स्थान देना।
- छात्र केंद्रित शिक्षा प्रक्रिया बनाना।
- छात्रों को सत्य तथा मूल्य निर्धारण में सहायता देना।
- छात्रों को समाज के कुशल नागरिक बनाने में सहायता देना।

प्रयोजनवादी एवं अनुशासन (Pragmatism and Discipline)

- प्रयोजनवादी शैक्षिक व्यवस्था में सीमित स्वतंत्रता पर बल देते हैं प्रयोजनवादी विचारक सामाजिक अनुशासन के समर्थक हैं।

6

मानवतावाद और शिक्षा
(Humanism and Education)

प्रस्तावना (Introduction)

यूरोप में 18वीं सदी में औद्योगिक क्रान्ति आई, जिसमें मुनष्य औद्योगिक समाज का केवल एक पुर्जा बनकर रह गया। मनुष्य का अपना अस्तित्व ही खतरे में पड़ गया, इस तरह की विषम परिस्थितियों में मानवताद एक प्रतिक्रिया के रूप में उभर कर आया। अगर ध्यान दिया जाये तो एक ओर ईश्वरवाद ने मनुष्य की नियति किसी अज्ञात काल्पनिक स्रष्टि निर्माण पर आश्रित कर दी तो दूसरी ओर भौतिकवाद ने मनुष्य को जड़ पदार्थ से निर्मित अन्य पदार्थों अथवा अन्य प्राणियों के समकक्ष लाकर खड़ा कर दिया। आदर्शवाद ने भी मनुष्य की अपेक्षा की तथा अमूर्त विचारों की सृष्टि को अन्तिम तत्व माना।

मानवतावाद ने मनुष्य तथा उसके हित को सर्वोपरि माना। मानवतावाद की रुचि ना तो काल्पनिक ईश्वर में है और न अमूर्त शाश्वत, चिन्तन में है। उसकी रुचि तथा चिन्तन का एक मात्र केन्द्र मनुष्य तथा उसकी नियति से है। अतः रक्त-मॉस के बने हुये इस/ सांसारिक मनुष्य के बारे में चिन्तन ही मानवतावाद का विषय क्षेत्र है।

मानवतावाद में मानवता को प्रधानता दी गई है। मानवतावाद में समाज की प्रत्येक प्रक्रिया की व्याख्या करते समय यह देखा जाता है कि वह कहां तक मनुष्य के हित से संबंधित है। मानवतावाद में व्यक्ति के विकास, सुख, समृद्धि एवं शांति पर बल दिया जाता है।

मानवतावाद वह आंदोलन है, जो बढ़ते हुए औद्योगिकीकरण और मशीनी समाज में मनुष्य की घटती गरिमा के फलस्वरूप विशेष रूप से उभरा है। मानव कल्याण के विभिन्न उपागमों को सुनिश्चित करने वाले मानव का मूल्य ही धूल-धूसरित हुआ है। व्यक्ति द्वारा सामाजिक जीवन में खान-पान, आचार-विचार, इत्यादि के कृत्रिम मानक और शैली विकसित हुई और अब उसी से अपेक्षा है कि अब वह कुर्सी-मेज पर किस प्रकार बैठे, भोजन के तरीकों मे कांटें और चम्मच का प्रयोग किस प्रकार करें अथवा किस प्रकार के वेश-भूषा और केश-विन्यास का अनुसरण करें।

परिभाषा (Definition)

एच.जी. गुड के अनुसार-''मानवतावाद मानव की महान उपलब्धि एवं विचारों का अध्ययन है।''

मैसलों के अनुसार–"मानवतावाद को मनुष्य के विचार की पृष्ठभूमि माना है जिससे मनुष्य को जोड़ा जा सके।"

स्वामी विवेकानंद के अनुसार–"मानवतावाद मनुष्य के विकास के समस्त अवयवों का अंतिम लक्ष्य है।"

मानवतावाद का अर्थ (Meaning of Humanism)

मानवतावाद दर्शन, विज्ञान कला तथा साहित्य के माध्यम द्वारा जीवन के नैतिक तथा आध्यात्मिक मूल्यों का अन्वेषण करने का प्रयास करता है।

मानवतावाद 'मनुष्यवाद' को स्वयं उतरित करने वाला एक महान आन्दोलन है। इसके चिन्तन का केन्द्र मनुष्य है। मनुश्वेतर प्रकृति भी नहीं तथा परा-प्राकृतिक (Supernatural) शक्ति के रूप में ईश्वर भी नहीं है। **लेमन** के अनुसार–"समग्र मानवतावाद के कल्याणार्थ मानवतावाद आनन्ददायन सेवा का दर्शन है। इसका विश्वास है कि मनुष्य का कल्याण तर्कना, बुद्धि, तथा लोकतंत्र द्वारा संभव है।"

मानव सब जीवों में श्रेष्ठ है, मानवतावादी दर्शन, राष्ट्र, जाति, प्रजाति, धर्म, वर्ग, वर्ण, लिंग, सामाजिक आदि के आधार पर भेदभाव नहीं करता। समग्र मानवता के कल्याण के लिए मानवता सेवा दर्शन है। इसका स्वप्न केवल लोकतंत्र के माध्यम द्वारा ही संपन्न किया जा सकता है। यह दर्शन, मानव कल्याण, गरिमा, सम्मान आदि को केंद्र मानकर मानवता की सेवा में विश्वास करता है। हिंदी शब्द मानवतावाद के लिए अंग्रेजी में ह्यूमिनिज़्म शब्द की उत्पति लैटिन शब्द होमो (Homo) से हुई है जिसका अर्थ है–मानव। इस प्रकार व्युत्पति के आधार पर मानवतावाद वह विचारधारा है जिसका आधार मानव है।

मानवतावाद की अवधारणा (Concept of Humanism)

मानवतावाद में मानवता को प्रधानता दी गई है। जब कोई विचारधारा मानव को केन्द्र में रखकर अपने विचार प्रस्तुत करती है, उसे मानवतावाद कहते हैं। ये किसी भी आलौलिक शक्ति की नहीं मानती। यह हर तरीके से व्यक्ति के अनुभव और तर्कबुद्धि को ही सबसे ज्यादा महत्व देती है और भाग्य निर्माण के लिए भी मानव को ही जिम्मेदार मानती है। जैसे-एक मानव है, उसको ध्यान में रखकर कोई विचारधारा बन रही है उसमें मानव को ही सबसे ज्यादा महत्व देना चाहिए, उसकी समस्याओं को अहम समस्या मानना चाहिए, तो इसे ही मानवतावाद कहते हैं। अतः हम कह सकते हैं कि मानवतावाद एक "मानव केन्द्रित दर्शन है, जो आलौकिक शक्तियों के स्थान पर स्वयं मनुष्य के ही अनुभव और तर्क बुद्धि को सर्वाधिक महत्व देता है। वह भाग्य निर्माण के लिए मानव को ही जिम्मेदार मानता है।"

मानवतावाद मुख्यतः दो प्रकार का होता है–

1. धर्म संगत मानवतावाद
2. धर्म विरोधी मानवतावाद

1. **धर्म संगत मानवतावाद**-धर्म संगत मानवतावाद वह मानवतावाद होता है जो प्रयुक्त धर्म निषेध नहीं करता, कोई आलोचना नहीं करता क्योंकि उस धर्म के अन्दर मानव

की बात की जाती है, इसलिए वह उस धर्म का विरोध नहीं करता। इसे ही धर्म संगत मानवतावाद कहते हैं। उदाहरण के लिए-बौद्ध धर्म के अन्तर्गत सभी बातें मानव को केन्द्र में रखकर कही गयी है, ऐसा कुछ भी नहीं कहा गया है जो मानव को चोट पहुँचाए।

2. **धर्म विरोधी मानवतावाद**-इस शब्द से ही पता चल रहा है कि ये धर्म का विरोध करते हैं और अपनी मानवतावाद को रखते हैं क्योंकि ज्यादातर धर्म में मानव को सर्वश्रेष्ठ माना गया है लेकिन बाद में कुछ लोगों की कुरीतियों या गलत धारणाओं के कारण उसमें कुछ ऐसी चीजें शामिल की गयी जिससे वो दूषित हो गया। इसलिए धर्म विरोधी मानवतावाद का जन्म हुआ जो आज हम देखते हैं। समकालीन मानवतावाद का आधार धर्म विरोधी मानवतावाद का ही आधार है। जैसे-सती प्रथा, यह प्रथा मानव को केन्द्र में रखकर नहीं बनाई गयी थी। इसमें मानव के अधिकार का हनन है। इसलिए इसे धर्म विरोधी मानवतावाद में रखा गया। ये पारलौकिक विचारधारा को नहीं मानते।

दर्शन में मानवतावाद (Humanism in Philosophy)

1. **तत्व मीमांसा**-मानवतावाद में तत्व मीमांसा के अन्तर्गत प्रकृति को ही अंतिम सत्ता माना गया है। इसको चलाने के लिए किसी की आवश्यकता नहीं होती, क्योंकि, प्रकृति स्वत: चलती है। इस प्रकृति में जैसे अन्य जीव-जन्तु रहते हैं, वैसे ही मानव भी इस प्रकृति में जीता है। ईश्वर ने इसकी रचना नहीं की है। उदाहरण-हिन्दू धर्म में कहते हैं कि ब्रह्मा जी ने सारी सृष्टि की रचना की है, बाईबिल में कहते हैं कि इसे ईसा मसीह ने बनाया है और मुस्लिम में कहा जाता है कि ये अल्लाह ने बनाया है लेकिन मानवतावाद में कहा गया है कि ये सब प्रकृति ने बनाया है, इसे ईश्वर ने नहीं बनाया है। ये भौतिक वस्तुओं पर केन्द्रित है, ये आध्यात्मिकता को नहीं मानते। ये प्रत्यक्षता को मानते हैं। जो मानव देखता है, उसी पर यकीन करते हैं।
2. **ज्ञान मीमांसा**-मानवतावाद में ज्ञानमीमांसा के अन्तर्गत मानवीय अनुभव, तर्क बुद्धि और विज्ञान को ही ज्ञान का स्रोत माना है। मानव का अनुभव, उसकी तर्क शक्ति और विज्ञान ही हमें ज्ञान तक ले जाता है। ये कहते हैं कि आत्मा, ईश्वर और आलौकिक शक्तियां कुछ नहीं, जो भी हैं मानव की तर्कबुद्धि, अनुभव और विज्ञान पर आधारित है।
3. **मूल्यमीमांसा**-मानवतावाद मूल्यमीमांसा के अंतर्गत अलौकिक शक्तियों का निषेध करता हैं। ये कहते हैं कि मानव अपनी क्षमताओं पर शक न करें और अपनी समस्याओं का समाधान स्वयं करें। स्वयं के कल्याण को ये मानवजाति का कल्याण मानते हैं। इनका मानना है कि अगर प्रत्येक व्यक्ति अपने अन्दर मानवता को पैदा कर ले तो तभी मानवजाति का कल्याण है। मानवतावाद कहता है कि अंतर्राष्ट्रीय और विश्व बंधुत्व मानवतावाद के मूल आदर्श हैं। हमें मिलजुलकर साथ रहना चाहिए चाहे वे अलग-अलग देश के ही क्यों न हो। मानवतावाद कहता है कि 'अप्प दीपो भव:' बने अर्थात् अपना प्रकाश स्वयं बने।

मानवतावाद के सिद्धांत (Priniciple of Humanism)

1. **मानव अपने भविष्य का स्वयं निर्माता है** (Man is the creater of own destiny.)-मानवतावाद के अनुसार, मानव धरती की सर्वोच्च कृति है। इसलिए वह अपने भविष्य का निर्माण स्वयं करता है। मानव में सोचने, समझने, और निर्णय (विवेक के अनुसार) लेने की क्षमता है। इसलिए जो चाहे कर सकता है। भ्रमवश मानव पराधीन होकर अपने भविष्य की चाबी दूसरों के हाथ में दे देता है, जिसका परिणाम दु:खदायी होता है।
2. **मानव सभी समस्याओं का हल कर्त्ता है** (Man is solver of all the problems.)-चूँकि मानव धरती की सर्वोच्च कृत्ति (Creation) होने के कारण सभी वास्तविक जीवन में आने वाली समस्याओं का समाधान कर्त्ता है। धरती की कोई समस्या ऐसी नहीं है जिसका समाधान करना कठिन हो। अत:अपने विवेक, सोच, समझ के आधार पर हल निकाल ही लेता है।
3. **मानवतावाद सभी मानवों के कल्याण में विश्वास करता है** (Humanism believes in the welfare of all human beings.)-मानवतावाद किसी भी प्रकार का और किसी भी आधार पर मानव-मानव के बीच कोई भेदभाव नहीं करता है क्योंकि मानवतावाद ''वसुधैव कुटुम्बकम'' के सिद्धांत का अनुसरण करता है। इस प्रकार धरती पर मानवकल्याण के दर्शन को आदर्श मानता है।
4. **मानवतावाद भाईचारे को बढ़ावा देता है** (Humanism follow the brotherhood.)-'मानव' एक सर्वोच्च सृजनात्मक इकाई होने के कारण अपने विवेक से धरती को सही प्रकार में समझकर भाईचारे को बढ़ावा देता है क्योंकि मानवतावाद 'विभिन्नता में एकता' (Unity in Diversity) के सिद्धांत को अपनाकर धरती पर भाईचारे को बढ़ावा देता है।
5. **मानव अपनी खुशी का स्वयं निर्माणकर्त्ता है** (Man is the creature of self happiness.)-मानवतावाद दर्शन के अनुसार मानव एक विवेकी, संगठित और नियोजित कृति होने के कारण अपने सभी निर्णय मानव स्वयं ही लेता है। इसलिए मानव खुशी और दु:खों का स्वयं ही निर्माण करता है। अत: खुश रहना या दु:खी होना यह मानव पर स्वयं निर्भर करता है। लेकिन दुर्भाग्यवश मानव ने अपनी शक्ति को नहीं पहचाना है जिसके कारण बाह्य मशीन व वस्तुओं पर मानव की निर्भरता बनी ही रही है। जिसके कारण सुख और दु:ख का पैमाना बाहरी रूपरेखा पर निर्भर करता है।

अत: उपरोक्त सभी बिंदुओं से बस यही निष्कर्ष निकलता है कि धरती पर मानव ही सर्वोच्च सृजनात्मक इकाई है। इस प्रकार मानव ही सभी को चलाने में अपनी अहम भूमिका अदा करता है।

मानवतावादी दर्शन की मूल विशेषताएं (Characteristics of Humanism)

- मनुष्य में सुंदरम् और शिवम् के तत्व विद्यमान हैं, उसके अंदर भावनायें निहित हैं जिससे वह धरती के सभी अच्छे-कार्यों को कर सकता है।
- मानवतावादी दर्शन सुख, शांति एवं जनतंत्र के साथ-साथ मानवीय भावनाओं एवं गरिमा को शांति प्रदान करता है।

- सहयोग और समरस जीवन मानवतावाद का मुख्य लक्ष्य है।
- मानव में अपनी समस्याओं को स्वयं सुलझाने की योग्यता का वास्तविक विकास संभव है।
- पूर्ण स्वतंत्रता की स्थिति में ही उसकी मनोवैज्ञानिक शक्तियों का वास्तविक विकास संभव है।
- वातावरण में सामंजस्य की चेष्टा इस उद्देश्य से हो कि समरसता की प्राप्ति हो सके।
- यह संसार भ्रम नहीं है। संसार सत्य है। यह सांवेगिक संभावनाओं से भरा हुआ है। यह निरंतर विकासशील है और परिवर्तनशील भी है।
- मनुष्य सर्वाधिक शक्तिशाली है। मानवतावाद मनुष्य को निरीह प्राणी नहीं मानता। वह मनुष्य की शांति में आस्था प्रकट करता है।
- मानवतावाद के अनुसार मानव इस सृष्टि का एक अंग है और सृष्टि के विकास की प्रक्रिया का परिणाम है। मानव इस विश्व की सृजनात्मक शक्तियों का उच्चतम फल है जिसके ऊपर और कुछ नहीं है केवल उसकी आकांक्षाएं हैं।
- मानवतावाद इस विश्व को किसी के द्वारा निर्मित नहीं मानता। उसके अनुसार इसको किसी ने नहीं बनाया अपितु इसका अस्तित्व तो स्वतः ही है।
- मानव के अनुसार जीवन के मूल्यों का निर्माण मानवीय संबंधों के फलस्वरूप होता है।
- मानवतावाद में मानव को न तो केवल एक यंत्र या मशीन माना गया है और न ही केवल एक जीव माना गया है, अपितु उसे असीम संभावनाओं से युक्त माना गया है।
- मानवतावाद, दर्शन, विज्ञान, कला और साहित्य के माध्यम से जीवन में नैतिक एवं आध्यात्मिक मूल्यों की खोज करने का प्रयत्न करता है।

मानवतावाद और शिक्षा के उद्देश्य (Humanism and Aims of Education)

ए.डब्लयू. कुम्बस के अनुसार मानवतावादी शिक्षा मानवीय प्रकृति तथा अधिगम-प्रक्रिया के बारे में एक दृष्टिकोण है, जिसमें शैक्षिक चिन्तन तथा व्यवहार के लिए अनेक अभिप्रेत निकलते हैं। मानवतावादी विचार शिक्षा का व्यक्तिनिष्ठ सन्दर्भ है।

"ए.डब्लयू. कुम्बस (Combs), ह्यूमेनिष्टिक एजूकेशन : होप फार हेजार्डस एजूकेशनल फोरम, नवम्बर 1979"

वस्तुतः मानवतावादी शिक्षा मानव केन्द्रित है, जिसका लक्ष्य मानवीय नीति को श्रेष्ठतर बनाना, मानव-समाज को बेहतर जीवन जीने योग्य बनाना तथा मानवीय समस्याओं को समझकर उन्हें निरन्तर हल करते रहने वाले मनुष्य तैयार करना है।

मानवतावादी दार्शनिकों की दृष्टि में मानवतावाद का मूल उद्देश्य बालक (मानव) की अंर्तनिहित (Inbuilt) शक्तियों या क्षमताओं को इस प्रकार विकसित करना है कि जिससे बालक अपने वास्तविक जीवन की समस्याओं को समाधानित करके अपने जीवन को सुखमय और आनंदमय बनाने में सफल हो सकें अर्थात वो शिक्षा जो मानव को शांति (Peace) के पथ पर अग्रसर करे। उस प्रकार की शिक्षा का मानवतावादी दार्शनिक

समर्थन करते हैं। मानवतावादी मानव को पूर्ण मानते हैं। तथा मानव की पूर्णता उसके अंदर ही समाहित है। तो शिक्षा का केवल और केवल कार्य उसे बाहर की ओर प्रकट (Appear) करना है। जो स्वयं को, समाज को, राष्ट्र को विकसित करने में सहायक हो सकें।

1. **उचित मार्ग चुनने में सहायक** (Help in choosing right path)-शिक्षा का उद्देश्य बालकों को इस प्रकार शिक्षित करना चाहिए, जिसके माध्यम से वे जीवन के सुंदर पक्ष के प्रति सावधान रहते हुए समाज के परंपरावादी एवं समय के प्रतिकूल आचार एवं विचार के मध्य अंतर कर अपने उचित मार्ग चुन सके।
2. **मानव में मूल्यों का विकास** (Developing the values in man)-विद्यार्थी में उच्च मूल्यों का विकास करना अर्थात् उनमें उच्च स्तरीय एवं मानवीय मान्यताओं का विकास करना है। मानवतावादी शिक्षा भौतिक मान्यताओं को स्वीकार करते हुए भी इस बात पर बल देती है कि प्रत्येक व्यक्ति का आध्यात्मिक स्तर ऊपर उठे एवं उनमें उन मान्यताओं का विकास हो जिससे समस्त मानव जाति एक सूत्र में बंध सके।
3. **सभ्य व्यक्ति का निर्माण** (Creation of civilized person)-मानवतावादी शिक्षा अंत में हर बालक को एक अच्छा मनुष्य बनाने की कल्पना करती है एवं इस बात पर बल देती है कि विद्यालय में ऐसे वातावरण की स्थापना होनी चाहिए तथा उसे ऐसे अनुभव प्रदान किए जाने चाहिए जो बालक में विवेक का विकास करके उसे ऊँचा उठा सकें।
4. **व्यक्ति में सुख शांति का विकास** (Develop the peace and happiness in the man)-व्यक्ति के लिए इस संसार में सुखमय जीवन का अवसर प्रदान करना शिक्षा के चरम लक्ष्यों में आता है। इसी के आधार पर विविध क्षेत्रों में उसकी गति और प्रगति निर्भर करती है तथा वह समाज में एक गरिमामय स्थान बनाता है। इस प्रकार जन-कल्याण और जन सुख शिक्षा के प्रमुख उद्येश्यों में आते हैं।
5. **बालक में आत्मविश्वास पैदा करना** (Create the Self-Confidence in the child)-विचारकों का मत है कि केवल आत्म विश्वासी मनुष्य ही अपनी समस्याओं को हल करने में समर्थ होते हैं। अतः मानतावादी शिक्षा का उद्देश्य बालकों में आत्म विश्वास जागृत करना होना चाहिए।
6. **बालक की अंर्तनिहित शक्तियों का विकास** (Development the inbuilt abilities in the child)-मानवतावादी विचारकों का मत है कि शिक्षा ऐसी होनी चाहिए जो व्यक्ति में निहित क्षमताओं को स्वाभाविक रूप से इस प्रकार विकसित करे जिससे वह अपने जीवन में सामंजस्य और समरसता स्थापित कर सकें।

मानवतावाद और पाठ्यक्रम (Humanism and Curriculum)

मानवतावादी दर्शन लचीले (Flexible) पाठ्यक्रम पर विश्वास करता है क्योंकि बालक में हर क्षण परिवर्तन आता है। क्योंकि बालक विवेकी है। जैसे-जैसे बालक बाहरी वातावरण के साथ जुड़ता है, वैसे-वैसे ही वह हर क्षण अपने विवेक से कई प्रकार का ज्ञान ग्रहण करता ही रहता है। इस प्रकार पाठ्यक्रम में निम्न-बिंदुओं को समाहित कर सकते हैं।

- विभिन्न आयु, वर्ग, विभिन्न रुचियों एवं विभिन्न क्षमताओं को पाठ्यक्रम निर्माण करते समय ध्यान में रखना चाहिए।
- पाठ्यक्रम निर्माण में सांस्कृतिक विरासत को भी ध्यान में रखना चाहिए। जिससे एक आदर्शवादी संपूर्ण मनुष्य का विकास किया जा सके।
- पाठ्यक्रम के द्वारा बालक की सृजनात्मक और रचनात्मक शक्तियों का विकास किया जाना चाहिए।
- पाठ्यक्रम के द्वारा मानवीय आकांक्षाओं और लक्ष्यों की पूर्ति होनी चाहिए।
- पाठ्यक्रम का निर्माण मानवीय विकास की अवस्थाओं को ध्यान में रखकर किया जाना चाहिए।
- पाठ्यक्रम में लचीलापन होना चाहिए, जिससे प्रत्येक बालक के व्यक्तित्व के अनुरूप परिस्थितियों और आवश्यकताओं के अनुसार उसे प्रयुक्त किया जा सके।
- पाठ्यक्रम के आधार पर मानवीय मूल्यों, आदर्श, सामाजिक एवं सांस्कृतिक धरोहर, मानव की पूर्णता का विकास होना चाहिए।
- पाठ्यक्रम द्वारा बालकों को उनकी तर्क, बुद्धि, और विवेक के विकास के लिए अवसर मिलने चाहिए।
- पाठ्यक्रम शिक्षार्थी की अवस्था, योग्यता, अभिरूचि तथा अधिगम-क्षमता के अनुसार होना चाहिए। शिक्षार्थी को पाठ्यक्रम के व्यवहार में बन्द करने की अपेक्षा पाठ्यक्रम को शिक्षार्थी के अनुरूप बनाने का प्रयास करना चाहिए।
- मानवतावादी पाठ्यक्रम ऐसा होना चाहिए कि उसके माध्यम से सृजन की अनन्त सम्भावनाओं से पूर्ण बाल्यकाल का रूपान्तरण (Modification) सृजनशील मनुष्य में हो सके,

निम्नांकित विषयों का समावेश मानवीय मूल्यों को छात्रों में ढ़ालने के प्रयोजन से दिया जाता है-

1. **मानविकी विषय**-पाठ्यक्रम में सबसे प्रमुख स्थान मानविकी को दिया जाता है, जिनके अन्तर्गत शास्त्रीय साहित्य, आधुनिक भाषाएं तथा संगीत, नाटक एवं अन्य ललित कलाओं का समावेश किया जाता है।
2. **प्राकृतिक विज्ञान**-मानविकी विषयों के बाद पाठ्यक्रम में दूसरा स्थान प्राकृतिक विज्ञानों का हैं। विज्ञान का अध्ययन मस्तिष्क को विस्तृत करता है, मन को अनुशासित करता है तथा सत्य का दर्शन करवाता है। विज्ञान के अध्ययन द्वारा वैज्ञानिक चिन्तन का विकास होना चाहिए तथा पराभौतिक एवं पराप्राकृतिक अन्धविश्वासों से मनुष्य को मुक्त किया जाना चाहिए।
3. **सामाजिक विज्ञान**-विश्व के प्राकृतिक एवं भौतिक रंगमंच पर मनुष्य अभिनेता है। सृष्टि के विकास में मनुष्य की भूमिका भी महत्वपूर्ण हैं। इतिहास-भूगोल तथा अन्य सामाजिक विज्ञान मनुष्य की इस भूमिका का विवेचन करते हैं।
4. **व्यावहारिक विषय**-समग्र मनुष्य के विकास हेतु व्यावहारिक काम की शिक्षा भी आवश्यक है, जिससे कि कार्यकारी शारीरिक अवयव निरर्थक न बन जाएँ।

मानवतावाद और शिक्षक (Humanism and Teacher)

जिस प्रकार हर शिक्षा व्यवस्था में शिक्षकों की भूमिका अति महत्वपूर्ण है। उसी प्रकार मानवतावादी शिक्षा में भी शिक्षक प्रमुख है। मानवतावादी दर्शन मनुष्य को महत्वपूर्ण मानता है। उसका एक उद्देश्य मनुष्य का संपूर्ण विकास करना है।

अतः मानवतावादी शिक्षा में शिक्षकों में निम्न गुणों की अपेक्षा की जाती है-

- विद्यार्थियों पर अपने विचार आरोपित न करें बल्कि अवसर प्रस्तुत करें कि वे यथापरिस्थिति विकल्पों का चयन कर सकें।
- सांस्कृतिक अतीत से सद्प्रवृत्तियों का चयन कर विद्यार्थियों के सम्मुख इस प्रकार प्रस्तुत करें कि कक्षा-शिक्षण और प्रस्तुत आदर्श स्वमेव आत्मसात हो।
- निर्णय लेने के छात्रों को अधिकतम अवसर दें।
- मनोवैज्ञानिक शक्तियों के परिपेक्ष्य में आध्यात्मिक विकास के लक्ष्य को सर्वोपरि रखते हुए यथापरिस्थिति में छात्रों को प्रोत्साहित करना चाहिए ताकि सामाजिक अनुकूलता एवं मानवोपयोगी अनुभव प्रदान कर सकें।
- अध्यापक को विद्यार्थियों के मन और मस्तिष्क को स्वस्थ और सक्रिय बनाने का हर संभव प्रयास करते हुए विद्यार्थी को सृजनशीलता तथा आत्मविश्वासी पथ पर अग्रसर करना चाहिए।
- शिक्षक को मानवीय गुणों से संपन्न लोकतांत्रिक धरातल पर रहते हुए शिक्षण प्रक्रिया में बालक को प्राथमिकता देनी चाहिए।
- शिक्षक को ऐतिहासिक प्रक्रिया का ज्ञान होना चाहिए ताकि वह सांस्कृतिक हस्तान्तरण तथा विकास को सुचारू रूप से निभा सके।
- विद्यार्थियों पर अपना मत आरोपित नहीं करना चाहिए बल्कि उनके सामने अनेक सम्भावित विकल्प प्रस्तुत करने चाहिए। तर्कनापूर्ण चिन्तन के साथ प्रत्येक व्यक्ति को अपना मत चुनने की स्वतन्त्रता देनी चाहिए।
- अध्यापक के अध्ययन सम्बन्धी इस प्रकार के अवसर आयोजित करने चाहिए, जिनके माध्यम से छात्रों की तर्कना (Reasoning) शक्ति एवं निर्णायक (Decision making) शक्ति का विकास हो तथा उनके बहुरंगी व्यक्तित्व के निर्माण में सहायता मिल सके।

मानवतावादी और शिक्षण विधियां (Humanism and Teaching Methods)

इस दर्शन में स्वयं करके सीखने पर जोर डाला। स्वयं करके सीखने से बालक में चिंतन शक्ति का विकास होता है तथा खेल-खेल में सीखना-मानवतावादियों ने इस विधि पर भी काफी जोर डाला जिससे बालक अपनी रुचि और क्षमता के अनुसार शिक्षा को ग्रहण कर सकें।

मानवतावादी दार्शनिकों के अनुसार शिक्षण विधियों में निम्न बातों का ध्यान रखना चाहिए-

- मनोवैज्ञानिक विशेषताओं के आधार पर बालक के प्रभावशील तत्वों को दृष्टि में रखते हुए इस बात पर ध्यान दिया जाता है कि संपूर्ण शिक्षा प्रणाली बालक के लिए है न कि बालक शिक्षा प्रणाली के लिए, इस प्रकार यह बाल केंद्रित विधियों पर ज़ोर देता है।

- वैज्ञानिक सिद्धांतों का प्रयोग केवल उसी सीमा तक किया जाए, जहां तक वह उसका मानवीय पक्ष प्रथम बना रहे। अत: वैज्ञानिक अभिवृत्ति का विकास शिक्षण के लिए प्रयोग में लाया जा सकता है।
- शिक्षण विधियों में स्वयं के प्रयास पर बल दिया जाना वांछनीय है।
- चिंतन व मनन के मध्य मन की एकाग्रता पर बल दिया जाना चाहिए। दूसरे शब्दों में इसे शिक्षण में एकग्रता की संज्ञा दी जाती है।

मानवतावाद में शिक्षक विधियों को मुख्य रूप से तीन प्रमुख आधारों पर समझ सकते हैं जो इस प्रकार हैं–

1. **बालक की मानसिक आवश्यकताएँ**–शिक्षक-विधि का प्रमुख आधार शिक्षार्थी की आवश्यकताएँ, उसके विकास की अवस्थाएँ, उसकी सुषुप्त क्षमताएँ, उसकी रुचियाँ एवं अभिरुचियाँ होनी चाहिए।
2. **वैज्ञानिक प्रतिक्रिया**–निश्चित रूप से ज्ञान और नए अनुभव की आवश्यकता है, परन्तु सम्पूर्ण प्रक्रिया इस प्रकार के मानवीय कारकों से प्रभावित होती है जैसे-छात्रों का संप्रत्यय, जानने की अभिलाषा, भय की अनुभूति, जीवन की चुनौतियाँ, सार्थकता इत्यादि। अधिगम के व्यापक सम्प्रत्यय के अनुसार अध्यापक मानवीय आयोजक होना चाहिए। यही श्रेष्ठता की कुंजी है।
3. **मानवतावादी उपागम**–चाहे जो भी शिक्षण-विधि प्रयोग में लाई जाए, उसमें मानवीय संस्पर्श होना आवश्यक है। विषयों का अध्यापन समन्वित रूप से होना चाहिए तथा उन्हें मानवीय अनुभवों के साथ संयुक्त करके पढ़ाना चाहिए। प्रत्येक विषय के अध्यापन में इस बात पर ध्यान रखना चाहिए कि अध्यापित सामग्री का मनुष्य की नियति से क्या सम्बन्ध हैं।

मानवतावाद और अनुशासन (Humanism and Discipline)

मानवतावादी दर्शन आत्मानुशासन में विश्वास रखता है। आत्मानुशासन के अनुसार जब बालक को प्रेम, दया, सहानुभूति, सहयोग, सद्भावना और त्याग आदि मानवीय गुणों की शिक्षा प्रदान की जाती है, तब स्वत: ही उसमें अनुशासन की भावना पैदा हो जाती है। मानवतावादी दमनात्मक अनुशासन के विरोधी हैं।

मानवतावादी एवं छात्र (Humanism and Students)

मानसिक संरचना, जो आंशिक रूप से वंशानुगत है तथा बहुलांश में परिवेश द्वारा प्रभावित हुई है। मानवतावादी विचारक के अनुसार विद्यार्थी ही वह पक्ष है जिसका सर्वांगीण विकास करना शिक्षा का एकमात्र लक्ष्य है।

- विद्यार्थी शारीरिक दृष्टि से स्वस्थ, सुंदर, परिश्रमी तथा मानवीय शक्तियों से युक्त हो।
- आपसी तालमेल तथा मेलजोल की भावना होनी चाहिये।
- विद्यार्थी स्वयं की शक्ति से परिचित होना चाहिये।
- विवेकपूर्ण व्यवहार एवं मानवीय भावनाओं में समन्वय होना चाहिए।
- सामूहिक जीवन प्रणाली के जीवन में समावेश करने की क्षमता होनी चाहिये।

मानवतावाद और विद्यालय (Humanism and School)

मानवतावादी धर्मनिरपेक्ष (Secular) पाठ्यक्रम का हिमायती होने के कारण धार्मिक शिक्षा को पाठ्यक्रम में कोई स्थान नहीं देता क्योंकि धार्मिक शिक्षा तर्कशून्य अन्धविश्वासों को जन्म देती है, मनुष्य की नियति को किसी पराभौतिक शक्ति के साथ जोड़कर उसे निरीह बनाती है तथा मानव समाज को विभिन्न सम्प्रदायों में विभक्त कर देती है।

मानवतावादी विद्यालय को एक ऐसे स्थान के रूप में मानते हैं जहां व्यावसायिक एवं नैतिक प्रवृत्तियां विकसित होती हैं। मानवतावाद विद्यालय में सांस्कृतिक वातावरण की अपेक्षा करता है। इसकी पृष्ठभूमि लोकतांत्रिक होनी चाहिए। शिक्षक-छात्र तथा प्रधानाचार्य के मध्य मधुर संबंध द्रष्टव्य हो। विद्यालय के वातावरण में यथासंभव, स्वतंत्रता, समानता, सद्भाव तथा भ्रातृत्व भाव दृष्टव्य हो। स्कूल का जनतांत्रिक परिवेश विद्यालय की छिपी योग्यताओं को प्रकाशित करने का पूर्ण अवसर देता है।

सारांश (Summary)

मानवतावाद का अर्थ

हिंदी शब्द मानवतावाद के लिए अंग्रेजी में ह्यूमिनिज्म शब्द की उत्पत्ति लैटिन शब्द होमो (Homo) से हुई है जिसका अर्थ है मानव। इस प्रकार व्युत्पत्ति के आधार पर मानवतावाद वह विचारधारा है, जिसका केंद्र मानव है।

मानवतावाद की विशेषताएं

1. पूर्ण स्वतंत्रता की स्थिति में ही उसकी मनोवैज्ञानिक शक्तियों का वास्तविक विकास संभव है।
2. मानवतावाद संस्कृति का पुनर्जागरण करने में विश्वास रखता है।
3. मानवतावाद के अनुसार जीवन के मूल्यों का निर्माण मानवी संबंधों के फलस्वरूप होता है।

मानवतावाद और शिक्षा का उद्देश्य

1. मानवतावादी शिक्षा का उद्देश्य बालक को उसकी महानता की अनुभूति कराना है।
2. विद्यार्थी में उच्च मूल्यों का विकास करना।
3. व्यक्ति के लिए इस संसार में सुखमय जीवन का अवसर प्रदान करना शिक्षा के चरम लक्ष्यों में आता है।

मानवतावाद और पाठ्यक्रम

1. पाठ्यक्रम निर्माण करते समय विभिन्न आयु वर्ग, रुचि को ध्यान में रखना चाहिए।
2. पाठ्यक्रम के द्वारा बालक की सृजनात्मकता का विकास किया जाना चाहिए।
3. पाठ्यक्रम के द्वारा मानवीय आकांक्षाओं की पूर्ति होनी चाहिए।

मानवतावाद और शिक्षक

1. निर्णय लेने के छात्रों को अधिकतम अवसर दें।
2. अच्छे शिक्षक में विद्यार्थी के प्रति गहरी सहानुभूति होनी चाहिए।
3. विद्यार्थियों पर विचार आरोपित न करें बल्कि अवसर प्रस्तुत करें कि वे यथा परिस्थिति विकल्पों का चयन कर सकें।

मानवतावाद और शिक्षण विधियां

1. शिक्षण विधियों में स्वयं के प्रयास पर बल दिया जाना चाहिए।
2. चिंतन एवं मनन के मध्य मन की एकाग्रता पर बल दिया जाना चाहिए।

मानवतावाद और अनुशासन

मानवतावाद दर्शन आत्मानुशासन में विश्वास रखता है।

मानवतावादी और छात्र

1. विद्यार्थी शारीरिक दृष्टि से स्वस्थ, सुंदर, परिश्रमी तथा मानवीय शक्तियों से युक्त हो।
2. सामूहिक जीवन प्रणाली का जीवन में समावेश करें।
3. विद्यार्थी स्वयं की शक्ति में भिन्न हो।

मानवतावादी और विद्यालय

मानवतावादी विद्यालय को एक ऐसे स्थान के रूप में मानते हैं जहाँ व्यावसायिक प्रवृत्तियां और नैतिक प्रवृत्तियां विकसित होती हैं।

7

आदर्शवाद, प्रकृतिवाद, प्रयोजनवाद और मानवतावाद का तुलनात्मक अध्ययन

(Comparative Study of Idealism, Naturalism, Pragmatism and Humanism)

क्रम सख्या	*विषय*	*आदर्शवाद (Idealism)*	*प्रकृतिवाद (Naturalism)*	*प्रयोजनवाद/व्यवहारवाद (Pragmatism)*	*मानवतावाद (Humanism)*
1.	अर्थ (Meaning)-	आदर्शवाद शब्द अंग्रेजी के Idealism शब्द का हिन्दी रूपान्तर है। आदर्शवाद अंग्रेजी के शब्द आइडिया से उत्पन्न हैं। आदर्शवाद की मान्यता है कि आध्यात्मिक जगत सर्वोपरि है। वही सुखमय है भौतिक जगत नश्वर है।	प्रकृतिवाद एक दार्शनिक विचारधारा है जो प्रकृति की शक्तियों और नियमों पर बल देती है।	Pragmatism शब्द की उत्पत्ति 'Pragma' से हुई है जिसका अभिप्राय है 'Work done', 'a thing done' किया गया काम अर्थात् क्रिया पर बल देना।	मानवतावाद ने मनुष्य तथा उसके हित को सर्वोपरि माना। मानवतावाद की रुचि ना तो काल्पनिक ईश्वर में है और न अमूर्त शाश्वत चिन्तन में है। मानवतावाद की रुचि तथा चिन्तन का एक मात्र केन्द्र मनुष्य तथा उसकी नियति है। अत:

Contd.

क्रम सख्या	विषय	आदर्शवाद *(Idealism)*	प्रकृतिवाद *(Naturalism)*	प्रयोजनवाद/व्यवहारवाद *(Pragmatism)*	मानवतावाद *(Humanism)*
		आदर्शवादियों ने 'विचार' (Idea) को महत्त्व दिया है।			मानवतावाद मानव का मानवीकरण और उसका गहन चिन्तन करता है। ह्यूमिनिज्म शब्द की उत्पत्ति (Homo) होमो शब्द से हुई जिसका अर्थ मानव है।
2.	समर्थक (Chief Exponents)	स्वामी विवेकानन्द, गांधी जी, प्लेटो, फ्रोबेल, सुकरात, कान्त इस विचारधारा के समर्थक थे।	अरस्तू (384-322 ई.पू.) बेकन, रूसो, लेमार्क, डारविन, काम्टे, और हक्सले इस विचारधारा के समर्थक थे।	सी.बी. पियर्स (1839-1914), विलियम जेम्स (1842-1910) विलियम हर्ड किलपैट्रिक (1871-1910) तथा जॉन डीवी (1859-1935) इसके समर्थक थे।	फ्रोसंस्को पैट्रार्क, अर्नेस्ट रेनान, अर्नोल्ड रयूज, कार्ल मार्क्स, मुंशी प्रेमचंद।
3.	परिभाषा (Definitions)	एच.एन. हॉर्न के अनुसार "आदर्शवाद वह सिद्धान्त है जिसके द्वारा देश और काल में सृष्टि का क्रम नित्य तथा आध्यात्मिक सत्य का पता चलता है।	जायसे के अनुसार "प्रकृतिवाद वह विचारधारा है जिसकी प्रमुख विशेषता आध्यात्मिकता को अस्वीकार करना है अथवा प्रकृति एवं मनुष्य के दार्शनिक चिन्तन	जेम्स बी. प्रेट के अनुसार "प्रयोजनवाद हमें अर्थ का सिद्धान्त, सत्य का सिद्धान्त, ज्ञान का सिद्धान्त तथा वास्तविकता का सिद्धान्त देता है।	एच.जी. गुड के अनुसार मानवतावाद मानव की महान उपलब्धि एवं विचारों का अध्ययन है।

Contd.

क्रम सख्या	विषय	आदर्शवाद (Idealism)	प्रकृतिवाद (Naturalism)	प्रयोजनवाद/व्यवहारवाद (Pragmatism)	मानवतावाद (Humanism)
			में उन बातों का स्थान देना है जो हमारे अनुभवों से परे नहीं हैं।		
4.	प्रमुख विशेषताएँ (Main Characteristics)	• वास्तविकता आध्यात्मिकता है, भौतिकता नहीं। • मन और आत्मा, पदार्थ और शरीर जैसे भौतिक तत्त्वों से अधिक महत्त्वपूर्ण हैं। • मनुष्य सर्वोच्च रचना है। वह प्रतिष्ठा और विशिष्टता से युक्त है। • मन की स्वतंत्रता उच्चतम सदगुण है। • सत्यम्, शिवम् एवं सुन्दरम् ही शाश्वत है। • सम्पूर्ण विश्व अपने विविध अंशों के साथ एक अवयवी है।	• प्रकृतिवादी दर्शन का प्रमुख आधार सत्य है। अग्नि, जल, वायु, आकाश, भूमि आदि पाँच भौतिक पदार्थ से शरीर बना है। शरीर नष्ट होने पर ये पदार्थ मूलरूप से परिणत हो जाते हैं। • मस्तिष्क, दिमाग की क्रिया का प्रमुख अंग है इस पदार्थ में ही समस्त मानसिक क्रियायें होती हैं। • प्रकृति अपने नियमों के अनुसार अपना कार्य करती है।	• जीवन के आदर्श देश, काल और परिस्थितियों के साथ बदलते रहते हैं। • व्यावहारिक सिद्धान्त सत्य है। • सत्य की प्राप्ति, ज्ञान, अन्वेषण एवं परीक्षण के द्वारा ही सम्भव है। • मनुष्य एक सामाजिक प्राणी है और उसे समाज के लिए उपयोगी होना चाहिए। • मानव अनुभवों का संगठन ही दर्शन का प्रमुख कार्य है। • मनुष्य मनोदैहिक प्राणी है। तथा मनुष्य के सारे कार्य मनोदैहिक होते हैं जो वह	• सहयोग व समरस जीवन मानवतावाद का मुख्य लक्ष्य है। • मानव में अपनी समस्याओं को स्वयं सुलझाने की योग्यता का वास्तविक विकास सम्भव है। • वातावरण में सामंजस्यता की चेष्टा इस उद्देश्य से हो कि समरसता की प्राप्ति हो सके। • मानवतावाद के अनुसार मानव इस सृष्टि का एक अंग है और सृष्टि के विकास की प्रक्रिया का परिणाम है।

Contd.

क्रम सख्या	विषय	आदर्शवाद (*Idealism*)	प्रकृतिवाद (*Naturalism*)	प्रयोजनवाद/व्यवहारवाद (*Pragmatism*)	मानवतावाद (*Humanism*)
		• आध्यात्मिक विकास मानव का चरम बिन्दु है। • विचार, ज्ञान, कला, नैतिकता और धर्म जीवन के महत्वपूर्ण पहलू हैं। • ब्रह्म ज्ञान ही उच्चतम ज्ञान है।	• ज्ञानेन्द्रियाँ ही प्रमुख होती हैं। • प्रकृतिवाद आत्मा जैसी वस्तु के अस्तित्त्व को नहीं मानता। • प्रकृतिवादी पदार्थ की सत्यता पर विश्वास करते हैं। • विज्ञान सभी पदार्थों के ज्ञान का स्रोत है।	अपनी इच्छा के अनुसार करता है। • सत्य मानव निर्मित है। जीवन के मूल्य तथा सत्य बदलते रहते हैं।	• मानवतावाद के अनुसार जीवन के मूल्यों का निर्माण मानवीय संबंधों के फलस्वरूप होता है।
5.	शिक्षा के दार्शनिक सिद्धान्त (Philosophical Principles of Education)	• आध्यात्मिक विकास पर बल देना। • शिक्षा का आधार परमात्मा की ओर विकास करना है। • वास्तविकता का केंद्र मन में उठे विचार है • केवल आध्यात्मिक नियम ही सर्वमान्य है।	• भौतिक वातावरण पर बल देना। • शिक्षा का आधार बालक का वर्तमान जीवन है। • सामाजिक दृष्टिकोण वास्तविकता का केंद्र प्रकृति है। • शिक्षा में बालक को मुख्य स्थान देना।	• सामाजिक, भौतिक वातावरण पर बल देना। • शिक्षा का सामाजिक जीवन प्रक्रिया पर बल देना। • शिक्षा में बालक का उपयुक्त स्थान है। • शिक्षा का आधार प्रयोग और अनुभव है।	• मानव अपने भविष्य का स्वयं निर्माता है। • मानवतावाद भाई-चारे को बढावा देता है। • मानव अपने दुःख व खुशी का स्वयं निर्माण करता है।

Contd.

क्रम सख्या	विषय	आदर्शवाद (*Idealism*)	प्रकृतिवाद (*Naturalism*)	प्रयोजनवाद/व्यवहारवाद (*Pragmatism*)	मानवतावाद (*Humanism*)
		• पुस्तकीय ज्ञान पर बल देना। • बालक के उन्नयन पर बल देना। • बालक के अनुशासन पर बल देना। • शिक्षा दर्शन का गत्यात्मक रूप है। • आध्यात्मिक दृष्टिकोण	• पुस्तकीय ज्ञान का विरोध। • बालक की प्रकृति के अनुसार शिक्षा। • बालक की अनियंत्रित स्वतन्त्रता पर बल। • निषेधात्मक क्रिया।	• वास्तविक जीवन की स्थितियाँ शिक्षा का आधार हैं। • बालक की पर्याप्त स्वतंत्रता पर बल देना। • निश्चयात्मक शिक्षा पर बल देना। • शिक्षा से दर्शन का जन्म होता है।	
6.	शिक्षा के उद्देश्य (Objectives of Education)	• आत्मबोध करना। • आध्यात्मिक विकास करना। • सांस्कृतिक धरोहर की रक्षा, विकास तथा हस्तांतरण पर बल देना। • पवित्र जीवन के लिए तैयारी कराना। • सत्यम्, शिवम् तथा सुन्दरम् की प्राप्ति पर बल देना।	• आत्म प्रकाशन। • व्यक्तित्व का अनियन्त्रित विकास। • जाति-प्रजातियों का सुधार। • जीवन संघर्ष के लिए तैयारी। • वर्तमान तथा भावी प्रसन्नता की प्राप्ति। • मानव यन्त्र को पूर्ण बनाना।	• शिक्षा के उद्देश्य पूर्व-निर्धारित नहीं होते परन्तु सामाजिक कुशलता पर बल देते हैं। • परिस्थिति के अनुसार शिक्षा के उद्देश्य बदलते रहे हैं। • अधिक शिक्षा पर बल देना। • नवीन मूल्यों की ऐसी रचना के लिए शिक्षा द्वारा सामाजिक, मानसिक तथा	• व्यक्ति की अंर्तनिहित शक्तियों की पहचान कराना। • समाज में सभ्य-व्यक्तियों का निर्माण करना। • बालक में आत्मविश्वास पैदा करना।

Contd.

क्रम सख्या	विषय	आदर्शवाद (*Idealism*)	प्रकृतिवाद (*Naturalism*)	प्रयोजनवाद/व्यवहारवाद (*Pragmatism*)	मानवतावाद (*Humanism*)
		• मूल प्रवृत्ति को आध्यात्मिक प्रकृति का रूप देना। • बालक की बुद्धि तथा विवेक के विकास पर बल देना।	• वर्तमान के साथ अनुकूलन।	संवेगात्मक आदि क्रियाओं की व्यवस्था करना। • वर्तमान में प्रसन्नता की प्राप्ति पर बल देना। • साधनपूर्ण तथा साहसपूर्ण मस्तिष्क का विकास कराना। • वर्तमान में अनुकूलन परिवर्तन लाना।	
7.	पाठ्यक्रम (Curriculum)	• पाठ्यक्रम में बालक की रुचियों आदि पर कम महत्त्व। • आदर्शवादी पाठ्यक्रम की रचना आदर्शों तथा शाश्वत मूल्यों पर आधारित होना। • आदर्शवादी पाठ्यक्रम में सभ्यता के उत्कर्ष की झलक स्पष्ट करने वाले विषयों पर बल देना।	• बालक की प्रकृति, रुचियों, अभिरुचियों, योग्यताओं आदि के आधार पर बालक को आत्म-प्रकाशन के लिए अधिक अवसर देना। • आध्यात्मिकता का पाठ्यक्रम में कोई स्थान नहीं है। • पाठ्यक्रम में उन विषयों पर बल देना जिनके	• रुचि के सिद्धान्त पर बल देना। • पाठ्यक्रम का उपयोगिता के सिद्धान्त पर आधारित होना। • पाठ्यक्रम का आधार अनुभव होना। • एकीकरण के सिद्धान्त के अनुसार सामाजिक तथा वैज्ञानिक विषयों का समावेश करना।	• पाठ्यक्रम निर्माण में सांस्कृतिक विरासत को भी ध्यान में रखना चाहिये जिससे मनुष्य का सार्वभौमिक विकास किया जा सकें। • पाठ्यक्रम द्वारा मानवीय आकांक्षाओं और लक्ष्यों की पूर्ति करना चाहिये। • पाठ्क्रम का आधार मानवीय, मूल्यों, आदर्शों

Contd.

क्रम सख्या	विषय	आदर्शवाद (*Idealism*)	प्रकृतिवाद (*Naturalism*)	प्रयोजनवाद/व्यवहारवाद (*Pragmatism*)	मानवतावाद (*Humanism*)
		• मानव विषयों को अधिक महत्त्व देना। • पाठ्यक्रम के मुख्य विषयों में धर्म, नीतिशास्त्र, कला संगीत आदि का सम्मिलित होना। • नीतिशास्त्र पर बल देता है।	अध्ययन से बालक अपनी आत्म-रक्षा कर सकें। • पाठ्यक्रम में वैज्ञानिक विषयों को मुख्य स्थान देना तथा मानवीय विषयों को गौण स्थान देना। • पाठ्यक्रम के मुख्य विषय शारीरिक विज्ञान, स्वास्थ्य विज्ञान, भौतिक विज्ञान है। • विज्ञान पर बल देना।	• पाठ्यक्रम के मुख्य विषय औद्योगिक, स्वास्थ्य विज्ञान, शारीरिक विज्ञान, गृह विज्ञान की ओर ध्यान देना। • उपयोगी विषय पर बल देना।	और सांस्कृतिक धरोहर का विकास होना चाहिये। • पाठ्यक्रम में मनोवैज्ञानिक सिद्धान्तों का भी समावेशन होना चाहियें।
8.	शिक्षण पद्धति (Teaching) Method)	• प्रश्नोत्तर पद्धति • संवाद पद्धति • वाद-विवाद पद्धति • व्याख्या पद्धति • पुस्तक पद्धति • तर्क पद्धति • निर्देशन पद्धति	• करके सीखना पद्धति • अनुभव द्वारा सीखने की पद्धति • खेल द्वारा सीखने की पद्धति • निरीक्षण द्वारा सीखने की पद्धति	• सीखने की उद्देश्यपूर्ण प्रक्रिया की पद्धति • क्रिया करके सीखने की पद्धति • अनुभव द्वारा सीखने की पद्धति • एकीकरण की पद्धति	• शिक्षण विधियों में स्वयं के प्रयास पर बल देना चाहिये। • शिक्षण-विधि का प्रमुख आधार शिक्षार्थी तथा उसकी अवधारणायें होनी चाहिये।

Contd.

क्रम सख्या	विषय	आदर्शवाद (*Idealism*)	प्रकृतिवाद (*Naturalism*)	प्रयोजनवाद/व्यवहारवाद (*Pragmatism*)	मानवतावाद (*Humanism*)
		• आगमन तथा निगमन पद्धति • अभ्यास आवृत्ति	• हाल्टन पद्धति • ह्यूरिस्टिक पद्धति	• प्रॉजेक्ट पद्धति • ह्यूरिस्टिक पद्धति	
9.	अध्यापक (Teacher)	• विषय वस्तु का मुख्य स्थान। • अध्यापक का प्रमुख स्थान होता है। • अध्यापक एक आदर्श व्यक्ति के रूप में होता है। • अध्यापक का कार्य ऐसी स्थितियों का निर्माण करना है जिसके माध्यम से बालक अपने आदर्श मूल्यों को अपनाएँ।	• बालक द्वारा कार्य का मुख्य स्थान प्रकृति होता है। • अध्यापक का गौण स्थान होता है। • प्रकृति बालक का सर्वश्रेष्ठ शिक्षक हैं। • शिक्षक का कार्य ऐसी स्थितियों का निर्माण करना है जिनमें रहते हुए बालक अपनी प्रकृति के अनुसार प्राकृतिक एवं स्वाभाविक रूप से विकसित हो सकें। तथा स्वयं को प्रकृति	• शिक्षक का स्थान एक मित्र, पथ-प्रदर्शक तथा सलाहकार के रूप में है। • शिक्षक का कार्य बालक के समक्ष ऐसी सामाजिक परिस्थितियों का सृजन करना है, जिनमें रहते हुए वह अपनी रुचि, योग्यता तथा क्षमता के अनुसार समस्या को कुशलतापूर्वक सुलझा सके तथा सामाजिक दृष्टिकोण का विकास कर सके।	• शिक्षक को ऐतिहासिक प्रक्रिया का ज्ञान होना चाहियें ताकि वह सांस्कृतिक हस्तान्तरण कर सकें। • विद्यार्थियों पर अपना मत आरोपित नहीं करने वाला होना चाहिये। • निर्णय लेने के छात्रों को अधिकतम अवसर दें। • शिक्षक को मानवीय गुणों से सम्पन्न लोकतांत्रिक

Contd.

क्रम सख्या	विषय	आदर्शवाद (*Idealism*)	प्रकृतिवाद (*Naturalism*)	प्रयोजनवाद/व्यवहारवाद (*Pragmatism*)	मानवतावाद (*Humanism*)
			के साथ-समायोजित कर सके।		धरातल पर रहते हुए शिक्षण प्रक्रिया में बालकों को प्राथमिकता देनी चाहिये।
10.	अनुशासन (Discipline)	• नियन्त्रित स्वतंत्रता प्रभावात्मक अनुशासन। • अध्यापक के आदेश को मानना। • स्वानुशासन। • आदर्शवाद का नारा-पूर्ण अनुशासन अर्थात् नियमबद्ध स्वतंत्रता।	• प्रकृतिवाद का नारा है 'अनियंत्रित स्वतन्त्रता' पर बल देना। • स्वतन्त्रता प्रदान करके प्राकृतिक परिणामों द्वारा अनुशासन स्थापित करना। • प्रकृतिवाद का दु:ख-सुख का सिद्धान्त।	• सीमित मुक्त्यात्मक अनुशासन पर बल देना। • सामाजिक अनुशासन पर बल देना। • सहयोग द्वारा। • आत्म अनुशसन पर बल देना।	• मानवतावादी आत्मानुशासन में विश्वास रखता है। • मानवीय गुणों की शिक्षा देनी चाहिये जिससे स्वानुशासन बना रहे। • मानवतावादी दमनात्मक अनुशासन के विरोधी हैं।
11.	विद्यालय (School)	• मानवीय क्रियाओं का आदर्श रूप होना चाहिए। • विद्यालय वह स्थान है जहाँ आध्यात्मिक मूल्य सिखाये जाते हैं।	• मुख्यत: प्राकृतिक वातावरण में सीखने पर बल देना। • विद्यालय प्रकृति की गोद में होना चाहिए।	• समाज की लघुरूप अर्थात् लघुइकाई • समुदाय जीवन केन्द्र में है। • विद्यालय एक प्रयोगशाला है।	• विद्यालय मानव को पूर्ण विकसित करने का केंद्र है। • नैतिक गुणों एवं मानवीय मूल्यों को विकसित करने का केन्द्र है।

Contd.

क्रम सख्या	विषय	आदर्शवाद (*Idealism*)	प्रकृतिवाद (*Naturalism*)	प्रयोजनवाद/व्यवहारवाद (*Pragmatism*)	मानवतावाद (*Humanism*)
		• विद्यालय एक बाग है और शिक्षक उसका माली।	• विद्यालय प्राकृतिक व स्वाभाविक वातावरण के रूप में है।	• विद्यालय समाज का लघुरूप है।	• विद्यालय व्यक्ति केन्द्रित होने के कारण रचनात्मकता के केन्द्र होते हैं।
12.	गुण (Merit)	• सत्यम्, शिवम् एवं सुन्दरम् में विश्वास करना। बालक में उत्तम चरित्र के निर्माण पर बल देना। • आदर्शवाद और शिक्षा के उद्देश्यों को प्रभावित करता है एवं उसकी व्याख्या करता है। • आदर्शवाद में शिक्षक प्रधान है। • आत्मानुशासन एवं आत्म-नियन्त्रण पर विश्वास करता है। • बालक के व्यक्तित्व का विकास चाहता है।	• प्रकृतिवाद ने शिक्षा और ज्ञान के सभी पहलुओं को प्रभावित किया। • शिक्षा मनोविज्ञान एवं समाज-शास्त्र का आधार प्रकृतिवाद है। • प्रकृतिवाद ने निरीक्षण एवं वस्तुपरक स्थिति पर जोर दिया है। • वैज्ञानिक अध्ययन को आधार माना है। • बाल-केन्द्रित पाठ्यक्रम पर जोर दिया है।	• प्रयोजनवाद ने योजना पद्धति को जन्म दिया है • विचार के बजाय कार्य को प्रधान माना है। • व्यवहार के अधीन विचार है। • व्यावहारिक जीवन की तैयारी करने पर बल देना। • सामाजिक एवं जनतांत्रिकता को प्रश्रय देता है।	• निर्णय लेने में छात्रों को अधिकतम अवसर प्रदान करता है। • पाठ्यक्रम के द्वारा मानवीय आकांक्षाओं की पूर्ति पर जोर डालना। • चिंतन एवं मनन के मध्य मन की एकाग्रता पर बल देना।

Contd.

क्रम सख्या	विषय	आदर्शवाद (*Idealism*)	प्रकृतिवाद (*Naturalism*)	प्रयोजनवाद/व्यवहारवाद (*Pragmatism*)	मानवतावाद (*Humanism*)
13.	दोष (Demerit)	• आदर्शवादी उद्देश्य को प्राप्त करना मुश्किल है। वर्तमान की जगह भविष्य पर विश्वास करते हैं। • आदर्शवाद पूर्णत्व में विश्वास करता है। • बालक का स्थान गौण है। • आज के भौतिक युग में आध्यात्मिक मूल्यों का अधिक महत्त्व नहीं है। • शिक्षण विधि में आदर्शवाद की कुछ देन नहीं है।	• प्रकृतिवादी शिक्षा का उद्देश्य तात्कालिक हैं। • यह वर्तमान में विश्वास करता है। • उपयोगिता पर बल देता है। • आध्यात्मिक मूल्यों का अभाव होता है। • शिक्षक की उपेक्षा है। • बालक को अत्यधिक स्वतंत्रता देता है जो कि उसके लिये हानिकारक हो सकती है। उदाहरण-यदि किसी व्यक्ति को कटारी (चाकू) (Knife) दे दी जाये और वह उसके प्रयोग से अपरिचित हो तो वह उससे अपने हाथ-पांव भी काट सकता है।	• आध्यात्मिक गुणों की अवहेलना करता है। • केवल उपयोगिता और परिणाम के आधार पर सत्य निरुपित करता है। • पूर्व निश्चित धारणाओं पर बल देना। • सांस्कृतिक आदर्श की उपेक्षा करना। शिक्षा का निश्चित उद्देश्य नहीं है।	• आध्यात्मिक शक्ति की अवहेलना करना। • मानव की स्वतंत्रता पर अत्यधिक बल देना। • आत्मानुशासन पर अत्यधिक बल जबकि अनुशासन स्थिति व परिस्थिति के अनुसार होना चाहिये।

8

महात्मा गांधी
(Mahatma Gandhi)

प्रस्तावना (Introduction)

मोहनदास करमचंद गांधी एक महान नेता, एक व्यावहारिक दार्शनिक तथा शिक्षा-शास्त्री थे। वह सत्य व अहिंसा के पुजारी थे। सत्य को वह सर्व-व्यापक व सर्वशक्तिमान स्वीकार करते थे। उनके अनुसार सत्य ही ब्रहम है। वह जाति रहित व स्वतंत्र समाज की रचना करना चाहते थे, जहाँ किसी भी प्रकार का शोषण व भेदभाव न हो, इसलिए उन्होंने शिक्षा को साधन के रूप में स्वीकार किया। महात्मा गाँधी वास्तव में 'महान आत्मा' थे जिन्होंने मानवता के लिए, भारत को अंग्रेजों की गुलामी से स्वत्रंत करवाने के लिए अपना विशेष योगदान दिया।

संक्षिप्त जीवनी (Brief Life Sketch)

महात्मा गाँधी का जन्म 2 अक्टूबर, 1869 को गुजरात के एक तटीय शहर पोरबंदर नामक स्थान पर हुआ। उनके पिता राजकोट रियासत के दीवान थे। इनकी माता का नाम पुतलीबाई था जो परनामी वैश्य समुदाय की थी। साढ़े तेरह साल की आयु में इनका विवाह कस्तूरबा से हुआ। अपनी मैट्रिक की पढ़ाई पूर्ण करने के पश्चात वह वकालत की शिक्षा प्राप्त करने के लिए इंग्लैंड चले गए। वहाँ उन्होंने कानून की परीक्षा पास की तथा सन् 1891 में भारत वापस आ गए, परंतु यहाँ एक वकील के तौर पर सफल न हुए। सन् 1893 में वह कानूनी सलाहकार के रूप में दक्षिण अफ्रीका चले गए। वहाँ उन्होंने 20 वर्ष तक भारतीयों के साथ अंग्रेजी सरकार द्वारा किए गए अमानवीय व्यवहार को सहा।

सन् 1915 में गाँधी जी भारत वापिस आ गए और साबरमती में रहकर उन्होंने अपने शिक्षा प्रयोगों को जारी रखा। यहाँ पर उन्होंने शिक्षा की नयी प्रणाली 'बेसिक शिक्षा' का विचार पेश किया। भारतीय राजनीति में प्रवेश करके गाँधी जी ने इसे एक नया मोड़ दिया। उन्होंने कई वर्षों तक अखिल भारतीय कांग्रेस कमेटी का मार्ग-दर्शन किया तथा भारतीय राजनीति को अहिंसा व सत्य की नींव पर खड़ा करने का प्रयत्न किया। उन्होंने सत्याग्रहों का निर्देशन किया, जेल गए व कई प्रकार की यातनायें भी सहीं। गाँधी जी के निर्देशन में 15 अगस्त 1947 को भारत ने स्वतंत्रता प्राप्त की और 30 जनवरी, 1948 को नत्थू राम गोडसे ने गाँधी जी को गोली मारकर उनकी हत्या कर दी।

रचनाएँ (Composivies of Mahatma Gandhi)

गाँधी जी की दो रचनाएँ प्राप्त होती हैं, जिनमें उन्होंने अपने व्यक्तिगत जीवन से संबंधित, अपने शिक्षा और राजनीति के प्रयोगों तथा देश की तत्कालीन परिस्थिति पर अपने विचार प्रकट किये। जो निम्न हैं-

1. *हिंद स्वराज (Hind Swaraj)*-इस पुस्तक में गाँधी जी ने पूर्ण स्वराज का विचार व प्रत्यय की चर्चा की है।
2. *सत्य के साथ मेरे अनुभव (My experiments with truth)*-यह गाँधी जी की स्वजीवनी है, इसमें उन्होंने बचपन से लेकर भारत की स्वतंत्रता के संघर्ष में भाग लेने तक की अपनी सभी क्रियाओं एवं प्रयोगों का विवरण दिया है।
3. दक्षिण अफ्रीका के सत्याग्रह का इतिहास-इस पुस्तक में उन्होंने दक्षिण अफ्रीका में किए गए सत्याग्रह का वर्णन किया है। यह पुस्तक उन्होंने यदवदा जेल में लिखी थी।
4. गीता माता-गीता पर उनका चिंतन-मनन तथा लेखन भी लंबे समय तक चलता रहा। इस किताब में उन्होंने सम्पूर्ण गीता का गुजराती अनुवाद प्रस्तावना सहित 1929 में पूरा किया था।

महात्मा गाँधी का सामान्य जीवन-दर्शन
(General Life Philosophy of Mahatma Gandhi)

महात्मा गाँधी ने किसी भी प्रकार के वास्तविक दर्शन का प्रतिपादन नहीं किया। उनका दर्शन, वास्तव में, आदर्शवाद, प्रकृतिवाद, प्रयोगवाद व मानवतावाद का मिश्रण है। उनके कुछ दार्शनिक आदर्शो का विवरण यहाँ दिया जा रहा है-

1. **ईश्वर में विश्वास** (Belief in God)-गाँधी जी का ईश्वर में पूर्ण विश्वास था। उनके लिए ईश्वर सर्वव्यापी वास्तविकता थी। आदर्शवादी चिंतकों की भांति, गाँधी जी यह विश्वास करते थे कि 'ईश्वर अपरिभाषित है।' जिसे हम अनुभव कर सकते है, परंतु जान नहीं सकते, 'मेरे लिए सत्य तथा प्रेम ईश्वर है। ईश्वर ही नैतिकता है, निडर है, प्रकाश तथा जीवन स्रोत है': ऐसा गाँधी जी माना करते थे।
2. **मानवता की सेवा** (Service of Humanity)-मानवता की सेवा, गाँधी जी के दर्शन का केंद्र बिंदु था। उनका विश्वास था कि मानवता की सेवा ही ईश्वर की सेवा है। ईश्वर मानवता के मंदिर में ही निवास करता है। उनके अनुसार "मैं भारत के लिए कार्य करूँगा, जहाँ पर गरीब भी यह अनुभव करेगें कि यह उनका देश है जिनके निर्माण में उनकी प्रभावशाली आवाज होगी-वह भारत, जिसमें सभी समुदाय पूर्ण एकरूपता में होंगे।"
3. **मानवता का भ्रातृभाव** (Brotherhood of Humanity)-गाँधी जी का जीवन आदर्श था "अपने पड़ोसी को अपने जितना प्रेम करो" उनका स्वप्न था, "स्वतंत्र व्यक्तियों के एक विश्वव्यापी समाज की स्थापना, जिसमें जाति, रंग, धन व पद के बंधन न हो।" वह मानवता के भ्रातृभाव में पूर्ण विश्वास रखते थे तथा परमात्मा को सभी जीवों का पिता समझते थे।

4. **दर्शन के तीन केंद्रीय बिंदु** (Three focal point of philosophy)-
    1. **सत्य** (Truth)-गाँधी जी के अनुसार सत्य की पहचान मनुष्य जीवन का अंतिम उद्देश्य है। उनका कथन है-''सत्य को इंकार करना, परमात्मा को इंकार करना है जीवन के सत्य को स्वीकार करना है। सत्य दैवी महत्व रखता है तथा यह अंतर्मन की आवाज है (Voice of Conscienciousness)। उनके लिए सत्य, जीवन का आधार है। सत्य ही ईश्वर है तथा ईश्वर ही सत्य है।
    2. **अहिंसा** (Non Violence)-यह गाँधी जी के दर्शन का दूसरा मुख्य सिद्धांत है। अहिंसा, सत्य व ईश्वर को प्राप्त करने का एकमात्र साधन है। उनके लिए सत्य व अहिंसा एक ही सिक्के के दो पहलू है।
    3. **प्रेम**-गाँधी जी के अनुसार मनुष्य का वास्तविक धर्म प्रेम है। उनका विश्वास था कि सत्य की सर्वव्यापक आत्मा को प्रत्यक्ष रूप में देखने के लिए, प्रत्येक वस्तु से प्रेम करना आवश्यक है। इस प्रकार, प्रेम सर्वव्यापक प्रेम (Universal love) का रूप धारण कर लेता है।

    इस प्रकार, गाँधी जी के दर्शन के तीन प्रमुख बिंदु है-सत्य, अहिंसा व प्रेम। वे स्वयं इस पर अमल करते थे। उन्होंने प्रेम को सामाजिक, राजनैतिक व शिक्षा संबंधी दर्शन में प्रकट किया है।
5. **सत्याग्रह एक विधि** (Satyagreha as a method)-सत्याग्रह एक साधन/मार्ग है जिसे गाँधी जी ने आरंभ किया। वह अपने-आप में कोई उद्देश्य नहीं बल्कि शिकायतों के विरूद्ध क्रोध के रूप में अपनाया गया एक ढंग है। यह अहिंसा के सिद्धांत का व्यावहारिक (Practical) प्रयोग है। इसका अर्थ है कि सत्याग्रह, अहिंसा का व्यावहारिक परिपालन है। सत्य को व्यक्तिगत पीड़ा द्वारा पाया जा सकता है। यह आत्म-पीड़ा द्वारा, मन के परिवर्तन की प्राप्ति है। विरोधी को पीड़ित किए जाने के स्थान पर, सत्य को आत्म-पीड़ा द्वारा प्राप्त किया जाता है। यह एक शक्तिशाली व शान्तिमयी हथियार है जो गाँधी जी द्वारा, राजकीय स्वतंत्रता प्राप्त करने के लिए पूर्ण सफलता के साथ प्रयोग किया गया।
6. **व्यक्ति की आध्यात्मिक प्रकृति** (Spiritual Nature of Man)-मानव आध्यात्मिक प्राणी है, इसलिए उसका स्वभाव तथा उद्देश्य भौतिक नहीं, बल्कि आध्यात्मिक होने चाहिए।
7. **सर्वोदय समाज** (Sarvodya Samaj)-गाँधी जी ने समाज रचना व सामाजिक आदर्श का अहिंसात्मक आधार पर एक नवीन वर्गहीन व राज्य विहीन समाज को प्रस्तुत किया। कार्ल मार्क्स ने भी ऐसी धारणा को प्रस्तुत किया था। परंतु उसके लिए प्रयोग किए जाने वाले साधनों की पवित्रता पर ध्यान नहीं दिया था। गाँधी जी के अनुसार, बुरे साधनों के साथ अच्छे उद्देश्य प्राप्त नहीं किए जा सकते।

    'सर्वोदय' की व्याख्या में, गाँधी जी ने राजनैतिक, आर्थिक विकेंद्रीकरण व शारीरिक श्रम पर आधारित, व सरल प्राकृतिक जीवन-शैली पर बल दिया। 'सर्वोदय' एक आध्यात्मिक प्रत्यय है तथा गाँधी जी यह जानते थे कि उसे प्राप्त करना कठिन है। फिर भी वह इसके प्रति व्यावहारिक दृष्टिकोण रखते थे। इसलिए उन्होंने 'ट्रस्टीशिप'

के सिद्धांत का प्रतिपादन किया। वह राज्य के पूंजीवाद व राज्य सत्ता के बल पर समता स्थापित करने के पक्ष में नहीं थे तथा न ही यह संभव है, क्योंकि राज्य सत्ता स्वयं हिंसा पर निर्भर करती है। इसके पीछे सर्वोदय के सिद्धांत को जय प्रकाश नारायण ने, क्रांति का नारा लगा कर तथा विनोबा भावे ने भूदान आंदोलन चलाकर एक नया अर्थ दिया।

गाँधी जी का शैक्षिक दर्शन (Gandhiji's Educational Philosophy)

गाँधी जी ने शिक्षा पर कोई भी ग्रन्थ नहीं लिखा, जिससे उनके शिक्षा संबंधी विचारों को क्रमानुसार समझा जा सकें। उन्होंने समय-समय पर अपने विचार, विभिन्न सभाओं तथा 'हरिजन' के अनेक लेखों में प्रस्तुत किए थे। उनके अनुभवों के आधार पर उनके शैक्षिक-दर्शन की व्याख्या की जा सकती है। उनके अनुसार शिक्षा के मूल्यों को अनुभव में खोजना चाहिए। व्यवहार में कौशल प्राप्त करने के लिए शिक्षा की कोई भी योजना बनायी जाए, उसमें बच्चे की व्यावहारिक कुशलता अवश्य आनी चाहिए।

गाँधी जी का जीवन दर्शन (Life Philosophy of Gandhi Ji)

1. **ईश्वर के प्रति विश्वास**-गाँधी जी का ईश्वर के प्रति अटूट विश्वास था और उनके लिए ईश्वर ही सर्वोपरि है। गाँधी जी का मत भी आदर्शवाद से जुड़ा हुआ था। इस कारण वे विश्वास करते थे कि ईश्वर अपरिभाषित है। प्रत्येक कण में ईश्वर निवास करता है। ईश्वर के प्रति इतनी गहन आस्था के कारण ही गाँधी जी के सिद्धातों से सत्यता और प्रेम का भाव प्रकट होता था। गाँधी जी के अनुसार ईश्वर एक सनातन, अद्वितीय और अमर है, उनका मानना था कि मेरे लिए प्रेम ही ईश्वर है।
2. **कर्मनिष्ठता**-गाँधी जी का कर्मनिष्ठता की ओर अत्यधिक झुकाव था। वे कर्म पर हमेशा विश्वास रखते थे, ना की फल की प्राप्ति में। चूँकि गाँधी जी आदर्शवादी विचारधारा को भी मानते थे। इसलिए वे गीता का भी अनुसरण करते थे। गाँधी जी गीता के कर्मवादी भाव से बहुत प्रभावित थे। इसलिए गीता के श्लोक का अनुसरण करते थे और गाँधी जी के व्यक्तिगत जीवन दर्शन में यह श्लोक स्पष्ट रूप से परिलक्षित होता हुआ प्रतीत होता है-

   ''कर्मव्येवाधिकारस्ते मा फलेषु कदाचन।
   मा कर्मफलहेतुर्मूमो ते सड़गोडस्वकर्मणि।।''

   अर्थात् कर्म पर ही तुम्हारा अधिकार है लेकिन कर्म के फलों में कभी नहीं इसलिए कर्म को फल के लिए मत करो और न ही कर्म करने में तुम्हारी आसक्ति हो।
3. **आध्यात्मिक रूझान**-गाँधी जी के व्यक्तित्व में आध्यात्मिकता को पूर्ण रूप से देखा जा सकता था। वह मानते थे कि मानव एक आध्यात्मिक प्राणी है। इसलिए उसका स्वभाव आध्यात्मिक होना चाहिए ना की भौतिक। परिणामस्वरूप अपने जीवन में गाँधी जी ने अनेक ग्रंथों की भी रचना की थी। इन प्रतियों में-आत्मकथा सर्वोदय, मेरा धर्म, गीता बांध, गीता माता हिंदू धर्म, मंगल प्रभात, नीति धर्म तथा ब्रह्मचर्य आदि ग्रंथों का स्पष्ट वर्णन मिलता है। केवल यही नहीं जब 30 जनवरी 1948 को गाँधी जी की हत्या कर दी गई थी तो उनके मुख से निकलने वाले आखिरी शब्द भी 'हे राम' थे। इनसे गाँधी जी के आध्यात्मिक व्यक्तित्व के बारे में ज्ञात होता है।

4. **मानवता में विश्वास**-महात्मा गाँधी का मानवता में विश्वास इस बात से झलकता है कि उनका मानना था कि 'मानवता ही परमोधर्म' है। मानव ही ईश्वर की सर्वोत्तम कृतियों में से एक है। ईश्वर प्रत्येक मानव में निवास करता है और इसी कारण प्रत्येक मानव आंतरिक रूप से समान है। गाँधी जी रंग-रूप, धर्म, जाति और स्थिति के आधार पर मानव के विभाजन का पुरजोर विरोध किया करते थे क्योंकि उनका मानना था कि प्रत्येक मानव एक समान है और सभी का इस धरती माता पर बराबर का अधिकार है। इसलिए उन्होंने 'वसुदेव कुटम्बकम्' की धारणा का अनुकरण किया जिसके अनुसार समस्त संसार ही हमारा घर है। बच्चे को हस्तकला, निरीक्षण, अनुभव, प्रयोग, सेवा व प्रेम का सहारा लेना होगा। गाँधी जी का कहना था कि, "जो शिक्षा मन की शुद्धि न करे, निर्वाह का साधन न बनाए तथा स्वतंत्र रहने का धैर्य तथा सामर्थ्य न उत्पन्न करे, उस शिक्षा में चाहें जितना भी ज्ञान का खजाना, तार्किक कुशलता व भाषा मौजूद हो, वह सच्ची शिक्षा नहीं हो सकती।"

गाँधी जी के शैक्षिक दर्शन को प्रभावित करने वाले कारक
(Factor Influencing Gandhiji's Educational Philosophy)

गाँधी जी का शैक्षिक दर्शन-कुछ कारकों के आधार पर निर्धारित किया गया है। उनके शैक्षिक-दर्शन को समझने से पूर्व, उन कारकों को समझना आवश्यक है, जो निम्नलिखित हैं-

1. **प्रचलित शिक्षा प्रणाली से असंतुष्टी** (Dissatisfaction with prevailing system of education)-गाँधी जी अपने समय में प्रचलित शिक्षा प्रणाली से असंतुष्ट थे। क्योंकि वह बच्चे को जीवन के लिए तैयार नहीं करती थी। बल्कि प्रचलित शिक्षा प्रणाली अंग्रेजी राज्य आवश्यकतानुसार तैयार की गई थी। उनका यह दृढ़ विश्वास था कि वह शिक्षा प्रणाली न केवल व्यर्थ थी, बल्कि हानिकारक भी थी।
2. **गाँधी जी का साधारण दर्शन** (General philosophy of Gandhiji)-गाँधी जी का जीवन संबंधी साधारण दर्शन भी उनके शिक्षा दर्शन को निर्धारित करने का एक प्रमुख कारण था। यह शिक्षा द्वारा, उनके जीवन-आदर्शों को प्राप्त करने का एक साधन था।
3. **शैक्षिक-अनुभव** (Educational Experiences)-साबरमती आश्रम तथा टॉलस्टॉय फार्म (Tolstoy farm) के शैक्षिक अनुभवों ने गाँधी जी को एक नया मार्ग दिखाया। सेवा ग्राम आश्रम में उन्होंने नयीं शिक्षा-प्रणाली के बारे में सोचना आरंभ किया।
4. **एक नवीन सामाजिक प्रणाली की अभिलाषा** (Desire for a new social system)-गाँधी जी इस बात से भली-भाँति परिचित थे कि भारत की सामाजिक राजकीय व आर्थिक पुनर्संरचना शिक्षा पर निर्भर करती है। वे एक ऐसा सामाजिक प्रबंध तैयार करना चाहते थे जिसमें इंसाफ, निरपेक्षता, अहिंसा व सत्य के आदर्शों की पूर्ति हो सके।

उपरोक्त सभी कारकों ने गाँधी जी के शैक्षिक दर्शन पर प्रत्यक्ष प्रभाव डाला।

गाँधी जी के शैक्षिक दर्शन के प्रमुख लक्षण/विशेषताएँ
(Characteristics of the Educational Philosophy of Gandhiji)

1. **शिक्षा उन्नति का एक साधन** (Education as an instrument of upliftment)-गाँधी जी का विश्वास था कि भारतीय समाज की सामाजिक आर्थिक एवं राजनैतिक उन्नति का एक मात्र साधन शिक्षा ही है। उनके अनुसार, राष्ट्रीय व भारतीय शिक्षा-प्रणाली द्वारा ही भारत की सामाजिक पुनर्सरचना संभव है। इसलिए उन्होंने अपनी 'बुनियादी शिक्षा' की नवीन अवधारणा राष्ट्र के सम्मुख प्रस्तुत की।
2. **शिल्प केंद्रित शिक्षा** (Craft-centred Education)-शिक्षा-दर्शन का प्रमुख लक्ष्य शिल्प केंद्रित शिक्षा पर बल देना है। उनका विश्वास था कि बच्चे के व्यक्तित्व का पूर्ण-विकास, किसी उत्पादन कार्य तथा शिल्प द्वारा ही हो सकता है। वे चाहते थे कि, "शिक्षा की संपूर्ण प्रक्रिया किसी शिल्प या उद्योग पर आधारित होनी चाहिए।" शिल्प केवल उत्पादक कार्य के लिए ही न सिखाया जाए बल्कि एक बौद्धिक विकास की प्रक्रिया के रूप में प्रयोग में लाया जाए, गाँधी जी, शिक्षा को शिक्षक-केंद्रित व विषय-केंद्रित आदि के स्थान पर बालक-केंद्रित बनाना चाहते थे। इसलिए उन्होंने अपनी नयीं शिक्षा प्रणाली में बच्चे को योग्य व उचित स्थान प्रदान किया है, बच्चे को शिक्षा-प्रक्रिया का केंद्र बिंदु मानकर उसके लिए शिक्षा के प्रबंध किए गए।
3. **सर्वपक्षीय विकास के लिए शिक्षा** (Education for Allround Development)-महात्मा गाँधी के अनुसार, शिक्षा को हस्त, मस्तिष्क एवं हृदय (Hand, Head and Heart) का प्रशिक्षण प्रदान करना चाहिए। सच्ची शिक्षा बच्चे में से अच्छे गुणों को विकसित करती है। शिक्षा का उद्देश्य शरीर, मन व आत्मा को प्रशिक्षण देना है।
4. **नागरिकता के लिए शिक्षा** (Education for Citizenship)-गाँधी जी का विश्वास था कि एक अच्छी शिक्षा प्रणाली का सर्वोपरि उद्देश्य होना चाहिए कि वह समाज के लिए बेहतर नागरिक प्रदान करे।
5. **सामाजिक उत्तरदायित्व** (Social Responsibility)- गाँधी जी चाहते थे कि शिक्षा स्थूल ढंग से सामाजिक जीवन के अनुभवों से मजबूती से जुड़ी हो, इसका उद्देश्य सामाजिक उत्तरदायित्व का विकास होना चाहिए। उनकी नवीन शिक्षा नीति इस तरह योजनाबद्ध की गई थी कि उसके द्वारा बच्चों को भावी नागरिकों तथा समाज के प्रौढ़ सदस्यों के तौर पर अपनी भूमिका, अच्छी तरह निभाने के योग्य बनाया जा सके तथा जीवन में उन्हें उचित स्थान प्राप्त हो सके।
6. **स्कूल एक सामाजिक संस्था** (School a Social Agency)- गाँधी जी का विचार था कि स्कूल का सामाजिक वातावरण से करीब का संबंध है, तो शिक्षा को इस प्रकार से प्रबंध किया जाना चाहिए कि वह सामाजिक मांगों, सांस्कृतिक कर्त्तव्यों तथा राष्ट्रीय आवश्यकताओं के अनुकूल हो। वे चाहते थे कि स्कूल का समाज से अलगाव समाप्त किया जाए तथा यह मिलकर कार्य करे। वह मानते थे कि स्कूल एक प्रभावशाली सामाजिक संस्था है, जिसके द्वारा 'सर्वोदय समाज' की स्थापना की जा सकती है।

7. **सार्वभौमिक शिक्षा** (Universal Education)-गाँधी जी 7-14 वर्ष तक की आयु के बच्चों को सार्वभौमिक शिक्षा देने के पक्ष में थे, उनका प्राथमिक शिक्षा का संकल्प, अंग्रेजी भाषा के बिना मैट्रिक स्तर तक शिक्षा प्रदान करने का था, वे चाहते थे कि राज्य को शिक्षा प्रदान करने का उत्तरदायित्व स्वयं लेना चाहिए।
8. **लड़कियों की शिक्षा** (Education of Girls)-गाँधी जी चाहते थे कि लड़के व लड़कियाँ एक समान शिक्षा प्राप्त करें, परंतु लड़कियों को 'गृह-विज्ञान' का विषय विशेष रूप से पढ़ना चाहिए ताकि वह घरेलू जीवन में अपनी भूमिका पूर्णत: निभा सकें।
9. **मातृ भाषा द्वारा शिक्षा** (Education through Mother Tongue)-गाँधी जी का विचार था कि शिक्षा का माध्यम, बच्चे की मातृ-भाषा होनी चाहिए। उनका विश्वास था कि मातृभाषा बच्चों को केवल हमारी सभ्यता व संस्कृति के बारे में ही स्पष्ट व शुद्ध जानकारी प्रदान नहीं करती, बल्कि उनकी प्रदर्शन शक्ति में भी सुधार लाती है।
10. **अहिंसा** (Non-Violence)-गाँधी जी चाहते थे कि शिक्षा द्वारा बच्चों को 'अहिंसक व्यक्ति' के तौर पर विकसित किया जाए। वह अपने जीवन में अहिंसा के सिद्धांत को अपनाए व उस पर चले। उनका विचार था कि अंतर्राष्ट्रीय, एकसमानता केवल अहिंसा द्वारा ही संभव है।
11. **धार्मिक शिक्षा** (Religious Education)-गाँधी जी चाहते थे कि बच्चों को धार्मिक शिक्षा दी जाए। उन्होंने कहा कि सभी धर्मों की सर्वव्यापी आवश्यक जरूरतों, सत्य के बुनियादी पहलुओं का प्रशिक्षण तथा अहिंसा एवं धार्मिक पहलू शिक्षा के प्रारंभिक आधार होने चाहिए।
12. **व्यावसायिक शिक्षा** (Vacational basis of Education)-गाँधी जी के अनुसार, शिक्षा शिल्प केंद्रित होनी चाहिए। इस शिल्प के परिणामस्वरूप व्यवसाय का विकास होगा, जो बच्चे के लिए उपजीविका का साधन होगा।
13. **पश्चिमी दार्शनिकों का प्रभाव** (Impact of Western Philosophers)-गाँधी जी पश्चिम के दर्शन व दार्शनिकों से भी प्रभावित हुए। उन पर आदर्शवादी दार्शनिकों जैसे प्लेटो, फ्रोबेल तथा डैस्क्रेटन का काफी प्रभाव पड़ा।

गाँधी जी के अनुसार शिक्षा का अर्थ
(Meaning of Education according to Gandhiji)

गाँधी जी के शब्दों में, ''शिक्षा से मेरा तात्पर्य, एक ऐसी प्रक्रिया से है, जो मनुष्य में निहित सर्वोत्तम शारीरिक, मानसिक व आत्मिक शक्तियों को बाहर निकालने का कार्य करती है।''

उनकी शिक्षा से संबंधित धारणा में निम्नलिखित बातें शामिल हैं-

1. **शिक्षा विकास है** (Education is development.)-सर्वपक्षीय विकास से अभिप्राय संतुलित विकास है। 'सर्वोत्तम' से अभिप्राय, उन छिपी हुई योग्यताओं से है, जिनका बच्चों को बोध करवाया जाना चाहिए। शिक्षा का यह कार्य होना चाहिए कि वह मानवीय व्यक्तित्व के सभी पक्षों का संतुलित विकास करे ताकि वह अपने सर्वोत्तम रूप को

प्राप्त करे, गाँधी जी ने कहा भी है कि शिक्षा मानवीय व्यक्तित्व के सभी पक्षों, जैसे कि बौद्धिक, शारीरिक व आत्मिक पक्षों का एक समान विकास है।

2. **शिक्षा केवल साक्षरता नहीं है** (Education is not Literary.)-गाँधी जी के अनुसार ''साक्षरता न तो शिक्षा का अंत है तथा न ही आरंभ। यह केवल एक मात्र साधन है जिसके द्वारा किसी भी व्यक्ति को साक्षर किया जा सकता है।'' उन्होंने मस्तिष्क, मन, हस्त व शारीरिक विकास पर बल दिया। इस प्रकार, गाँधी जी के अनुसार शिक्षा एक ऐसी प्रक्रिया है जिसके द्वारा बच्चे की संपूर्ण शक्तियों का विकास होता है। तत्पश्चात् वह जीवन के अंतिम उद्देश्य 'सत्य' को प्राप्त करने के योग्य हो जाता है।

गाँधी जी के शिक्षा के उद्देश्य (Aims of Education of Gandhiji)

गाँधी जी ने शिक्षा के उद्देश्यों को दो भागों में विभाजित किया-

A. शिक्षा का तात्कालिक उद्देश्य (Immediate Aims of Education)

B. शिक्षा के सर्वोच्च उद्देश्य (Ultimate Aims of Education)

A. **शिक्षा का तात्कालिक उद्देश्य** (Immediate Aims of Education)-शिक्षा के तात्कालिक उद्देश्यों में गांधी जी के द्वारा निम्न पहलुओं को समाहित किया गया है–

(i) **शिक्षा का व्यवसायिक उद्देश्य** (Vocational Aim of Education)-गाँधी जी चाहते थे कि प्रत्येक बच्चा नियमित शिक्षा प्राप्त करे तथा किसी व्यवसाय के द्वारा अपनी आर्थिक आवश्यकताओं की पूर्ति स्वयं करें। वह आत्म-निर्भर बन सके तथा समाज में बोझ न बने। उनके शब्दों में ''शिक्षा, बेरोजगारी के विरुद्ध एक-प्रकार का बीमा होनी चाहिए।'' शिक्षा के इस उद्देश्य से गाँधी जी का अभिप्राय बच्चों को मजूदर बनाना नहीं था। वास्तव में वे यह चाहते थे कि प्रत्येक बच्चा कमाते हुए कुछ सीखे तथा सीखते हुए कुछ कमाए।

(ii) **सांस्कृतिक उद्देश्य** (Cultural Aim)-गाँधी जी चाहते थे कि शिक्षा का सांस्कृतिक पक्ष उसके साहित्य पक्ष की भाँति महत्त्वपूर्ण है। उनके शब्दों में ''मैं शिक्षा में सांस्कृतिक पक्ष को उसके साहित्यक पक्ष की भाँति महत्त्वपूर्ण समझता हूँ''। संस्कृति शिक्षा का आधार तथा विशेष अंग है। इसलिए, मानव के प्रत्येक व्यवहार पर संस्कृति की छाप होनी चाहिए।''

(iii) **नैतिक व चारित्रिक विकास** (Moral and Character development)-गाँधी जी के अनुसार संपूर्ण ज्ञान का अंत चरित्र-निर्माण होना चाहिए। चरित्र-निर्माण से उनका तात्पर्य नैतिक मूल्यों का विकास जैसे कि धैर्य, मनोबल, मानव-सेवा व आत्म-नियंत्रण है।

(iv) **पूर्ण विकास का उद्देश्य** (Aim of Perfect Development)-गाँधी जी के अनुसर ''सच्ची शिक्षा वह है जो बच्चों के शारीरिक, मानसिक व आध्यात्मिक विकास को प्रोत्साहित करे। वे चाहते थे कि शिक्षा द्वारा बच्चे का सर्वागीण व पूर्ण विकास हो। उन्होंने आगे कहा, ''मनुष्य न केवल बुद्धि है, न ही पशु समान शरीर तथा न ही केवल दिल या आत्मा है। संपूर्ण

मनुष्य के निर्माण के लिए इन सभी का उचित संतुलन व सहयोग आवश्यक है। इसमें ही शिक्षा की सच्ची अवधारणा शामिल है।

(v) **श्रम का सम्मान** (Dignity of Labour)–गाँधी जी की इच्छा थी कि सभी मनुष्य विशेषत: विद्यार्थी कुछ शारीरिक कार्य करें। पढ़ाई के साथ-साथ विद्यार्थियों को श्रम व मेहनत का आदर करना भी सीखना चाहिए। उन्हें अपने हाथों से कार्य करने में कोई शर्म महसूस नहीं करनी चाहिए। इस प्रकार बच्चे सभी प्रकार के श्रम का सम्मान करना सीखेंगें।

(vi) **नेतृत्व की शिक्षा** (Education for Leadership)–गाँधी जी का विश्वास था कि सफल लोकतंत्र के लिए अच्छे नेताओं की अधिक आवश्यकता है। शिक्षा द्वारा बच्चों को इस बारे में प्रशिक्षण प्राप्त होना चाहिए। इससे बच्चों में उत्तरदायित्व की भावना उत्पन्न होगी जिससे वे अपनी भागीदारी समाज में दे सकेंगे।

(vii) **व्यक्तिगत एवं सामाजिक उद्देश्य** (Individual and Social Aims)–गाँधी जी ने कहा है कि शिक्षा के उद्देश्य निजी व सामाजिक दोनों दृष्टिकोणों से निश्चित किए जाने चाहिए। दोनों के सुमेल वाली शिक्षा उत्तम शिक्षा है। इन दोनों उद्देश्यों में संतुलन होना चाहिए। इसके आधार पर व्यक्ति ही अच्छे समाज का निर्माण कर सकते हैं।

(viii) **मुक्ति का उद्देश्य** (Aim of Liberation)–गाँधी जी का आदर्श था कि वही विद्या सच्ची है जो मुक्ति देती है। उनके अनुसार, शिक्षा का उद्देश्य व्यक्ति को मुक्ति प्रदान करवाना है। मुक्ति शब्द के दो प्रकार के अर्थ गाँधी जी ने दिए है-पहला अर्थ है वर्तमान जीवन में सभी प्रकार की आर्थिक राजनैतिक एवं मानसिक निर्भरता से मुक्ति। गाँधी जी चाहते थे कि मानव उपरोक्त सभी प्रकार की निर्भरताओं से मुक्ति दिलाये। दूसरे अर्थों में मुक्ति का अर्थ है-आत्मा के सांसारिक बंधनों से छुटकारा, अर्थात् मानव में उत्तम आत्मिक जीवन व्यतीत करने की प्रेरणा उत्पन्न करना। इस प्रकार गाँधी जी शिक्षा द्वारा आत्म-विकास के लिए आत्मिक स्वतंत्रता प्रदान करना चाहते थे।

शिक्षा का सर्वोच्च (अंतिम) उद्देश्य (Ultimate Aim of Education)

गाँधी जी के अनुसार, शिक्षा का सर्वोच्च उद्देश्य है-सत्य या ईश्वर की प्राप्ति। उनके अनुसार शिक्षा के सभी उद्देश्य इस उद्देश्य के अधीन है। गाँधी जी के शब्दों में, ''शिक्षा का अंतिम उद्देश्य आत्मिक विकास है।''

(i) **बालक का सर्वांगीण विकास** (Overall Development of the Child)–गाँधी जी के मतानुसार शिक्षा निरंतर विकास की वह प्रक्रिया है। जिसका उद्देश्य बालक की आंतरिक शक्तियों को प्रकट करना है। बालक के अंदर निहित शक्तियों का विकास करके ही बालक का सर्वांगीण विकास किया जा सकता है। महात्मा गाँधी के अनुसार बालकों को इस प्रकार की शिक्षा प्रदान की जाए तो बालक का शारीरिक, मानसिक, सामाजिक, नैतिक, आध्यात्मिक आदि सभी आयामों पर ध्यान केन्द्रित करते हुए अपने व्यक्तित्व का पूर्ण विकास करना चाहिए।

(ii) **छात्र केंद्रित शिक्षा व्यवस्था** (Child Centered Education System)-गाँधी जी के अनुसार ''समस्त शिक्षा व्यवस्था बालक के लिए होनी चाहिए, ना की बालक शिक्षा व्यवस्था के लिए।'' गाँधी जी मनुष्य को शरीर, मन और हृदय का संपूर्ण योग मानते हैं। इनका स्पष्ट मत था कि शिक्षा को मनुष्य के शरीर, मन और हृदय का विकास करना चाहिए और एक छात्र में 3R (Reading, Writing and Arithmetic) की शिक्षा को 3H (Hand, Heart and Head) के साथ बदलना चाहिए।

(iii) **धार्मिक और व्यवसायिक शिक्षा** (Religious and Vocational Education)-गाँधी जी मानते थे कि बालकों को धार्मिक शिक्षा प्रदान की जाए परंतु वह किसी एक धर्म की शिक्षा ना हो अपितु विद्यालयों में सभी छात्रों को सभी धर्मों के बुनियादी नियमों, आवश्यक बातें और सर्वव्यापी ज्ञान प्रदान किया जाना चाहिए ताकि छात्रों में एक-दूसरे के धर्मो के प्रति आदर का भाव उत्पन हो।

वे केवल धार्मिक शिक्षा को ही आवश्यक नहीं मानते थे। बल्कि उनका मत था कि आर्थिक अभाव से मुक्ति प्राप्त करने हेतु बालकों को व्यावसायिक शिक्षा का भी ज्ञान प्रदान करना चाहिए। वे प्रत्येक बालक को आत्मनिर्भर बनाना चाहते थे। इसके लिए शिल्प केंद्रित शिक्षा और हस्त कौशल पर भी बल देते थे।

(iv) **श्रम का महत्त्व** (Importance of Labour)-गाँधी जी श्रम के उपासक थे और वे सभी प्रकार के श्रम को बराबर का महत्त्व देते थे। उनके अनुसार न कोई छोटा और न कोई बड़ा। गाँधी जी का मत था कि सभी विद्यार्थी श्रम के महत्त्व को समझे और कुछ ना कुछ शारीरिक श्रम जरूर करें। पढ़ाई के साथ-साथ विद्यार्थियों को श्रम व मेहनत का कार्य करना भी सीखना चाहिए।

(v) **आत्माभिव्यक्ति** (Self expression)- गाँधी जी मानते थे कि ''आत्म शिक्षा स्वयं में एक महान कार्य है'' शिक्षा का प्राथमिक उद्देश्य बालकों में आत्माभिव्यक्ति के गुण का विकास करना चाहिए ताकि प्रत्येक बच्चा स्वयं को अभिव्यक्त कर सके एवं स्वयं को जान सकें इसलिए गाँधी जी ने कहा था कि By Education I mean to drawout the best from the child body, mind and soul. अर्थात् ''शिक्षा से मेरा...। गाँधी जी के अनुसार कोई भी शिक्षा क्यों ना हो उसका उद्देश्य बालक का सर्वांगीण विकास करना होना चाहिए। अपने जीवन में गाँधी जी ने शिक्षा के इस उद्देश्य की आवश्यकता महसूस कर ली थी। उन्होंने शिक्षा को आत्म विकास का एकमात्र माध्यम बताया।

(vi) **शिक्षा मात्र साक्षरता तक सीमित नहीं है**-गाँधी जी के मतानुसार शिक्षा मात्र साक्षरता तक सीमित नहीं है साक्षरता न तो शिक्षा का अंत है और ना ही आरंभ। यह तो केवल एक साधन मात्र है आत्म-प्राप्ति, नैतिक आचरण का विकास तथा प्रत्येक प्रकार का विकास, इस तरह से वास्तविकता की प्राप्ति की ओर मार्गदर्शन करते हैं, ताकि मनुष्य की अभेदता परमात्मा में हो सके।

गाँधी जी तथा पाठ्यक्रम (Gandhi Ji and Curriculum)

गाँधी जी ने विभिन्न आयु वर्गो व विभिन्न श्रेणियों के विद्यार्थियों के लिए, क्रिया-केंद्रित, शिल्प-केंद्रित, समुदाय केंद्रित व जीवन-केंद्रित पाठ्यक्रम प्रदान करने की सिफारिश की है। एक ओर तो वह बच्चे का समाजीकरण करना चाहते थे तथा दूसरी ओर उसे आत्म-निर्भर तथा आत्म समर्थक बनाना चाहते थे। उनके पाठ्यक्रम का उद्देश्य बच्चे के व्यक्तित्व का सर्वांगीण एवं संतुलित विकास करना था। वह बच्चे के विकसित हो रहे व्यक्तित्व के सभी पक्षों का विकास करना चाहते थे ताकि वह महान लोकतांत्रिक देश में राष्ट्र का एक आदर्श नागरिक बन सके। उनके पाठ्यक्रम का प्रत्यय व्यापक, लोकतांत्रिक, प्रभावशाली एवं मनोवैज्ञानिक गुणों वाला था।

गांधी जी के पाठयक्रम में निम्नलिखित क्रियाएँ व विषय शामिल हैं।

- समुदाय आधारित मौलिक शिल्प (Locality Based Basic Craft)
- मातृ भाषा द्वारा शिक्षा (Teaching through Mother Tongue)
- अंक गणित (Arithmatic Mathematics)
- साधारण विज्ञान (General Science)
- सामाजिक अध्ययन (Social Studies)
- संगीत, ड्राइंग एवं चित्रकारी (Music, Drawing and Painting)

1. **हस्त कौशल का विकास** (Development of Craft)-गाँधी का श्रम में बहुत अधिक विश्वास था उनका यह व्यक्तिगत अनुभव था कि प्रत्येक बालक को कुछ ना कुछ हस्त कौशल का ज्ञान आवश्यक रूप से प्रदान किया जाए ताकि वह स्वयं कार्य कर अपने आपको आत्मनिर्भर बना सके। गाँधी जी का मानना था कि इन कौशलों का ज्ञान युवा वर्ग को दिशा प्रदान करेगा इसीलिए उन्होंने 'प्राथमिक शिल्प' (Basic Craft) का विचार पेश किया। गाँधी जी द्वारा सुझाए गए कुछ शिल्प-कताई, बुनाई, धातु का काम, लकड़ी का काम, बागवानी, कृषि, चर्म कार्य, मछली पालन आदि थे।
2. **मातृभाषा माध्यम** (Medium of Mother Tongue)-गाँधी जी ने मातृभाषा को शिक्षण अधिगम प्रक्रिया का माध्यम बनाने पर जोर दिया क्योंकि उनका मानना था कि बालक तीव्र गति से सीखने वाला (Active Learner) होता है और वह सबसे पहले अपने घर के वातावरण और मातृभाषा को जानता है। इसलिए वह अपनी मातृभाषा में बहुत अधिक सहनशीलता का अनुभव करता है। यदि मातृभाषा को अभिव्यक्ति का माध्यम बना दिया जाए तो प्रत्येक बालक व्यापक रूप से अपनी अभिव्यक्ति कर पाएगा।
3. **व्यवहारिक गणित पर बल** (Emphasis on Behavioural Math)- प्राथमिक स्तर पर छात्रों को व्यवहारिक गणित (अंकगणित, बीजगणित, रेखागणित आदि) का ज्ञान होना चाहिए। इन्हें प्राथमिक शिल्प पर जीवन की परिस्थितियों के साथ जोड़कर बताना चाहिए।

शिक्षण-विधियाँ (Method of Teaching/Instructional Techniques)

गाँधी जी के अनुसार, शिक्षण विधियाँ, बच्चे को ज्ञान वितरित करने का साधन है। अंतिम उद्देश्य नहीं। परंतु इनके बिना वितरित ज्ञान, उद्देश्य रहित, व्यर्थ व अर्थ रहित होगा उन्होंने निम्नलिखित शिक्षण-विधियों का समर्थन किया है-

1. 'शिल्प विधि द्वारा शिक्षा' (Education through craft method).
2. 'सह-संबंध विधि' (Co-relation method).
3. क्रियाशीलता व 'कार्य करके सीखना' विधि (Activity and learning by doing method).
4 भाषण व आलोचनात्मक विधि (Lecture and critical method).
5. शिक्षा का माध्यम मातृ भाषा (Mother tongue as the medium of instrucution).

उपरोक्त विधियों के अलावा गाँधी जी ने निम्न शिक्षण-विधियों का भी समर्थन किया था-

1. **शिल्प कार्य द्वारा शिक्षा** (Education through Craft)-गाँधी जी चाहते थे कि विद्यालय में छात्रों को शिल्प कार्य द्वारा शिक्षा प्रदान की जाए। उनका मानना था कि छात्रों को सभी विषय शिल्प के साथ जोड़कर पढ़ाए जाने चाहिए। गाँधी जी कर्मशीलता को मानते थे और उनके लिए कर्म ही पूंजी थी और पूजा ही कर्म। उनके अनुसार शिल्प कार्य केवल मन बहलाने का साधन ही नहीं बल्कि यह छात्रों का चरित्र निर्माण करता है।
2. **करके सीखना** (Learning By Doing)-गाँधी जी द्वारा वर्धा (Warda) कमेटी में यह कहा गया था कि यदि आप सच में किसी कारीगर का सम्मान करना चाहते हैं तो पहले आपको ही कार्य करके देखना होगा। अतः गाँधी जी का मत था कि किसी कार्य को करने से ही उसका वास्तविक अनुभव मिलता है।
3. **क्रियाकलाप विधि** (Activity Method)-गाँधी जी पुस्तकीय शिक्षा और उसके द्वारा प्राप्त ज्ञान को शिक्षा नहीं मानते थे। उनके अनुसार शिक्षा क्रियाशील होनी चाहिए। क्योंकि प्रत्येक बालक जन्म से जिज्ञासु स्वभाव का होता है। वह कुछ न कुछ करता रहता है। इसलिए क्रियाशील विधि महत्वपूर्ण विधि है।
4. **छात्र केंद्रित विधि** (Child Centered Method)-गाँधी जी के अनुसार यह समस्त शिक्षा व्यवस्था छात्र के लिए होनी चाहिए ना कि छात्र शिक्षा व्यवस्था के लिए। छात्रों को केवल ज्ञान का निष्क्रिय प्राप्तकर्त्ता न मानकर ज्ञान का सृजनकर्त्ता मानना चाहिए।

गाँधी जी व अनुशासन (Gandhiji and Discipline)

गाँधी जी का 'अनुशासन' संबंधी संकल्प पूर्णतः यथार्थवादी व लोकतांत्रिक था। वे थोपे गए अनुशासन के बिल्कुल विरुद्ध थे क्योंकि यह बच्चे के बौद्धिक व समुचे व्यक्तित्व के विकास में बाधा बनता है। उन्होंने निम्नलिखित अनुशासन को प्रमुखता प्रदान की है-

1. **अनुशासन में स्वतंत्रता या लोकतंत्रात्मक अनुशासन** (Freedom in discipline or Democratic Discipline)-गाँधी जी ने अनुशासन में स्वतंत्रता का समर्थन किया है। इसे लोकतांत्रिक अनुशासन भी कहा जाता है। इस प्रकार के अनुशासन में स्वभाविक वृद्धि, विकास व प्रगति शामिल होती है, अनुशासन में स्वतंत्रता, बच्चे के अपने विचार, बिना किसी संकोच व बाधा के प्रकट करने के लिए प्रोत्साहित करते है।

2. **स्वः अनुशासन** (Self Discipline)-गाँधी जी स्व:अनुशासन के पक्ष में थे, क्योंकि यह सबसे उत्तम अनुशासन है। इसे आत्म-प्रयत्न, आत्म-सोच व आत्म अनुभव से प्राप्त किया जाता है तथा यह बच्चे को आत्म-मूल्यांकन के योग्य बनाता है। यह बच्चे के अंदर स्वत: उत्पन्न होता है। यह बच्चे को निडर, उत्तरदायी, सहयोगी व चुस्त बनाता है। अहिंसा इसकी उपयोगिता, प्रमाणिकता व व्यापकता को मजबूत करती है।
3. **सामाजिक अनुशासन** (Social Discipline)-सामाजिक अनुशासन व्यक्तिगत भी होता हैं तथा सामूहिक भी होता है। यह विद्यार्थियों की सोच तथा विचारधारा का समाजीकरण करता है। इससे उनकी अंतः क्रिया का क्षेत्र विशाल होता है। यह विद्यार्थी को लोकतांत्रिक देश में एक आदर्श नागरिक बनाने में सहायता प्रदान करता है। इससे 'विश्व-समाज' का विचार जन्म लेता है। इस प्रकार सामाजिक अनुशासन विभिन्न समाजों, देशों, संसार व पूर्ण मानवता में एकरूपता लाता है।

शिक्षक की भूमिका (Role of Teacher)

गाँधी जी ने उपयुक्त व योग्य शिक्षकों को ही महत्व दिया है जो अपने व्यवसाय के प्रति पूर्ण रूप से समर्पित है तथा जनसेवा के लिए सदैव तत्पर रहते हैं। शिक्षक को अनिवार्य प्रशिक्षण, विषय के बारे में जानकारी, उत्साहपूर्ण व शिक्षा के प्रति समर्पित एवं विश्वास जैसे गुणों को अपनाना चाहिए। उसे देश भक्त, चरित्रवान तथा दृष्टिकोण अनुसार योग्य देशवासी होना चाहिए।

शिक्षक के बारे में बात करते हुए गाँधी जी ने कहा है कि उसकी भूमिका केवल 'पढ़ने-लिखने', अंकगणित व मूल्यांकन के बारे में ज्ञान देना ही नहीं है अपितु उसकी भूमिका बच्चों में साधारण जानकारी, दृढ़ता, समर्पण, श्रद्धा, सहयोग, मानवता व परमात्मा की सेवा आदि सदगुण ग्रहण करने की प्रेरणा देना भी है। शिक्षक को गाँधी जी के अनुसार शिक्षा में निम्नलिखित भूमिका निभानी चाहिए-

1. विद्यार्थियों के बारे में पूर्ण समझ व ज्ञान हो, इसलिए शिक्षक को शिक्षा-मनोविज्ञान के बारे में पूर्ण जानकारी होनी चाहिए।
2. बच्चों में जीवन के सदगुण, जैसे कि सत्य बोलना, ईमानदारी, सामाजिक अंत:क्रिया, शांति व मेल-जोल के साथ रहना, न्याय करना आदि उत्पन्न करना।
3. ज्ञान बांटना।
4. बच्चों में देशभक्त, राष्ट्रवाद, अंतर्राष्ट्रीयता व मानवता की भावना उत्पन्न करना।
5. बच्चों का मार्गदर्शन करना तथा उनमें नैतिक व चारित्रिक गुणों का प्रवेश करना।

वास्तव में, गाँधी जी के अनुसार शिक्षक बच्चों के लिए एक मार्गदर्शन, दार्शनिक निर्देशक, सहायक, शुभचिंतक व गुरु हैं जो हर कदम पर उनकी सहायता करने के लिए तत्पर रहता है।

9

रवीन्द्रनाथ टैगोर का शैक्षिक-दर्शन
(Eductional Philosophy of Rabindranath Tagore)

प्रस्तावना (Introduction)

टैगोर एक दार्शनिक, कवि, उपन्यासकार, नाटककार, चित्रकार, संगीतकार, शिक्षाशास्त्री, नेता एवं साधु-प्रवृति के व्यक्ति थे। उन्होंने अपने लेखन व कार्यों के द्वारा, सही अर्थों में प्राचीन भारत की आत्मा को पुनर्जीवित किया। उनके हृदय में बच्चों व समूची मानव जाति के लिए अटूट प्रेम था। उन्हें शिक्षा व इसकी समस्याओं का सूक्ष्म अनुभव था। उन्होंने समूचे विश्व में भारत के सम्मान को बनाए रखा।

संक्षिप्त जीवनी (Brief Life Sketch)

रवीन्द्रनाथ का जन्म 7 मई, 1861 में कोलकता में, महर्षि देवेन्द्र नाथ टैगोर के घर पर हुआ था। उनके पिता एक समाज सुधारक थे। रवीन्द्र की शिक्षा-दीक्षा, संस्कृत, बंगला, अंग्रेजी भाषा, चित्रकला, संगीत आदि का आरंभ घर में ही हुआ। इसके लिए अलग-अलग अध्यापक नियुक्त किए गए। कुछ समय उन्होंने ओरियंटल सेमीनरी स्कूल में पढ़ाई की। परंतु स्कूल के वातावरण में वे सामंजस्य स्थापित ना कर पाए व उन्हें बहुत मानसिक आघात पहुँचा। इसके पश्चात उन्हें दूसरे स्कूल में पढ़ने के लिए भेजा गया। परंतु वहाँ का वातावरण भी उन्हें कठोर लगा। प्रत्येक विद्यालय में उन्होंने स्नेह का बहुत अधिक अभाव पाया। फिर उनकी शिक्षा अनौपचारिक ही होती रही। शिक्षा प्रबंध में व्याप्त इन कमियों को दूर करने के लिए आगे चलकर उन्होंने आजीवन शिक्षा सुधार के लिए प्रयास किया और आदर्श शिक्षा-संस्था के रूप में शांतिनिकेतन की स्थापना की जो आज विश्वभारती विश्वविद्यालय के नाम से विख्यात है। 1901 में इन्होंने कलकत्ता से लगभग 160 कि.मी. दूर बोलपुर स्थान पर एक स्कूल की स्थापना की, जिसका नाम इन्होंने शांतिनिकेतन रखा। प्रारंभ में इस विद्यालय में केवल पाँच विद्यार्थी थे और टैगोर एक मात्र शिक्षक थे। उन्हें एशिया का प्रथम नॉबेल पुरस्कार 1913 में गीतांजलि के लिये मिला।

टैगोर की रचनाएँ (Writings of Tagore)

टैगोर एक बहुमुखी प्रतिभा के व्यक्ति थे। उन्होंने साहित्य के प्रत्येक पक्ष में अपना योगदान दिया। उनके शिक्षा संबंधी विचार उनके गद्य-लेखन में सामान्यत: देखने को मिलते थे। उन्होंने 50 कहानी संग्रह, एक सौ से अधिक लघु कहानियाँ, 12 (उपन्यास) 30 से

अधिक नाटक, 200 निबंध तथा 2000 कविताएँ विश्व साहित्य को प्रदान की हैं। उनके निबंधों में, उनका जीवन दर्शन व शिक्षा-दर्शन स्पष्ट हो जाते हैं। उनकी कुछ प्रसिद्ध रचनाएँ इस प्रकार हैं।

आलोचना (संक्षिप्त निबंधों का संग्रह), समालोचना, स्वदेश, साहित्य, उपनिषद ब्रह्म, लोक साहित्य, आधुनिक साहित्य व्यक्तित्व, धर्म, संगीत कल्पना, गोरा, संन्यासी, मालिनी चित्रा, गीतांजली, नेचर रीवेंज, डाकघर आदि।

टैगोर का साधारण जीवन दर्शन

टैगोर का कोई विशेष दर्शन नहीं था। परंतु उनके पास दिव्य दृष्टि थी, जिसे दर्शन का नाम दिया जा सकता है। टैगोर आदर्श पुरुष में विश्वास रखते थे तथा विश्व की सर्वोच्च शक्ति के रूप में, उस महापुरुष को स्वीकार करते थे। उनके जीवन दर्शन को निम्न बिन्दुओं के आधार पर भली प्रकार से जान सकते हैं-

1. **यथार्थ, सत्यता, नैतिकता व आध्यात्मिकता का प्रत्यय**-टैगोर को यह पूर्ण विश्वास था कि यथार्थ, सत्यता, नैतिकता व आध्यात्मिकता का भिन्न-भिन्न अस्तित्व है। ईश्वर समूची प्रकृति व ब्रह्म में समाया हुआ है। वह सत्यता, प्रकृति ब्रह्मंड, आंतरिक ज्योति का मन है, जो जीवन की बुनियादी वास्तविकता में विश्वास रखते है। यह नैतिकता, आध्यात्मिक चिंतन (Meditation), मानवता की सेवा व परमात्मा के प्रति संपूर्णता के द्वारा ही संभव है कि हम परमात्मा से संबंध कायम कर सकते हैं।
2. **मन का संप्रत्यय** (Concept of mind)-वे मानते थे कि यदि मन का भली-भाँति पालन-पोषण किया जाए तभी उसका सही विकास संभव है। यह मनुष्य की प्रतिभा, ज्ञान तथा उस ज्ञान के प्रयोग के द्वारा ही संभव है। कला दर्शन, साहित्य व संगीत मन की वृद्धि व विकास के लिए शैक्षिक व सहजात्मक आहार प्रदान करते हैं।
3. **ज्ञान का संप्रत्यय** (Concept of knowledge)-कल्पना, स्वतंत्रता व तर्कशील विचार मन की चेतना, निरंतर जिज्ञासा व न्यायपूर्ण निर्णय करने की शक्ति का विकास विचारशील व प्रभावशील ज्ञान द्वारा ही संभव है। वह पुस्तकीय ज्ञान के विरूद्ध थे तथा प्रकृतिरूपेण शिक्षण-अधिगम का सुझाव देते थे। मनुष्य प्रकृति से बहुत कुछ सीखता है और प्रकृति दृश्यमान वास्तविकता है, जिससे मनुष्य बहुत कुछ सीखकर स्वयं में परिपूर्ण हो सकता है।

5. **मूल्यों का संप्रत्यय** (Concept of values)-वे सत्य, सुंदरता तथा कल्याण के उच्चतम आदर्शों की प्राप्ति पर बल देते थे। यही आदर्श हमें आध्यात्मिकता की अंतिम सत्यता के साथ संबंध स्थापित करने में मदद करते हैं।
6. **टैगोर एक प्रकृतिवादी के रूप में**-टैगोर के शब्दों में ''प्रकृति के बिना शिक्षा ने छोटे बच्चों को काफी हानि पहुँचायी है।'' प्रकृति ईश्वर की कार्यशाला है। प्राकृतिक वातावरण में शिक्षा बच्चे का प्रकृति से संबंध कायम करती है। प्रकृति में वह परमात्मा के दर्शन करते हैं। प्रकृति ही परमात्मा है, इसलिए प्रकृति ही ज्ञान का प्रत्यक्ष स्त्रोत है। इसीलिए प्रकृति रूपेण शिक्षा के माध्यम से बच्चे का प्रकृति के प्रति निष्पक्ष संबंध कायम होता है तथा इसके विपरीत प्रकृतिविहीन शिक्षा सदैव बच्चे के ज्ञान व प्रगति में बाधक सिद्ध होती है।

टैगोर का शैक्षिक दर्शन (Educational Philosophy of Tagore)

रवीन्द्रनाथ टैगोर ने शिक्षा के सिद्धांतों की खोज अपने अनुभवों द्वारा की है जिसके फलस्वरूप उन्होंने शांति-निकेतन में अपने अनुभवों को व्यावहारिक रूप प्रदान किया और शान्ति-निकेतन में विश्व भारती के संस्थापक के रूप में वे एक व्यावहारिक शिक्षा-शास्त्री सिद्ध होते हैं। वे बच्चों के शारीरिक, बौद्धिक, धार्मिक व नैतिक विकास के साथ-साथ मानव शक्ति के सम्पूर्ण विकास का समर्थन करते थे। टैगोर की शिक्षा दर्शन के मुख्य बिन्दु इस प्रकार है-

टैगोर के शिक्षा दर्शन के कुछ सिद्धांत
(Some Educational Philosophy Principles of Tagore)

1. **सामंजस्यपूर्ण संबंधों का सिद्धांत**-यह टैगोर के दर्शन का मौलिक आधार है। टैगोर के अनुसार ''सर्वोत्तम शिक्षा वही है जो न केवल हमें जानकारी दे, बल्कि हम सभी को सामंजस्यता प्रदान करें।'' उन्होंने तीन प्रकार का सामंजस्य बताया है-प्रकृति के साथ, मानवीय वातावरण के साथ व अतंराष्ट्रीय क्षेत्र में सामंजस्य। इनका मानना था कि एक बालक को प्रकृति के साथ-साथ अपने आस-पास के समाज व वातावरण के साथ भी सामंजस्य स्थापित करना अनिवार्य है।
2. **स्वतंत्रता का सिद्धांत** (Principle of Freedom)-टैगोर के अनुसार शिक्षा का एकमात्र अर्थ है-स्वतंत्रता। इसलिए टैगोर का मत था कि बच्चे को इतनी स्वतंत्रता प्राप्त होनी चाहिए कि वह अपनी इच्छानुसार, अपने व्यक्तित्व का विकास कर सकें।
3. **प्रकृति के साथ संचार का सिद्धांत** (Principle of Communication with Nature)-टैगोर चाहते थे कि शिक्षा-अधिगम की प्रक्रिया प्रकृति की गोद में ग्रहण की जानी चाहिए। इससे बच्चे का प्रकृति के साथ प्रत्यक्ष संपर्क स्थापित होगा जिससे वह प्रकृति की मीमांसा का गहनता से अध्ययन कर पांएगे। टैगोर का प्रकृतिवाद रूसो के प्रकृतिवाद से भिन्न है। उनके शिक्षा दर्शन कुछ इस प्रकार हैं:
   (i) बच्चे की शिक्षा उसकी मातृभाषा के माध्यम से होनी चाहिए।
   (ii) प्राकृतिक वातावरण में शिक्षा प्राप्त करने से व्यक्ति की समझ में निखार संभव है।
   (iii) शिक्षा द्वारा बच्चों को भारतीय समाज की पृष्ठभूमि का ज्ञान कराना।
   (iv) शिक्षा बच्चे की समूची योग्यताओं का सर्वांगीण विकास करे।
   (v) पाठ्यक्रम में भारतीय दर्शन व सामाजिक आदर्शों को स्थान प्राप्त होना चाहिए।
   (vi) शिक्षा बच्चे को पूर्ण मानवरूप में विकसित करे न कि केवल एक अच्छा कृषक, क्लर्क तथा शिल्पकार बनाए।
   (vii) स्कूलों को प्रकृति के माध्यम से पुनर्जीवित किया जाना चाहिए।

शिक्षा का संप्रत्यय (Concept of Education)

टैगोर ने शिक्षा को बच्चे के व्यक्तित्व विकास का एकमात्र साधन बताया है। वे प्रचलित शिक्षा के विरोधी थे क्योंकि यह शिक्षा बच्चे को समय से पूर्व ही प्रकृति की गोद से छीनकर, उसे कक्षा की चारदीवारी तथा कुछ समय पश्चात्, दफ्तर या कारखाने में समेटकर उसके विकास में बाधक बन जाती है।

शिक्षा की परिभाषायें

''शिक्षा एक सुधारात्मक तथा व्यापक प्रक्रिया है जो व्यक्ति में अच्छे गुणों का विकास करती है। सच्चे ज्ञान के द्वारा आत्म-प्रकाश व आत्म-सूझ उत्पन्न होती है।''

पाठ्यक्रम (Curriculum)

रवीन्द्रनाथ टैगोर ने पाठ्यक्रम को विस्तृत बनाने का विचार दिया। उनके अनुसार, पाठ्यक्रम को इतना व्यापक होना चाहिए कि वह बच्चे के जीवन का सर्वांगीण विकास कर सके।

1. **पाठ्यक्रम की धारणा** (Concept of Curriculum)-टैगोर के पाठ्यक्रम धारणा संबंधी विचार, विलक्षण लोकतांत्रिक, योजनात्मक, मनोवैज्ञानिक तथा जीवन के ज्ञान व लचीली संरचना से संबंधित थे।
   टैगोर मानव का विकास चाहते थे और इस उद्देश्य की प्राप्ति के लिए उन्होंने तत्कालीन पाठ्यक्रम को संशोधित किया तथा मानव जीवन के शारीरिक, मानसिक, नैतिक व आध्यात्मिक सभी पक्षों को संतुलित रूप में विकसित करने के लिए एक व्यापक क्रिया-केंद्रित पाठ्यक्रम की रचना की तथा उन्होंने सह-पाठ्यगामी-क्रियाकलापों (Co-curricular Activities) को भी पाठ्यचर्या में उचित स्थान दिया।
2. **व्यापक पाठ्यक्रम** (Broad Curriculum)-व्यापक पाठ्यक्रम से उनका तात्पर्य ऐसे पाठ्यक्रम से था, जो बच्चों के व्यक्तित्व को विकसित कर रहे सभी पक्षों, जैसे-शारीरिक, बौद्धिक, नैतिक, सामाजिक, संवेदनात्मक, आध्यात्मिक व सहजात्मक आदि में एकता व व्यवस्था ला सके। टैगोर पुस्तकीय शिक्षा के विरुद्ध थे, परंतु उन्होंने बच्चे के ज्ञान में वृद्धि करने के लिए कई विषयों की सिफारिश की जिसमें प्रकृति विज्ञान, स्वास्थ्य शिक्षा, सामाजिक विज्ञान, कला, संगीत, चित्रकारी, नृत्य, मनोविज्ञान व धर्म दर्शन, कृषि व तकनीकी विषय, भाषा व साहित्य, मातृ-भाषा व अन्य भारतीय भाषाएँ, अंग्रेजी व विदेशी भाषाएँ जैसे-जर्मन, फ्रैंच, रशियन, लैटिन व चीनी भाषाएँ, गणित, शारीरिक शिक्षा, प्राकृतिक अध्ययन शामिल थे।

शिक्षा के उद्देश्य (Aims of Education)

1. **शारीरिक विकास का उद्देश्य** (Aim of Physical Development)-शारीरिक विकास के लिए टैगोर ने बच्चों को वृक्ष पर चढ़ना, फूलों को तोड़ना, सरोवरों में स्नान करना तथा प्रकृति संबंधित कार्यों द्वारा बच्चे के जुड़ाव को बेहतर माना।
2. **मानसिक विकास का उद्देश्य** (Aim of Mental Development)-उनके शब्दों में ''पुस्तकों की अपेक्षा, अप्रत्यक्ष रूप में अस्तित्वमय व्यक्ति को जानने का प्रयत्न करना ही वास्तविक शिक्षा है।''
3. **नैतिक व आध्यात्मिक विकास का उद्देश्य** (Aim of Moral and Spiritual Development)-उन्होंने अपने निबंधों में अनेक नैतिक, आध्यात्मिक मूल्यों व आदर्शों का वर्णन किया तथा उन्हें प्राप्त करने के लिए, आत्म अनुशासन, शांति, धैर्य व नम्रता आदि का मार्ग प्रशक्त करने की दिशा भी प्रदान की हैं।
4. **उद्देश्यपूर्ण व अर्थपूर्ण शिक्षा** (Purposeful and Meaningful Education)-शिक्षा ऐसी होनी चाहिए जिसकी सहायता से विद्यार्थी अपने जीवन में आने वाली प्रत्येक समस्या का समाधान स्वयं कर सके।

5. **अंतर्राष्ट्रीय दृष्टिकोण का विकास** (Development of International attitude)-टैगोर के अनुसार शिक्षा का अंतिम उद्देश्य बच्चे में अंतराष्ट्रीय दृष्टिकोण को विकसित करना है जिससे वह अंतराष्ट्रीय समाज के विकास के लिए प्रयत्न करता रहे।
6. **शारीरिक विकास** (Physical Development)-गुरुदेव का मत था कि इस समस्त संसार में व्यक्ति के रहने के लिए कोई स्थान है तो उसका स्वयं का शरीर है। रवीन्द्रनाथ जी ने शारीरिक विकास पर बहुत अधिक बल दिया। उनका विश्वास था कि स्वस्थ शरीर में ही स्वस्थ मस्तिष्क का निवास होता हैं, इसलिए शिक्षा का प्रथम उद्देश्य यह होना चाहिए कि वह बच्चे का शारीरिक विकास करे। इनकी दृष्टि में मानव शरीर स्वस्थ और सुदृढ़ होना चाहिए, बालकों के शरीर में ऊर्जा का संचार होना चाहिए, उनकी मांसपेशियाँ सुदृढ़ होनी चाहिए और इंद्रियाँ अपने-अपने कार्य में सक्षम होनी चाहिए।
7. **मानसिक विकास** (Mental/Cognitive Development)-टैगोर ने मानसिक विकास पर बल दिया और कहा कि बच्चों को पुस्तकालयों में नहीं अपितु प्राकृतिक स्थानों पर शिक्षा प्रदान करनी चाहिए। शिक्षा को केवल पुस्तकों तक सीमित न करके अपितु छात्रों के दैनिक जीवन के लिए उपयोगी होनी चाहिए। पुस्तकों के अपेक्षाकृत प्रत्यक्ष रूप में अस्तित्वमय व्यक्ति को जानना ही वास्तविक शिक्षा है।
8. **सामाजिक विकास** (Social Development)-चूँकि मनुष्य समाज का एक अभिन्न अंग है और मनुष्य समूह ही एक समाज का निर्माण करता है यदि मनुष्यों का चरित्र उच्च कोटि का होगा तो निसंदेह समाज का चरित्र भी उच्च कोटि का होगा। इसलिए टैगोर का मत था कि शिक्षा का उद्देश्य मनुष्य को इस योग्य बनाना चाहिए कि वह अपने और समाज के मध्य सामंजस्यपूर्ण संबंध स्थापित कर सकें। गुरुदेव व्यक्तिगत रूचि में विश्वास करते थे परंतु वह व्यक्तिगत रूचि व दृष्टिकोण सामाजिक हित में होनी चाहिए। कोई भी व्यक्ति समाज से अलग अपना विकास नहीं कर सकता। शिक्षा द्वारा मनुष्य को इस योग्य बनाना चाहिए कि वह सभी के हितों को ध्यान में रखते हुए सामाजिक संगठन का निर्माण करे।
9. **नैतिक विकास** (Moral Development)-गुरुदेव मानवतावादी व्यक्ति थे और वह शिक्षा के द्वारा बालकों के नैतिक विकास पर बल देते थे। उनका मानना था कि छात्रों के समक्ष नैतिक नियमों ब्रह्मचर्य, अनुशासन, ध्यान, त्याग, साधना आदि पर चर्चा की जानी चाहिए। गरुदेव ने अपने निबंधों में नैतिक और आध्यात्मिक मूल्यों पर जोर दिया है। उन्हें प्राप्त करके के लिए अनुशासन, शांति, धैर्य व ज्ञान को आवश्यक बताया है।
10. **आध्यात्मिक विकास** (Spiritual Development)-टैगोर आदर्शवाद के प्रचारक थे। वे ईश्वर को ही सर्वकालिक मानते थे। उनके अनुसार समस्त संसार ईश्वर के द्वारा ही निर्मित है। इसलिए छात्रो को ऐसी शिक्षा प्रदान करनी चाहिए जो समस्त संसार को एक आत्मतत्व के रूप में देखने के योग्य बनाए। इसलिए उन्होंने राष्ट्रीय और अंतर्राष्ट्रीय संस्कृतियों पर बल दिया।

शिक्षण विधियाँ (Methods of Teaching)

टैगोर ने शिक्षण विधियों के चयन संबंधी निम्नलिखित सिद्धांत प्रस्तुत किए हैं-

1. **भ्रमण द्वारा अध्ययन** (Field study)-उनके शब्दों में "भ्रमण के समय पढ़ाना, शिक्षा की सर्वोत्तम विधि है।" इससे वह वस्तुओं को सही प्रकार से समझते हैं अर्थात् अपनी योग्यता के अनुसार तथा उन बातों को काफी लंबे समय तक याद रखते हैं।
2. **संपूर्ण स्वंतत्रता का सिद्धांत** (Principle of freedom)-टैगोर का विचार था कि बच्चों में विशेष प्रकार के व्यवहारों का विकास करना चाहिए परन्तु यह व्यवहार अत्यधिक प्रबल नहीं होने चाहिए।
3. **सजीव शिक्षा**-टैगोर का कथन था कि शिक्षा सजीव होनी चाहिए जिससे बालकों के संवेगों को विकसित किया जा सकें।
4. **क्रिया सिद्धांत का प्रयोग** (Use of Principle of Activity)-शिक्षा विधि का एक पूर्ण क्रिया सिद्धांत है। टैगोर शारीरिक व मानसिक शिक्षा के लिए क्रिया को महत्व देते हैं।

इन सिद्धांतों पर आधारित टैगोर ने निम्नलिखित शिक्षण विधियों का प्रयोग करने का सुझाव दिया है-

1. **वाद-विवाद अध्ययन** (Debates and Discussion Method)-विद्यार्थियों को वाद-विवाद तथा विचार-विमर्श में भाग लेने के लिए अधिकाधिक प्रोत्साहित करना चाहिए। इससे विद्यार्थियों के कई संदेह दूर हो जाते हैं तथा उनमें स्पष्ट चिंतन की आदत विकसित होती है।
2. **प्रश्नोत्तर विधि** (Question-Answer Method)-इससे शिक्षा में अंत:क्रिया का विकास होता है। बच्चे सचेत होकर प्रश्न-उत्तर करते हैं जिससे शिक्षण प्रक्रिया द्वि पक्षीय चलती है।
3. **ह्यूरिस्टिक विधि** (Heuristic Method)-इसे वैज्ञानिक विधि भी कहा जाता है क्योंकि इसका प्रयोग प्रयोगात्मक कार्यो के लिए भी किया जाता है।
4. **क्रिया विधि** (Activity Method)-टैगोर का विश्वास था कि क्रिया, शरीर व मस्तिष्क दोनों को शक्ति प्रदान करती है।
5. **संपूर्ण विधि** (Holistic Method)-टैगोर आंशिक विधि की अपेक्षा शिक्षा की संपूर्ण विधि को अधिक पसंद करते थे क्योंकि इससे किसी वस्तु प्रसंग या घटना की पूर्ण शुद्ध विश्वसनीय व निश्चित तस्वीर हमारे समक्ष प्रस्तुत होती है।
6. **वास्तविक परिस्थितियों में शिक्षा** (Simulative Education)-गुरुदेव का मानना था कि छात्रों को वास्तविक परिस्थितियों में शिक्षा प्रदान की जानी चाहिए। छात्रों को केंद्र में रखकर स्वयं के अनुभवों और ज्ञान के द्वारा सीखने के लिए प्रोत्साहन दिया जाना चाहिए न की छात्रों को जबरन कुछ सीखने पर विवश करना चाहिए। जहाँ तक संभव हो इतिहास, भूगोल, विज्ञान और सामाजिक विज्ञान का ज्ञान जीवन की वास्तविक स्थितियों के द्वारा दिया जाना चाहिए। छात्रों को उनकी ज्ञानेन्द्रियों के अनुभव के आधार पर स्वाधिगम को प्रोत्साहन देना चाहिए।

7. **व्यक्तिगत भिन्नता का अनुसरण** (Follow of Individual Differences)- प्रत्येक छात्र में मौलिकता का वास होता है एवं अपनी सामाजिकता के अनुसार प्रत्येक बालक में स्वयं के कुछ गुण विद्यमान होते हैं। गुरुदेव मानते थे कि व्यक्तिगत भिन्नता को ध्यान में रखते हुए ही शिक्षा के उद्देश्यों का निर्धारण किया जाना चाहिए।
8. **वाद-विवाद व प्रश्नोत्तर विधि** (Discussion and Question-Answer Method)-कक्षा-कक्ष में छात्रों को वाद-विवाद करने के अधिक से अधिक अवसर प्रदान करने चाहिए। छात्रो के ऊपर ज्ञान को थोपना नहीं चाहिए अपितु छात्रो को शैक्षिक गतिविधियों में शामिल करना चाहिए। यह छात्रों को आत्मविश्वास प्रदान करती है।
9. **क्रिया-विधि** (Activity Method)-टैगोर ने सर्वाधिक बल इस बात पर दिया है कि बच्चों को स्वयं करके, स्वयं के अनुभव से सीखने के अवसर प्रदान करने चाहिए। उनका मानना था कि क्रियात्मक कार्य शरीर और मस्तिष्क दोनों को शक्ति प्रदान करते हैं। इसलिए उन्होंने 'शांतिनिकेतन' में किसी न किसी हस्तकार्य को सीखना अनिवार्य कर दिया था।

अध्यापक की भूमिका/स्थान (Role/Place of Teacher)

आदर्शवादियों की भांति टैगोर ने अध्यापक को शिक्षा-प्रक्रिया में एक महत्वपूर्ण स्थान प्रदान किया है। टैगोर के अनुसार एक अच्छा अध्यापक, अपने विद्यार्थियों को सदैव प्रेरणा, प्रोत्साहन तथा निर्देशन देने के लिए तत्पर रहता है। अध्यापक का मन ग्रहणशील होना चाहिए तथा उसे सदैव कुछ सीखने में रूचि होनी चाहिए। टैगोर के शब्दों में "एक अध्यापक जब खुद ना सीख रहा हो, तब तक वह वास्तविक अर्थों में पढ़ा नहीं सकता। शिक्षक सदैव दीपक के समान छात्रों को अपने ज्ञान के प्रकाशसीय वातावरण से निपुण होकर ज्ञान कराता है।

अध्यापक की भूमिका के बारे में टैगोर के निम्नलिखित विचार थे-

1. अध्यापक मार्गदर्शक के रूप में होता है जो विद्यार्थियों को सकारात्मक मार्गदर्शन प्रदान कर उन्हें आंतरिक संसार से अवगत करता है।
2. बच्चे की समझ को पूर्णतः समझे बिना प्रदान की गई शिक्षा व्यर्थ है। अध्यापक को 'बाल अध्ययन', बाल मनोविज्ञान', तथा 'शिक्षा मनोविज्ञान' के बारे में पूर्ण जानकारी होनी चाहिए।
3. एक निर्माता के रूप में अध्यापक को सदैव बच्चे के जीवन निर्माण का आधार बनना चाहिए। बच्चों के चरित्र का निर्माण अध्यापक द्वारा ही होता है। इसलिए एक अच्छा अध्यापक बच्चों के भावी भविष्य में सकारात्मक पहलुओं का आधार बन सकता हैं। जीवन में आने वाली सफलता तथा असफलता इसी आधार पर निर्मित होती है।

टैगोर व अनुशासन

टैगोर की अनुशासन सम्बन्धी धारणा, लोकतांत्रिक भावना व स्वतंत्र वातावरण पर आधारित है। वे अनुशासन के परंपरावादी प्रत्यय को पसंद नहीं करते क्योंकि वह सख्त, कठोर व तानाशाही होता है। उन्होंने आत्म-अनुशासन तथा आत्मानुभव अनुशासन पर जोर दिया है।

टैगोर परम्परागत अनुशासन से पूर्णतया असहमत थे क्योंकि परम्परा के अनुसार समाज ने बच्चे को अनुशासित करने के लिए तीन साधनों का प्रयोग किया जिनमें (भय, प्रलोभन और आस्था) अर्थात् भय से अनुशासित करना, लोभ द्वारा अनुशासित करना और आस्था के आधार पर अनुशासित करना लेकिन विज्ञान ने इन तीनों ही आधारों को सारहीन कर दिया और अब बच्चे मनमानी पर उतर आते हैं जो स्वयं, देश और समाज के लिए घातक सिद्ध हो सकता है इस प्रकार टैगोर ने बच्चों के स्वानुशासन पर बल दिया जिसमें बच्चें स्वयं को समझें। समाज व प्रकृति को समझकर एक अच्छे नागरिक के रूप में अपनी भागीदारी दे सकें जोकि समाज के बच्चों से अपेक्षित हैं।

टैगोर तथा शांति-निकेतन (Tagore and Shanti Niketan)

रवीन्द्रनाथ टैगोर के बचपन से ही स्कूल के प्रति कोई भी अच्छी व सकारात्मक छवि उनके मन में अंकित नहीं थी। वह अलग अंदाज में शिक्षण शैली विकसित करना चाहते थे। 22 दिसंबर 1901 में उन्होंने अपने इस स्वप्न को मूर्तरूप देने के उद्देश्य से शांतिनिकेतन में "ब्रह्मचर्य" नाम से आश्रम की स्थापना की।

उनका मानना था कि जैसे हमारे प्राचीन समय में पेड़ के नीचे बैठकर, प्रकृति के बीच, प्रकृति से जुड़कर हमारे गुरु पढ़ाते थे, बिल्कुल वैसी ही बंधनों से मुक्त शिक्षा व्यवस्था की शुरूआत की जाए।

इस प्रकार प्रकृति को शिक्षक की भाँति एक उपाधि देकर केवल 5 छात्रों के साथ मिलकर शांतिनिकेतन में शिक्षण कार्य आरंभ किया गया था।

जैसे-जैसे समय बीतता गया वैसे-वैसे आश्रम में छात्रों की संख्या बढ़ती गई। शांतिनिकेतन में छात्रों के लिए गुरुदेव ने आदि कुटीर छात्रवास भी बनवाया। जिसके कारण उन्हें अपना जगन्नाथ बँगला भी बेचना पड़ा।

अनियमित आर्थिक गतिविधियों के कारण और शांतिनिकेतन के सुचारू रूप से कार्य करने के लिए उनकी पत्नी मृणालिनी देवी ने अपनी शादी के आभूषण तक बेच दिए थे। जब इस रकम से भी आश्रम की आर्थिक आवश्यकता पूर्ण ना हो सकी तब गुरुदेव ने प्रत्येक छात्र से 13 रुपये की मासिक फीस तय की।

रवीन्द्रनाथ द्वारा शांति-निकेतन में स्थापित 'विश्व भारती' उनकी शिक्षा व जीवन दर्शन का एक जीवंत स्वरूप है। इस शैक्षिक संस्था में, उन्होंने अपने विचारों को वास्तविक स्वरूप प्रदान करने का प्रयत्न किया है। सन् 1901 में उन्होंने बंगाल में बोलपुर से कुछ दूरी पर 'शांति निकेतन' नामक एक आश्रम की स्थापना की, कुछ समय पश्चात् यही संस्था विश्व भारती नाम से एक अंतर्राष्ट्रीय विश्वविद्यालय के रूप में विकसित हुआ।

शांति निकेतन के विशेष लक्षण *(Special Features of Shanti Niketan)*

1. अनुकूलित, सुयोग्य व घरेलू वातावरण (Congenial, suitable and home like atmoshpere).
2. ***स्कूल का प्रबंध*** *(Management of school)*-स्कूल में अध्यापक/गुरु वृक्ष के नीचे पढ़ाते हैं। बच्चे प्राकृतिक घास पर बैठते हैं। प्रात: 6:30 पर जब चारों ओर चिड़ियों के चहकने की आवाजें आती, तब आरंभ हो जाता है, और दोपहर (मध्याह्न) तक पढ़ाई समाप्त हो जाती है।

3. ***आत्मानुशासन*** *(Self-discipline)*-सभी विद्यार्थी संस्था के कार्यक्रम में भाग लेते हैं तथा आत्मानुशासन, स्व उत्तरदायित्व व स्वकार्य के द्वारा अपनी योग्यताओं का प्रदर्शन करते हैं।
4. ***प्राकृतिक सामंजस्यता*** *(Natural setting)*-बच्चों का यहाँ प्रकृति के साथ सीधा संबंध है। जो बच्चों के सर्वांगीण विकास में सहायक सिद्ध होती है।
5. ***धार्मिक व आध्यात्मिक वातावरण*** *(Religious & Spiritual Atmosphere)*-यहाँ जाति-पाति धर्म, राष्ट्रीयता, आदि का कोई भेदभाव नहीं है तथा प्रत्येक विद्यार्थी के व्यक्तित्व के विकास की ओर विशेष ध्यान दिया जाता है। यहाँ 'सादा जीवन उच्च विचार' कथन पर बल दिया जाता है।

विश्व भारती (Vishwa Bharati)

भारत तथा समूचे विश्व की सभ्यता तथा संस्कृति के बारे में जानकारी देने तथा उससे संबंधित शिक्षा प्रदान करने के अपने विचारों व आदर्शों के व्यावहारिक स्वरूप हेतु सन् 1921 में शांतिनिकेतन में विश्व भारती विश्वविद्यालय की नींव रखी गई। इस विश्वविद्यालय के तीन प्रमुख भाग है-

1. शांति निकेतन स्कूल।
2. विश्वविद्यालय।
3. ग्रामीण पुनर्निमाण संस्था।

शांतिनिकेतन की अलग शैली व प्रकृति से जुड़ाव की चर्चा दूर-दूर तक होने लगी और इस प्रकृतिरूपेण शैक्षणिक विधि को इतना सराहा गया कि 1921 तक शांतिनिकेतन विद्यालय एक विश्वविद्यालय के रूप में परिवर्तित हो गया। 22 दिसंबर 1921 को विश्व भारती विश्वविद्यालय के उद्घाटन के दौरान गुरुदेव ने कहा कि "आज से यह शैक्षणिक संस्था किसी एक व्यक्ति की ना होकर अपितु समूचे संसार के छात्रों के शैक्षिक मार्ग को प्रशस्त करेगी।

अगर हम विश्वभारती शब्द के अर्थ की बात करें तो यह शब्द दो शब्दों से मिलकर बना है-विश्व अर्थात् ब्रह्माण्ड तथा भारती अर्थात् सरस्वती। इस तरह विश्वभारती का शाब्दिक अर्थ हुआ-सम्पूर्ण ब्रह्माण्ड को विद्या के साथ जोड़ना।

विश्वभारती संस्थान अपनी अनूठी शिक्षण शैली के कारण विश्व भर में लोकप्रिय है। भिन्न-भिन्न देशों से आए छात्र यहाँ से शिक्षा ग्रहण करके गर्व महसूस करते हैं।

विश्वभारती में अनेक विभाग हैं जिन्हें "भवन" कहा जाता है जैसे-

- पाठ भवन (हाईस्कूल की शिक्षा के लिए)
- शिक्षा भवन (इण्टरमीडिएट की शिक्षा के लिए)
- विद्या भवन (स्नातक की शिक्षा के लिए)
- विनय भवन (शिक्षा स्नातक, बी.एड, डिप्लोमा के लिए)
- कला भवन (शिल्पकला एवं संस्कृति के लिए)
- चीन भवन (चीनी सभ्यता व संस्कृति के लिए)
- हिंदी भवन (हिंदी साहित्य के लिए)
- इस्लाम भवन (इस्लामिक शिक्षा के लिए) इत्यादि।

पाठ्यक्रम

1. **विषय**-गुरुदेव ने मनुष्य के प्राकृतिक, सामाजिक और आध्यात्मिक तीनों प्रकार के विकास पर समान बल दिया है और उनके समुचित विकास के लिए प्रधान पाठ्यक्रम का निर्माण किया है। गुरुदेव ने विभिन्न प्रकार के विषयों को पाठ्यक्रम में शामिल किया-

    (i) प्राकृतिक विज्ञान। (ii) स्वास्थ्य शिक्षा।
    (iii) सामाजिक विज्ञान। (iv) कला, संगीत।
    (v) मनोविज्ञान। (vi) दर्शन।
    (vii) कृषि व तकनीकि।

2. **क्रियाएँ**-क्रियाओं का हमारे जीवन में अत्यधिक महत्त्व है। क्रिया हमारी मानसिक व आंतरिक अभिव्यक्ति को व्यक्त करने का सशक्त माध्यम है। टैगोर ने पाठ्यक्रम में निम्नलिखित क्रियाएँ शामिल करने की सिफारिश की है-

    (i) खेल-कूद। (ii) ड्राईंग व चित्रकला।
    (iii) नृत्य व संगीत। (iv) नाट्य कला।
    (v) कृषि (vi) भ्रमण
    (vii) समाजसेवा

रवीन्द्रनाथ टैगोर के शैक्षिक दर्शन का मूल्यांकन/योगदान (Assessment of the Educational Philosophy of Ravindranath Tagore)

टैगोर 20वीं सदी के एक महान दार्शनिक एवं शिक्षाशास्त्री थे। शिक्षा के क्षेत्र में टैगोर और उनके शिक्षा-दर्शन का महत्व व योगदान अतुलनीय है, जिसके कारण शिक्षा के इतिहास में उनका व्यक्तित्व सदैव अमर रहेगा। महात्मा गाँधी ने लिखा है कि-''टैगोर ने शांति निकेतन के रूप में अपनी विरासत पूरे विश्व को दी है।'' उन्होंने अंग्रेजों द्वारा, भारत में प्रचलित कठोर, मृतक तथा निर्जीव शिक्षा प्रबंध का तिरस्कार किया तथा भारतीय समाज के कल्याण के लिए प्राचीन दार्शनिक सिद्धातों पर आधारित, एक नियमित शिक्षा-प्रक्रिया का निर्माण किया एवं उसका संचालन किया। साहित्यिक क्षेत्र में, उन्होंने विभिन्न भाषाओं के लेखकों को प्रेरणा प्रदान की। वे पहले भारतीय थे जिन्हें साहित्य में नोबेल पुरस्कार प्राप्त हुआ था। उन्होंने भारत की प्राचीन आत्मा को पुनर्जीवित किया तथा अंतराष्ट्रीय भ्रातृत्व की भावना का नारा बुलंद किया। भारत के स्वतंत्रता संग्राम में, उन्होंने भावनापूर्ण सहयोग दिया। यहाँ हम टैगोर के जीवन में पाई जाने वाली विचारधाराओं पर संक्षेप में प्रकाश डाल रहे हैं-

1. **व्यावहारिक शिक्षा शास्त्री**–टैगोर ने शिक्षा के सिद्धांतों की खोज अपने अनुभवों द्वारा की थी। विश्वभारती के संस्थापक के रूप में वह एक व्यावहारिक शिक्षा-शास्त्री सिद्ध हुए हैं, गुरुदेव के रूप में उनका महान योगदान, शांति निकेतन प्रणाली के रूप में विद्यमान है। भारतीय शिक्षा में यह एक महत्त्वपूर्ण योगदान है। वह तत्कालीन शिक्षा प्रणाली से असंतुष्ट थे। इसलिए उन्होंने शिक्षा के कुछ सिद्धांतों का प्रतिपादन किया तत्पश्चात् उन्होंने इन सिद्धांतों को शांतिनिकेतन प्रयोग में लागू किया। विश्वभारती,

उनकी शैक्षिक विचारधारा का व्यावहारिक रूप है। इस प्रकार, टैगोर शिक्षा के क्षेत्र में केवल सिद्धांतवादी न होकर, व्यावहारिक शिक्षा शास्त्री सिद्ध होते हैं।

2. **क्रांतिकारी शिक्षा-शास्त्री**–टैगोर, भारत में अंग्रेजों द्वारा प्रचलित की गई शिक्षा प्रणाली के विरुद्ध थे। उन्होंने भारतीय जनता की आवश्यकताओं व पृष्ठभूमि से संबंधित, शिक्षा प्रदान करने का प्रयत्न किया। वह भारत की गरीबी का कारण निरक्षरता व शिक्षा का व्यावसाहिक न होना समझते थे। उन्होंने इन दोनों पक्षों पर बल दिया। मातृभाषा के माध्यम से शिक्षा की बात करके, अंतराष्ट्रीय चेतना की शिक्षा पर बल देकर, टैगोर अपने समय की शिक्षा-प्रणाली में बुनियादी परिवर्तन करना चाहते थे।
3. **टैगोर का प्रकृतिवाद**–टैगोर प्रकृतिवादी भी थे, परंतु उनका प्रकृतिवाद रूसो के प्रकृतिवाद से भिन्न था। रूसो समाज को सभी बुराईयों की जड़ मानकर, समाज व सामाजिक जीवन का कड़ा विरोध करता है, परंतु टैगोर के दिल में समाज के प्रति प्रेम व दया भाव थे। वे समाज को उन्नत करना चाहते थे तथा प्राचीन भारत की आत्मा को आधुनिक भारत की आत्मा में देखना चाहते थे। वे समाज को प्राकृतिक नियमों पर आधारित तो करना चाहते थे, परंतु आधुनिक वैज्ञानिकता व अतीत की धार्मिकता एवं नैतिकता से विहीन समाज को अच्छा नहीं समझते थे। ऐसे प्रकृतिवाद की भारत को आज भी बहुत आवश्यकता है।
4. **टैगोर का आध्यात्मवाद**–टैगोर शिक्षा के क्षेत्र में अध्यात्मवादी (Spiritualist) थे। सामान्यत: प्रकृतिवाद अध्यात्मवाद का विरोध करता है, परंतु टैगोर का प्रकृतिवाद एकांकी नहीं था। वे बच्चों में उदार भावनाओं को जागृत करके, उन्हें अध्यात्मिक भूमि पर लाना चाहते थे। अध्यात्मिकता की बात करके टैगोर ने भारत के अतीत के मान में वृद्धि की है तथा उसी पर वर्तमान को आधारित करने का प्रयास किया है।
5. **टैगोर का मानवतावाद**–टैगोर उच्चकोटि के मानवतावादी (Humanist) थे तथा मानव व्यक्तित्व में उन्हें पूर्ण विश्वास था। वे संपूर्ण मानवजाति का उद्धार करना चाहते थे तथा मनुष्य के मूल्यों को कम करने का विरोध करते थे। उन्हें बहुत दु:ख था कि भारतीय मूल्यों का तिरस्कार हो रहा है तथा वर्तमान युग में मनुष्य का जीवन अल्पमूल्य होता जा रहा है।
6. **टैगोर की अंतर्राष्ट्रीय सूझ**–टैगोर अंतर्राष्ट्रीय सूझ के बहुत बड़े समर्थक थे तथा वह बच्चों में अंतर्राष्ट्रीय भावना को जागृत करना चाहते थे। वे भारत से प्रेम करते थे तथा राष्ट्र की प्रचलित परिस्थितियों में सुधार लाना चाहते थे। परंतु उनका राष्ट्र के प्रति प्रेम संकीर्ण नहीं था। उनकी देश-भक्ति तथा उनका राष्ट्र-प्रेम, अंतर्राष्ट्रीयता के मार्ग में बाधा नहीं था। वे समूचे विश्व को एक समझते थे तथा हमें इस योग्य बनाना चाहते थे कि हम विश्व-नागरिकता के प्रति आदर-भाव रख सकें।

टैगोर ने मानव जाति को एक नया संदेश दिया है। उन्होंने सभी वस्तुओं के साथ एकीकरण के सिद्धांत को, शिक्षा का संदेश मानकार, इस बात की ओर संकेत किया है कि व्यक्ति को सामाजिक वातावरण के साथ संपूर्ण एकीकरण स्थापित करना चाहिए।

10

मारिया मांटेसरी का शिक्षा दर्शन

(Educational Philosophy of Maria Montessori)

प्रस्तावना (Introduction)

डॉ. मारिया मांटेसरी ने शिशु शिक्षा हेतु एक आधुनिक और प्रगतिशील शिक्षा पद्धति का विकास किया जो मांटेसरी पद्धति के नाम से शिक्षा के क्षेत्र में विद्यमान हैं। पेशे एवं प्रशिक्षण से वह एक चिकित्सक थी। इन्होंनें मानसिक रूप से दोष पूर्ण बालकों की चिकित्सा करते हुए उनकी शिक्षा पर ध्यान केन्द्रित किया।

डॉ. मारिया मांटेसरी का जन्म इटली में 1870 में हुआ था। उन्होंने 24 वर्ष की आयु में रोम के विश्वविद्यालय से एम.डी. की उपाधि प्राप्त की। डॉक्टर की परीक्षा पास करने के पश्चात् उन्हें उसी विश्वविद्यालय में मानसिक रुप से अक्षम बालकों की शिक्षा का दायित्व सौंपा गया। अपने इस कर्त्तव्य को उन्होंने सफलतापूर्वक निभाया और पिछड़े हुए बालकों की शिक्षा के संबंध में अनेक अन्वेषण किए।

जीवन परिचय

डॉ. मारिया मांटेसरी एक इटैलियन चिकित्सक और शिक्षाशास्त्री थी। इनका जन्म 31 अगस्त 1870 में इटली में हुआ था। इनका पूरा नाम मारिया टेकला आर्टेमिसिया मांटेसरी था। इनके पिता का नाम एलेसंड्रो मांटेसरी और माता का नाम रेनिल्डे स्टॉपानी था।

इन्होंने अनुभव किया कि मानसिक रूप से अक्षम तथा विकलांग बालकों को चिकित्सा के अलावा शिक्षा की अधिक आवश्यकता है। फलस्वरूप मांटेसरी ने इस प्रकार के बालकों के लिए, 1907 में एक विद्यालय ''शिशु गृह'' के नाम से स्थापित किया। यहां पर बालकों को उनकी ज्ञानेन्द्रियों के द्वारा शिक्षा दी जाती थी। उन्होंने अपनी शिक्षा प्रणाली का नाम 'मांटेसरी पद्धति' रखा। अपनी इस पद्धति के प्रचार के लिए उन्होंने यूरोप के विभिन्न देशों का दौरा किया। मान्टेसरी ने अपनी विधि के संदर्भ में एक पुस्तक 'मान्टेसरी मेथड' की रचना की। पूरे यूरोप में मान्टेसरी विधि लोकप्रिय होती गई 1939 में ''थियोसोफिकलासोसाइटी'' के निमंत्रण पर मान्टेसरी भारत आई और मान्टेसरी पद्धति के संदर्भ में अनेकों व्याख्यान दिये। मद्रास में मान्टेसरी संघ की शाखा स्थापित की और अहमदाबाद में बड़ी संख्या में अध्यापकों को मान्टेसरी पद्धति का प्रशिक्षण दिया गया। इस तरह उन्होंने यूरोप में ही नहीं बल्कि पूरे भारत में भी मान्टेसरी पद्धति का प्रयोग

करके एक क्रांतिकारी परिवर्तन किया और आज संसार के लगभग प्रत्येक देश में मांटेसरी स्कूलों की स्थापना हो चुकी है। मांटेसरी स्कूलों में 3-6/7 वर्ष के बालकों की शिक्षा का प्रावधान दिया गया। 1952 में डॉ. मारिया मांटेसरी का देहांत हो गया।

शिक्षा-दर्शन (Educational Philosophy)

मांटेसरी का मानना था कि बालक में मानसिक रूप से दोष जन्म के समय हो सकता हैं परन्तु उसे सही प्रशिक्षण से प्रशिक्षित किया जाए तो तब वह सामान्य बालकों की तरह हो सकता है। इसलिए बालकों की शिक्षा में स्वतंत्रता, मनोविज्ञान तथा स्वशिक्षा पर अत्यधिक बल देना चाहिए। यह पद्धति रूसो के प्रकृतिवाद सिद्धान्त पर आधारित हैं।

प्रसिद्ध पुस्तकें (Famous Books)-मांटेसरी ने अनेक ग्रंथों की रचना की, जिनमें प्रमुख निम्नलिखित है:

1. द मांटेसरी मेथड
2. द सीक्रेट ऑफ चाइल्डहुड
3. एजुकेशन फॉर द न्यू वलर्ड
4. चाइल्ड ट्रेनिंग
5. द डिस्कवरी ऑफ द चाइल्ड
6. टू एजुकेट चिल्ड्रन

शिक्षा के उद्देश्य (Objectives of Education)

1. **सर्वांगीण विकास** (Overall development)-मांटेसरी के अनुसार छात्रों का सर्वांगीण विकास करना अति आवश्यक है। क्योंकि सर्वांगीण विकास के उपरांत ही छात्र के व्यक्तित्व विकास के सभी पहलुओं, शारीरिक, मानसिक, सामाजिक, संवेगात्मक, आध्यात्मिक इत्यादि का विकास हो सकता है और छात्र अपने जीवन के सभी स्तरों पर बेहतर प्रदर्शन कर सकता है।
2. **व्यापक विकास**-मांटेसरी के अनुसार छात्रों का चहुँमुखी विकास होना चाहिए और छात्र के अधिगम के तीन आयामों ज्ञानात्मक, भावात्मक और कौशलात्मक पर कार्य करना चाहिए। यह आयाम विद्यार्थियों को किसी चीज को जानने, अनुभव करने और स्वयं करके सीखने के लिए प्रेरित करेगा।
3. **समस्याओं का सामना**-विद्यार्थियों को इस योग्य बनाना चाहिए कि वह अपने जीवन में आने वाली समस्याओं का दृढ़तापूर्वक सामना कर पाए। यह छात्रों को उनके वास्तविक जीवन में मजबूती प्रदान करने का कार्य करेगी।
4. **समायोजन की योग्यता** (Ability of adjustment)-जैसा कि अधिगम के नियम की विशेषता है कि अधिगम का कार्य विभिन्न परिस्थितियों में छात्रों का समायोजन करना है। इस पर मारिया ने बल देते हुए कहा है कि विद्यार्थियों को विभिन्न परिस्थितियों में समायोजन का गुण प्रदान करना चाहिए ताकि वह अपने आप को और अधिक सक्षम तथा आस-पास के वातावरण के प्रति अनुकूल बना पाए।
5. **परिस्थिति के अनुसार ढलने की क्षमता उत्पन्न करना** (To create the ability to adjust according to the situation)-चूँकि मारिया ने मानसिक रूप से अक्षम बच्चों पर अपना कार्य शुरू किया था। इस प्रकार वह चाहती थी कि शिक्षा कम से कम बालक को उसकी स्थिति परिस्थिति के अनुसार ढ़लने की क्षमता पैदा करने में सक्षम हों और वही शिक्षा का मुख्य उद्देश्य होना चाहिये।

मांटेसरी पद्धति के सिद्धांत (Principles of Montessori Method)

मांटेसरी ने मानसिक रूप से कमजोर व विकलांग बच्चों की शिक्षा के सिद्धांत निम्न प्रकार से लागू करने की बात कही है–

1. **आत्मविश्वास का सिद्धांत** (Principle of Self Confidence)–मांटेसरी का विश्वास है कि बालक का विकास बाहरी शक्तियों से नहीं वरन् आंतरिक शक्तियों से होता है। इसी कारण वह कहती हैं कि शिक्षक को बालक की आंतरिक शक्तियों का विकास करना चाहिए।
2. **स्वतंत्रता का सिद्धांत** (Principle of Freedom)–मांटेसरी के अनुसार बालक का स्वाभाविक विकास उसी दशा में हो जब उसको सीखने के लिए स्वतंत्र वातावरण मिले। यदि बालक को स्वतंत्रता नहीं मिलती तो उसकी जीवन-शक्ति का दमन हो सकता है। अतः बालक को अपने विचारों, भावनाओं तथा रूचियों को व्यक्त करने के लिए पूर्ण स्वतंत्रता दी जानी चाहिए। इसलिए विद्यालय का वातावरण स्वतंत्र होना चाहिए।

   अतः स्वतंत्रता बालक की इंद्रियों के प्रशिक्षण व प्रयोग पर होनी चाहिये और बच्चों को दैनिक सामान्य क्रियाकलापों में स्वतंत्रता देनी चाहिए जिससे बालक की विचार शक्ति को बढ़ावा मिले।
3. **स्व-शिक्षण का सिद्धांत** (Principle of Self-study)–मांटेसरी का कथन है, "बालक को स्वंय ही ज्ञान प्राप्त करने का अवसर दिया जाना चाहिए। शिक्षक को उसके कार्य में कम से कम हस्तक्षेप करना चाहिए। बालक अपने प्रयासों से ही शिक्षा प्राप्त कर सकता है इसी कारण मानसिक विकास का कार्य बालक का उसके द्वारा किया गया कार्य होना चाहिए।
4. **ज्ञानेन्द्रिय प्रशिक्षण का सिद्धांत** (Principle of Sensory Training)–मांटेसरी का विश्वास है, "ज्ञानेन्द्रियाँ ही ज्ञान का द्वार है।" इसी कारण बालक की ज्ञानेन्द्रियों को विशेष रूप से प्रशिक्षित किया जाना चाहिए। यदि ऐसा नहीं किया जाएगा तो बालकों के द्वारा प्राप्त ज्ञान अस्पष्ट तथा अधूरा रह जाएगा।
6. **व्यक्तित्व के विकास का सिद्धांत** (Principle of Development of Personality)–मांटेसरी के अनुसार बालक के व्यक्तित्व का पूर्ण विकास किया जाना चाहिए। बालक अपने व्यक्तिव का विकास शिक्षक के पथप्रदर्शन में ही कर सकता है। बालकों के साथ कोई ऐसा व्यवहार नहीं किया जाना चाहिए जिससे उसकी भावनाओं को ठेस लगे।
7. **खेल-विधि द्वारा शिक्षा का सिद्धांत** (Educational Principle by Play-Way Method)–मांटेसरी भी अपनी शिक्षण-पद्धति में खेल के सिद्धांत को प्रमुख स्थान देती है। इस पद्धति में बालक विभिन्न उपकरणों के साथ खेलकर अक्षरों, गणित, तथा रेखागणित का ज्ञान प्राप्त करता है।
8. **सामाजिक प्रशिक्षण का सिद्धांत** (Principle of Social Training)–मांटेसरी यह आशा करती हैं कि शिशु ग्रह में बालक अपने कार्य स्वंय करें। ये कार्य होते हैं कचरा साफ करना, भोजन परोसना तथा पशुओं की देखभाल करना, जिससे बालक का सामाजिक विकास हो सके।

शिक्षण पद्धतियाँ (Teaching Methods)

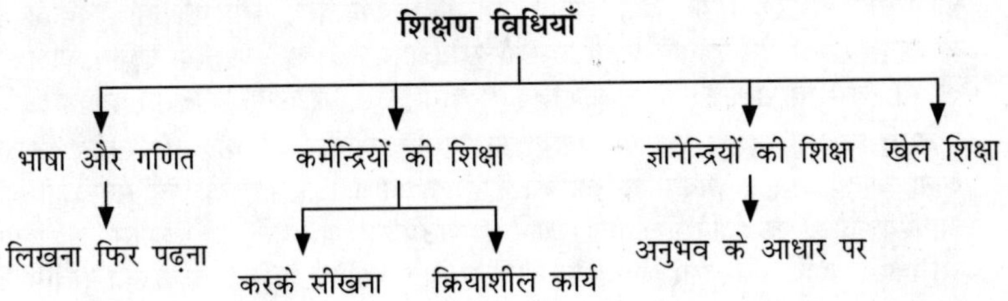

मांटेसरी के अनुसार शिशु अपना ज्ञान ज्ञानेन्द्रियों के माध्यम से ग्रहण करता है, इसलिए इन्होंने ज्ञानेन्द्रियों के प्रशिक्षण हेतु अलग-अलग माध्यमों का प्रयोग किया। जैसे-

- चक्षु (आँखों) के लिए-विभिन्न रंगो की गोलियाँ।
- स्वाद (जीभ) के लिए-विभिन्न रंगो की गोलियाँ।
- सुनने (कानों) के लिए-अलग-अलग आवाज़ उत्पन्न करने वाली घंटियाँ।
- ध्राण (इंद्रियों) के लिए-विभिन्न सुगंधवाले पदार्थ।
- स्पर्श (त्वचा) के लिए-चिकनी, खुरदरी, गर्म, ठंडी वस्तुएँ।

उपरोक्त चर्चा को बिन्दुवार इस प्रकार समझ सकते हैं-

1. **कर्मेंद्रियों की शिक्षा** (Education of Sensory)-इस प्रणाली में सर्वप्रथम बालकों को कर्मेंद्रियों की शिक्षा दी जाती है। इसके लिए बालकों से अनेक प्रकार के कार्य करवाये जाते हैं। जैसे-उठना, बैठना, घूमना, दौड़ना, कपड़े पहनना तथा उतारना और अपनी वस्तुएँ यथास्थान रखना।
2. **ज्ञानेन्द्रियों की शिक्षा**-मांटेसरी के अनुसार, स्वयं की ज्ञानेन्द्रियों द्वारा अनुभव करना ही शिक्षा का मुख्य आधार है, इसी कारण, वह कहती हैं कि बालक को अधिक से अधिक इंद्रियों द्वारा अनुभव कराए जाएं और शिक्षक को चाहिये कि वह करके सीखने पर जोर डाले ना कि बालक के सीखने में हस्तक्षेप करें, इस प्रकार ज्ञानेन्द्रियों की शिक्षा अत्यंत महत्त्वपूर्ण शिक्षा है।
3. **पढ़ने, लिखने व गणित की शिक्षा**-मांटेसरी ने पढ़ने की अपेक्षा लिखना अधिक सरल माना है क्योंकि लिखने में केवल मांसपेशियों का प्रयोग किया जाता है जबकि पढ़ने में स्वर तथा उच्च मानसिक शक्तियों का भी प्रयोग किया जाता है।
4. **खेल विधि**-मान्टेसरी ने खेल विधि को ही सर्वोपरि माना है क्योंकि खेल विधि में बालक की सारी ज्ञानेन्द्रियों व कर्मेन्द्रियों दोनों का भरपूर प्रयोग होता है।

पाठ्यक्रम (Curriculum)

मांटेसरी के पाठ्यक्रम की निम्नलिखित विशेषताएं हैं-

1. पाठ्यक्रम बालक की नैसर्गिक योग्याताओं और मनोवैज्ञानिक आवश्यकताओं के अनुसार होना चाहिए।

2. पाठ्यक्रम में जीवित वातावरण की प्रधानता होनी चाहिए। उन्होंने कहा कि ''बालक को ऐसा वातावरण दिया जाना चाहिए, जिसमें प्रत्येक वस्तु उसी की आवश्यकताओं के अनुसार हो। ऐसे वातावरण में उसको स्वतंत्रापूर्वक छोड़ देना चाहिए तब बालकों के भी जिस क्रियात्मक जीवन का विकास होगा, उस पर लोगों को आश्चर्य होगा।''
3. मांटेसरी का मानना था कि पाठ्यक्रम का निर्माण बालक को केंद्र में रखकर किया जाना चाहिए और पाठ्यक्रम बालक की नैसर्गिक योग्यताओं, रुचियों और मनोवैज्ञानिक आवश्यकताओं के अनुसार होना चाहिए। पाठ्यक्रम बालकों के विकास के लिए अधिक से अधिक अवसर प्रदान करने वाला होना चाहिए ताकि बालक का सर्वांगीण विकास हो और वह अपनी योग्यताओं के विकास पर कार्य कर सके।
4. पाठ्यक्रम में वातावरण के तत्त्वों का समावेश करना चाहिए और वह छात्रों को वास्तविक परिस्थितियों से सामना करने का ज्ञान देने वाला होना चाहिए। पाठ्यक्रम में केवल विषय वस्तु के ज्ञान के अतिरिक्त जीवंत अनुभवों का भी समावेशन अनिवार्य हैं।
5. पाठ्यक्रम को लचीला होना चाहिये जिसे बालक की जरूरत व रुचि के अनुसार संशोधित किया जा सकें अर्थात पाठ्यक्रम बालक के लिए होना चाहिये ना कि बालक पाठ्यक्रम के लिये।

अनुशासन (Discipline)

मांटेसरी अनुशासन के मुक्तिवादी सिद्धांत में विश्वास करती है। उनका कहना है कि बालकों को कार्य करने की पूर्ण स्वतंत्रता दी जानी चाहिए। ऐसी स्थिति में बालक स्वयं ही अनुशासित रहेंगे क्योंकि जहां स्वतंत्रता होगी वहां अनुशासन स्वयं ही स्थापित हो जाएगा। इस प्रकार मांटेसरी ने स्वाभाविक आत्मनियंत्रित और अंतः प्रेरित अनुशासन को महत्व दिया है अर्थात स्व-अनुशासन ही सर्वोत्तम अनुशासन है।

मांटेसरी पद्धति और शिक्षक (Montessori Method and Teacher)

बाल केन्द्रित पद्धति होने के कारण मांटसेरी पद्धति में बालक को प्रधान और शिक्षक को दूसरा स्थान दिया गया है।

मांटेसरी ने अपने बाल ग्रहों में पुरुषों के स्थान पर महिलाओं को शिक्षिका के रूप में नियुक्त करने के लिए कहा है, क्योंकि शिशुओं को शिक्षित और निर्देशित करने के लिए अत्यंत दयालु, कोमल स्वभाव वाले, प्रेम से परिपूर्ण, संवेदनशील और मातृतुल्य व्यवहार करने वाले शिक्षकों की आवश्यकता होती है और ऐसे शिक्षक महिलाएं ही हो सकती हैं।

मांटेसरी के अनुसार, ''निर्देशिका की मुख्य विशेषताएं उसके गुण हैं, उसके शब्द नहीं।''

मांटेसरी विद्यालय (Montessori School)

- इसमें बालक को पूर्ण स्वतंत्रता प्राप्त होती है।
- इसमें कोई कठोर समय-सारिणी नहीं होती है।
- इसमें बालकों को व्यक्तिगत रूप से प्रशिक्षित किया जाता है।
- इसमें बालकों को कोई पुरस्कार नहीं दिया जाता है। उनका विकास ही उनका पुरस्कार होता है।

- इसमें शैक्षिक उपकरणों के द्वारा शिक्षा दी जाती है।
- इसमें इंद्रियों के प्रशिक्षण पर विशेष बल दिया जाता है।
- इसमें बालक अत्यधिक क्रियाशील रहते हैं और विद्यालय के लगभग सभी कार्य बालकों के द्वारा ही किए जाते हैं।
- इसमें बालकों को खेल के द्वारा शिक्षा दी जाती है।
- इसमें शिक्षिका एक योग्य और कर्मठ निर्देशिका के रूप में कार्य करती है।
- इसमें निर्देशिका का प्रमुख कार्य निरीक्षण, मार्गदर्शन, संगठन, वातावरण, निर्माण तथा बालक को प्रेरित और उत्साहित करना होता है।

मांटेसरी पद्धति की विशेषताएं या गुण

1. **बाल मनोविज्ञान पर आधारित** (Based on child Psychology)-मान्टेसरी पद्धति मुख्यतया बाल-मनोविज्ञान पर आधारित है। अत: किसी भी प्रकार के शिक्षण-अधिगम के लिए मनोविज्ञान की भूमिका महत्त्वपूर्ण होती है। जिस प्रकार सीखने का अर्थ है उसी प्रकार व्यवहार को जानने के लिए मनोविज्ञान को जानना आवश्यक है। इसलिए यह पद्धति महत्वपूर्ण है क्योंकि यह बाल-मनोविज्ञान पर आधारित होती है।
2. **वैज्ञानिक सिद्धात्तों पर आधारित** (Based on Scientific Principles)-मांटेसरी पद्धति मुख्यता वैज्ञानिक सिद्धांतों पर आधारित है अर्थात यह व्यवस्थित, संगठित, नियोजन और तर्कपूर्ण है। जो बच्चों की जरूरतों के अनुसार ही स्थापित हुई है। इस प्रकार यह पद्धति वैज्ञानिक सिद्धांतों पर आधारित होती है।
3. **बाल-प्रेम पर आधारित** (Based on Children Love)-यह पद्धति बच्चों के प्रेम पर आधारित है अर्थात् यह बाल केंद्रित है, जिसमें बालक का स्थान ही सर्वोच्च स्थान है। अत: बालक की जरूरत व रुचि के अनुसार ही शिक्षण अधिगम प्रक्रिया को संचालित किया जाता है।
4. **पूर्ण स्वतंत्रता** (Full Freedom)-इस पद्धति के अनुसार बालक को पूर्ण स्वतंत्रता मिलती है। अत: यह बाल केंद्रित पद्धति है। इसलिए शिक्षण-अधिगम प्रक्रिया बालक के अनुसार ही संचालित की जाती है।
5. **आत्म-निर्भरता एवं आत्म-विश्वास** (Self Reliance and Self Confidence)-मांटेसरी पद्धति के द्वारा बालकों में आत्म-निर्भरता, स्वावलंबन, स्वयं कार्य करने की आदत और आत्म विश्वास की भावना पैदा होती है।
6. **क्रियाशीलता पर बल** (Emphasis on Activity)-मांटेसरी पद्धति में बालक बिना किसी दूसरे की सहायता के अपने सामान्य विकास को प्राप्त करता है। इस विकास में क्रियाशीलता की प्रमुखता होती है।

मांटेसरी पद्धति के दोष (Demerits of Montessori Method)

1. **आध्यात्मिकता का अभाव** (Lack of Spirituality)-मांटेसरी पद्धति में बालक यंत्र की तरह कार्य करता है, जिससे बालक का आध्यात्मिक और धार्मिक विकास पूर्णरूप से नहीं हो पाता।

2. **अनुपयुक्त पाठ्यक्रम** (Unsuitable Curriculum)-मांटेसरी पद्धति का प्रयोग तीन वर्ष से सात वर्ष तक के बालकों के लिए होता है। लेकिन इस अवधि के आयु के बालकों से कठोर कार्यों को करने की आशा नहीं की जा सकती।
3. **सामाजिकता की भावना का अभाव** (Lack of Social Feeling)-मांटेसरी पद्धति में मुख्यतः बालक के व्यक्तित्व के विकास पर बल दिया जाता है। इसके कारण बालकों में सामाजिकता और सहयोग की भावना का विकास नहीं हो पाता।
4. **भाषा शिक्षण की विधि दोषपूर्ण** (Faulty Language Teaching Method)-मांटेसरी का यह कहना है कि पढ़ने से लिखने की क्रिया सरल होती है, अतः बालकों को पहले लिखना, सिखाना चाहिए, ये तर्कसंगत नहीं है।
5. **अधिक खर्चीली विधि** (More Expensive Method)-मांटेसरी पद्धति में शैक्षिक उपकरण अत्यंत महंगे होते है, जिनको खरीदना सहज नहीं है।
6. **लैंगिक असमानता** Gender Biasness : इनका मानना है कि केवल महिलायें ही बच्चों की भावनात्मक रूप में देखभाल कर सकती हैं और पुरुषों को नकारती है।

11

फ्रीड्रिक विलियम अगस्त फ्रोबेल
(Friedrich Wilhelm August Froebel)

प्रस्तावना (Introduction)

फ्रीड्रिक विलियम अगस्त फ्रोबेल एक जर्मन थे। फ्रोबेल अभी छोटे बालक ही थे कि उनकी माँ का स्वर्गवास हो गया। उनका जन्म सन् 1782 ई. में ओबेरवेस बाक नामक गाँव में हुआ था। उनके पिता ने दूसरा विवाह कर लिया और फ्रोबेल के पालन-पोषण में कोई रुचि नहीं ली। जब फ्रोबेल को अपने पिता तथा माता से प्यार न मिल सका तो वह दुखी रहने लगे और जगलों में घूमने लगे। जंगलों में अधिक समय तक रहने के कारण उसे प्रकृति से प्रेम हो गया। जब फ्रोबेल 10 वर्ष के हुए तो उसकी दुखी दशा पर तरस खाकर उनके मामा ने अपने पास बुलाकर एक स्कूल में शिक्षा प्राप्त करने के लिए भेज दिया। लेकिन फ्रोबेल का मन पढ़ने में न लगा। अत: 15 वर्ष की आयु में उनके मामा ने फ्रोबल को जीविकोपार्जन के लिए एक वन रक्षक के यहां भेज दिया। वे वहां भी सफल नहीं हुए। परंतु हां, वहां रहते हुए उन्होंने प्रकृति का अध्ययन अच्छा किया। फ्रोबेल के पिता पादरी थे अत: फ्रोबेल ने अपने पिता से धार्मिक प्रवृत्ति आदर्शवाद में परिवर्तित हो गईं। अठारह वर्ष की आयु में फ्रोबेल प्रकृति के संपर्क में आए तो उनकी धार्मिक प्रवृत्ति आदर्शवाद में परिवर्तित हो गईं। वे इस निष्कर्ष पर आए कि प्रकृति के नियमों में एकता है। अठारह वर्ष की आयु में फ्रोबेल को जैना विश्वविद्यालय भेजा गया। जहां वे फिस्टे तथा शिलिंग के आदर्शवादी दर्शन से प्रभावित हुए आर्थिक कठिनाई के कारण फ्रोबेल को विश्वविद्यालय छोड़ना पड़ा और इन चारों वर्षों में फ्रोबेल ने फ्रेंकफोर्ट में हेर ग्रूनर द्वारा चलाए हुए एक स्कूल में ड्राईंग के अध्यापक बन गये। जब फ्रोबेल इक्कीस वर्ष के हुए तो उन्होंने शिक्षक बनने का निश्चय कर लिया। अत: वे एक सफल शिक्षक बनने के लिए 1808 ई. पेस्टालॉजी के विचारधारा से प्रभावित होते हुए कीलहाऊ में एक स्कूल खोला जिसे आर्थिक कठिनाईयों के कारण बंद करना पड़ा। फ्रोबेल हताश न हुए उसने कई स्कूलों में शिक्षण कार्य किया। तथा सन् 1826ई. में अपनी प्रसिद्ध पुस्तक 'मनुष्यों की शिक्षा' प्रकाशित की और अंत में अपनी विचारधारा को कार्य रूप में परिणत करने के लिए ब्लैकेन वर्ग में एक स्कूल खोला, जिसे किंडरगार्टन की संज्ञा दी। इस स्कूल को आश्चर्यजनक सफलता प्राप्त हुईं परिणामस्वरूप विभिन्न स्थानों पर अनेक किंडरगार्टन खुल गए। सन् 1852 ई. में उनका स्वर्गवास हो गया।

दार्शनिक विचार (Philosophical View)

फ्रोबेल अध्यात्मिक आदर्शवादी थे। उन्हें विश्वास था कि संसार की सभी वस्तुएं देखने में अलग-अलग लगती है। परंतु इन सबका स्त्रोत केवल ईश्वर ही है। अत: ये सभी वस्तुएं अलग-अलग होते हुए भी एक ही है। यही एकता का सिद्धांत समस्त संसार में कार्य कर रहा है।

फ्रोबेल के दर्शन का दूसरा मुख्य तथ्य विकास का सिद्धांत है। यह सिद्धांत एकता के सिद्धांत पर ही आधारित है। फ्रोबेल ने बताया कि प्रत्येक प्राणी कुछ प्रेरणाओं को लेकर जन्म लेता है। ये प्रेरणाएं उसे एकता (ईश्वर) की ओर अग्रसर करती हैं। इस प्रकार जीवन एक निरंतर विकास की प्रक्रिया है। फ्रोबेल ने यह भी बताया कि विकास का सिद्धांत भौतिक तथा आध्यात्मिक दोनों प्रकार के जगत पर समान रूप से लागू होता है। अत: प्रत्येक व्यक्ति अपने शारीरिक तथा मानसिक विकास में उन श्रेणियों की पुनरावृत्ति करता है जिसके अंतर्गत समाहित होकर उसकी जाति विकसित हुई है। इस दृष्टि से मानव के शारीरिक तथा मानसिक विकास का विश्व विकास के नियमों से अनुशासित होता है।

फ्रोबेल के शिक्षा संबंधी विचार (Froebel's Thoughts on Education)

फ्रोबेल के शिक्षा संबंधी विचार उसके दार्शनिक विचारों पर आधारित हैं। उनके शिक्षा विषयक विचारों को निम्न प्रकार से स्पष्ट किया जा सकता है-

- शिक्षा बालक के विकास की स्वाभाविक प्रक्रिया है, जो अभ्यांतर से बाहर की ओर चलती है।
- शिक्षा जीवन की तैयारी नहीं है वरन् स्वयं ही जीवन है।
- फ्रोबेल के अनुसार विद्यालय एक बाग है, जिसमें बालक रूपी पौधा शिक्षक रूपी माली की देख-रेख में बढ़ता है। जिस प्रकार पौधे का विकास उसके आंतरिक नियमों के अनुसार होता है, उसी प्रकार बालक का विकास भी उसके आंतरिक नियमों के अनुसार होता है।
- क्रियाशीलता बालक का अत्यंत महत्वपूर्ण गुण है, इसलिए क्रिया ही बालक की शिक्षा का आधार है। क्रिया के द्वारा ही बालक सीखता है।
- खेल शिशु शिक्षा का सबसे प्रमुख और सबसे महत्वपूर्ण माध्यम है। शिशु के लिए खेल द्वारा शिक्षा प्रदान करने की व्यवस्था की जानी चाहिए।
- फ्रोबेल का विश्वास है कि परिवार, स्कूल, धर्म, राज्य आदि सामाजिक अभिकरण भी बालक का विकास करते हैं और इनमें रहते हुए बालक अनेकता में एकता का आभास पा लेता है।

शिक्षा के उद्देश्य (Objectives of Education)

फ्रोबेल के अनुसार शिक्षा के उद्देश्य निम्नलिखित हैं-

1. **व्यक्तित्व का विकास** (Personality Development)-फ्रोबेल का मानना है कि विद्यालय में बालकों के व्यक्तित्व का विकास होना चाहिए और छात्रों को कक्षा से जुड़ने के अनुभव प्रदान करना चाहिए। केवल यह ही नहीं एक अध्यापक को अपने छात्रों का नवीन फूल की भाँति ध्यान रखना चाहिए।

2. **मनुष्य का प्रकृति से संबंध** (Relation of Man with Nature)-मनुष्य का प्रकृति के साथ मनोरम संबंध स्थापित होना चाहिए क्योंकि प्रकृति ही वह स्थान है जो मनुष्य को भली-भाँति समझती है और केवल प्रकृति ही सुख देने का भाव रखती है।
3. **आध्यत्मिकता का विकास** (Development of Spirituality)-शिक्षा द्वारा छात्रों में आध्यात्मिक गुणों का विकास करना चाहिए। शिक्षा द्वारा छात्रों को आदर्श व्यक्तित्व बनने में सहायता करनी चाहिए तभी वह छात्र भविष्य में देश का नेतृत्व करने में सक्षम होगा।
4. **बालक को अपने में निहित दैवीय शक्ति का आभास कराना** (To Aware the Child his Innate Power)-शिक्षा का यह भी उद्देश्य होना चाहिये कि वह बालक को अंर्तनिहित शक्तियों से उसे जागरूक कराने में सहयोग करें ताकि बालक का सर्वांगीण विकास भी हो सकें। इस प्रकार शिक्षा की भूमिका बालक के भविष्य के लिए महत्वपूर्ण होती है।
5. **चरित्र निर्माण** (Character formation)-फ्रोबेल शिक्षा के द्वारा बालक की मौलिक अच्छाई को बनाये रखने के पक्ष में थे पर जहाँ विचार आ गया हो वहाँ उचित शिक्षा और प्रशिक्षण द्वारा चरित्र की मौलिक अच्छाई को पुन: प्राप्त करना शिक्षा का एक महत्वपूर्ण उद्देश्य है।

पाठ्यक्रम (Curriculum)

फ्रोबेल ने पाठ्यक्रम में धर्म या धार्मिक निर्देशन, प्रकृति-अध्ययन, गणित, भाषा, कला तथा हस्त-व्यवसाय आदि विषयों को मुख्य स्थान दिया और बताया कि पाठ्यक्रम के सभी विषयों में एकता का संबंध होना परम आवश्यक है। यदि किसी कारणवश पाठ्यक्रम के विषयों में संबंध स्थापित नहीं हो सकेगा तो शिक्षा के उद्देश्य को प्राप्त नहीं किया जा सकता है। फ्रोबेल विभिन्न विषयों के अध्ययन-अध्यापन को साध्य न मानकर बच्चे के व्यक्तित्व के पूर्ण विकास का साधन माना है। इनसे बच्चा अपनी क्षमताओं को जान पाता है। फ्रोबेल का कहना है कि जीवन में चाहे जो स्थान हो प्रत्येक बच्चे, लड़के लड़कियों और वयस्क व्यक्ति को कम से कम एक-दो घंटे किसी अर्थपूर्ण उत्पादन कार्य में लगाना चाहिए। वर्तमान में विद्यार्थी और अभिभावक काम को भावी जीवन हेतु हानिप्रद मानते हैं। शैक्षिक संस्थाओं का यह कर्त्तव्य है कि उनके इन पूर्वाग्रहों को समाप्त करे। वर्तमान बौद्धिक शिक्षा बच्चों को आलसी बनाती है और मानव शक्ति के बड़े हिस्से का उपयोग नहीं हो पाता है और वह बेकार जाता है। अत: उत्पादक कार्य को प्राथमिकता दी जानी चाहिए।

अन्य विषयों में भी अध्यापन किया जाना चाहिए वे हैं-कला, प्रकृति अध्ययन तथा विद्यालय बागवानी। फ्रोबेल पाठ्यक्रम का विभाजन चार प्रमुख भागों में करते हैं:

1. धर्म एवं धार्मिक शिक्षा
2. प्राकृतिक विज्ञान एवं गणित
3. भाषा
4. कला एवं कलात्मक वस्तु।

इन विषयों के अध्ययन से छात्रों के व्यक्तित्व का सर्वांगीण विकास संभव हो सकता है। शिक्षा के इतिहास में फ्रोबेल पहले व्यक्ति थे जिन्होंने 'क्रिया' को पाठ्यक्रम में महत्वपूर्ण स्थान दिया।

किंडर-गार्टन

अपने जीवन के बाद के वर्षों को फ्रोबेल ने किण्डरगार्टन (बालवाड़ी) की स्थापना की और अपना बाकी जीवन इसके विकास में लगाया। यही उनकी प्रसिद्धि का कारण भी है। किण्डगार्टन शब्द जर्मन भाषा का शब्द है जिसका शाब्दिक अर्थ 'किंडर' अर्थात् बालक तथा 'गार्डन' जिसका अर्थ बाग होता है। फ्रोबेल के सिद्धांत के अनुसार इस उद्यान में बालक पौधे, पाठशाला बगीचा तथा शिक्षक माली होता है।

'किंडर-गार्टन' नाम फ्रोबेल के मस्तिष्क में 1840 ई. में आया जब वह बसंत ऋतु में एक दिन अपने मित्रों के साथ किलहाउ से किंडर-गार्टन जा रहा था। उसने एक पहाड़ी से राईन नदी की घाटी को देखा जो उसे एक अति सुंदर बगीचे की तरह मनमोहक लगी। वह चिल्ला उठा "मुझे मिल गया। मेरी संस्था का नाम किंडरगार्टन होगा।" यद्यपि वास्तविक रूप में 1843 ई. के पहले किण्डरगार्टन की स्थापना नहीं की गई पर उपर्युक्त घटना के आधार पर किंडरगार्टन की स्थापना का वर्ष 1840 बताया जाता है।

फ्रोबेल के शिक्षा-दर्शन की सीमाएँ

फ्रोबेल ने शिक्षा के दार्शनिक पक्ष पर अत्यधिक जोर देकर शिक्षा की दार्शनिक संकल्पना को अध्यापकों एवं छात्रों के लिए अत्यधिक जटिल बना दिया है। डीवी के अनुसार "एक निष्पक्ष निरीक्षक को उसके (फ्रोबेल के) अधिकांश कथन बड़े विचित्र एवं असम्बद्ध लगेंगे इनमें उसने व्यर्थ में ही साधारण सरल तथ्यों को आत्मगत दार्शनिक तर्कों के आधार पर समझाया है।

फ्रोबेल ने आंतरिक विकास पर बहुत अधिक जोर दिया है। इसमें बाह्य विकास की उपेक्षा हुईं वस्तुत: आंतरिक एवं ब्राह्य दोनों पक्षों का ही समन्वित विकास होना चाहिए।

फ्रोबेल के द्वारा प्रस्तावित चित्र और गीत बहुत पुराने हो गये है। सभी स्थानों और संदर्भो में उनका उपयोग नहीं किया जा सकता है। उपहारों और कार्यों को उपस्थित करने में जड़ता एवं नियंत्रण है। 'उपहार' आधुनिक युग की आवश्यकता के अनुरूप नहीं है। डीवी ने इस तथ्य का उल्लेख करते हुए कहा "वस्तुओं को यथासंभव वास्तविक जीवन से संबंधित होना चाहिए।"

साथ ही किंडनगार्टन के गीत, खेल उपहारों के प्रयोग में अनुकरण एवं निर्देश पर काफी जोर है। वस्तुत: बच्चों को स्वत: क्रिया करने का अवसर मिलना चाहिए।

शिक्षण-पद्धति (Teaching Methods)

1. **खेल द्वारा शिक्षा का सिद्धांत** (Principle of education through play-way)-फ्रोबेल ने बालक की शिक्षा के लिए खेल को महत्वपूर्ण स्थान दिया। इसका कारण उसने यह बताया कि बालक की रूचि खेल में अत्यधिक होती है। यदि उसकी शिक्षा की व्यवस्था खेल के आधार पर की जाएगी तो उसे खेलने से विभिन्न प्रकार के अनुभवों से सहज रूप से उसके व्यक्तिव का विकास स्वाभाविक रूप से होता रहता है।
2. **सामाजिकता का सिद्धांत** (Principle of society)-फ्रोबेल का विश्वास था कि बालक एक सामाजिक प्राणी है। अत: उसकी आत्म-क्रिया के लिए समाज से अच्छा और कोई स्थान नहीं है। इस दृष्टि से फ्रोबेल ने सामूहिक खेलों पर बल दिया। जिससे

बालकों में खेलते ही खेलते परस्पर प्रेम, सहानुभूति तथा सहयोग आदि सामाजिक भावनाएं सरलतापूर्वक विकसित हो जाएं।

3. **स्वतंत्रता का सिद्धांत** (Principle of freedom)-फ्रोबेल की अखंड धारणा थी कि बालक की शिक्षा के लिए स्वतंत्रता परम आवश्यक है। अतः उन्होंने इस बात पर बल दिया कि बालक के विकास में शिक्षक का कोई बहुत हस्तक्षेप न हो अपितु वह केवल एक सक्रिय निरीक्षक के रूप में ही कार्य करे।

अनुशासन (Discipline)

फ्रोबेल ने बालकों के साथ प्रेम एवं सहानुभूति व्यवहार करने पर बल दिया तथा हर प्रकार के दमन का विरोध करते हुए केवल आत्म-क्रिया तथा आत्म-नियंत्रण द्वारा उन्हें स्वयं ही अनुशासित रखने का विचार प्रस्तुत किया।

शिक्षक (Teacher)

फ्रोबेल ने बाल-केंद्रित शिक्षा का नारा लगाया। यद्यपि उसने अपनी शिक्षा व्यवस्था में बालक को प्रधानता दी है, परंतु उसमें शिक्षक का महत्व भी कम नहीं है। फ्रोबेल ने शिक्षक की तुलना उस माली से की है, जो उद्यान के पौधों के विकास में सहायता प्रदान करता है। जिस प्रकार माली की देख-रेख में एक बीज बढ़कर वृक्ष बन जाता है, उसी प्रकार शिक्षक द्वारा विद्यालय में उपयुक्त वातावरण उत्पन्न करने से बालक की आंतरिक शक्तियों का विकास किया जा सकता है। फ्रोबेल के अनुसार शिक्षक को एक निर्देशक, मित्र और पथ-प्रदर्शक के रूप में कार्य करना चाहिए।

अध्यापक का कार्य (Function of Teacher)

किण्डरगार्टन या बालोद्यान के प्रवर्तक फ्रोबेल के अनुसार अध्यापक का कार्य है-गीतों, खेलों और चित्रों आदि का सही चयन करना। गीत गाते हुए, खेल खेलते हुए चित्रों को देखते तथा बनाते समय, बालक-बालिकाएँ भी भाषा का प्रयोग करते हैं। फ्रोबेल का यह मानना था कि विद्यार्थियों के शिक्षण-अधिगम में गीत, गति और रचना तीन स्वतंत्र इकाइयाँ नहीं है बल्कि ये एक-दूसरे से अलग महत्वहीन हैं।

फ्रोबेल के अनुसार बालक की खेल प्रवृत्तियों का एक ठीक दिशा में संचालन किया जाना चाहिए। समुचित निर्देशन के अभाव में खेल एक उद्देश्यहीन-क्रिया बनकर रह जाती है। खेल के उचित दिशा संचालन में अध्यापकों की भूमिका महत्वपूर्ण हो जाती है। शिक्षक को यह सुनिश्चित करना चाहिए कि किण्डरगार्टन (बाल उद्यान) पद्धति में बालक-बालिकाएँ इस प्रकार खेलें कि उनका स्वभाविक विकास हो सके।

किंडरगार्टन पद्धति (Kindergarten Method)

फ्रोबेल ने अपने दार्शनिक विचारों को कार्य रूप में परिणत करने के लिए ब्लैकेन बर्ग में छोटे बालकों के लिए एक स्कूल खोला जिसे किंडरगार्टन की संज्ञा दी। जर्मन भाषा में किंडरगार्टन का अर्थ है-बालकों का बाग। फ्रोबेल ने इस स्कूल में आत्म-क्रिया, स्वतंत्रता, सामाजिकता तथा खेल आदि सिद्धांतों के आधार पर बालकों की शिक्षा की व्यवस्था की। उसने अपनी किंडरगार्टन पद्धति में केवल आत्माभिव्यक्ति को मुख्य स्थान दिया जिसमें गीत, शिशु संगीत, एक छोटी-सी पुस्तक है जिसमें लगभग पचास गीत हैं। ये गीत बालक और उनकी माता से संबंध स्थापित करके उनकी ज्ञानेंद्रियों को विकसित

करते हैं तथा उनके शारीरिक, मानसिक एवं नैतिक विकास में सहायता प्रदान करते हैं। फ्रोबेल ने बालक के विकास के अनुसार बीस उपहारों का प्रबंध किया परंतु उनमें छह प्रमुख हैं, जो बेलनाकार, गोला तथा घन के रूप में हैं। जब बालकों की इन उपहारों के द्वारा विचारशक्ति विकसित हो जाती है तो उन्हें 'आत्म-क्रिया' अथवा आत्माभिव्यक्ति के लिए कागज का काटना, लकड़ी की वस्तुएं बनाना, चित्र बनाना, माला गूथना, सिलाई करना तथा चटाई बनाना एवं नृत्य-वादन आदि अनेक प्रकार के कार्य दिए जाते हैं।

किंडरगार्टन पद्धति के गुण (Merits of Kindergarten Method)

- किंडरगार्टन पद्धति बालक प्रधान है। अतः शिशु-शिक्षा के लिए अत्यंत उपयुक्त है।
- इस पद्धति के द्वारा बालकों में क्रियाशीलता, आत्म-शक्ति तथा आत्म-विश्वास, आदि गुण विकसित होते हैं।
- यह पद्धति अत्यंत सरल, रूचिपूर्ण तथा आकर्षक है।
- इस पद्धति में बालकों के साथ प्रेम तथा सहानुभूति का व्यवहार किया जाता है।
- इस पद्धति के द्वारा बालकों की रचनात्मक तथा कल्पना-शक्ति विकसित होती है।
- किंडरगार्टन पद्धति द्वारा बालकों की ज्ञानेन्द्रियों को प्रशिक्षण मिलता है।
- इस पद्धति द्वारा बालकों में सामाजिक तथा नैतिक गुण विकसित होते हैं।

किंडरगार्टन पद्धति के दोष (Demerits of Kindergarten)

- फ्रोबेल ने शिक्षा के दार्शनिक पक्ष पर विशेष बल दिया है। अल्प-आयु वाले बालक इन दार्शनिक सिद्धातों को नहीं समझ सकते।
- फ्रोबेल के गीत तथा चित्र पुराने हैं। वे सभी स्थानों तथा सभी समयों के लिए उपयुक्त नहीं है।
- इस पद्धति के लिए उपहारों, व्यापारों तथा विशेषज्ञों की आवश्यकता है जिनकी व्यवस्था प्रत्येक स्थान, समय तथा स्कूल में नहीं की जा सकती है।
- फ्रोबेल ने बालकों को स्वतंत्रता के नाम पर उपहारों तथा व्यापारों से बांध दिया है।
- बालक को बहुत सी वस्तुओं के रंगों तथा रूपों का ज्ञान स्कूल जाने से पहले ही हो जाता है। अतः स्कूल में इन सब का ज्ञान समय को नष्ट करना है।
- यह पद्धति खर्चीली है। अतः इसे निर्धन देशों में प्रयोग नहीं किया जा सकता।

12

गिजुभाई बधेका
(Gijubhai Badheka)

जीवन परिचय (Life Sketch)

गिजुभाई को बच्चे मूछों वाली माँ कहकर पुकारते थे। गिजुभाई का जन्म सौराष्ट्र (गुजरात) के चितल नामक स्थान पर 15 नवंबर सन् 1885 को हुआ था। उनके माँ-बाप ने उनका नाम गिरिजा शंकर जी रखा था। काम के लिए वह सन् 1907 में पूर्वी अफ्रीका चले गये। 1909 में भारत वापसी की फिर सन् 1910 में गिजुभाई ने मुंबई में कानून की पढ़ाई की। फिर सन् 1913 में बढ़वान कैंप में हाईकोर्ट में वकालत प्रारंभ की। सन् 1915 में वे श्री दक्षिणा-मूर्ति भवन के कानूनी सलाहकार बने लेकिन महात्मा गाँधी की ही तरह वकालत की पारी को लंबी नहीं खींच सके और सक्रियताओं का नया क्षेत्र चुन लिया, जो बच्चों की शिक्षा का था।

दरअसल, उन दिनों देश में बच्चों की शिक्षा के प्रति जो उपदेशात्मक, अवैज्ञानिक, अव्यावहारिक रवैया अपनाया जाता था और जिस कारण अपनी किस्तों में हुई पढ़ाई के दौरान खुद गिजुभाई को भी नाना प्रकार की विडम्बनाएं झेलनी पड़ी थीं, उससे वे आन्तरिक और बाह्य रूप से बेहद आहत महसूस करते थे और चाहते थे कि जिन स्थितियों ने उन्हें इतना सताया, वे किसी और बच्चे को किंचित भी न सता सकें।

इसके लिए उन्होंने उनके उन्मूलन की दिशा में प्रयत्न शुरू किए तो उनमें ऐसे रम गये कि अनेक बच्चे उन्हें 'मूंछों वाली माँ' कहने लगे, जबकि बड़े 'बच्चों का गाँधी' या 'बाल शिक्षा का सूत्रधार' बताते हैं। उनके चित्त में बच्चों का यह शैक्षिक स्वतंत्रता संग्राम शुरू करने का विचार तब आया, जब अपने बेटे के दाखिले के लिए उपयुक्त विद्यालय की उनकी तलाश किसी मंजिल तक नहीं पहुँच सकी। यानि एक भी विद्यालय उनकी कसौटी पर खरा नहीं उतर पाया।

वे अपने खुद के अनुभव से जानते थे कि सख्त शिक्षकों व कठोर दंड की व्यवस्था के कारण विद्यालयों के प्रति बच्चों में फैले भय व अरुचि को दूर किए बिना बाल शिक्षा का उद्धार होने वाला नहीं है, इसलिए उन्होंने इसी बिंदु पर सबसे ज्यादा जोर दिया।

बच्चे स्कूल जाने से आनाकानी करने के बजाय उत्साह व उल्लास के साथ वहां जायें और जीवनोपयोगी शिक्षा ग्रहण करें, इसके लिए गिजुभाई ने कई क्रांतिकारी प्रयोग किए।

इन्हीं प्रयोगों में से एक था, मारिया मांटेसरी की शिक्षा पद्धति को ग्रामीण भारत के सीमित आर्थिक साधनों के अनुरूप ढ़ालकर इस्तेमाल में लाना। इस अनूठी पहल के तहत

उन्होंने 1920 में भावनगर में दक्षिणमूर्ति बालमंदिर नाम से जो पूर्व प्राथमिक विद्यालय यानी नर्सरी स्कूल खोला, उसमें पहली बार दो ढाई वर्ष के बच्चों के स्कूल जाने का रास्ता खुला, इससे पहले उन्हें छह-सात साल के होने पर स्कूल भेजा जाता था।

प्रसंगवश, दक्षिणमूर्ति बालमंदिर में उबाऊ पाठ्यपुस्तकों और तोतारटंत से पूरा परहेज बरता जाता था, बच्चों में सीखने की ललक पैदा कर क्रमिक विकास लाने के लक्ष्य को समर्पित इस विद्यालय में कहानियों, लोककथाओं, नाटकों, गायन, नृत्य और चित्रों की मार्फत उन्हें इस तरह शिक्षित करने पर जोर था कि खेल-खेल में ही बहुत कुछ सीख जायें और सीखने की परंपरा से चली आ रही त्रासद प्रक्रिया से उनका साक्षात्कार न हो। उन्होंने सन् 1920 में 'बाल मंदिर' की स्थापना की, जिसमें ढाई से छः वर्ष तक की आयु के बालकों की शिक्षा की व्यवस्था तथा वकालत छोड़कर पूर्णतः टेकड़ी पर स्थापित किया गया, जिसका उद्घाटन श्रीमति कस्तूरबा गांधी के कर कमलों से हुआ। गिजुभाई, शिक्षण की मांटेसरी पद्धति से बहुत प्रभावित थे, इसलिए उन्होंने भावनगर में प्रथम मांटेसरी सम्मेलन आयोजित किया, दूसरा अधिवेशन सन् 1928 में आयोजित किया गया, जिसकी अध्यक्षता स्वयं गिजुभाई द्वारा की गईं। गिजुभाई ने स्वतंत्रता आंदोलन में भी भाग लिया। 1925 में उन्होंने दक्षिणमूर्ति अध्यापक मंदिर भी स्थापित किया, जिसमें छह सौ से ज्यादा अध्यापकों को प्रशिक्षित कर उनकी सेवाओं का सदुपयोग सुनिश्चित किया गया।

बच्चों के लिए जरूरी साहित्य के सृजन का काम पिछड़े नहीं, इसके लिए गिजुभाई ने खुद भी बड़ा सृजनात्मक योगदान दिया, उन्होंने बाल कहानियाँ व बालगीत तो रचे ही, यात्राओं व साहसिक अभियानों पर भी पुस्तकें लिखीं।

उनकी लिखी पुस्तकों की कुल संख्या दो सौ बताई जाती है, उनकी लंबी कहानी 'दिवास्वप्न' को बालशिक्षा के नए रूप के संविधान और बाल साहित्य के सिरमौर जैसा आदर प्राप्त है। इसके द्वारा वे व्यवस्था देते हैं कि बच्चों के विद्यालयों को बालश्रम शोषण शिविर जैसा बनाने से रोकना और शारीरिक प्रताड़ना से मुक्त कराना चाहिए। सन् 1930 में गांधी जी के सत्याग्रह आंदोलन में भाग लेते हुए उन्होंने शरणार्थी शिविरों में साक्षरता की योजना चलाईं। गिजुभाई ने सन् 1916 से 1936 तक और सन् 1937 में उन्होंने स्वयं को बाल-मंदिर से अलग कर दिया और सन् 1938 में राजकोट में ''अध्यापन मंदिर'' की स्थापना की, जो उनकी शिक्षा के क्षेत्र में अंतिम भेंट थी। 23 जून, सन् 1939 को गिजुभाई का मुम्बई में देहावसान हो गया।

गिजुभाई के प्रकाशन (Publications of Giju Bhai)

गिजूभाई गुजरात के सशक्त और प्रभावी लेखक थे। उन्होंने लगभग 200 पुस्तकें लिखी हैं। अध्यापकों के लिए कुछ महत्वपूर्ण पुस्तके हैं-

1. प्राथमिक स्कूल में शिक्षा।
2. दिवास्वप्न (Daydream)।
3. आनन्दनी कौआ।
4. चालाक खरगोश।
5. बुढ़िया और बंदरिया।
6. माँ जया भाई सौ के साथ।

अध्यापक के कार्य (Role of the Teacher)

1. **अध्यापक बच्चों के व्यक्तित्व का आदर करें** (Respect to Children's Personality)-जिस तरह गिजुभाई को बच्चे, मूंछों वाली माँ बोलते थे। इससे यह प्रतीत होता है कि बच्चों का लगाव उनके साथ अटूट था और लगाव तभी होता है

जब एक दूसरे के व्यक्तित्व का आदर व सम्मान किया जाता है। अतः इस प्रकार अध्यापकों को बच्चों के व्यक्तित्व का सम्मान करना चाहिये।

2. **अध्यापक बच्चों के सीखने के लिए स्वतंत्रता का वातावरण प्रदान करें** (Teacher Provide Free Environment for Learning)-अध्यापकों को चाहिये कि वे बच्चों को स्वतंत्र वातावरण प्रदान करें ताकि बच्चे अपनी क्षमता के अनुसार सीखें। इसलिए बच्चों को स्वतंत्र वातावरण उपलब्ध कराना चाहिए।
3. **अध्यापक बच्चों के प्रति अति स्नेह रखें** (The Teacher should Affectionate with Children)-अध्यापक को सभी बच्चों से स्नेह करना चाहिये जिससे बच्चे अधिक से अधिक जिज्ञासु बनकर अपनी छिपी हुई इच्छाओं को शांत करने में सक्षम होते हैं।
4. **अध्यापक बच्चों की भावनाओं के प्रति संवेदनशील** (The Teacher More Respectful towards the Emotions of Child)-अध्यापक को चाहिये कि वे बच्चों की भावनाओं के प्रति संवेदनशील हो और बालक के भावनात्मक पक्ष को ध्यान में रख सकें। इस प्रकार बच्चें ज्यादा सीखनें में रुचि लेते हैं।

शिक्षाशास्त्रियों के अनुसार गिजुभाई

(Gijubhai according to Educationist)

कुछ लेखक गिजुभाई को बच्चों के लिए ईश्वर के अवतार की संज्ञा देते हैं क्योंकि उन्होंने बच्चों के लिए एक सुंदर तथा मनोहर संसार की परिकल्पना की है। उन्होंने अपने विद्यालय में अपने नए विचारों को साकार रूप प्रदान किया। भारतवर्ष में तो वे निस्संदेह पूर्व प्राथमिक शिक्षा के प्रतीक रूप में जाने जाते हैं, यहां पर अनेक कार्यों में कुछ विद्वानों के विचार दिए जा रहे हैं-

1. **गाँधी जी के विचार**-गाँधीजी ने जब बच्चों के व्यवहार के मानक निर्धारित करते हुए "बाल पोथी" लिखी तो गिजुभाई के कार्य के बारे में लिखा, "उनके उत्साह तथा लगन ने मुझे मुग्ध कर दिया है। उनका कार्य निश्चित रूप से बढ़ेगा।"
2. **काका कलेलकर का कथन**-काका कलेलकर निष्ठावान गाँधीवादी थे। उन्होंने कहा, गिजुभाई ने "माता-पिता को बाल पूजा की शिक्षा देकर बच्चों के कल्याण तथा स्वतंत्रता का मार्ग प्रशस्त किया।"
3. **मैडम मांटेसरी के विचार**-"गिजुभाई बालक की स्वतंत्रता तथा प्रसन्नता के पक्षधर थे।"

शिक्षण विधियाँ (Teaching Methods)

चूँकि गिजुभाई का लगाव बच्चों के प्रति बहुत ही संवेदनशील था इस प्रकार उन्होंने बच्चों के शिक्षण के लिए निम्न शिक्षण विधियों का वर्णन किया था-

1. **करके सीखने की विधि** (Learning by Doing)-गिजुभाई बालक के करके सीखने पर बल देते थे क्योंकि उनका विश्वास था कि बालक करके सीखते समय अपनी सारी ज्ञाननेद्रियों का प्रयोग करता है वह अच्छे प्रकार से सीखता है। इस प्रकार बच्चे के लिए करके सीखना ज्यादा लाभदायक है।

2. **खेल विधि** (Playway Method)-गिजुभाई चूँकि बच्चों को प्यार करते थे और उनकी संवेदनाओं का सम्मान करते हुए उन्हें खेलने के लिए प्रेरित करते थे। इस तरह उनका मत था कि बच्चे खेल-खेल में अत्यधिक सीखते हैं क्योंकि स्वतंत्र वातावरण में बच्चा अपनी रूचि के अनुसार सीखता है।
3. **कहानी विधि** (Story Telling Method)-जिस तरह गिजुभाई का लगाव बच्चों से था उस सन्दर्भ में कहानी विधि शिक्षण की उपयुक्त विधि तथा इस विधि के द्वारा कक्षा में बच्चे ध्यानपूर्वक सुनते है। और विषय वस्तु को समझते हैं।
4. **भ्रमण विधि** (Field trip Method)-वास्तविक रूप से अगर देखा जाये तो भ्रमण विधि के प्रतिपादक गिजुभाई थे। इस विधि के अनुसार बालक स्वतंत्र वातावरण ग्रहण करके स्वतंत्रता पूर्वक अवलोकन करता है और सुनने की अपेक्षा कुछ क्रिया करके सीखता है। इस विधि से बच्चा ज्यादा सोचता और समझता है।
5. **चित्र और मॉडल विधि** (Picture and Model Method)-चूँकि बच्चे चित्र और मॉडल बनाने के बहुत इच्छुक होते हैं। अगर अध्यापक बच्चों से चित्र बनवाकर फिर उन्हें पढ़ातें हैं तो इस प्रकार बच्चों की शिक्षण-अधिगम में सहभागिता अधिक से अधिक होगी जिसका परिणाम बच्चे विषय-वस्तु को अच्छी तरह से समझने में अधिक सक्षम होंगे।

शैक्षिक सिद्धांत (Educational Principle)

1. **व्यक्तित्व का सम्मान करना** (Respect to Individual)-गिजुभाई का शिक्षा के प्रति विशेष लगाव था। शिक्षा के प्रति लगाव का कारण था कि उन्होंने बचपन में जिस प्रकार की शिक्षा प्राप्त की थी वह बहुत यातनापूर्ण थी। इन्हीं कटु अनुभवों ने बचपन में शिक्षा के क्षेत्र में कार्य करने की प्रेरणा दी और उनका मानना था कि बालकों को कठोर अनुशासन में रखने के स्थान पर बालकों के व्यक्तित्व का सम्मान किया जाना चाहिए। इससे बच्चों के व्यक्तित्व का विकास भी होगा। उन्हें पूरी स्वतंत्रता देकर तथा उनके साथ दुलार भरा व्यवहार कर उनको शिक्षा दी जाए।
2. **सीखने पर बल** (Emphasis on Learning)-गिजुभाई ने छात्रों को प्राकृतिक रूप से सीखने-सिखाने की प्रक्रिया पर बल दिया है। वह मानते थे कि बालक प्रकृति की छाया में स्वयं को सहज महसूस करते हैं। इसलिए बालकों को प्रकृति के साथ जुड़कर सीखने के अवसर दिए जाने चाहिए।
3. **छात्रों को जानना** (Getting to know Students)-किसी भी क्षेत्र में सफलता के लिए व्यक्ति को उन लोगों के मनोविज्ञान की जानकारी होनी चाहिए। यदि शिक्षक को छात्रों के मनोविज्ञान की जानकारी नहीं होगी तो वह उन्हें क्या सिखाएगा? इसलिए एक शिक्षक के लिए विषय से अधिक छात्रों के विषय में ज्ञान होना चाहिए। बालक के संबंध में शिक्षक को उसके व्यवहार के मूल आधारों, रुचियों और मानसिक स्तर का ज्ञान होना चाहिए।
4. **स्वतंत्र वातावरण** (Autonomous Environment)-गिजुभाई का मानना था कि विद्यार्थियों को कक्षा में एक स्वतंत्र वातावरण मिलना चाहिए। बालक कक्षा में स्वयं को तनाव मुक्त और भयमुक्त अनुभव कर सकें ताकि बालक अपनी कक्षा में खुलकर अभिव्यक्ति कर सकें और वह अपने चारों ओर के वातावरण के साथ खुद को जोड़ पाए।

5. **मनोवैज्ञानिक व्यवहार** (Psychological Behaviour)-बधेका के अनुसार किसी भी क्षेत्र में सफलता प्राप्त करने के लिए वहाँ के मनोविज्ञान को समझना परमआवश्यक है। इसलिए शिक्षा के क्षेत्र में सफलता प्राप्त करने के लिए छात्रों के मनोविज्ञान को भी समझना आवश्यक है। उसके उपरांत ही छात्रों के साथ उनके स्तर के अनुसार व्यवहार किया जा सकता है।
6. **समानता की भावना का विकास** (To Develop the Sense of Equality)-गिजुभाई का विश्वास था कि समस्त जीव एक ही जीवन शक्ति से उत्पन्न हुये है। एक ही परम सत्ता है जिसकी सभी मनुष्य संतान है। सभी धर्म एक ही लक्ष्य की ओर संकेत करते हैं। किसी भी आधार पर मनुष्य के बीच किया गया भेदभाव उस परम-भक्ति को कष्ट देना है। इनका विचार था कि भले ही सबका रास्ता अलग-अलग हो परंतु सभी की मंजिल एक ही है। इसके आधार पर समता व समानता की भावना के विकसित करने का एकमात्र उद्देश्य होता था।

पाठ्यक्रम (Curriculum)

गिजुभाई के अनुसार पाठयक्रम से तात्पर्य यह है कि बालक का विद्यालय में प्रत्यक्ष एवं अप्रत्यक्ष रूप से प्राप्त होने वाले समस्त अनुभव जो उसके वांछित व्यवहार में परिवर्तन की दृष्टि से आवश्यक माने जाते हैं। अतः पाठ्यक्रम में निम्न बिन्दु को समाहित किया।

1. **पाठयक्रम रुचि-आधारित हो** (Curriculum Based on Interest)-पाठ्य वस्तु बालक की रुचि व रुझान के अनुसार निर्धारित की जानी चाहिए। गिजुभाई के अनुसार रुचि का कारण है विकास वृति ''भय व प्रीति के कारण जो रुचि पैदा होती है। वह तभी तक होती है, जब तक भय व प्रीति बनी रहती है। जैसे ही भय या प्रेम देने वाला दूर हुआ, रुचि भी खत्म हो जाती है। इसी प्रकार रुचि स्वयं की होनी चाहिये जिसमें निरंतर कार्य की ओर प्रेरित हो सके। उनका मानना था कि जो माता-पिता बच्चे को जबरदस्ती पढ़ाते हैं वे उनसे दूर होते जाते हैं। उनका यह भी मानना था कि कोई बालक पाठशाला के अयोग्य नहीं होता है। परंतु पाठशालाएँ उनके अनुरूप नहीं है। उनकी रुचि का वातावरण ना मिलने पर उनका मन विद्यालय से घटता जाता है।
2. **लड़के-लड़कियों हेतु समान पाठ्यक्रम** (Same Syllabus for Boys and Girls)-विद्यालय में पाठ्यक्रम के आधार पर किसी प्रकार का भेदभाव किया जाता है तो बालक के अधिगम में कई तरह की समस्याओं को जन्म दिया जाता है। बच्चा जो चाहे उसे वही पढ़ने के लिए प्रेरित करना चाहिये जिससे वह अधिक से अधिक कार्यों में प्रतिभागी बन सके।
3. **मिट्टी का काम** (Mud Work)-गिजुभाई मिट्टी के काम को बहुत महत्व देते थे। प्राथमिक विद्यालयों में आजकल मिट्टी के काम को लगभग कोई स्थान नहीं दिया जाता है। इनके अनुसार मिट्टी का महत्व बालक के सीखने में अधिक सहायक है। जैसे यदि बालक के मन मोर नाच रहा है। या गधा खेल रहा है। तो बालक पेपर और पेन से सही प्रकार से चित्रित नहीं कर पाता लेकिन मिट्टी से उसे चित्रित किया जाना आसान माना जाता है।

अतः इस प्रकार पाठ्यक्रम में उपरोक्त सभी बिन्दुओं को समाहित करना चाहिये जिससे बालक अपनी रुचि के अनुसार शिक्षण में भाग ले सके।

13

विभिन्न दर्शनशास्त्रियों का तुलनात्मक अध्ययन

(Comparative Study of Various Philosophers)

	रवीन्द्रनाथ टैगोर	*गिजुभाई बधेका*	*मारिया मांटेसरी*	*फ्रोबेल*	*महात्मा गांधी*
1. **जीवन परिचय** (Life History)	• टैगोर का जन्म 7 मई 1861 ई. में कलकत्ता में एक कुलीन परिवार में हुआ था। • इनकी शिक्षा का आरंभ घर में ही हुआ था। • इन्होंने शांतिनिकेतन की स्थापना की। • इसमें वे स्वयं भी अध्यापन कार्य करते थे।	• बधेका का जन्मः 15 नवंबर 1885 स्थानः चिंतल (सौराष्ट्र) सन् 1920 में इन्होंने बाल मन्दिर की स्थापना की। • इन्होंने भावनगर में प्रथम मांटेसरी सम्मेलन आयोजित किया।	• जन्मः 1870 में स्थानः इटली 24 वर्ष की आयु में रोम के विश्वविद्यालय से M.D. को उपाधि प्राप्त की। • इन्होंने मानसिक रूप से अक्षम बालकों के लिए ''शिशु गृह'' नामक विद्यालय की	• जन्मः 1782 ई. में जन्म स्थानः ओबेरवेस बाक नामक गाँव में। • बचपन में ही इनकी माता का स्वर्गवास हो गया। • यह एक जर्मन थे। • इन्हें अपने पिता से प्यार न मिला वह	• जन्मः 2 अक्तूबर, 1869 जन्मस्थानः काठियाबाड (पोरबंदर), गुजरात • 1887 में ये बैरिस्टर बनने के लिए इंग्लैंड गए। • 1891 में ये बेरिस्टर बनकर लौटे।

Contd.

	रवीन्द्रनाथ टैगोर	*गिजुभाई बधेका*	*मारिया मांटेसरी*	*फ्रोबेल*	*महात्मा गांधी*
	• 1919 में इन्होंने राजनीति के क्षेत्र में कार्य किया। • 1913 में उनको अपनी प्रसिद्ध रचना गीतांजलि के लिए नोबेल पुरूस्कार मिला।	• गिजुभाई ने स्वतंत्रता आंदोलन में भी भाग लिया। • 1938 में राजकोट में अध्यापन मंदिर की स्थापना की जो इनकी शिक्षा के क्षेत्र में अन्तिम भेंट थी। • 23 जून 1939 में मुंबई में देहवास हो गया।	स्थापना की तथा उन्होंने अपनी शिक्षा प्रणाली का नाम मांटेसरी पद्धति रखा। • 1952 में इनका देहांत हो गया।	जंगलों में घूमने लगे तथा प्रकृति का अध्ययन भी किया। • 18 वर्ष में उन्हें जैना विश्वविद्यालय भेजा गया। • 21 वर्ष की आयु में वह एक शिक्षक बने तथा 1826 में ''मनुष्यों की शिक्षा'' नामक पुस्तक प्रकाशित की। 1853 में इनका स्वर्गवास हो गया।	• 1903 में उन्होंने टॉलस्टॉय फार्म की स्थापना की। • गांधी जी ने जीवन के राजनीतिक, सामाजिक, सांस्कृतिक, आध्यात्मिक सभी क्षेत्रों में पूर्ण निष्ठा और आस्था के साथ काम किया। • 3 जनवरी 1948 को इनकी हत्या कर दी गई।
2. **शिक्षा का उद्देश्य** (Aim of Education)	• व्यावसायिक, सामाजिक विकास • बालक में विश्व बंधुत्व की भावना का विकास • व्यक्तित्व का विकास	• भय तथा तनाव से मुक्ति • समता व समानता की भावना का विकास • मनोविज्ञान की शिक्षा पर जोर	• बालक का सर्वांगीण. विकास • व्यावहारिकता का गुण उत्पन्न करना	• उत्तम चरित्र का निर्माण करना। • आध्यात्मिक विकास करना।	• आत्मनिर्भर बनाना • सर्वांगीण विकास • सांस्कृतिक शिक्षा • नैतिक चरित्रिक शिक्षा।

Contd.

	रवीन्द्रनाथ टैगोर	*गिजुभाई बधेका*	*मारिया मांटेसरी*	*फ्रोबेल*	*महात्मा गांधी*
3. **शिक्षक** (Teacher)	वे ज्ञानी, संयमी और बच्चों के प्रति समर्पित शिक्षकों को पसंद करते थे, मार्गदर्शक के रूप में, एक निर्माता के रूप में इत्यादि।	• व्यक्तित्व का सम्मान शिक्षक बच्चों के प्रति स्नेह रखते थे तथा वे बच्चों को स्वतंत्रता प्रदान करते थे • बच्चों के स्तर पर आना चाहिए।	इनके अनुसार शिक्षक को गौण स्थान दिया गया है तथा इन्होंने स्त्री शिक्षिकाओं की नियुक्ति पर बल दिया। • बच्चों के प्रति स्नेह होना चाहिए।	इनके अनुसार शिक्षक को एक निर्देशक, मित्र और पथ-प्रदर्शक के रूप में कार्य करना चाहिए।	• कार्य के प्रति समर्पण। • जन सेवा के लिए तत्पर • अध्यापक सदगुणों से संपन्न है। • मानवता की भावना होनी चाहिये। • बच्चों के मार्गदर्शक के रूप में।
4. **शिक्षण पद्धति** (Teaching Method)	वाद-विवाद, प्रश्नोत्तर विधि, भ्रमण विधि, खेल विधि, क्रियाकलाप विधि, ह्यूरिस्टक विधि।	कहानी कथन, चित्र. एवं मॉडल विधि, करके सीखने की विधि, अवलोकन विधि, इत्यादि।	लिखने-पढ़ने व गणित की शिक्षा, ज्ञानेन्द्रियों की शिक्षा, करके सीखना, इत्यादि।	स्वतंत्रता का सिद्धांत, खेल द्वारा शिक्षा का सिद्धांत, आत्मक्रिया का सिद्धांत। किण्डर-गार्टन विधि, खेल विधि इत्यादि।	शिक्षा आधारभूत शिल्प के माध्यम से दी जानी चाहिए, करके सीखना, अनुभव द्वारा सीखना, इत्यादि।
5. **पाठ्यक्रम** (Curriculum)	• पाठ्यक्रम ऐसा हो जिससे बालक का सर्वांगीण विकास हो। • समुदाय सेवा	• रुचि पर आधारित • लड़के व लडकियों के लिए समान पाठ्यक्रम	• पाठ्यक्रम बालक की नैसर्गिक योग्यताओं रुचियों और मनोवैज्ञानिक	• पाठ्यक्रम के सभी विषय में एकता का संबंध होना है। • पाठयक्रम में आध्यात्मिकता पर बल	पाठ्यक्रम ऐसा हो जिससे बच्चा आत्मनिर्भर बन सके जैसे-कृषि, हस्तशिल्प, कताई-बुनाई इत्यादि।

Contd.

	रवीन्द्रनाथ टैगोर	*गिजुभाई बधेका*	*मारिया मांटेसरी*	*फ्रोबेल*	*महात्मा गांधी*
	• व्यवहारिक पक्ष पर बल।	• मिट्टी के काम पर बल।	आवश्यकता के अनुसार होना चाहिए।		
6. **अनुशासन**	• अनुशासन प्रकृति पर निर्भर करता है। • स्वअनुशासित हो। • लोकतांत्रिक हो। • बालक को स्वतंत्रता प्रदान करना। • जिज्ञासु प्रवृत्ति	• स्वअनुशासन पर जोर। • लोकतांत्रिक अनुशासन।	• स्वअनुशासन पर बल।	• आत्म-क्रिया तथा आत्म नियंत्रण द्वारा स्वअनुशासित होने का विचार दिया।	• स्वअनुशासन। • श्रद्धा और विश्वास पर अधिक बल दिया।
7. **छात्र** (Student)	• व्यक्तिगत शिक्षा पर बल। • छात्र स्वयं से प्रेरित होकर गुरु से सीखने के लिए आगे बढ़ना।	• छात्र जिज्ञासु प्रवृत्ति का हो। • आज्ञाकारी होना। • कक्षा में अनुशासित। • स्वतंत्र प्रवृत्ति।	• छात्र स्वतंत्र प्रवृत्ति का होना चाहिये। • हर तरफ से सीखने की जिज्ञासा हो। • स्वअनुशासित हो।	• छात्र की स्वतंत्रता। • छात्र ह्रष्ट-पुष्ट होना चाहिए। • सोचने समझने के साथ करने का जिज्ञासु हो।	• छात्र स्वतंत्र हो। • छात्र जिज्ञासु प्रवृत्ति के हों। • सीखने के प्रति विश्वास हो। • अध्यापक के प्रति समर्पित हों।

इकाई–II

शिक्षा और समाज–शास्त्र
(Education and Sociology)

प्रस्तुत इकाई **शिक्षा और समाजशास्त्र** की भूमिका भी अधिगम प्रक्रिया में महत्वपूर्ण है। दोनों के सम्प्रत्य को बिना जाने अधिगम प्रक्रिया को प्रभावशाली तरीके से सम्पन्न नहीं किया जा सकता है। क्योंकि शिक्षण प्रक्रिया एक सामाजिक प्रक्रिया है और सामाजिक प्रक्रिया को सुचारू रूप से चलाने के लिए समाज व समाज के स्वरूप को समझना अति आवश्यक है। शिक्षा समाज का किस प्रकार से मार्गदर्शन करती है तथा समाज शिक्षा को किस प्रकार स्वीकार करके विकसित हो पाता है, इन दोनों के अन्तर्सम्बन्ध को समझना आवश्यक हो जाता है। इस प्रकार इस इकाई में समाज की संरचना के साथ–साथ उसका अर्थ और शैक्षिक समाजशास्त्र को भी समझने में सक्षम हो पाते हैं। इस इकाई की एक महत्वपूर्ण भूमिका यह है कि यह बालक के समाजीकरण की पूरी प्रक्रिया तथा समाजीकरण के उद्देश्य व विभिन्न प्रकार के अभिकरणों की पूर्ण रूप से भूमिका की व्याख्या करती है।

अत: प्रस्तुत इकाई प्रशिक्षणार्थियों के लिए समाज और उसके विभिन्न पहलुओं को समझने में मददगार होगी और शिक्षा से किस प्रकार सम्बन्धित है, इसका विवरण समझने के साथ–साथ शिक्षण के दौरान बच्चों के साथ प्रभावशाली तरीके से जुड़कर शिक्षण प्रक्रिया को और रुचिपूर्ण बनाकर, बच्चों के विकास में एक मील का पत्थर साबित होगी। इस प्रकार बच्चों/छात्रों के दृष्टिकोण को समझा जा सकता है अर्थात् एक शिक्षक बच्चों की ज़रूरतों को समझकर उनके अनुसार ही एक शिक्षण अधिगम प्रक्रिया को सुचारू व प्रभावशाली तरीके से चलाने में सक्षम हो सकेगा तथा बच्चों के साथ जुड़कर उनके सर्वांगीण विकास में सहयोगी सिद्ध हो सकेगा।

इस प्रकार यह इकाई प्रशिक्षार्थियों के लिए भविष्य में शिक्षण अधिगम प्रक्रिया को व्यवस्थित विधि से सम्पन्न करने में अपनी अकथनीय भूमिका का निर्वाह कर पायेगी। अन्त में शिक्षा व शिक्षण अधिगम प्रक्रिया के सम्प्रत्य को गहराई से समझने व समझाने में भी महत्वपूर्ण योगदान करेगी।

14

समाज शास्त्र
(Sociology)

समाज शास्त्र का अर्थ (Meaning of Sociology)

सोसियोलॉजी (Sociology) शब्द का हिन्दी रूपान्तर समाजशास्त्र है। समाजशास्त्र एक पुराना अनुशासन है। शाब्दिक अर्थ में समाजशास्त्र का अर्थ है समाज का विज्ञान। इसके लिए प्रयुक्त अंग्रेजी शब्द सोसियोलॉजी लैटिन शब्द Socio (समाज) और ग्रीक शब्द Logus (विज्ञान) दो शब्दों में मिलकर बना है। जिसका अर्थ है समाजशास्त्र अर्थात् समाज का विज्ञान।

सोसियोलॉजी (Sociology) शब्द का प्रयोग सबसे पहले एक फ्रांसीसी दार्शनिक अगस्त कॉम्टे (August Comte) ने अपने भाषाणों में सन् 1837 ई. में किया था। उन्होंने विज्ञानों की एक सीढ़ी बनाई और इस क्रम में समाजशास्त्र को मुख्य स्थान देते हुए बताया कि समाजशास्त्र एक व्यापक विज्ञान है। यह सभी विज्ञानों का समन्वय है तथा इसका प्रयोग सामाजिक पुनर्निमाण में होना चाहिए। चूँकि कॉम्टे ने समाज के वैज्ञानिक अध्ययन की सबसे पहले कल्पना की, इसलिए उन्हें समाजशास्त्र का जन्मदाता माना जाता है। कॉम्टे के अतिरिक्त इस विषय के दूसरे प्रवर्तकों ने भी इसकी प्रगति में महत्वपूर्ण योगदान दिया। परिणामस्वरूप सोसियोलॉजी (Sociology) को एक स्वतंत्र विषय के रूप में मानकर इसके वैज्ञानिक अध्ययन पर बल दिया जाने लगा।

प्राचीन काल से समाज शब्द का प्रयोग मनुष्य के समूह विशेष के लिए होता आ रहा है। जैसे भारतीय समाज, ब्राह्मण समाज, वैश्य समाज, जैन समाज, शिक्षित समाज, धनी समाज आदि। समाज के इस व्यवहारिक पक्ष का अध्ययन सभ्यता के विकास के साथ-साथ प्रारंभ हो गया था। हमारे यहाँ के आदि ग्रंथों और वेदों में मनुष्य के सामाजिक जीवन पर पर्याप्त प्रकाश डाला गया है।

मानव एक सामाजिक प्राणी है। वह समाज में ही जन्म लेता है और समाज में ही विकसित होता है। बिना समाज के व्यक्ति का कोई जीवन ही नहीं है। यही कारण है कि प्रत्येक देश तथा काल में व्यक्ति ने अपने मित्रों तथा साथियों के सम्पर्क में रहने की इच्छा प्रकट की है। यह इच्छा केवल सामाजिक सम्पर्कों (Social Contacts) के द्वारा ही पूरी हो सकती है। अत: व्यक्ति तथा समूह में सदैव अन्त: क्रिया (Interaction) हुई है, हो रही है तथा होती रहेगी। इस परस्पर होने वाली अन्त: प्रक्रिया में अनेक सामाजिक प्रक्रियाएँ तथा सामाजिक तत्व सम्मिलित होते हैं। ये सभी सामाजिक तत्व समाजशास्त्र की विषय-वस्तु हैं।

विभिन्न विद्वानों ने समाजशास्त्र को एक सामाजिक विषय के रूप में अपने-अपने तरीकों से परिभाषित करने का प्रयास किया है। जो निम्नवत हैं-

वार्ड के अनुसार, "समाजशास्त्र समाज का विज्ञान है।"

गिडिंग्स के अनुसार, "समाजशास्त्र समाज का वैज्ञानिक अध्ययन है।"

मैक्स वेबर के अनुसार, "समाजशास्त्र वह विज्ञान है जोकि सामाजिक क्रिया के व्याख्यात्मक बोध को प्रस्तुत करने का प्रयास करता है, जिससे उसकी प्रक्रिया व प्रभावों की बुद्धिसंगत व्याख्या की जा सके।"

जॉनसन के अनुसार "समाजशास्त्र सामाजिक समूहों का विज्ञान है।"

हरबर्ट स्पेंसर के अनुसार "समाजशास्त्र सामाजिक प्रघटना का विज्ञान है।"

दुर्खीम के अनुसार "समाजशास्त्र सामूहिक प्रतिनिधानों का विज्ञान है।"

राबर्ट के अनुसार, "समाजशास्त्र सामूहिक व्यवहार का विज्ञान है।"

समाजशास्त्र की अवधारणा (Concept of Sociology)

I. समाजशास्त्र समाज का अध्ययन है (Sociology is study of society.)

अधिकांश विद्वान जैसे ओडिम, वार्ड, जिसबर्ट, गिडिंग्स आदि समाजशास्त्र को समाज के अध्ययन या समाज के विज्ञान के रूप में परिभाषित करते हैं। यही दृष्टिकोण अधिकांश प्रारंभिक समाजशास्त्रियों का भी रहा है। जिन्होंने समाज को समग्र रूप में अर्थात् इसे एक संपूर्ण इकाई मानकर अध्ययन करने पर बल दिया है।

ओडम के अनुसार "समाजशास्त्र वह विज्ञान है जो समाज का अध्ययन करता है।"

वार्ड के अनुसार, "समाजशास्त्र समाज का विज्ञान है।"

समाज का अर्थ सामाजिक संबंधों की एक व्यवस्था, जाल अथवा ताने-बाने से है इससे किसी समूह के सदस्यों के बीच पाए जाने वाले पारस्परिक अंतर्संबंधों की जटिलता का बोध होता हैं। अन्य शब्दों में जब सामाजिक संबंधों की एक व्यवस्था पनपती है, तभी हम उसे समाज कहते हैं।

विज्ञान क्रमबद्ध ज्ञान या किसी तथ्य अथवा घटना से संबंधित वस्तुनिष्ठ रूप से जानकारी प्राप्त करने का एक तरीका है। इसमें अवलोकन, परीक्षा, प्रयोग, वर्गीकरण तथा विश्लेषण द्वारा वास्तविकता को समझने का प्रयास किया जाता है।

यह प्रघटना के पीछे छिपे तथ्य अथवा वास्तविकता को प्राप्त करने का एक मार्ग है। इस प्रकार, जब हम समाजशास्त्र को समाज का विज्ञान कहते हैं तो हमारा तात्पर्य ऐसे विषय से है जो समाज तथा इसके विभिन्न पहलुओं का क्रमबद्ध अध्ययन करता है।

II. समाजशास्त्र सामाजिक संबंधों का अध्ययन है
(Sociology is study of social relations.)

कुछ विद्वानों यथा मैकाइवर एवं पेज, क्यूबर, गेज, सिमेल, ग्रीन आदि से समाजशास्त्र को सामाजिक संबंधों के क्रमबद्ध अध्ययन के रूप में परिभाषित किया है।

सामाजिक संबंधों से हमारा अभिप्राय दो अथवा दो से अधिक ऐसे व्यक्तियों के संबंधों से है जिन्हें एक-दूसरे का आभास है तथा जो एक-दूसरे के लिए कुछ न कुछ कार्य कर रहे हैं। यह जरूरी नहीं है कि संबंध मधुर तथा सहयोगात्मक ही हों, ये संघर्षात्मक या तनावपूर्ण भी हो सकते हैं।

समाजशास्त्री इन दोनों तरह से संबंधों का अध्ययन करते हैं। सामाजिक संबंध उसी परिस्थिति में पाए जाते हैं जिसमें दो या अधिक व्यक्ति अथवा दो या अधिक समूह परस्पर अंतर्क्रिया में भाग लें।

सामाजिक संबंध तीन प्रकार के हो सकते हैं

1. व्यक्ति तथा व्यक्ति के बीच
2. व्यक्ति तथा समूह के बीच
3. एक समूह और दूसरे समूह के बीच
   - पति-पत्नी, भाई-बहन, पिता-पुत्र के संबंध पहली श्रणी (प्रथम श्रेणी) के उदाहरण हैं।
   - छात्रों का अध्यापक के साथ संबंध दूसरी श्रेणी का उदाहरण हैं।
   - एक टीम का दूसरी टीम अथवा एक राजनीतिक दल का दूसरे राजनीतिक दल से संबंध तीसरी श्रेणी का उदाहरण है।

मैकाइवर एवं पेज के अनुसार समाजशास्त्र सामाजिक संबंधों के विषय में है। संबंधों के इस जाल को हम 'समाज' कहते हैं।

सामाजिक संबंधों के अध्ययन के रूप में समाजशास्त्र को परिभाषित करने वाली उपर्युक्त परिभाषाओं से स्पष्ट पता चलता है कि समाजशास्त्र की मुख्य विषयवस्तु व्यक्तियों में पाये जाने वाले सामाजिक संबंध है।

III. समाजशास्त्र सामाजिक जीवन, घटनाओं एवं कार्यों का अध्ययन है

(Sociology is study of social life, Incidents and works.)

कुछ विद्वानों यथा ऑर्गबर्न एवं निमकॉफ, बेनेट एवं ट्यूमिन, किंबल यंग, सोरोकिन आदि ने समाजशास्त्र को सामाजिक जीवन, व्यक्तियों के व्यवहार एवं उनके कार्यों तथा सामाजिक घटनाओं के अध्ययन के रूप में परिभाषित किया है।

ऑर्गबर्न एवं निमकॉफ के अनुसार ''समाजशास्त्र सामाजिक जीवन का वैज्ञानिक अध्ययन है।''

सामाजिक विज्ञान होने के नाते समाजशास्त्र समाज के अन्य विज्ञानों तथा राजनीतिशास्त्र, अर्थशास्त्र, मनोविज्ञान, मानवशास्त्र आदि से भिन्न है। इसमें हम सामाजिक जीवन का ही अध्ययन करते हैं। इसके साथ ही साथ सामाजिक व्यवहार एवं सामाजिक कार्यों का अध्ययन भी इस विषय को अन्य सामाजिक विज्ञानों से पृथक करता है। सामाजिक व्यवहार का अर्थ ऐसा व्यवहार है जो अन्य व्यक्तियों के व्यवहार या उनकी प्रत्याशित अनुक्रिया को ध्यान में रखकर किया जाता है।

IV. समाजशास्त्र सामाजिक समूहों का अध्ययन है

(Sociology is study of social groups.)

व्यक्ति समाज में अकेला नहीं रहता अपितु अन्य व्यक्तियों के साथ रहता है। वास्तव में, व्यक्ति का जीवन विभिन्न सामाजिक समूहों का सदस्य होने के कारण ही संगठित जीवन है।

हेरी.एम. जॉनसन के अनुसार-समाजशास्त्र सामाजिक समूहों, उनके आंतरिक स्वरूपों या संगठन के स्वरूपों, उन प्रक्रियाओं जो उसे संगठन में बनाए रखती है या परिवर्तित करती है और समूहों के बीच पाए जाने वाले संबंधों का अध्ययन करने का विज्ञान है।''

जॉनसन की परिभाषा से हमें पता चलता है कि समाजशास्त्र सामाजिक समूहों, इनमें पाए जाने वाले संगठनों तथा इनसे संबंधित प्रक्रियाओं का अध्ययन है। जब दो या दो से अधिक व्यक्ति किसी लक्ष्य या उद्देश्य को पाने के लिए एक-दूसरे को प्रभावित करते हैं या अंतर्क्रिया करते हैं और इसके परिणामस्वरूप उनके मध्य सामाजिक संबंध स्थापित होता है तभी उन व्यक्तियों के संग्रह को समूह कहा जा सकता है इस प्रकार समूह के तीन तत्व हो सकते हैं

- प्रथम-दो या दो अधिक व्यक्ति का संग्रह
- द्वितीय-उनमें प्रत्यक्ष या अप्रत्यक्ष संबंधों का होना
- तृतीय-उनकी क्रियाओं का आधार सामान्य हित या उद्देश्य का होना।

सभी समूह सामाजिक संबंधों के संकाय होते हैं। इस अर्थ में किसी भी समूह में उनके सदस्यों के बीच में कुछ लक्ष्यों की प्राप्तियों के लिए आंशिक सहयोग निहित करता है। समूह के सहकारिता पक्ष का यह अर्थ नहीं है कि इसके सदस्यों के बीच वैमनस्य हो ही नहीं सकता। एक समूह में प्रतिद्वंदिता और स्थायी घृणा का बाजार गर्म हो सकता है। जैसे कि कुछ परिवार होते हैं, लेकिन वह फिर भी समूह बना रहता है। उसके सदस्य भी यदा कदा अपनी अंतर्क्रियाओं में कतिपय लक्ष्यों की प्राप्ति के लिए सहयोग करते रहते हैं।

समाजशास्त्र, व्यक्ति-व्यक्ति के परस्पर संबंधों की अपेक्षा समूह-समूह के परस्पर संबंधों तथा एक जाति से दूसरी जातियों से संबंध तथा एक वर्ग से दूसरे वर्गों से संबंध को अधिक महत्व देता है।

समाजशास्त्र का महत्व (Importance of Sociology)

समाजशास्त्र के महत्व को समझने के लिए आवश्यक है कि समाजीकरण और उसके महत्व को भी ध्यान में रखा जाये। समाजीकरण का अर्थ साधारण रूप में समाज के रीति-रिवाजों, संस्कृति, मान्यताओं और समाज के सभी तौर-तरीकों से अवगत होना है। अब प्रश्न उठता है कि इन सभी को जानना क्यों आवश्यक है? उदाहरण के रूप में देखते हैं कि एक ड्राईवर जिसे गाड़ी चलाने की समझ नहीं उसे पूरे सफर में डर बना ही रहेगा कि पता नहीं गाड़ी कब बन्द हो जाये? इस तरह ड्राईवर का पूरा सफर डरमय बन जाता है और यदि वह गाडी चलाने के पहले अच्छे से समझ लेता है कि गियर कब बदलना है? पैट्रोल, हवा और स्टैपनी है तो वह गाड़ी को हँसी खुशी चलाता है और सफर को भयमुक्त होकर सुखद रूप से पूरा करता है। इसी प्रकार बालक को समाज में रहना है यदि वह समाज के हर मुद्दे को नहीं समझता है तो वह सदैव डरकर ही रहता है या मनमानी करता है तो वह जीवन के सफर को समाज में सुखद रूप से व्यतीत नहीं कर पाता है। अतः समाज में सुखद जीवन के लिए समाज के सभी तौर-तरीकों और अन्य महत्वपूर्ण मुद्दों को जानना ही नहीं बल्कि समझना अनिवार्य हो जाता है। जिसमें बालक/व्यक्ति समाज में डरमुक्त होकर अपना जीवन व्यतीत करता है इसके विपरीत डर के कारण बालक का समाज में प्राकृतिक रूप में विकास नहीं हो पाता है जिसका भुगतान समाज व बालक दोनों को प्रत्यक्ष और अप्रत्यक्ष रूप से करना पड़ता है।

सभी युगों और मानव समाजों के इतिहास में विभिन्न प्रजातियाँ दिखाई देती हैं समाजशास्त्र के उद्‌भव से पहले समाज का अध्ययन अवैज्ञानिक तरीके से किया गया था और समाज कभी भी किसी भी विज्ञान की केंद्रीय चिंता नहीं थी। समाजशास्त्र के अध्ययन के माध्यम से वास्तव में समाज का वैज्ञानिक अध्ययन संभव हो गया है।

समाजशास्त्र अकेले समाजिक संबंधों द्वारा समाज का ही अध्ययन करता है। समाजशास्त्र सामाजिक रिश्तों में दिलचस्पी रखता है इसलिए नहीं कि वे आर्थिक या राजनीतिक, धार्मिक या कानूनी हैं बल्कि इसलिए कि वे एक ही समय में सामाजिक हैं।

समाजशास्त्र अध्ययन करता है कि कैसे संबंध गठबंधन करते हैं, कैसे वे छोटे या बड़े तंत्र (System) का निर्माण करते हैं और कैसे वे परिवर्तन और जरूरतों या माँगों को बदलते हैं। इसलिए समाजशास्त्र का अध्ययन अनिवार्य रूप से विश्लेषणात्मक है।

वर्तमान दुनिया की कई समस्याओं पर इसका असर होने के कारण समाजशास्त्र का इतना बड़ा महत्व माना है कि इसे सभी सामाजिक विज्ञानों के लिए सबसे अच्छा तरीका माना जाता है। गिडिंग्स ने ठीक ही कहा है, 'समाजशास्त्र हमें बताता है कि हम कैसे बनना चाहते हैं।'

अत: समाजशास्त्र के महत्त्व को हम अग्रलिखित बिन्दुओं के आधार पर और स्पष्टता से समझ सकते हैं।

1. **समाजशास्त्र वैज्ञानिक तरीके से समाज का अध्ययन करता है** (Sociology studies the Society in a Scientific Way)-समाजशास्त्र के उद्‌भव से पहले मानव समाज का अध्ययन उसकी सभी जटिलताओं के साथ व्यवस्थित और वैज्ञानिक प्रयास नहीं था। समाजशास्त्र ने वैज्ञानिक तरीके से समाज का अध्ययन करना संभव बना दिया है। विभिन्न क्षेत्रों में प्रगति हासिल करने के लिए मानव समाज के बारे में इस वैज्ञानिक ज्ञान की आवश्यकता है।
2. **समाजशास्त्र मनुष्य के सामाजिक स्वरूप पर अधिक प्रकाश डालता है** (Sociology throws Light on the Role of Man in Society)- समाजशास्त्र मनुष्य के सामाजिक स्वभाव में गहराई तक फैला है। यह बताता है कि मनुष्य एक सामाजिक प्राणी क्यों है? वह एक समूह, समुदायों और समाजों में क्यों रहता है? यह व्यक्ति और समाज के बीच संबंध, मनुष्य और अन्य मामलों पर समाज के प्रभाव की जांच करता है।
3. **समाजशास्त्र सामाजिक क्रिया की शक्ति को बढ़ाता है** (Enhance Social Actions)-समाज का विज्ञान एक व्यक्ति को स्वयं अपनी क्षमताओं, प्रतिभाओं और सीमाओं को समझने में सहायता करता है। यह उसे खुद को वातावरण में समायोजित करने में सक्षम बनाता है। समाज, सामाजिक समूहों, सामाजिक संस्थाओं, संघों, उनके कार्यों आदि का ज्ञान हमें एक प्रभावी सामाजिक जीवन जीने में मदद करता है।
4. **समाजशास्त्र व्यक्तियों के विकास में संस्थानों की भूमिका का अध्ययन करता है** (Study the Role of Social Institution)-यह समाजशास्त्र के माध्यम से संभव है कि सामाजिक संस्थानों के वैज्ञानिक अध्ययन और प्रत्येक संस्थाओं के साथ व्यक्ति के संबंध बनाए जाते हैं। घर और परिवार, स्कूल और शिक्षा, चर्च और

धर्म, राज्य और सरकार, उद्योग और कार्य, समुदाय और संघ, ये ऐसे संस्थान है जिनके माध्यम से समाज कार्य करता है। समाजशास्त्र इन संस्थानों और व्यक्ति के विकास में इनकी भूमिका का अध्ययन करता है और उन्हें व्यक्तिगत रूप से बेहतर सेवा करने के लिए सक्षम बनाता है और उन्हें मजबूत बनाने के लिए उपयुक्त उपाय सुझाता है।

5. **समाज की समझ और योजना के लिए समाजशास्त्र का अध्ययन अपरिहार्य है** (Beneficial in Understanding and Planning of Society)–समाज सामाजिक सम्बन्धों का तानाबाना है। समाजशास्त्र के समर्थन के बिना इसकी कई समस्याओं को समझना और हल करना असंभव है। यह ठीक ही कहा गया है कि हम समाज को उसके तंत्र और निर्माण के किसी भी ज्ञान के बिना समझ नहीं सकते हैं। समाजशास्त्र द्वारा की गई जाँच के बिना कोई वास्तविक प्रभावी सामाजिक योजना संभव नहीं होगी। यह हमें उन लक्ष्यों तक पहुँचनें के लिए सबसे कुशल साधनों को निर्धारित करने में मदद करता है, जिन पर सहमति व्यक्त की गई है। किसी भी सामाजिक नीतियों को चलाने से पहले समाज के बारे में एक निश्चित मात्रा में ज्ञान आवश्यक है।
6. **सामाजिक समस्याओं के समाधान में समाजशास्त्र का बहुत महत्व है** (Provides Solutions to Social Problems)–वर्तमान दुनिया कई समस्याओं से पीड़ित है जिन्हें समाज के वैज्ञानिक अध्ययन के माध्यम से हल किया जा सकता है। वैज्ञानिक अनुसंधान के तरीकों के माध्यम से सामाजिक समस्याओं का अध्ययन करना और उनके समाधान का पता लगाना समाजशास्त्र का कार्य है। मानवीय मामलों का वैज्ञानिक अध्ययन अंततः ज्ञान और सिद्धातों को समाधान प्रदान करेगा जो हमें सामाजिक जीवन की स्थितियों को नियंत्रित करके उन्हें सुधारने में सक्षम करेगा।
7. **समाजशास्त्र ने मनुष्य के आंतरिक मूल्य और गरिमा की ओर हमारा ध्यान आकर्षित किया है** (Calling Attention Towards Intrinsic Value and Dignity)–मानव के प्रति हमारे दृष्टिकोण को बदलने में समाजशास्त्र का महत्वपूर्ण योगदान रहा है। एक विशेष समाज में हम सभी पूरे संगठन और संस्कृति की मात्रा तक सीमित हैं जिसे हम सीधे अनुभव कर सकते हैं। हम अन्य क्षेत्रों के लोगों को शायद ही जान सकें। उन उद्देश्यों के बारे में जानकारी प्राप्त करना और उनकी प्रशंसा करना, जिनके द्वारा दूसरे जीते हैं और जिन शर्तों के तहत वे समाजशास्त्र का ज्ञान रखते हैं, वे आवश्यक हैं।
8. **समाजशास्त्र ने अपराध की समस्याओं के संबंध में हमारे दृष्टिकोण को बदल दिया है** (Changed Our Approach to the Problem of Crime)–यह समाजशास्त्र के अध्ययन के माध्यम से है कि अपराध के विभिन्न पहलुओं पर हमारा पूरा दृष्टिकोण बदल गया है। अपराधियों को अब मानसिक कमियों से पीड़ित मानव के रूप में माना जाता है और तदानुसार समाज के उपयोगी सदस्यों के रूप में उनके पुनर्वास के प्रयास किए जाते हैं।

9. **मानव संस्कृति को समृद्ध करने के लिए समाजशास्त्र ने महान योगदान दिया है** (Contributed in Development of Human Culture)-समाजशास्त्र के योगदान ने मानव संस्कृति को समृद्ध बनाया है। सामाजिक घटना को अब वैज्ञानिक ज्ञान और जांच के प्रकाश में समझा जाता है।

   समाजशास्त्र ने हमें स्वयं, किसी के धर्म, रीति-रिवाजों, नैतिकता और संस्थाओं से संबंधित प्रश्नों के बारे के तर्कसंगत दृष्टिकोण का प्रशिक्षण दिया है। इसने हमें उद्देश्यपूर्ण, आलोचनात्मक और विवादास्पद होना सिखाया है। यह मनुष्य को स्वयं की और दूसरों की बेहतर समझ रखने में सक्षम बनाता है। अपने अस्तित्व के अलावा अन्य समाजों और समूहों के तुलनात्मक अध्ययन से, उनका जीवन समृद्ध और अधिक से अधिक पूर्ण हो जाता है। समाजशास्त्र संकीर्ण व्यक्तिगत पूर्वाग्रहों, महत्वांकाक्षाओं और वर्ग की घृणा पर काबू पाने की आवश्यकता पर भी प्रभाव डालता है।

10. **अंतर्राष्ट्रीय समस्याओं के समाधान में समाजशास्त्र का बहुत महत्व है** (Crucial Role in solving the International Problems)-भौतिक विज्ञान द्वारा की गई प्रगति ने दुनिया के देशों को एक-दूसरे के करीब ला दिया है। लेकिन सामाजिक क्षेत्र में विज्ञान की क्रांतिकारी प्रगति से दुनिया पीछे रह गई है। दुनिया राजनीतिक रूप से तनाव और संघर्ष को जन्म दे रही है। हम भौतिक प्रगति के बावजूद अंतर्राष्ट्रीय स्तर पर शांति लाने में विफल रहें हैं। समाजशास्त्र अंतर्निहित कारणों और तनावों को समझने में हमारी मदद कर सकता है।

12. **समाज के अध्ययन ने सरकारों को आदिवासी और हाशिए के समुदायों के कल्याण को बढ़ावा देने में मदद की है** (Study of Society has provided to Government the Ways to Uplift Tribal and Marginal Groups)-आदिवासी और हाशिए के समुदाय कई सामाजिक-आर्थिक और सांस्कृतिक समस्याओं का सामना करते हैं। आदिवासी समाजों और समस्याओं के बारे में समाजशास्त्रियों और मानवविज्ञानी द्वारा किए गए अध्ययनों ने कल्याणकारी उद्देश्यों के लिए सामाजिक कल्याण उपायों और कार्यक्रमों को शुरू करने में सरकारों की मदद की है।

15

शिक्षा व समाजशास्त्र का संबंध

(Relationship between Sociology and Education)

शिक्षा हर जगह मानव समाज की बुनियादी गतिविधियों में से एक बन गई है। एक समाज का निरंतर अस्तित्व, युवा के लिए अपनी विरासत के प्रसारण पर निर्भर करता है। यह आवश्यक है कि युवाओं को समाज के तौर-तरीकों और अपेक्षाओं के अनुसार प्रशिक्षित किया जाए ताकि वे वांछित तरीके से व्यवहार करेंगे।

इस आवश्यकता को पूरा करने के लिए सभी समाजों के अपने तरीके और साधन हैं। 'शिक्षा' को एक प्रक्रिया के रूप में इस जरूरत को पूरा करने के लिए प्रभावी साधन के रूप में पहचाना व समझा गया है।

शिक्षा (Education)

शिक्षा शब्द लैटिन (Latin) भाषा के शब्द 'Educare' से बना है जिसका अर्थ है 'ऊपर लाना' (To bring up) और यह क्रिया 'Educare' से जुड़ा है जिसका अर्थ है 'आगे आना'.

शिक्षा अपने व्यापक (Widest) अर्थ में, निरन्तर चलने वाली सोद्देश्य सामाजिक प्रक्रिया है, जो मनुष्य की आन्तरिक शक्तियों, उसके ज्ञान एवं कौशल में वृद्धि करके व्यवहार में परिवर्तन करती है।

शिक्षा द्वारा मानव समाज के वयस्क सदस्यों के जीवन में अपने आदर्शों के अनुसार आने वाली पीढ़ी के विकास को आकार देने का एक प्रयास शामिल है।

शिक्षा और समाजशास्त्र अंतरंग रूप से संबंधित है। शिक्षा समाज के प्रमुख संस्थानों में से एक है। शैक्षिक गतिविधियाँ मनुष्य की सामाजिक गतिविधियों का एक हिस्सा है। इस तरह से शिक्षा समाजशास्त्र की एक शाखा के रूप में प्रकट होती है।

शिक्षा का समाजशास्त्र (Sociology of Education)

समाजशास्त्र और शिक्षा के बीच का सेतु शायद 'शिक्षा का समाजशास्त्र' है, जो समाजशास्त्र की एक उभरती हुई शाखा है। यह शिक्षा के संस्थानों और संगठन का विश्लेषण करता है।

यह शिक्षा और समाज के अन्य महान संस्थागत आयामों जैसे अर्थव्यवस्था, राजनीति, धर्म और रिश्तेदारी के बीच कार्यात्मक संबंध का अध्ययन करता है। यह शैक्षिक प्रणाली, उपप्रणाली (Sub-system), व्यक्तिगत या कॉलेज पर ध्यान केंद्रित करता है।

यह शिक्षा के कार्यात्मक महत्व का भी अध्ययन करता है। यह स्कूल संगठन और स्कूलों की सामाजिक संरचना, विशेष रूप से सामाजिक वर्ग, परिवार और पड़ोस के बीच संबंध का अध्ययन करता है।

शिक्षा के सामाजिक निर्धारकों का पता लगाने के लिए स्कूल के आंतरिक संगठन के साथ इन सामाजिक बलों की बातचीत का पता लगाया जाता है। अध्ययनों से पता चला है कि सामाजिक वर्ग और इसके सहसंबंधों की शिक्षा और शैक्षिक चयन पर व्यवस्थित प्रभाव पड़ता है।

शिक्षा का सामाजिक महत्व (Social Importance of Education)

शिक्षा का सामाजिक महत्व आज व्यापक रूप से मान्यता प्राप्त है, खासकर आधुनिक औद्योगिक समाजों में। ऐसे समाजों में शिक्षा सामाजिक और तकनीकी कौशल प्राप्त करने का एक साधन बन गया है। शिक्षा न केवल विभिन्न क्षेत्रों में काम करने वाले लोगों को प्रशिक्षित करने का एक तरीका बन गई है, बल्कि कुछ क्षेत्रों में नौकरियों के लिए एक योग्यता भी है। यह तेजी से विशिष्ट भूमिकाओं के लिए लोगों को योग्य बनाता है।

इससे भी बड़ी बात यह है कि वैज्ञानिक और तकनीकी क्षेत्रों में प्रगति दर्ज करने के लिए आज शिक्षा एक अनिवार्य जरूरत बन गई है। जैसे, यह आर्थिक समृद्धि को बढ़ावा देने का एक साधन है। सामाजिक परिवर्तन लाने के साधन के रूप में भी शिक्षा कम महत्वपूर्ण नहीं है।

यह सामाजिक गतिशीलता को बढ़ावा देती है, यानी एक सामाजिक स्थिति से दूसरे में लोगों की आवाजाही को सुगम करती है। यह सामाजिक स्तरीकरण को प्रभावित करती है। शिक्षा को अक्सर अधिनायकवादी और साम्यवादी (Totalitarian and Communist) देशों में कुछ चौकीदार और साम्यवादी (Communist) विचारधाराओं के प्रचार के लिए एक साधन के रूप में उपयोग किया जाता है।

प्रसिद्ध लेखक, न्यूमैन (Neuman) ने कहा कि एक विश्वविद्यालय का मुख्य व्यावहारिक उद्देश्य सामाजिक रूप से जिम्मेदार लोगों का उत्पादन करना है। अमेरिका के राष्ट्रपति ट्रूमैन (Truman) ने शिक्षा के महत्व पर बल देते हुए एक बार टिप्पणी की 'कि व्यापक अनुभव, चीजों की व्यावहारिक दृष्टि, सही समय पर सही निर्णय लेने के लिए बौद्धिक गहराई और क्षमता के साथ आदमी को देश पर शासन करने के लिए प्रशासन की बागडोर दी जानी चाहिए।'

डॉ. एस. राधाकृष्णन (Dr. S. Radhakrishnan) ने कहा कि शिक्षा का मुख्य उद्देश्य छात्रों को प्रभावी ढंग से व्यवसाय करने और विभिन्न सामाजिक क्षेत्रों में उचित नेता बनने के लिए प्रशिक्षण देना है, जिसमें वे काम करते हैं।

डॉ. कोठारी आयोग (Dr. Kothari Commission) भारत सरकार द्वारा नियुक्त किए गए उपयुक्त शैक्षिक सुधारों की सिफारिश करने के लिए अपनी बहुत व्यापक रिपोर्ट की शुरुआत में घोषणा करता है कि, भारत की नियति को आज उसकी कक्षाओं में आकार दिया जा रहा है। समाजशास्त्र शैक्षिक सहित सभी प्रकार के सामाजिक संबंधों का अध्ययन करता है इसलिए इसका दायरा व्यापक है। दूसरी ओर शिक्षा केवल मनुष्य की शैक्षिक गतिविधियों से संबंधित है और इसलिए इसमें अध्ययन का छोटा क्षेत्र है। समाजशास्त्र एक सामान्य सामाजिक विज्ञान है, जबकि शिक्षा ज्ञान की एक शाखा के रूप में, केवल एक ही प्रकार की मानवीय गतिविधि का हिस्सा है।

शैक्षिक समाजशास्त्र (Educational Sociology)

शैक्षिक समाजशास्त्र ऐसा समाजशास्त्र है जिसका प्रयोग शिक्षा की बुनियादी समस्याओं को सुलझाने में किया जाता है। जॉर्ज पेनी (George Payne) को शैक्षिक समाजशास्त्र का पिता (Father of Education Sociology) माना जाता है। उसने अपनी पुस्तक 'दि प्रिन्सिपिल्स ऑफ एजुकेशन सोसियोलॉजी' में इस बात पर प्रकाश डाला है कि शिक्षा का सामूहिक जीवन पर तथा सामूहिक जीवन का शिक्षा पर क्या प्रभाव पड़ता है। यही नहीं, उसने यह भी स्पष्ट किया है कि व्यक्ति को पूर्णरूपेण विकसित करने के लिए उस पर पड़ने वाली सामाजिक शक्तियों के प्रभाव का अध्ययन करना परम आवश्यक है। जॉर्ज पेनी के अतिरिक्त शैक्षिक समाजशास्त्र के विकास में जॉन डी.वी., मूर, डफ्रेरिक लीप्ले, डंकन, कोल, मैकाइवर, मेरिल, डेविस, डोलार्ड, दुर्खीम, क्लार्क, ओटावे तथा कार्ल मानहेम आदि विद्वानों ने सहयोग प्रदान किया है।

इस सम्बन्ध में विद्वानों की परिभाषाऐं इस प्रकार हैं-

1. ओटवे-''शैक्षिक समाजशास्त्र का आरम्भ इस दृष्टिकोण को अपनाते हुए होता है कि शिक्षा एक प्रक्रिया है। जो समाज में होती है और वह समाज, जिसमें यह शैक्षिक प्रक्रिया होती है, वह अपनी प्रकृति के अनुसार शिक्षा के उद्देश्यों तथा पद्धतियों को निर्धारित करता है।''
2. गुड-''शैक्षिक समाजशास्त्र इस बात का वैज्ञानिक अध्ययन करता है कि व्यक्ति सामाजिक समूहों में किस प्रकार रहते हैं, वे कैसी शिक्षा प्राप्त करते हैं। तथा इन सामाजिक समूहों में कुशलतापूर्वक रहने के लिये उनको किस प्रकार की शिक्षा की आवश्यकता है।''
3. कार्टर-''शैक्षिक समाजशास्त्र, उन पक्षों का अध्ययन करता है जो शिक्षा-प्रक्रिया के लिए महत्वपूर्ण हैं, और विशेष रूप से उनका अध्ययन करता हैं, जो सीखने की महत्वपूर्ण योजना और सीखने की क्रिया के नियन्त्रण की ओर संकेत करते हैं।''

शैक्षिक समाजशास्त्र का महत्व (Importance of Educational Sociology)

शैक्षिक समाजशास्त्र व्यक्ति को सामाजिक प्राणी के रूप में मानकर अग्रसर होता है। यह बात प्राचीन काल में नहीं थी। उस समय जातीय भेदभाव था। इससे प्रत्येक व्यक्ति को यह अधिकार नहीं था कि वह समान रूप से शिक्षा प्राप्त कर सके। उदाहरण के लिये प्राचीन भारत में जातीय भेदभाव के कारण वेदों का अध्ययन करने का अधिकार केवल ब्राह्मणों को ही था। ऐसे शास्त्र-विद्या केवल क्षत्रिय लोग ही कर सकते थे। आज स्थिति बिल्कुल बदल गयी है। शैक्षिक समाजशास्त्र के प्रभाव से अब प्रत्येक व्यक्ति को अधिकार है कि वह अपनी रुचि तथा क्षमता के अनुसार शिक्षा प्राप्त कर सके। जात-पात, रंग-रूप तथा लिंग आदि का भेदभाव अब किसी व्यक्ति के मार्ग में बाधा नहीं बन सकते।

16

समाजीकरण
(Socialisation)

समाजीकरण का अर्थ (Meaning of Socialisation)

बालक जब जन्म लेता है तो वह पाँच तत्वों से बने शरीर एवं चैतन्य इकाई (जिसमें जानने की इच्छा होती है) का संयुक्त रूप होता है। परन्तु जन्म के समय वह ना अपने बारे में ना समाज के बारे में कुछ जानता है। यहाँ तक कि वह ना ही किसी सामाजिक गतिविधि में भाग लेता है। जैसे-जैसे बालक समाज के सम्पर्क में आता है। तो उसमें मानवोचित गुणों का विकास होता है अर्थात् वह धीरे-धीरे समझने लगता है कि समाज में कैसा व्यवहार करना है। किस व्यक्ति से क्या बात करनी है और किस व्यक्ति के प्रति कैसा व्यवहार करता है और फिर वह समय के रीति-रिवाज, नियम, मूल्य, प्रथायें आदि ग्रहण करके समाज का एक सभ्य नागरिक बन जाता है। उसकी यह विकास की प्रक्रिया ही समाजीकरण कहलाती है। इस प्रकार विभिन्न विद्वानों ने समाजीकरण की निम्न परिभाषायें दी हैं।

परिभाषाएँ (Definitions)

1. जॉनसन के अनुसार "समाजीकरण सीखने की वह प्रक्रिया है, जो सीखने वाले को सामाजिक भूमिकाओं का निर्वाह करने योग्य बनाती हैं।"
2. ए.डब्लयू ग्रीन के मत में "समाजीकरण वह प्रक्रिया है जिसके द्वारा बालक सांस्कृतिक विशेषताओं, आत्मत्व और व्यक्तित्व को प्राप्त करता है।"
3. फिचर के मत में "समाजीकरण वह प्रक्रिया है जिसके द्वारा व्यक्ति सामाजिक व्यवहारों को स्वीकारता है और उनसे अनुकूलन करना सीखता हैं"
4. ब्रूम औ सेल्जनिक-"समाजीकरण के दो पहलू हैं-एक संस्कृति का हस्तांतरण और दूसरा व्यक्तित्व का विकास। इसका अर्थ है कि समाजीकरण की प्रक्रिया ही एक पीढ़ी से दूसरी पीढ़ी की संस्कृति का हस्तांतरण करती है और संस्कृति को सीखकर ही बालक के व्यक्तित्व का विकास होता है। अर्थात् समाजीकरण वह प्रक्रिया है जिसके द्वारा एक व्यक्ति समाज के रीति-रिवाज नियमों, संस्कृति को सीखता है।"
5. बोगार्डस (Bogardus) के अनुसार "समाजीकरण वह प्रक्रिया है जिसके द्वारा व्यक्ति सामाजिक कल्याण के लिए एक-दूसरे पर निर्भर रहकर व्यवहार करना सीखते हैं तथा सामाजिक आत्म-नियंत्रण, सामाजिक जिम्मेदारी एवं सन्तुलित व्यक्तित्व का अनुभव प्राप्त करते हैं।"

6. ग्रीन (Green) के अनुसार "समाजीकरण वह प्रक्रिया है जिसके द्वारा बच्चा सांस्कृतिक विशेषताओं, स्वत्व (Selfhood) तथा व्यक्तित्व को प्राप्त करता है।"

समाजीकरण की विशेषताएँ (Characteristics of Socialisation)

1. आजीवन प्रक्रिया-समाजीकरण की प्रक्रिया आजीवन चलती रहती है शिशु जन्म से लेकर मृत्यु तक अनेक स्थितियाँ धारण करता है और उनके अनुरूप अपनी भूमिका निभाता है, उदाहरण के लिए बचपन में वह पुत्र-पुत्री के रूप में माता-पिता, भाई-बहन आदि के साथ व्यवहार करना सीखता है, बड़े होकर अनेक नए पदों के अनुरूप भूमिका का निर्वाह करना सीखता है।
2. सीखने की प्रक्रिया-समाजीकरण सीखने की एक प्रक्रिया है। इस सीखने की प्रक्रिया में सामाजिक मूल्यों मानदण्डों, प्रतिमानों एवं समाज-स्वीकृत व्यवहारों को सीखा जा सकता है जो वास्तव में व्यक्ति का समाजीकरण करते हैं क्योंकि ये क्रियाएँ समायोजित और समाज में सम्भव है जिन्हें सीखकर व्यक्ति समाज का प्रकार्यात्मक सदस्य बन जाता है। उदाहरण के लिए बड़ों का आदर करना, छोटो को स्नेह देना आदि।
3. समय व स्थान सापेक्ष-समाजीकरण का अर्थ व्यक्ति को सामाजिक प्राणी बनाने की प्रक्रिया से लिया जाता है चूंकि समाज में समय व स्थान सापेक्ष परिवर्तन होते रहते हैं। अतः उसके अनुरूप समाजीकरण की प्रक्रिया बदलती रहती है। समय व स्थान सापेक्ष का अर्थ है कि दो भिन्न-भिन्न समूह के समाजों में भिन्न-भिन्न विषय वस्तु हो सकती है।
4. संस्कृति के आत्मसात की प्रक्रिया (Process of Cultural Assimilation)-समाजीकरण संस्कृति को अंगीकरण अथवा आत्मसातीकरण करने की प्रक्रिया है। संस्कृति के दो रूप हैं-(i) भौतिक संस्कृति, (ii) अभौतिक संस्कृति। भौतिक संस्कृति के अंतर्गत मानव द्वारा निर्मित मूर्त-वस्तुएं आती है जैसे मकान, फर्नीचर, रेडियो, टेलीविजन व कपड़े आदि। संस्कृति के अभौतिक रूप के अंतर्गत अमूर्त वस्तुओं को लिया जाता है। जैसे-समाजिक रीति-रिवाज, मूल्य, मानदण्ड, लोकाचार व प्रथाएं आदि।
5. सांस्कृतिक संचरण की प्रक्रिया (Process of Cultural Transmission)- कोई समाज या समूह एक पीढ़ी तक संस्कृति का संचरण समाजीकरण की प्रक्रिया द्वारा ही करता है। नई पीढ़ी, पुरानी पीढ़ी से संस्कृति को ग्रहण करती है। जिससे समाज की अनवरतता अथवा निरंतरता बनी रहती है। यदि संस्कृति का संरचण एक पीढ़ी से दूसरी पीढ़ी को न होता तो न तो समाज की निरंतरता बनी रहती और न ही संस्कृति जीवित रह पाती। समाजीकरण के द्वारा संस्कृति का हस्तान्तरण या संरचण एक पीढ़ी से दूसरी पीढ़ी को होता है।

समाजीकरण की विशेषताएँ (Characteristics of Socialisation)

एक विस्तृत दृष्टिकोण से देखने पर समाजीकरण की विभिन्न परिभाषाओं से निम्नलिखित विशेषताओं का पता चलता है-

1. समाजीकरण समाज से कुछ सीखने की प्रक्रिया है, जो व्यक्ति को सामाजिक भूमिका के निर्वाह योग्य बनाती है।

2. समाजीकरण का कार्य समाज में रहकर ही सम्भव है, समाज से अलग नहीं है।
3. मानव की मूलप्रवृत्तियाँ समाजीकरण द्वारा विकसित होती हैं।
4. समाजीकरण की प्रक्रिया व्यक्ति में 'स्व' का विकास करती है, जिससे व्यक्तित्व का विकास होता है।
5. समाजीकरण व्यक्ति का सामाजिक परम्पराओं, प्रथाओं, रूढ़ियों, मूल्यों, आदर्शों और विपरीत सामाजिक परिस्थितियों से अनुकूलन सिखाती है।
6. समाजीकरण द्वारा संस्कृति, सभ्यता और अन्य अनगिनत विशेषताएँ पीढ़ी दर पीढ़ी हस्तान्तरित होती हैं और जीवित रहती हैं।
7. मात्र जैविक प्राणी से सामाजिक प्राणी बनने के लिए ही समाजीकरण की आवश्यकता होती है।
8. व्यक्ति का बाह्य पदार्थों और प्रवृत्तियों से परिचित कराना और तद्नुरूप अनुकूलन कराना समाजीकरण के द्वारा सम्भव है।

समाजीकरण के अभिकरण अथवा माध्यम
(Agencies or Means of Socialisation)

समाजीकरण एक जटिल प्रक्रिया है, जिसमें विभिन्न संस्थाओं और समूहों का योगदान रहता है। इसके प्रमुख अभिकरण, साधन या माध्यम अग्रलिखित हैं-

1. **परिवार** (Family)-परिवार प्राथमिक समूह है। सी.एच. कूले (C.H. Cooley) ने स्वीकार किया है कि आदर्शों तथा सामाजिक स्वभाव निर्माण में परिवार प्राथमिक होते हैं। मनुष्य सर्वप्रथम जिस समूह के सम्पर्क में आता है, वह परिवार ही है इसलिए इनका प्रभाव स्थायी होता है। माँ उसे दूध पिलाती है, उसकी रक्षा करती है, साथ-साथ पिता व परिवार के अन्य सदस्य शिशु के साथ स्नेहपूर्ण व्यवहार करते हुए उसकी आवश्यकताओं को पूर्ण करने का प्रयत्न करते हैं, जिससे शिशु के मन में सुरक्षा की भावना पनपती है। वह जानने लगता है कि किस प्रकार के कार्य करने से उसे किस प्रकार का व्यवहार प्राप्त होगा। इसके साथ-साथ भाषा का ज्ञान परिवार में ही होता है। परिवार के सदस्य के अपने विचार, व्यवहार के ढंग अलग होते हैं, लेकिन बच्चे के साथ घनिष्ठ सम्बन्ध होने के कारण सभी उसके साथ घनिष्ठता से रहते हैं। इस प्रकार बच्चा, उनसे अनुकूलन करना सीखता है। कुछ बड़ा होने पर वह नियम परम्पराओं के अनुसार कार्य करना सीखता है। अगर परिवार में कोई कमी है या समाजीकरण त्रुटिपूर्ण रहा है, तो उस दशा में व्यक्ति का व्यक्तित्व विघटित हो जाता है। परिवार के माध्यम से बच्चा अपने सामाजिक व्यवहार, भाषा, कपड़े पहनने का ढंग, भोजन का तरीका तथा अपनी संस्कृति के अनुरूप व्यवहार करना सीखता है।

   कुछ विद्वानों ने परिवार को समाजीकरण में महत्त्वपूर्ण भूमिका को ध्यान में रखते हुए इसे संस्कृति और परम्पराओं का वाहक कहा है। काफी सीमा तक यह बात ठीक भी है क्योंकि अपनी संस्कृति के बारे में बच्चे को ज्ञान सर्वप्रथम परिवार से ही होता है। परिवार ही वास्तव में समाजीकरण की प्रक्रिया द्वारा संस्कृति को एक पीढी से दूसरी पीढ़ी में हस्तान्तरित करने में प्रमुख माध्यम है।

2. **क्रीड़ा-समूह** (Play Group)-बच्चा जब थोड़ा बड़ा होता है तो वह खेल-समूह के सम्पर्क में आता है। उसके अधिकतर सदस्य उसकी उम्र के होते हैं। खेल-समूह में वह खेलता है, लेकिन विभिन्न बालकों की रुचि व विचारधारा आदि का प्रभाव उस पर निरन्तर पड़ता है और जिसमें वह आकर्षण पाता है, उसे अपना लेता है। खेल-समूह से सामाजिक सम्बन्धों में अनुकूलन आदि बातें भी बच्चा जान जाता है। एक ही आयु समूह होने के कारण क्रीड़ा समूह समाजीकरण का महत्त्वपूर्ण अभिकरण माना जाता है।
3. **पड़ोस** (Neighbourhood)-पड़ोस के कार्यों को दो रूपों में देखा जा सकता है-प्रथम पड़ोसियों के व्यवहारों तथा विचारों का ढंग बालक पर पड़ता है और उसका अनुकरण प्रारम्भ कर देता है। दूसरे उसके व्यवहार पर भी नियन्त्रण पड़ोस ही रखता है। इस प्रकार बालक उचित कार्यों को करने का प्रयत्न करता है।
4. **शिक्षण संस्थाऐं** (Educational Institutions)-विद्यालय या शिक्षण संस्थाओं में मनुष्य का बौद्धिक विकास होता है। यहाँ वह पढ़ाई व पाठ्यक्रमों को पढ़ने के अतिरिक्त अपनी संस्कृति का ज्ञान प्राप्त करता है तथा अन्य संस्कृतियों से परिचित होता है। अनुशासन एवं आज्ञापालन जैसी बातें भी बच्चा शिक्षा संस्थाओं में ही सीखता है। यदि स्कूल के अध्यापकगण एवं सहपाठी ठीक नहीं हैं तो बच्चा अनुशासनहीन बन जाता है और अगर वातवारण अनुकूल एवं प्रजातान्त्रिक है तो बच्चे का विकास पूर्ण रूप से होता है। शिक्षण संस्थाओं में नये मित्र, शिक्षक, सभी के सम्पर्क में वह आता है और उनसे वार्त्तालाप एवं विचारों का आदान-प्रदान करता है, जिससे उसके विचारों एवं व्यवहार में सामाजिकता आ जाती है।
5. **अन्य संस्थायें** (Other Institutions)-व्यक्ति के समाजीकरण में महत्त्वपूर्ण भूमिका निभाने वाली अन्य संस्थाओं को दो वर्गों में विभाजित किया जा सकता है-
(i) अनैच्छिक संस्थायें, तथा (ii) ऐच्छिक संस्थायें।

(i) **अनैच्छिक संस्थायें** (Involuntary Institutions)-इसके अन्तर्गत ऐसी संस्थायें आती हैं, जिनमें व्यक्ति को अनैच्छिक रूप से प्रवेश करना पड़ता है। ऐसी कुछ प्रमुख संस्थायें निम्नांकित हैं-

(a) **धार्मिक संस्थायें** (Religious Institutions)-व्यक्ति का धर्म से परिचय उस आयु में ही करा दिया जाता है, जब वह धर्म को समझता भी नहीं है। धार्मिक संस्थाओं से व्यक्ति में नैतिकता, सच्चरित्रता, पवित्रता, कर्त्तव्य-परायणता, त्याग व बलिदान और शान्ति तथा न्याय के प्रति अनुराग विकसित होता है। दूसरों के प्रति सहिष्णुता व सभी प्राणी समान है, इस तरह के विचारों को बच्चे इन्हीं संस्थाओं से ग्रहण करते हैं। धर्म व्यक्ति को उचित और अनुचित का ज्ञान देता है। इस प्रकार धर्म के द्वारा मनुष्य के समाजीकरण में सबसे बड़ी सहायता मिलती है।

(b) **आर्थिक संस्थायें** (Economic Institutions)-आर्थिक संस्थाओं का सम्बन्ध मुख्यतः मनुष्य से व्यक्ति परिश्रम, प्रतिस्पर्द्धा, उद्देश्यपूर्णता, सहयोग व भविष्य की चिन्ता आदि परमावश्यक गुणों की प्राप्ति करता है। आर्थिक संस्थायें व्यक्ति को विभिन्न व्यवसायों तथा व्यापारिक संघों में बाँटती हैं तथा इनका प्रभाव उनके व्यक्तित्व पर निरन्तर पड़ता रहता है।

(ii) **ऐच्छिक संस्थायें** (Voluntary Institutions)-इसके अन्तर्गत ऐसी संस्थायें आती हैं, जिसमें व्यक्ति का प्रवेश स्वाभाविक रूप से नहीं होता, वरन् वह अपनी इच्छा अथवा अन्य व्यक्तियों के आग्रह पर ऐसी संस्थाओं के सम्पर्क में आता है। इनके अन्तर्गत सांस्कृतिक संस्थायें तथा ऐसी संस्थायें आती हैं, जिनका निर्माण अपनी सांस्कृतिक गतिविधियों के संचालन और पूर्ति के लिये स्वयं इनके द्वारा किया जाता है, जिससे व्यक्ति का समाजीकरण और अधिक पुष्ट तथा विस्तृत हो जाता है। ऐच्छिक संस्थायें हमें प्रथायें, परम्परायें, आचार-विचार के ढंग, व्यवहार के तौर-तरीके, आपस का संगठन व किसी त्रुटिपूर्ण परम्परा अथवा विचार का विश्लेषण करके तर्कसंगत एवं संगठित विरोध करना सिखाती है।

ऐच्छिक संस्थाओं में विवाह का प्रमुख स्थान है। कुछ समाजशास्त्रियों का मत है कि विवाह व्यक्ति के समाजीकरण को काफी हद तक पूर्णता की प्राप्ति कराने वाला माध्यम है। इसके कारण व्यक्ति में इतने उच्च सामाजिक मूल्यों का समावेश होता है कि वह पूर्ण व्यक्तित्व को प्राप्त करता है और समाज को नयी इकाइयाँ प्रदान करता है। विवाह के द्वारा वह उत्तरदायित्व, धर्म, त्याग, पारिवारिक कल्याण, सूक्ष्मचिन्तन और दूरदर्शिता के पाठ ग्रहण करता है।

17

सामाजिक विविधता और समाजीकरण
(Social Diversity and Socialisation)

सामाजिक विविधता और समाजीकरण

सामाजिक विविधता तथा समाजीकरण दोनों ही अलग-अलग मुद्दे हैं, लेकिन दोनों एक-दूसरे से प्रभावित होते हैं। इस सन्दर्भ में सामाजिक विविधता से समाजीकरण इस प्रकार प्रभावित होता है। समाजीकरण एक जीवनपर्यन्त (Life long) प्रक्रिया है, जो बालक के जन्म से लेकर मृत्यु तक चलती ही रहती है। बालक को समाज में अपना अस्तित्व बनाये रखने के लिए इस प्रक्रिया से गुजरना महत्वपूर्ण होता है अर्थात् बालक को सही रूप से समाज में जीने के लिए समाज के सभी रीति-रिवाजों, नियमों, परम्पराओं आस्थाओं, संस्कृति इत्यादि से अवगत होना उतना ही अनिवार्य है जितना की शरीर के लिए रीढ़ की हड्डी का होना अनिवार्य है। रीड की हड्डी के बिना शरीर तो होता है लेकिन वह व्यर्थ होता है। उसी प्रकार बिना समाजीकरण के बालक समाज में तो रहता है लेकिन समाज में उसका अपना कोई अस्तित्व नहीं होता है।

समाज में विभिन्नतायें/विविधतायें

प्रत्येक समाज में विभिन्न प्रकार के समूह होते हैं तथा समाज में भाषा, जाति, अमीरी-गरीबी जैसे अनेकों आयाम होते हैं। इन आयामों के आधार पर समाज में विविधताएें पायी जाती हैं। लेकिन समाजीकरण इसमें किस प्रकार अपनी भूमिका अदा करता है। यह निम्न विवरण से देख सकते हैं-

1. **धार्मिक विभिन्नतायें :** भारत विभिन्न धर्मों को मानने वालों की भूमि है। मूलतः भारतवर्ष कई धर्मों का संगम स्थल रहा है किन्तु कालान्तर में विभिन्न संस्कृतियों के लोगों के आगमन के फलस्वरूप यहां अन्य धर्मों का भी प्रसार हुआ जिससे धार्मिक विभिन्नता और भी बढ़ती गईं। धार्मिक उत्सव, दान, व्रत, हवन तथा तीर्थ यात्रा आदि का महत्व विशेष हो गया। उदाहरण के लिए-बौद्ध धर्म में सात संयमों पर बल दिया गया, जैन धर्म में त्याग और अहिंसा पर बल दिया, इस्लाम धर्म ऐकेश्वरवादी धर्म है और सिख धर्म ऐकेश्वरवादी तथा मूर्तिपूजा विरोधी है। धर्मों की विभिन्नता भारत की अपनी रोचक विशेषता है।

   धार्मिक विविधता के सन्दर्भ में अगर समाजीकरण की बात करें तो जिस तरह समाज में धार्मिक विभिन्नता है, बालक का समाजीकरण भी उसी सन्दर्भ में महत्वपूर्ण हो जाता है अर्थात् समाजीकरण हेतु यह जानना आवश्यक है कि समाज में कितने धर्म

हैं और प्रत्येक धर्म की अपनी-अपनी मान्यतायें हैं। उन सभी धर्मों की मान्यताओं से बालक को अवगत कराना तथा बालक को सही रूप में या सुखद रूप में जीने के काबिल बनाना। इस प्रकार इस सन्दर्भ में समाजीकरण की भूमिका अकथनीय हो जाती है।

2. **जातीय विविधता** (Ethnic Diversity) : भारत में विभिन्न जातियां पायी जाती हैं। जिनकी अपनी संस्कृति, प्रथाएँ और रीति-रिवाज है। फिर भी वे सभी हिन्दू जाति व्यवस्था का ही अंग रही हैं। और साथ ही जजमानी प्रथा द्वारा एक-दूसरे पर निर्भर रही हैं। विभिन्न जातियों के लोग भारत की धरा पर रहते हैं। इस प्रकार जातिगत पृथकता के साथ-साथ आन्तरिक पृथकता पायी जाती है। इस प्रकार भारत की धरा पर विभिन्न जाति के लोग हैं। इस तरह यहां जातीय विविधिता पायी जाती है।

3. **सामाजिक वर्ग** (Social Class) : सामाजिक वर्ग समाज में आर्थिक और सांस्कृतिक व्यवस्थाओं का समूह है। भारत में ग्रामीण-शहरी व क्षेत्र आधारित व्यवस्थाओं के कारण आर्थिक भिन्नता दिखती है। लोगों के खान-पान, रहन-सहन, रीति-रिवाज भी काफी भिन्न हैं। भारतीय समाज में सामाजिक वर्ग अनेक आधारों पर बने हैं। मुख्य रूप से दिखायी देने वाले वर्ग इस प्रकार हैं-

   - राजनीतिक आधार पर बने सामाजिक वर्ग
   - आर्थिक आधार पर बने सामाजिक वर्ग
   - लैंगिक आधार पर बने सामाजिक वर्ग
   - क्षेत्रीय आधार पर बने सामाजिक वर्ग
   - सांस्कृतिक आधार पर बने सामाजिक वर्ग

   इन सामाजिक समूहों की अपनी-अपनी विशेषतायें है। जैसे प्रत्येक समूह के अपने नियम, परम्परायें, रंग-ढंग इत्यादि होते हैं। इस प्रकार कोई व्यक्ति एक से अधिक समूहों का सदस्य बन सकता है। इनकी सदस्यता जन्म आधारित न होकर भागीदारी से तय होती है। यह भागीदारी समय, धन, समझ, शिक्षा, रुचि, निवास इत्यादि के आधार पर तय होती है। वर्तमान में इन सामाजिक वर्गों में भी ऊँच-नीच की भावना दिख रही है। समानता का अभाव होने से ये वर्ग भी अपनी भूमिका सही से नहीं निभा पा रहे हैं।

   अतः वर्तमान समाज जहाँ आर्थिक रूप से सुदृढ़ होता जा रहा है, वहीं अपना भाई-चारा, मेल-मिलाप, सम्बन्धों में जीने की योग्यता कम होती जा रही है। भारतीय समाज के समसामयिक स्वरूप पर बाजारवाद और पश्चिमी सभ्यता का अन्धानुकरण करने से अनेक बुराइयाँ जन्म ले रही हैं। आर्थिक असमानता, निम्न जीवन स्तर, मूल्यों में गिरावट, जनसंख्या वृद्धि आदि सामाजिक समस्यायें बढ़ती जा रही हैं। इस परिस्थिति में आने वाली पीढ़ी का सही पालन-पोषण, शिक्षा का स्वरूप अनिश्चित सा दिखायी पड़ रहा है। एकल या कामकाजी माता-पिता बच्चों को उचित समय नहीं दे पाते हैं, जिसके कारण परिवारों में उचित सामंजस्य नहीं बन पा रहा है। परिवारों में टूटन, तनाव आम बात होती जा रही है। अतः इन परिस्थितियों में शिक्षा को महती भूमिका निभाने की आवश्यकता है।

4. **गरीबी** (Poverty) : गरीबी के आधार पर भी समाज में विविधता पाई जाती है। अर्थात् समाज में उच्चतम परिवार, मध्यम परिवार और निम्नतम परिवार इस प्रकार

प्रत्येक स्तर के परिवार की अपनी आस्था और संस्कृति होती है। इस सन्दर्भ में समाजीकरण तो बालक का होता है, लेकिन स्वभाविक रूप से नहीं हो पाता है। जिसका बालक के जीवन में नकारात्मक प्रभाव होता है अर्थात् किसी स्तर पर अधिक और किसी स्तर पर कम होता है। जिससे बालक समाज में स्वाभाविक तरीके से अपना विकास नहीं कर पाता है। जैसा कि समाजीकरण से विदित है कि बालक समाज के सभी तौर-तरीकों को समझकर समाज में सुखपूर्वक जीवन व्यतीत करता है। गरीबी भी समाज में एक अभिशाप है जो समाज को कई रूपों में बाँट देती है। जिसका प्रभाव बालक के जीवन पर पड़ता है और इस सन्दर्भ में बालक का समाजीकरण होना थोड़ा जटिल होता है क्योंकि समाज गरीबी से लड़ते-लड़ते बालक को समाज के तौर-तरीकों को सही मायने में नहीं समझा पाता है। जिससे बालक समाज में अनभिज्ञ होकर जीवन व्यतीत करता है। परिणाम स्वरूप समाज में बालक जीवन अनजानें तरीके से जीता है। बालक के जीवन में एक डर की स्थिति पैदा हो जाती है।

5. **भाषा सम्बंधी विभिन्नतायें :** मानवीय अभिव्यक्ति (Expression) का सर्वोत्तम साधन मानव की भाषा होती है। भाषा के माध्यम से ही विभिन्न समाज अपने सांस्कृतिक तत्वों को एक पीढ़ी से दूसरी पीढ़ी में हस्तान्तरित करते हैं। भारत एक विभिन्न भाषायी लोगों का देश है। हमारे देश में लगभग 189 भाषाएं तथा 544 बोलियां प्रचलित हैं। यद्यपि भारतीय संविधान में 22 ही भाषाओं को मान्यता दी गयी है 22 भाषाओं के अतिरिक्त मालवी, मैथिली, भोजपुरी, पहाड़ी, राजस्थानी आदि भाषाएं भी यहाँ महत्वपूर्ण हैं, जिनका प्रयोग सामान्य लोग बोल-चाल में करते हैं। यह सभी भाषायी भिन्नता पृथकवाद के लिए उत्तरदायित्व है।
समाज की विविधता भाषा के आधार पर भी देख सकते हैं, प्रत्येक समाज भाषा के आधार पर भी विविध है। जिसमें बालक को अपना अस्तित्व बचा के रखना बहुत भारी हो जाता है। इस प्रकार समाजीकरण बालक को समाज में व्याप्त सभी तरह की भाषाओं से अवगत कराता है और बालक को जीने योग्य बनाता है। अतः इस सन्दर्भ में भी बालक का समाजीकरण होना अनिवार्य है नहीं तो बालक अपने दायरे से बाहर नहीं आते हैं, जिसके परिणामस्वरूप बालक का विकास मानो रूक सा जाता है इसलिए भी बालक/व्यक्ति का समाजीकरण महत्वपूर्ण है।

6. **साक्षरता** (Literacy) **:** समाज की विविधता इस बात पर भी निर्भर करती है कि समाज का एक भाग पढ़ा-लिखा और दूसरा भाग अनपढ़ होता है। इस प्रकार अधिक सम्भावना यह नजर आती है कि पढ़ा-लिखा समाज बालक के समाजीकरण में अधिक सहयोगी हो सकता है। इस प्रकार साक्षरता भी बालक के समाजीकरण को प्रत्यक्ष और अप्रत्यक्ष रूप से प्रभावित करती है।

इस प्रकार अगर सामाजिक विविधता को देखें तो हम कई रूपों में देख सकते हैं। जैसे धर्म, जाति, भाषा, साक्षरता, गरीबी इत्यादि के आधार पर विविधता को देख सकते हैं।

अब यदि धर्म की विविधता के आधार पर समाज को देखें तो समाज कई धर्मों के आधार पर बंट जाता है। इस प्रकार कोई धर्म एकेश्वरवादी धर्म में विश्वास करता है। और कोई धर्म बहुदेववाद में विश्वास करता है। इस प्रकार समाजीकरण की प्रक्रिया बहुत ही

18

समसामयिक समाज और बालक पालन प्रथा
(Contemporary Society and Children Rearing Practices)

प्रस्तावना (Introduction)

समाज शब्द संस्कृत के दो शब्दों 'सम्' एवं 'अज' से मिलकर बना है। सम् का अर्थ है इकट्ठा या एक साथ, तथा अज का अर्थ है साथ रहना। अतः समाज शब्द का अभिप्राय हुआ एक साथ रहने वाला समूह। यह समूह व्यक्तियों को अपनी आवश्यकता एवं आकांक्षा की पूर्ति के साथ-साथ अपना अस्तित्व बनाये रखने के लिए सुरक्षा भी प्रदान करता है। प्रत्येक समाज के अपने रीति-रिवाज, खान-पान, मूल्य व परम्परायें होती हैं। किसी भी व्यक्ति का विकास सामाजिक हुए बिना नहीं हो सकता, उसी प्रकार व्यक्तियों, परिवारों, समूहों के बिना समाज की कल्पना भी असम्भव है। विभिन्न समाजों के विकास को देखें तो वह धर्म, बाजार, सत्ता द्वारा हमेशा ही प्रभावित हुआ है और विभिन्न पड़ावों से गुजरता हुआ आज बाजार व्यवस्था से अधिक प्रभावित हुआ दिखता है। अगर हम भारतीय समाज की बात करें, तो भौगोलिक क्षेत्रफल अधिक होने से यहाँ अनेक प्रकार की भिन्नतायें, जैसे भाषायी, सांस्कृतिक, धार्मिक, जातीय, आर्थिक व राजनीतिक दिखायी देती हैं। इन सब विविधताओं का प्रभाव भारतीय समाजों पर पड़ता है और परिवार के स्वरूप पर भी सीधा प्रभाव पड़ रहा है। जहाँ भारतीय समाजों में संयुक्त परिवारों की परम्परा रही है, वहीं आज बाजारीकरण, व्यवसायीकरण, विज्ञान एवं तकनीकी के प्रभाव के चलते संयुक्त परिवारों में बिखराव है और एकल परिवार का स्वरूप बढ़ता जा रहा है। भारतीय समाजों में आज भी धर्म, जाति, क्षेत्र, आर्थिक एवं सांस्कृतिक आधारों पर भिन्नता दिखायी देती है। अतः भारतीय समाजों को समझने के लिए समूहों को समझना आवश्यक है।

1. **धार्मिक समूह** (Religious Group)-भारतीय समाज में अनेक धार्मिक समूह के लोग निवास करते हैं, जिनमें मुख्य रूप से हिन्दू, मुस्लिम, सिख, ईसाई, जैन, बौद्ध, पारसी आदि हैं। इन समूहों में भी उपसमूह पाये जाते हैं। ये सभी धर्म सामाजिक जीवन में विशेष महत्व रखते हैं। लोगों में सहयोग, मानवीय मूल्यों, भाई-चारा, विश्वास आदि की भावना का सन्देश देते हैं। परन्तु कुछ संकीर्णता के चलते ये समूह सामाजिक एकता में बाधक भी बने हुए हैं।

जटिल हो जाती है क्योंकि समाज धर्म के आधार पर कई रूपों में बँटा होता है। इसलिए बच्चे का समाजीकरण प्रभावशील तरीके से नहीं हो पाता है अर्थात् धार्मिक विविधता का बालक के समाजीकरण पर प्रभाव पड़ता है जिसका प्रभाव समाज को प्रत्यक्ष और अप्रत्यक्ष रूप से सहना पड़ता है।

अन्य सन्दर्भ में देखें तो भाषा, जाति और गरीबी के आधार पर भी समाज में विविधता पाई जाती है अर्थात् भारत के सन्दर्भ में देखें तो 189 भाषाएं हैं तथा 544 बोलियां है। लेकिन संविधान में केवल 22 भाषाओं को ही मान्यता दी है। इस रूप में भी समाज में जटिलता पाई जाती है और जाति के आधार पर भी देखें तो समाज विभिन्न जातियों में बंटा है और प्रत्येक जाति की अपनी परम्परायें और रीति-रिवाज हैं। इस प्रकार समाज में आन्तरिक पृथकता पाई जाती है और अगर अन्त में गरीबी को देखें तो समाज कहीं ना कहीं (उच्चतम, मध्यम और निम्नतम) वर्ग में बंटा है जिसका अपना अस्तित्व होता है।

अतः उपरोक्त विवरण के आधार पर देखें तो सामाजिक विविधता से कहीं ना कहीं समाजीकरण प्रभावित होता है। जिसका प्रभाव प्रत्यक्ष और अप्रत्यक्ष रूप से किसी राष्ट्र के विकास पर नजर आता है। इसके अगर अन्य पक्ष में देखें तो दोनों ही सामाजिक मुद्दे महत्वपूर्ण मुद्दे हैं। जो किसी ना किसी रूप में एक-दूसरे से सम्बन्ध रखते हैं और प्रभावित भी होते हैं। समाज का विविध होना समाज की अपनी खूबसूरती है। प्रत्येक समाज में बच्चों का समाजीकरण होना भी अनिवार्य है अर्थात् समाज में विभिन्न प्रकार की विविधता होने के बावजूद भी बालक/व्यक्ति का समाजीकरण होता है और उतने जटिल तरीके से समाजीकरण होता है जितना जटिल समाज होता है।

2. **जाति व्यवस्था** (Caste System)-भारतीय समाज में अनेक जातियाँ हैं जो बहुत समय से चली आ रही हैं। समाज को व्यवस्थित रखने के लिए वैदिक काल में समाज को वर्णों के आधार पर विभाजित किया गया था, लेकिन बाद में लोग जन्म के आधार पर ही ब्राह्मण, क्षत्रिय, वैश्य और शूद्र कहलाने लगे। इन वर्णों में उपभेद हो गये, फिर धीरे-धीरे अनेक उपजातियों का जन्म हुआ। हालांकि, महापुरुषों ने इन जातियों को व्यवस्था बनाये रखने के लिए बनाया था। इस आधार पर समाज का विकास भी हुआ, परन्तु आज इस जाति व्यवस्था में कुछ खामी भी आ गयी जिससे लोग आज अपनी ही जाति समूह में द्वंद्व, तनाव,असुरक्षा के माहौल में जी रहे हैं। परस्परता में ये जातियाँ ऊँच-नीच की दीवार बनाये हुए हैं। अब यह हल विभाजन कर्म आधारित न होकर जन्म आधारित हो गया है। शिक्षा के द्वारा समाज में आये इन दोषों को दूर किया जाना चाहिए।
3. **सांस्कृतिक अंतर** (Cultural difference)-किसी भी राष्ट्र या समाज की अपनी एक संस्कृति होती है, जिसमें उनका अपना पहनावा, भाषा, मान्यतायें, प्रथायें, अभिव्यक्ति आदि विशेषताओं का होना पाया जाता है। जहाँ विभिन्न समाजों में समानता होती है, तो वहीं कुछ अन्तर भी पाये जाते हैं। सांस्कृतिक अंतर की परिभाषा इस प्रकार है-

   ''सांस्कृतिक अंतर में सामाजिक रूप से अधिग्रहीत मूल्यों, विश्वासों और आचरण के नियमों की एकीकृत और रखरखाव प्रणाली शामिल है, जो एक सामाजिक समूह से दूसरे में अलग-अलग स्वीकृत व्यवहारों की सीमा को प्रभावित करती है।''

सांस्कृतिक अंतर विभिन्न मान्यताओं, भाषाओं, व्यवहारों, प्रथाओं और अभिव्यक्तियों को किसी भी राष्ट्र के सदस्यों के लिए अद्वितीय माना जाता है। सांस्कृतिक अन्तर को हम इस उदाहरण द्वारा समझ सकते हैं-जैसे कि किसी कार्यस्थल पर कुछ कर्मचारी जो अपने सहकर्मियों की तुलना में छोटे या अधिक उम्र के हैं, या जो कर्मचारी दूसरों की तुलना में अधिक डिग्री रखते हैं, और ऐसे व्यक्ति जो महानगरीय या छोटे शहरों से आते हैं। इतनी भिन्नताओं के बावजूद ऐसा माना जाता है कि कर्मचारियों में अक्सर मतभेद होने की तुलना में अधिक समानतायें होती हैं लेकिन यह सभी अन्तर कभी-कभी समानता को पछाड़ देता है। हालांकि ये विभिन्नतायें एक जीवंत कार्यालय बनाये रखने में सक्षम हैं लेकिन कभी-कभी ये अन्तर सांस्कृतिक टकराव से उत्पन्न कुछ समस्याओं का कारण बन सकते हैं। जहाँ ये सांस्कृतिक अन्तर किसी कार्यस्थल या समाज की विशेषता होते हैं और लोग एक दूसरे की विविधता का सम्मान करते हैं और इन अन्तरों के बावजूद समानतायें अधिक होने के कारण साथ-साथ जीते हैं।

यही सांस्कृतिक अन्तर उनके बाहरी वातावरण के साथ व्यक्तियों के संबंधों को पहचानकर योगदान करते हैं। इन समूहों के परिणाम को पहचान कर उनके योग्य व्यवहार और व्यक्तित्व अंतर में चित्रित किया जा सकता है। सामाजिक दक्षताओं के रूप में संबोधित करना एवं आत्म-प्रकटीकरण, मुखरता, सहयोग करने की इच्छा, व्यक्तिगत या साझा पारस्परिक शैली के पदों को बनाये रखने के स्तरों में अन्तर शामिल कर सकते हैं।

बालक पालन की प्रथा (Child Rearing Practices)

बालक के पालन का कार्य बड़ी ही जिम्मेदारी, समझदारी के साथ-साथ भावपूर्ण प्रक्रिया है। माता-पिता और अध्यापकों के लिए आवश्यक है कि वे बालक को सही रूप में समझते हों, तभी बालक के पालन की जिम्मेदारी को सही तरह निभा सकेंगे। हर बालक जड़ (शरीर) और चैतन्य (मन, वृत्ति, चित्त, बुद्धि, मैं/आत्मा) का संयुक्त रूप होता है। शरीर की सारी आवश्यकतायें भौतिक, रासायनिक होती हैं, जिनको पूरा करना माता-पिता की जिम्मेदारी है। परिणामस्वरूप शरीर में वृद्धि होती है, शरीर बलशाली बनता है। वहीं दूसरी ओर चैतन्य की आवश्यकता समझ की है, हर बालक जिज्ञासु है, वह समझना चाहता है। अतः प्रारम्भिक काल में बालक माता-पिता या परिवार के अन्य सदस्यों के आचरण को समझता है। जब वह बोलने लगता है तो अनेक प्रश्न पूछता है जिनका उत्तर देना आवश्यक है। सही समझ होने से बालक का व्यवहार भी सही होगा। अतः बालक के दोनों पक्षों पर समान ध्यान देने से सही व्यक्तित्व का निर्माण होता है। बच्चे की आदतें, प्रवत्तियाँ, क्षमतायें आदि को माता-पिता व शिक्षा अपने आचरण व बच्चे की जिज्ञासा के अनुरूप उत्तर देकर सही पालन कर सकते हैं।

माता-पिता और शिक्षक का समझदार होना बहुत जरूरी है जिससे वह बालक को समझ सके और आवश्यकतानुसार उसके शरीर की आवश्यकता के साथ-साथ समझ की आवश्यकता को भी पूरी कर सके। बालक के व्यवहार का अवलोकन कर उचित मार्ग दर्शन दे सके। परन्तु वर्तमान माता-पिता और शिक्षकों का ध्यान सिर्फ भौतिक आवश्यकता पूरी करने पर अधिक है। बालक की मानसिक, भावनात्मक आवश्यकता पूरी न होने से बालक अस्थिर, अकेलेपन का अनुभव करता है और संबंधों को वरीयता न देकर वह अधिक समय भौतिक वस्तुओं में देता दिख रहा है जो सभी परिवारों, समाजों की चिन्ता का विषय बनता जा रहा है।

परिवार की अवधारणा (Concept of Family)

परिवार ऐसे व्यक्तियों का समूह होता है, जो एक दूसरे से सम्बंधित होते हैं तथा आपसी समझ और सहमति के वातावरण में एक निश्चित लक्ष्य के साथ मिलकर रहते हैं। परिवार वह स्थान है, जहां कोई भी व्यक्ति बिना किसी भय या संकोच के अपनी भावनाओं, इच्छाओं, विचारों और आवश्यकताओं को मुक्त रूप से कह सकता है। यह वह स्थान है, जहाँ सभी अपने को सुरक्षित महसूस करते हैं। परिवार व्यक्ति के समाजीकरण का एक प्रमुख साधान भी है। इस संदर्भ में डॉ. श्रीराम शर्मा लिखते हैं-"समाज की सर्वाधिक महत्वपूर्ण इकाई परिवार होता है। पारिवारिक जीवन के विश्लेषण से समाज के स्वरूप की स्पष्ट झाँकी मिल सकती है।" परिवार को हम इन व्यक्तियों के समूह के रूप में भी परिभाषित कर सकते हैं, जो एक ही घराने के भीतर मिलजुल कर रहते हैं और आमतौर पर उनकी खान-पान की आदतें समान होती है, और इनका रसोईघर भी एक ही होता है।

परिवार का शाब्दिक अर्थ और परिभाषाएँ
(Meaning of Family and Definitions)

परिवार का अंग्रेज़ी शब्द फेमिली (Family) है। इस शब्द की उत्पत्ति लैटिन भाषा के फेमिलस (Famulus) शब्द से हुई है, जिसका अर्थ है, सेवक या नौकर। फेमिलस शब्द

एक ऐसे समूह को इंगित करता है, जिसके अन्तर्गत विभिन्न सदस्यों यथा-माता-पिता, बच्चे तथा नौकर इत्यादि के साथ-साथ सेवकों का भी स्थान है। परिवार का शब्द विच्छेद किया जाय तो ''परि'' + ''वार'' अर्थात् दिन, प्रकाश या आवरण के संयोग से बना है। अतः जो अपनी संस्कृति, विचार और मूल्य रूपी प्रकाश को चारों दिशाओं में फैलाता है, वहीं परिवार है। परन्तु उपर्युक्त अर्थ से परिवार का अर्थ स्पष्ट नहीं होता है, क्योंकि समय और परिस्थिति के अनुसार परिवार के स्वरूप में निरंतर बदलाव होते रहते हैं। इसी के अनुसार विभिन्न विचारकों और समाजशास्त्रियों ने इसके अर्थ एवं परिभाषा को लेकर एकरूपता का अभाव रहता है। सभी चिंतकों ने अपने-अपने तरीके से परिवार को परिभाषित किया है, इसी संदर्भ में कुछ परिभाषाएँ इस प्रकार हैं-

डॉ. डी.ए. मजूमदार ''परिवार ऐसे व्यक्तियों का समूह है, जो एक मकान में रहते हैं, रक्त द्वारा सम्बंधित हैं और स्थान, स्वार्थ तथा पारस्परिक कर्तव्य-बोध के आधार पर समान होने की चेतना या भाव रखते हैं।''

मैकाइवर और पेज़-''परिवार पर्याप्त निश्चित यौन-सम्बन्ध द्वारा परिभाषित एक ऐसा समूह है, जो बच्चों को पैदा करने तथा लालन-पालन की व्यवस्था करता है।''

डेविस-''परिवार ऐसे व्यक्तियों का समूह है, जो रक्त के आधार पर एक-दूसरे से संबंधित है, तथा जो परस्पर नातेदार है।''

अमेरिकन ब्यूरो ऑफ सेनसेस-''परिवार रक्त, विवाह अथवा गोद लेने के आधार पर संबंधित दो या अधिक व्यक्तियों का समूह है, इन सभी व्यक्तियों को एक परिवार का सदस्य समझा जाता है।''

परिवार एक प्राकृतिक व्यवस्था है, जो कुछ निश्चित उद्देश्यों की पूर्ति के लिए बना होता है। परिवार का उद्देश्य यौन-संबंधों का नियमन करना, संतानोत्पत्ति करना, उनका पालन-पोषण, शिक्षा व समाजीकरण करना तथा साथ ही साथ उन्हें आर्थिक, सामाजिक एवं मानसिक संरक्षण प्रदान करना है। विवाह के आधार पर बने स्त्री-पुरुष संबंधों तथा उनकी संतानों को ''परिवार'' की संज्ञा दी गयी है। यही मूल परिवार है, जिसे एकल परिवार (Nuclear family) भी कहा जाता है। इस मूल परिवार की संतान युवावस्था में विवाह करके जब सन्तानोत्पत्ति करती है और वहीं रहती है, तब परिवार का स्वरूप विस्तृत हो जाता है, इसे संयुक्त परिवार (Joint family) कहते हैं।

परिवार का वर्गीकरण

संयुक्त परिवार	एकाकी परिवार	एकल परिवार
माता-पिता, चाचा-चाची	परिवार	अविवाहित व्यक्ति
भाई, भतीजे, पौत्र आदि	पति-पत्नी	या तलाकशुदा
	अविवाहित बच्चे	

एकल माता-पिता (Single Parent)

एकल माता-पिता से तात्पर्य है कि बच्चे का पालन-पोषण या तो माँ द्वारा या पिता द्वारा किया जाता है अर्थात् माता-पिता में से कोई एक ही बच्चे के पास रहता है। माता-पिता का एक साथ न रहने के अनेक कारण हो सकते हैं जैसे किसी एक का देहान्त हो

जाना, तलाक हो जाना, आपसी लड़ाई के कारण अलग-अलग रहना। आज के समाज में एकल अभिभावकों की संख्या बढ़ती जा रही है। जिसका सीधा असर बच्चों को उचित प्रेम, मूल्य व संस्कार नहीं मिल पाते हैं। आज बड़े शहरों से लेकर छोटे कस्बों, ग्रामीण इलाकों में भी यह समस्या विकराल रूप लेती जा रही है। सामाजिक ढ़ाँचा टूटता जा रहा है तथा स्त्री-पुरुष एकल अभिभावक की भूमिका निभाना उचित मानते हैं जिसमें बच्चे भावनात्मक, संवेगात्मक और मनोवैज्ञानिक चुनौतियों का सामना करते हैं। केवल बच्चे ही नहीं बल्कि ऐसे अभिभावकों की चुनौतियाँ भी कम नहीं है। अत: बच्चों की उचित देखभाल एवं विकास के लिए निम्न बातों का ध्यान रखना आवश्यक है-

1. **मित्रवत् व्यवहार**-एकल अभिभावक को दोहरी भूमिका के साथ-साथ अधिक ज़िम्मेदारी का निर्वाह करना पड़ता है। अत: तमाम परेशानियों तथा मनोवैज्ञानिक दबाव के बावजूद यह आवश्यक है कि ऐसे अभिभावक बच्चों के साथ मित्रवत् व्यवहार करें। जिससे बच्चे अपने विचारों, इच्छाओं, आवश्यकताओं को खुल कर बता सकें। उसे अपनापन, प्रेम एवं समझ देते हुए, उसके व्यक्तित्व का उचित विकास करें।
2. **बच्चों को आत्मनिर्भर बनायें**-एकल अभिभावकों को स्वयं को आर्थिक रूप से मजबूत रखने के लिए कोई न कोई नौकरी या व्यवसाय करना ही होगा। अत: ऐसी परिस्थिति में घर तथा बाहर की ज़िम्मेदारी भी अधिक होगी। ऐसे में बच्चे अपनी छोटी-छोटी ज़रूरतों जैसे कपड़े-जूते पहनना, स्कूल बैग, किताबें, खेल-खिलौने आदि को स्वयं व्यवस्थित करें। साथ ही साथ अन्य भाई बहनों का भी ख्याल रखें। परन्तु यह भी ध्यान रखना आवश्यक है कि वह स्वयं एक बच्चा है, अत: बच्चे की आयु, क्षमता के अनुसार ही ज़िम्मेदारी दें।
3. **बच्चों पर विश्वास करें**-आज की भागदौड़ भरी ज़िदगी एवं सामाजिक परिवेश में विश्वास करना मुश्किल होता जा रहा है। परन्तु अभिभावक और बच्चों के बीच विश्वास होना बहुत ज़रूरी है। विश्वास के अभाव में बालक का विकास सही नहीं होगा। वह अकेलापन महसूस करेगा, तथा भविष्य में अपनी बात आप से नहीं करेगा।
4. **अनुभव साझा करें**-एकल अभिभावक के लिए आवश्यक है कि वह बच्चों को समय दें तथा अपनी दिनचर्या एवं आजीविका के साधन के संबंध में अनुभव साझा करें क्योंकि बच्चा पुस्तकीय ज्ञान के साथ अभिभावकों की ज़िन्दगी से बहुत कुछ सीखता है। बच्चों में जिज्ञासा जन्मजात होती है। अत: बच्चों के सवालों के जवाब भी दिये जायें तथा उनके अनुभवों को भी सुना और समझा जायें।
5. **जरूरतों के बारे में चर्चा करें**-बच्चें आज की बाज़ारवादी व्यवस्था के संम्पर्क में अधिक रहते हैं। बाज़ार दिन प्रतिदिन नयी-नयी चीजों के विज्ञापन बड़े ही प्रभावशाली तरीके से दिखाता है। बच्चों में स्पष्टता न होने के कारण वे जल्दी ही प्रभावित हो जाते हैं और अपनी आवश्यकता न होने पर भी अनेक चीज़ों की अनावश्यक माँग करते हैं। जो अभिभावक और बच्चों के संबंधो में तनाव की स्थिति पैदा करता है। अत: अभिभावक को चाहिए कि वह समयानुसार बच्चों के साथ भौतिक आवश्यकता तथा भावनात्मक आवश्यकताओं की चर्चा करें। बच्चों में स्पष्टता होने से इस प्रकार की समस्या नहीं होगी।

अतः एकल अभिभावक के लिए आवश्यक है कि वह उपर्युक्त वर्णित बिन्दुओं का ध्यान रखें जिससे बच्चा भावनात्मक, संवेगात्मक आवश्यकताओं के साथ अपनी भौतिक जरूरतों को पहचानते हुए अपने साथ संबंधों को निभा सकें। भावनात्मक टूटन के कारण या किसी अन्य कारण से एकल अभिभावक अन्यथा परिवार के टूटन या बिखराव की स्थिति बच्चों एवं अभिभावकों को अंधकार की ओर ले जा सकती है।

एकल माता-पिता द्वारा पालन पोषण व इसका समाजीकरण पर प्रभाव

एकल माता या पिता होने के अनेक कारण हो सकते हैं। जैसे निजि कारण, तलाक, मृत्यु और व्यवसाय या नौकरी आदि के कारण माता या पिता एकल बच्चे का पालन-पोषण करते हैं।

प्रारंभिक चुनौतियां (Primary Challenges)

- मानसिक तनाव के साथ सामंजस्य स्थापित करना।
- मृत्यु या साथी से अलगाव की हानि के साथ समायोजन करना।
- अतिरिक्त जिम्मेदारी का वहन करना।
- नये परिवेश के अनुसार ढलना व उसे बच्चे के अनुकूल बनाना।
- भावनात्मक चुनौतियों से लड़ना।
- सामाजिक रुढ़िवादियों का सामना करना व एक अनुकरणीय व्यक्ति बनना।
- पर्याप्त देखभाल व बच्चे को सभी जरूरतों को पूरा करने के लिए साधन जुटाना।
- समय व वित्तीय समस्याओं से जूझना।
- नए व्यक्तियों, परिवार के सदस्यों से तालमेल स्थापित करना।

समाजीकरण पर प्रभाव (Effect on Socialisation)

- एकल माता व पिता द्वारा बच्चे के पालन-पोषण में बच्चा अपने माता या पिता का बहुत नजदीकी से अवलोकन करता है तथा तुलनात्मक अध्ययन करता है। वह अपनी सामाजिक जिम्मेदारी व कर्त्तव्यों को जल्दी समझता है तथा जल्दी परिपक्व होता है। जिससे बालक समाज के तौर-तरीकों को समझकर उसमें जीने लगता है जिससे समाजीकरण होता है।
- बच्चे का भावनात्मक संबंध अधिक होता है तथा वह नैतिक मूल्यों को भलि-भाँति अपने जीवन से जोड़कर समझता है और उनमें जीने का भरसक प्रयास करता है। जिससे वह समाज का एक अच्छा नागरिक बन पाता है।
- कई बार वह अकेले माता या पिता की स्थिति का लाभ उठाकर असामाजिक कृत्यों में लिप्त हो जाता है। यह अधिकांश एकल माता के परिवार में देखा जाता है।
- एकल माता या पिता उसे उतने ही आदर्श या नैतिक मूल्य सिखा पाते हैं जितने एक माता और पिता को पता होते है। दादा-दादी, नाना-नानी या अन्य रिश्तों से वह उतना जुडाव महसूस नहीं करते जितना एक संयुक्त परिवार में बच्चा करता है। इस प्रकार बालक का उपयुक्त रूप से समाजीकरण नहीं हो पाता है। जिसका प्रभाव बालक के जीवन पर देखने को भी मिलता है।

काम-काजी माता-पिता व बालक का समाजीकरण
(Socialisation and Working Parents)

प्राचीन समय से देखें तो भारतीय लोग मुख्यतया कृषि पर लगभग-70% ही निर्भर थे। बाकी की जनसंख्या शहर में रहती थी जो विभिन्न प्रकार से अपनी आजीविका के लिए नौकरी व अन्य प्रकार के पेशों से जुडे रहते थे। साधारण तरीके से भारतीय परम्परा के अनुसार संयुक्त परिवारों का ही एक मात्र चलन था जिससे बालक का कहीं हद तक समाजीकरण परिवारों में ही हो जाता था। लेकिन जब से लोगों की रुचि, कृषि से हटने लगी तब से लोगों का शहर में बसना उनकी शान का संकेत बनने लगा जिससे शहरीकरण को बढ़ावा मिला। जैसे-जैसे लोग शहर में आकर बसने लगे तो शहर के तौर-तरीकों को अपनाना स्वाभाविक था। जिसमें मंहगी शिक्षा, मंहगे साधन और महंगे शानो-शौकत के संसाधन जिसके कारण परिवार में सभी को कमाना निश्चित रूप से अनिवार्य हो गया। इस प्रकार अब इन सबका प्रभाव परिवारों पर पड़ने लगा और धीरे-धीरे यहां तक की बच्चों के जीवन पर भी दिखने लगा जिससे बालक का जीवन और समाज दोनों ही प्रभावित होते हैं। अत: निम्न बिन्दुओं के आधार पर काम-काजी माता-पिता और बालक के समाजीकरण दोनों के प्रभाव को समझा जा सकता है–

1. **नैतिक मूल्यों की कमी** (Lack of Moral Values)-बच्चा अपने कामकाजी माता-पिता के साथ समय व्यतीत नहीं कर पाता वह जो भी सीखता है अन्य लोगों से सीखता है। जिससे उसमें नैतिक मूल्यों का विकास कम होता है। फलस्वरूप बालक का सही प्रकार से समाजीकरण भी नहीं होता है।
2. **बुरी संगत में पड़ना** (Indulge with Bad Company)-माता-पिता के पूरा दिन व्यस्त होने के कारण वह बच्चे पर इतना ध्यान नहीं दे पाते इसलिए बच्चा औरों को भावनात्मक साथ के लिए ढूँढता है तथा कई बार गलत-संगति में पड़ जाता है।
3. **भावात्मक जुड़ाव में कमी** (Lack of Emotional Association)-काम-काजी माता-पिता होने के कारण समय का अभाव बना रहता है। जिससे बालक भावात्मक रूप से माता पिता के साथ नहीं जुड़ पाता है। जिससे बालक परिवार से कुछ कटा-कटा रहता है। जिसके कारण बालक में ''मुझे किसी की परवाह नहीं'' की भावना उत्पन्न हो जाती है। इस प्रकार बच्चा समाज के तौर-तरीकों को भी इसी भावना के साथ लेता है। जिसका प्रभाव बच्चे के व्यवहार पर पड़ता है। और बालक का समाजीकरण भी सही रूप में नहीं हो पाता है। परिणामस्वरूप बालक समाज से कट जाता है और इसका प्रभाव बालक के जीवन पर पड़ता है।
4. **सामाजिक व मानसिक असुरक्षा की भावना** (Feeling of Social and Mental Insecurity)-माता-पिता के कामकाजी होने के कारण बालक अपने मन की बात जब माता-पिता से नहीं कह पाता हो तो उसके अन्दर सामाजिक असुरक्षा की भावना पनपने लगती है। जिसके कारण बालक समाज के साथ घुल-मिल नहीं पाता तो वह समाज से मानों कट सा जाता है। जिसका परिणाम बालक का सही रूप में समाजीकरण नहीं हो पाता है और उसके जीवन में नकारात्मकता आ जाती हैं जिसके कारण उसका विकास नहीं हो पाता है।

5. **बच्चों में आत्मविश्वास की उन्नति** (Increase of Self Confidence in the Child)-माता-पिता या परिवार के काम-काजी होने से बच्चों का आत्म विश्वास अधिकतर बढ़ता जाता है। क्योंकि माता-पिता के काम काजी होने से बालक को ही अपने सारे कार्य करने पड़ते हैं। जिसका परिणाम यह है कि बच्चे जीवन में आत्मविश्वासी होते हैं। जिसका प्रभाव किसी ना किसी रूप से समाज पर पड़ता है। अर्थात् बालक समाज के भी पूर्व निर्धारित रीति-रिवाजों, आस्थाओं, और संस्कृति को आत्मविश्वास के साथ सीखता और अपने जीवन में ग्रहण करके समाज का एक अच्छा नागरिक बनता है। इस प्रकार बालक का समाजीकरण भी भली प्रकार से होता है। दूसरे पक्ष में अगर इसको देखें तो कभी-कभी बालक का आत्मविश्वास गिर भी जाता है। क्योंकि माता-पिता का अधिक समय ना मिलने पर बच्चा कभी-कभी अपनी बात को समाज में या परिवार में सही नहीं रख पाता है तो वह परिवार से या समाज से कट जाता है। इस प्रकार इसे बालक के सन्दर्भ में दोनों ही पक्षों में देख सकते हैं।

अतः उपरोक्त विवरण के आधार पर कह सकते हैं कि काम-काजी माता-पिता या काम-काजी परिवार का भी बच्चों के समाजीकरण पर प्रत्यक्ष और परोक्ष रूप से प्रभाव पड़ता है।

संयुक्त परिवार का बच्चे के समाजीकरण पर प्रभाव
(Joint Family and its Effect on the Socialisation of the Child)

संयुक्त परिवार (Joint Family)

साधारण भाषा में संयुक्त परिवार वह परिवार है जिसमें माता-पिता, दादा-दादी, चाचा-चाची और ताऊ-ताई अपने सभी बच्चों के साथ मिलजुलकर रहते हैं। भारतीय परम्परा में संयुक्त परिवार का ही चलन था लेकिन जैसे विज्ञान और प्रौद्योगिकी का चलन बढ़ता गया वैसे-वैसे शहरीकरण को बढ़ावा मिलता गया और परिणामस्वरूप परिवारों के टूटने का सिलसिला तेजी से बढ़ता गया और समाज में संयुक्त परिवारों का अस्तित्व पूरी तरह खतरे में पड़ गया। जिनके टूटने से बालक के जीवन पर धनात्मक और ऋणात्मक प्रभाव पड़ता है। जिससे बालक का जीवन और समाज किसी ना किसी रूप में प्रभावित होता है।

अतः इस प्रकार निम्न बिन्दुओं के द्वारा बालक के समाजीकरण के दोनों पक्षों को भली-भांति समझ सकते हैं–

- **सामाजिक मूल्य** (Social Values)-संयुक्त परिवार में बच्चे का एक समाज द्वारा स्वीकृत व्यक्तित्व बनता है। ताकि वह भली-भांति अपने सामाजिक कर्त्तव्यों का निर्ववन करके जीवन यापन कर सके। इस प्रकार भली प्रकार से उसका समाजीकरण हो पाता है और वह समाज का एक अच्छा नागरिक बनता है।
- **दूसरों के प्रति सम्मान** (Respect towards others)-बच्चे एक-दूसरों के प्रति प्रेम लगाव व परस्पर एक दूसरे का सम्मान करना सीखते हैं। वह भिन्न-भिन्न सामाजिक रिश्तों की मर्यादाओं को भलि-भांति समझता है और समाज में अपने अस्तित्व के साथ जीता है।
- **आत्मविश्वास में कमी** (Lack of Self confidence)-संयुक्त परिवार में सभी के द्वारा बच्चे को अतिसंरक्षित (Over-protective) किया जाता है। जिसके कारण

वह छोटे-छोटे काम के लिए भी परिवार पर निर्भर रहता है। इस प्रकार आत्मविश्वास की कमी आ जाती है और कभी-कभी सही प्रकार से समाजीकरण नहीं हो पाता है।

- **वैचारिक स्वतंत्रता की कमी** (Lack of Freedom of Thought)-अपेक्षा की जाती है कि जो बड़ा सदस्य कहे वह उस बात को बिना किसी आलोचना के मान लें। इस प्रकार मन ही मन मतभेद उत्पन्न हो जाते हैं। क्योंकि वह खुलकर अपनी बात नहीं कह सकता। जिसका प्रभाव बालक के व्यक्तित्व पर पडता है और परिण ााम के रूप में वह समाज में अपनी इच्छा के अनुसार अपना जीवन व्यतीत करने में सक्षम नहीं हो पाता है। जिससे बालक के जीवन पर नकारात्मक प्रभाव पड़ता है।

अतः उपरोक्त सभी बिन्दुओं से यह सुनिश्चित होता है कि परिवार में भी बालक के समाजीकरण पर धनात्मक और ऋणात्मक प्रभाव पड़ता है।

अनाथालय में बालक और समाजीकरण
(Children at Orphanage and Socialisation)

साधारण शब्दों में अनाथ बच्चों से अभिप्राय उन बच्चों से है जो किसी कारणवश अपने माता-पिता से अलग हो जाते हैं और सड़क ही उनका घर बन जाता है। उन बच्चों को अनाथ बच्चे कहा जाता है। इस तरह देखें तो ये बच्चे अपने माता-पिता या परिवार से अलग रहते हैं। ये बच्चे बहुत अधिक किसी के साथ घुल-मिल नहीं पाते हैं। इसी कारण ये बच्चे समाज तथा परिवार से कट जाते हैं। समाज व परिवार के रीति-रिवाजों, संस्कारों और संस्कृति को भी नहीं समझ पाते हैं। जिससे हर प्रकार से अपने को अलग-अलग सा महसूस करते हैं जिससे सही रूप में इनका समाजीकरण नहीं हो पाता है। इसी कारण इन बच्चों का आत्म विश्वास भी कम होता है और डरे-डरे से रहते हैं और इनका सही मायने में विकास भी नहीं हो पाता है। जिसका प्रभाव इन बच्चों के जीवन व समाज पर प्रत्यक्ष और अप्रत्यक्ष रूप से पड़ता है। अर्थात् इन बच्चों का सही रूप से समाजीकरण नहीं होने से समाज को भी भुगतान करना पड़ता है।

समाजीकरण पर प्रभाव

अनाथालय में बालक के समाजीकरण पर प्रभाव को निम्न बिंदुओं के आधार पर समझ सकते हैं-

- चूंकि ये बालक परिवार से कट जाते हैं तो इनको संस्कारों की समझ नहीं होती है जब तक की अलग से कोई विशेष प्रयास न किया जाये।
- ये बच्चे समूह में स्वयं को व्यक्त करने में भी असहज महसूस करते हैं।
- सामाजिक मूल्यों, रीति-रिवाजों और संस्कृति का सीधा अनुभव न होने के कारण भी इनके समाजीकरण पर प्रतिकूल प्रभाव पड़ता है।

अतः उपरोक्त विवरण के आधार पर यह मान सकते हैं कि अनाथ बच्चों का समाजीकरण सही रूप से सही समय में और सही व्यक्तियों के द्वारा नहीं हो पाता है। इस प्रकार अनाथ बालकों पर समाजीकरण का ऋणात्मक प्रभाव पड़ता है।

19

विद्यालय और समाज में समावेशन को बढ़ावा देने में शिक्षा की भूमिका

(Role of Education to Promote Inclusion in Schools and Society)

समावेशन का अर्थ (Meaning of Inclusion)

समावेशन से तात्पर्य विद्यालय तथा समाज के पुनर्गठन से है जहाँ सभी बच्चे बिना किसी भेदभाव के सीख व समझ सके। 'समावेशन' शब्द का अपने आप में कुछ खास अर्थ नहीं होता है। हमारे चारों तरफ जो वैचारिक, दार्शनिक, शैक्षिक ढाँचा होता है वही समावेशन को परिभाषित करता है। समावेशन की प्रक्रिया में बच्चे को न केवल लोकतंत्र की भागीदारी के लिए सक्षम बनाया जा सकता है, बल्कि यह सीखने एवं विश्वास करने के लिए भी सक्षम बनाया जा सकता है कि लोकतंत्र को बनाए रखने के लिए दूसरों के साथ रिश्ते बनाना, अन्त-क्रिया करना भी समान रूप से महत्वपूर्ण है (एन.सी. एफ. 2005)। चूँकि विद्यालय में बालक विभिन्न समाजिक, आर्थिक पृष्ठभूमि से आते हैं लेकिन इनमें समझने की क्षमता समान होती है इसलिए इनको किसी भी भेदभाव के बिना समान अवसर मिलने चाहिए जो सिर्फ समावेशन द्वारा ही संभव है। **उमातुलि** के अनुसार "समावेशन एक प्रक्रिया है, जिसमें प्रत्येक विद्यालय को दैहिक, संवेगात्मक तथा सीखने की आवश्यकता को पूरा करने के लिए संसाधनों का विस्तार करना होता है।"

समावेशी शिक्षा का अर्थ (Meaning of Inclusive Education)

समावेशी शिक्षा एक प्रकार की ऐसी प्रक्रिया है। जिसके द्वारा किसी भी भेदभाव या अंतर के बिना समाज के प्रत्येक वर्ग के बालकों को शिक्षा प्रदान की जाती है ताकि समाज के सभी बालकों को एक स्तर पर लाया जा सके। आज़ादी के बाद से भारत में बिना किसी भेदभाव के शैक्षिक व्यवस्था का विकास इस बात की पुष्टि करता है कि भारतीय शिक्षा में क्षेत्रीय विविधता और भिन्न परिकल्पना इस संकल्पना पर आधारित है कि सभी बच्चों का विद्यालयी शिक्षा में समावेशन व उसकी प्रक्रियाओं की व्यापक समझ की इस कदर आवश्यकता है कि उन्हें क्षेत्रीय, सांस्कृतिक, सामाजिक परिवेश और विस्तृत सामाजिक-आर्थिक एवं राजनीतिक प्रक्रियाओं में ही संदर्भित करके समझा जाए। क्योंकि भारतीय संविधान में एकता, स्वतंत्रता, सामाजिक न्याय एवं व्यक्ति की गरिमा को प्राप्य मूल्यों के रूप में निरूपित किया गया है। जिसका इशारा समावेशी शिक्षा की तरफ ही

है। समावेशी शिक्षा से हमारा तात्पर्य ऐसी शिक्षा प्रणाली से है जिसमें सभी शिक्षार्थियों को बिना किसी भेदभाव के सीखने सिखाने के समान अवसर मिले। शिक्षा में समावेशन को कुछ विद्वानों ने परिभाषित करने का प्रयास किया है जो इस प्रकार है-

श्रीमती आर.के. शर्मा के अनुसार "शैक्षिक समावेशन एक ऐसी शिक्षा व्यवस्था है जिसके द्वारा प्रतिभाशाली एवं शारीरिक रूप से अक्षम छात्रों को सूचित किया जाता है।"

प्रोफेसर एस.के. दुबे के अनुसार "शैक्षिक समावेशन एक ऐसी शिक्षा प्रणाली है जो छात्रों की योग्यता क्षमता एवं स्थितियों के अनुरूप दी जाती है।"

इस प्रकार समावेशी शिक्षा समाज के सभी बच्चों को शिक्षा की मुख्य धारा से जोड़ने की बात का समर्थन करती है। यह सही मायने में सर्व शिक्षा जैसे शब्दों का ही रूपान्तरित रूप है जिसके कई उद्देश्यों में से एक उद्देश्य यह है कि 'विशेष आवश्यकता वाले बच्चों की शिक्षा'। लेकिन दुर्भाग्यवश हम सब इसके विस्तृत अर्थ को पूर्ण तरीके से समझने की कोशिश न करते हुए, समावेशी शिक्षा का अर्थ प्रमुखता से केवल 'विशेष आवश्यकता वाले बच्चों की शिक्षा' से ही समझते हैं, जो कि सर्वथा ही अनुचित जान पड़ता है, क्योंकि समावेशी शिक्षा का एक उद्देश्य तो 'विशेष आवश्यकता वाले बच्चों की शिक्षा' से हो सकता है, लेकिन इसका संपूर्ण उद्देश्य 'विशेष आवश्यकता वाले बच्चों की शिक्षा' कदापि भी नहीं हो सकता है। समावेशी शिक्षा सभी बच्चों के लिए बिना किसी भेदभाव के समान अवसरों की बात करती है।

समावेशी शिक्षा की आवश्यकता एवं महत्व
(Need and Importance of Inclusive Education)

समावेशी शिक्षा की आवश्यकता और महत्व को संक्षिप्त में कुछ महत्वपूर्ण बिन्दुओं में समझा जा सकता है, ये अग्रलिखित हैं-

- समावेशी शिक्षा प्रत्येक बच्चे के लिए उच्च और उचित उम्मीदों के साथ, उसकी व्यक्तिगत शक्तियों का विकास करती है।
- समावेशी शिक्षा अन्य छात्रों को अपनी उम्र के साथ कक्षा के जीवन में भाग लेने और व्यक्तिगत लक्ष्यों पर काम करने हेतु अभिप्रेरित करती है।
- समावेशी शिक्षा बच्चों को उनके शिक्षा के क्षेत्र में और उनके स्थानीय स्कूलों व गतिविधियों में उनके माता-पिता को भी शामिल करने की वकालत करती है।
- समावेशी शिक्षा सम्मान और अपनेपन की स्कूल संस्कृति के साथ-साथ व्यक्तिगत मतभेदों को स्वीकार करने के लिए भी अवसर प्रदान करती है।
- समावेशी शिक्षा अन्य बच्चों, अपनी स्वयं की व्यक्तिगत आवश्यकताओं और क्षमताओं के साथ प्रत्येक को एक व्यापक विविधता के साथ दोस्ती का विकास करने की क्षमता विकसित करती है।

समावेशन को बढ़ावा देने में शिक्षा की भूमिका
(Role of Education to Promote Inclusion)

बच्चों को समाज में जो अनुभव, संस्कृति या मूल्य प्राप्त होते हैं वह ही कहीं न कहीं विद्यालय और उनके व्यवहार में परिलक्षित होते हैं। हमारे समाज में विद्यमान असमानताएँ हमारी शिक्षा व्यवस्था को भी प्रत्यक्ष या अप्रत्यक्ष रूप से प्रभावित करती हैं। इस प्रकार

समावेशन प्रक्रिया के पारिवारिक, शैक्षिक, सामाजिक, आर्थिक व राजनीतिक आयाम हो सकते हैं परन्तु यहाँ बच्चों से सम्बंधित दो आयामों–विद्यालय (शैक्षिक) व सामाजिक की चर्चा की गयी है।

विद्यालय में समावेशन को बढ़ाने में शिक्षा की भूमिका
(Role of Education to Promote Inclusion in Schools)

किसी भी विद्यालय में समावेशन को बढावा देने में वातावरण, शिक्षण पद्धतियों, दृष्टिकोण आदि अनेक कारक होते हैं। विद्यालय का वातावरण, अरुचिपूर्ण शिक्षण प्रक्रिया तथा दण्ड व भय बच्चों में विद्यालय के प्रति अनुराग या लगाव को कम करते हैं, वहीं दूसरी तरफ सभी बच्चों के सीखने में बाधक होते हैं। सीखना बच्चे में विद्यालय के प्रति लगाव पैदा करने वाला सकारात्मक घटक है। अतः विद्यालयों में समावेशी माहौल बनाने हेतु शारीरिक एवं मानसिक दण्ड का कोई स्थान नहीं हो सकता है। विद्यालय अनुशासन को थोपने के बजाय बच्चे का स्वानुशासित होना जरूरी है। इसके लिए विद्यालय में इस प्रकार का वातावरण सृजित किया जाना चाहिए जिससे बच्चा अपने चिन्तन एवं कर्म की जिम्मेदारी स्वयं लेना सीखे व दूसरों को पहुँचाने वाली बाधा एवं पीड़ा को महसूस करना सीखे। एक समावेशी विद्यालय बच्चों को स्वयं निर्णय लेने एवं इन निर्णयों के क्रियान्वयन में सक्षम बनाता है। बच्चे विद्यालय में निर्णय लेने की प्रक्रिया एवं व्यवस्था से सीखते हैं।

शिक्षा में समावेशन का वैचारिक एवं दार्शनिक आधार यह है कि–

- प्रत्येक बच्चा स्वाभाविक रूप से सीखने के लिए अभिप्रेरित होता है।
- बच्चों के सीखने के तौर तरीकों में विविधता होती है, जैसे अनुभवों के माध्यम से, चीजों को करने से, प्रयोग करके, पढ़ने, चर्चा करने, प्रश्न पूछने, सुनने, सोचने, चिन्तन करने, अभिव्यक्त करने, छोटे एवं बड़े समूह में गतिविधियाँ करने आदि तरीकों से बच्चा सीखता है।
- बच्चों को सीखने-सिखाने के क्रम में समुचित अवसर देने की आवश्यकता होती है।
- बच्चों को सिखाने से पूर्व सीखने-सिखाने के लिए तैयार करने हेतु समुचित वातावरण निर्मित करने की आवश्यकता होती है।
- बच्चा अनेक तथ्य याद तो कर सकता है परन्तु उन्हीं तथ्यों, अवधारणा एवं विचारों की अपने परिवेश से सम्बद्धता नहीं बिठा पाता है, जिनके बारे में उसकी भली-भाँति समझ बन चुकी है।
- सीखने की प्रक्रिया न केवल विद्यालय में वरन् विद्यालय के बाहर भी निरन्तर चलती रहती है। अतः सीखने-सिखाने की प्रक्रिया इस प्रकार संचालित की जानी चाहिए कि बच्चा सीखने की प्रक्रिया में संलग्न हो जाए तथा समझ विकसित करे, बजाय इसके कि वह परीक्षा उत्तीर्ण करने के लिए मात्र तथ्यों को रटता रहे।
- सीखना किसी माध्यम या इसके बगैर भी सम्भव हो सकता है। अतः इसके लिए सीखने-सिखाने की प्रक्रिया आरम्भ करने से पूर्व बच्चे के सामाजिक, आर्थिक, सांस्कृतिक एवं राजनीतिक परिप्रेक्ष्य को जानना/समझना महत्त्वपूर्ण है।
- शिक्षार्थियों की सामाजिक, आर्थिक, सांस्कृतिक, भाषायी, पृष्ठभूमि के प्रति आदर रखना।

विद्यालय में समावेशी शिक्षा के कुछ तरीके निम्न हो सकते हैं-

विद्यालय में समावेशन को बढ़ावा देने हेतु कुछ तरीके इस प्रकार हैं-

1. **विद्यालय के वातावरण में सुधार** (Improvement in School Environment)-स्कूल का वातावरण किसी भी प्रकार की शिक्षा में बड़ा योगदान रखता है। यह कई चीजों की शिक्षा बच्चों को बिना सिखाए भी दे देता है। अतः समावेशी शिक्षा हेतु सर्वप्रथम उचित तथा मनमोहक स्कूल भवन का प्रबंध जरूरी है। इसके अलावा स्कूलों में आवश्यक साज-सामान तथा शैक्षिक सहायताओं का प्रबंध भी जरूरी है। बिना इसके विद्यालय में समावेशी माहौल बनाना थोड़ा कठिन होगा।
2. **सबके लिए विद्यालय** (School for All)-समावेशी शिक्षा की मूल भावना में विद्यालय एक ऐसा स्थान है जहाँ सभी बालक एक साथ शिक्षा प्राप्त करते हैं, परन्तु सामान्यतः इस तरह की बातें देखने और सुनने में आती रहती हैं कि किसी बालक को उसको विशिष्ट शैक्षिक आवश्यकताओं को पूरा करने में अपनी असमर्थता दर्शाते हुए, विद्यालय में प्रवेश देने से मना कर दिया या किसी विशेष विद्यालय में उसके दाखिले के लिए कहा हो। समावेशित शिक्षा के उद्देश्यों को सभी बालकों तक पहुंचाने के लिए यह आवश्यक है कि विद्यालय में दाखिले की नीति में परिवर्तन किया जाना चाहिए।
3. **बालकों के अनुरूप पाठ्यक्रम** (Curriculum according to Child)- बालकों को शिक्षित करने का सबसे असरदार तरीका है कि उन्हें खेलने के तरीकों तथा गतिविधियों के माध्यम से सिखाने का प्रयास किया जाना चाहिए। समावेशी शिक्षा व्यवस्था के लिए आवश्यक है कि विद्यालय पाठ्यक्रम, बालकों की अभिवृत्तियों, मनोवृत्तियों, आकांक्षाओं तथा क्षमताओं को ध्यान में रखते हुए निर्धारित किया जाना चाहिए। इसके अतिरिक्त पाठ्यक्रम में विविधता तथा पर्याप्त लचीलपन होना चाहिए। ताकि उसे प्रत्येक बालक की क्षमताओं, आवश्यकताओं तथा रुचि के अनुसार अनुकूल बनाया जा सके, बालकों में विभिन्न योग्यताओं व क्षमताओं का विकास हो सके, उसे विद्यालय से बाहर, बालक के सामाजिक जीवन से जोड़ा जा सके, बालकों को सामाजिक रूप से एक उत्पादित नागरिक बनाने में योगदान दे सकें इसके अतिरिक्त बालक को समय का सदुपयोग करने की शिक्षा प्राप्त हो सके।
4. **सहायक तकनीकी उपकरणों का उपयोग** (Use of Technical Tools)-आज के युग में तकनीकी उपायों से मानव जीवन काफी हद तक सुगम हो गया है। मानव जीवन के प्रत्येक पहलु पर आज तकनीकी का प्रभाव देखा जा सकता है। समावेशित शिक्षा की सफलता के लिए और उसके प्रचार प्रसार के लिए शिक्षा व्यवस्था में तकनीकी का उपयोग किये जाने की आवश्यकता है। टी.वी. कार्यक्रमों, कम्प्यूटर, मोबाइल, फोन, सहायक शिक्षा व तकनीकी उपकरणों का उपयोग करके बालकों की शिक्षा, सामाजिक अन्तर्क्रिया, मनोरंजन आदि में प्रभावशाली भूमिका निभाई जा सकती है इसलिए आज आवश्यकता इस बात की है कि समावेशी शिक्षा वातावरण हेतु बालकों, अभिभावकों, शिक्षकों को इसकी नवीन तकनीकी विधियों से परिचित करवाया जाये तथा उनके प्रयोग पर बल दिया जाए।

5. **शिक्षकों का पर्याप्त प्रशिक्षण** (Proper Training of Teachers)- शिक्षक को ही शिक्षा पद्धति की वास्तविक गत्यात्मक शक्ति तथा शैक्षिक संस्थानों की आधारशिला माना गया है। यद्यपि यह बात सत्य भी है कि विद्यालय भवन, पाठ्यक्रम, पाठ्य सहभागी क्रियायें, सहायक शिक्षण सामग्री, आदि सभी वस्तुयें व क्रियाकलापों का भी शैक्षिक प्रक्रिया में महत्वपूर्ण स्थान होता है, परन्तु शिक्षक ही वह शक्ति है जो प्रत्यक्ष और परोक्ष रूप से शिक्षण अधिगम प्रक्रिया को सबसे अधिक प्रभावित करता है।
6. **स्कूलों को सामुदायिक जीवन का केन्द्र बनाए जाए** (Prepare the Schools for Community Life)-समावेशी शिक्षा हेतु यह प्रयास भी किया जाना चाहिए कि स्कूलों को सामुदायिक जीवन का केन्द्र बनाया जाए ताकि वहाँ छात्र की सामुदायिक जीवन की भावना को बल मिले, जिससे वे सफल एवं योग्यतम सामाजिक जीवनयापन कर सकें। इस उद्देश्य की प्राप्ति हेतु समय-समय पर विद्यालयों में वाद-विवाद, खेल-कूद तथा देशाटन जैसे मनोरंजक कार्यक्रमों का आयोजन किया जाना चाहिए।

समाज में समावेशन को बढ़ाने में शिक्षा की भूमिका
(Role of Education to Promote Inclusion in Society)

समावेशी समाज का विकास उसमें निहित सम्पूर्ण मानवीय क्षमता के कुशलतापूर्वक उपभोग पर निर्भर करता है। समाज के सभी वर्गों की सहभागिता के बिना समावेशी समाज का विकास सम्भव नहीं हो सकता है। शिक्षा समावेशन की प्रक्रिया का सबसे महत्वपूर्ण औज़ार है। शिक्षा ही वह प्रक्रिया है जिसके माध्यम से एक बच्चा लोकतांत्रिक प्रक्रिया में अपनी भूमिका के लिए तैयारी करता है, वहीं दूसरी ओर समावेशन में बाधक तत्वों से निबटने का सामर्थ्य प्राप्त कर सकता है।

समाज में समावेशन को बढ़ाने हेतु शिक्षा के कुछ प्रस्तावित तरीके निम्नालिखित हैं-

- **सभी को समान अवसर** (Equal Opportunity for All)-समाज मूलत: लोगों का समूह होता है जिसमें विभिन्न मान्यताओं को मानने वाले लोग रहते हैं। अलग-अलग मान्यताओं के कारण ही समाज में मतभेद रहते हैं जो एक समावेशी समाज की अवधारणा को साकार नहीं होने देती है। अत: शिक्षा समाज के सभी समूह, लोगों उनके बच्चों को बिना किसी भेदभाव के शिक्षा के समान अवसर उपलब्ध कराएं। विद्यालय में होने वाली गतिविधियों से भी सामाजिक समूहों को अवगत कराएं और आवश्यकता पड़ने पर भागीदारी भी कराई जाए।
- **जागरूकता कार्यक्रमों का आयोजन** (Organizing Awareness Program)-एक समावेशी समाज बनाने के लिए सरकारें विभिन्न प्रयास करती हैं जैसे पिछडे वर्ग, अनुसूचित जाति, अनुसूचित जन-जाति, गरीब परिवारों की लड़कियों, विशेष आवश्यकता के बालक बालिकाओं आदि को सरकारें विभिन्न योजनाओं के माध्यम से आगे बढ़ने के अवसर उपलब्ध कराती हैं। परन्तु सही जानकारी के अभाव में समुदाय के बहुत से लोग इन योजनाओं का लाभ नहीं उठा पाते हैं। अत: शिक्षा के द्वारा विभिन्न कार्यक्रमों के माध्यम से समुदाय को जागरूक

किया जा सकता है, जिससे समाज के लोग इनका लाभ उठाये और एक समावेशी समाज का सपना साकार हो सकें।

- **समुदाय की सक्रिय भागीदारी** (Active Participation of Community)-एक अकेले व्यक्ति के प्रयासों से उन्हें शिक्षा को मुख्यधारा में सम्मिलित नहीं किया जा सकता है। समावेशित शिक्षा हेतु यह आवश्यक है कि विद्यालयों को सामुदायिक जीवन का केन्द्र बनाया जाना चाहिए जिससे बालक की सामुदायिक जीवन की भावना को बल मिलें क्योंकि उसे एक निश्चित समय के पश्चात् उसी समुदाय के एक सक्रिय सदस्य के रूप में अपनी भूमिका का निर्वाह करना है।
- **वार्षिक दिवस का आयोजन** (Organise Annual Day)-एक समावेशी समाज के निर्माण के लिए आवश्यक है कि विद्यालय वार्षिकोत्सव का आयोजन करे जिसमें बालकों के अभिभावकों और समाज के अन्य सम्मानित व्यक्तियों को आमंत्रित किया जाना चाहिए जिससे कि उन्हें इन बालकों के एक समावेशित शिक्षा वातावरण में शिक्षा ग्रहण करने के संबंध मे फैली भ्रांतियों को दूर कर उन्हें इन बालकों की योग्यता व प्रतिभा से परिचत करवाया जा सकें।
- **विविधता का सम्मान** (Respect of Diversity)-अभी समाज में जो भी विविधता है उसका सम्मान किया जाये। जब तक की सभी लोग समझदार न हो जाए। समाज को तर्कपूर्वक तथ्यों को जाँचने के लिए प्रेरित किया जाए और बिना समझे किसी बात को न माना जाए। समाज में अनेक मुद्दे हैं जो नासमझी के कारण विवाद का कारण बनते हैं और समाज में आपसी मनमुटाव व मनभेद का कारण बन जाते हैं। अत: शिक्षा ही एकमात्र ऐसा साधन है जो सबको समान रूप से स्वीकार्य है इसीलिए इन विविधताओं को समझा जाए और समझ कर सही मायने में समावेशी समाज का सपना साकार किया जाए।

इकाई–III

संस्कृति और मूल्य शिक्षा
(Cultural and Value Education)

प्रस्तुत इकाई **संस्कृति और मूल्य शिक्षा** मूल रूप में शिक्षा के विभिन्न आयामों से सम्बंधित है। क्योंकि शिक्षण-अधिगम प्रक्रिया संस्कृति की समझ और मूल्यों के बिना सम्पन्न नहीं हो सकती है। इस कड़ी में अधिगमकर्ता के लिए संस्कृति शब्द के अर्थ को स्पष्ट करते हुए सांस्कृतिक अंतर की व्याख्या और शिक्षा पर इसके प्रभाव को विस्तार से समझाया गया है। संस्कृति की समझ को और विस्तार देने के लिए समग्र संस्कृति के सम्प्रत्यय और इसके महत्त्व को भी साधारण शब्दों में रखा गया है। विषयवस्तु की कड़ी में समग्र संस्कृति के बाद बहु संस्कृतिवाद और इसके शैक्षिक निहितार्थ की स्पष्ट व्याख्या की गयी है। जो पाठकों को गहरी समझ और चिन्तनशीलता की ओर ले जाएगा।

किसी भी समाज में मूल्य विहीन शिक्षा का कोई औचित्य नहीं होता है। अतः पाठकों/प्रशिक्षार्थियों द्वारा मूल्यों को समझना आवश्यक हो जाता है जिससे वे आने वाली पीढ़ी को सही दिशा के साथ-साथ सांस्कृतिक, नैतिक व सामाजिक मूल्यों का ज्ञान करा सकें। इस आवश्यकता को ध्यान में रखते हुए मूल्यों के अर्थ, मूल्यों के प्रकार एवं इनके स्रोतों की विस्तार से व्याख्या की गयी है। बच्चों में मूल्यों के समावेशन हेतु विभिन्न सहगामी क्रियाओं एवं सामुदायिक सेवाओं को स्पष्ट रूप से रखा गया है। शिक्षण अधिगम-प्रक्रिया में अध्यापकों की भूमिका भी महत्त्वपूर्ण होती है इसलिए नैतिक और सामाजिक मूल्यों के विकास में अध्यापकों की भूमिका को महत्त्वपूर्ण स्थान दिया गया है। अंत में सम्पूर्ण शिक्षा परिवार से लेकर वैश्विक स्तर तक शांति के सन्दर्भ में मार्गदर्शक सिद्धांतों की समझ मील का पत्थर साबित होगी।

इस प्रकार यह इकाई प्रशिक्षार्थियों/पाठकों में संस्कृति और मूल्यों की समझ विकसित करने में महत्त्वपूर्ण भूमिका का निर्वाह कर पायेगी। फलस्वरूप प्रशिक्षार्थियों में शिक्षण-अधिगम की गहरी समझ और बच्चों की सांस्कृतिक पृष्ठभूमि एवं सामाजिक मूल्यों की जरूरतों को पूरा करने में सक्षम होगी।

20

संस्कृति का अर्थ एवं परिभाषा
(Meaning and Definition of Culture)

संस्कृति का अर्थ (Meaning of Culture)

''संस्कृति'' का अर्थ समाजशास्त्रीय अवधारणा के रूप में ''सीखा हुआ व्यवहार'' होता है। अर्थात् कोई भी व्यक्ति बचपन से अब तक जो कुछ भी सीखता है, जैसे-खाने का तरीका, बात करने का तरीका, भाषा का ज्ञान, लिखना-पढ़ना तथा अन्य योग्यताएँ, यह संस्कृति है। संस्कृति मनुष्य के व्यवहार और रुचि का ''परिष्कार'' करती है। जब हम किसी समाज, राष्ट्र या देश की संस्कृति का उल्लेख करते हैं तब हमारा तात्पर्य उसके लोगों के जीवन (रहन-सहन, खान-पान, वेशभूषा, भाषा, धार्मिक विश्वास, सामाजिक आदर्श, कला-संगीत-नृत्य इत्यादि) से होता है। इसी प्रकार हम बहुधा मुगलकालीन भवनों, घरानों तथा कलाकृतियों का संदर्भ मुगल संस्कृति के रूप में देते हैं। इसी प्रकार सामाजिक प्रथाएँ, नियम और पद्धतियाँ भी सांस्कृतिक वस्तुओं के रूप में जानी जाती हैं। इसीलिए ग्रीकवासियों की राजनैतिक तथा शिक्षा प्रणालियाँ, रोमवासियों की विधिसंहिताएँ बहुधा उनकी अपनी संस्कृति के महत्त्वपूर्ण अंग माने जाते हैं। जन्म लेने के पश्चात भौतिक एवं अभौतिक क्षेत्र में मानव जो भी सीखता है, उससे संस्कृति का निर्माण होता है।

संस्कृति की परिभाषा (Definitions of Culture)

संस्कृति की अवधारणा को स्पष्ट करने के लिए कुछ प्रमुख परिभाषाएँ निम्नलिखित हैं-

1. रेडफील्ड (Redfield)-''संस्कृति कला और उपकरणों से अभिव्यक्त परंपरागत ज्ञान का वह संगठित रूप है, जो परंपरा के द्वारा संगठित होकर मानव समूह की विशेषता बन जाता है।''
2. ओटावे (Ottaway) के कथनानुसार ''संस्कृति का अर्थ समाज की संपूर्ण जीवन पद्धति से होता है।''
3. एच. डब्लू, ओडम (H.W. Odham) के मतानुसार ''संस्कृति समूह का व्यवहार है और साथ ही व्यक्ति के व्यवहार का भी।''
4 स्वामी दयानंद (Swami Dayananda) ने संस्कृति का अर्थ इस प्रकार बताया है ''सत्य को अपनाना तथा असत्य को त्यागना।''
5. गाँधी जी (Gandhiji) ने संस्कृति की इस प्रकार व्याख्या की है, ''संस्कृति हमारी जीवन शैली की बुनियाद है, यह हमारे व्यवहार तथा चरित्र की छोटी से छोटी बात

प्रदर्शित करती है, जैसे कि हम कैसे उठते-बैठते हैं, कैसी वाणी है, हम अन्य लोगों के साथ किस प्रकार का बर्ताव करते हैं। हमारा अध्यापकों के साथ कैसा बर्ताव है, आदि बातें''।

6. जवाहरलाल नेहरू (Jawaharlal Nehru) ने संस्कृति का अर्थ इस प्रकार दर्शाया है, ''मस्तिष्क तथा आत्मा का विस्तार''।
7. विश्वविद्यालय शिक्षा आयोग (1948-49) ने संस्कृति की परिभाषा इस प्रकार दी है, ''संस्कृति हमारे मन की प्रवृत्ति है। यह आत्मा की अभिव्यक्ति है।''
8. प्रसिद्ध मानवशास्त्री एडबर्ड बनार्ट टायलर (1832-1917) द्वारा सन् 1971 में प्रकाशित पुस्तक-'Primitive Culture' में संस्कृति के सम्बन्ध में उल्लेख किया गया। इनके अनुसार, ''संस्कृति वह जटिल समग्रता है जिसमें ज्ञान, विश्वास, कला, आचार, कानून, प्रथा और अन्य सभी क्षमताओं तथा आदतों का समावेश होता है। जिन्हें मनुष्य समाज के नाते प्राप्त करता है।''

संस्कृति की परिभाषा देना हमारे लिए अपेक्षाकृत अधिक सरल होगा। अब हम कह सकते हैं, कि संस्कृति किसी एक समाज में पायी जाने वाली उच्चतम मूल्यों की वह चेतना है, जो सामाजिक प्रथाओं, व्यक्तियों की चित्तवृत्तियों, भावनाओं, मनोवृत्तियों, आचरण के साथ-साथ, उसके द्वारा भौतिक पदार्थों को विशिष्ट स्वरूप दिए जाने में अभिव्यक्त होती है।

संस्कृति की विशेषताएँ (Characteristics of Culture)

1. संस्कृति सीखी जाती है (Culture is Learned)-संस्कृति जैविक रूप से विरासत में नहीं मिली है लेकिन यह समाज में मनुष्य द्वारा सामाजिक रूप से सीखी जाती है। यह एक जन्मजात प्रवृत्ति नहीं है, लेकिन दूसरों के सहयोग से मनुष्य द्वारा अधिग्रहित की जाती है, जैसे खाना, पीना, कपड़े पहनना, चलना, व्यवहार करना सभी मनुष्यों द्वारा सीखे गये।
2. संस्कृति सामाजिक है (Culture is Social)-यह एक घटना नहीं है बल्कि यह समाज की उपज है। यह सामाजिक संपर्क के माध्यम से समाज में विकसित होता हैं। यह समाज के द्वारा साक्ष्यों के आधार पर स्वीकार की जाती है। यह सामाजिक वातावरण में मनुष्य के गुणों को विकसित करने में मदद करता है।
3. संस्कृति का संचार होता है (Culture is Transmitted)- संस्कृति एक पीढ़ी से दूसरी पीढ़ी तक संचारित होने में सक्षम है। माता-पिता अपने बच्चों को सांस्कृतिक लक्षण देते हैं और बदले में वे अपने बच्चों को भाषा के माध्यम से प्रसारित करते हैं। भाषा संचार का माध्यम है। जो सांस्कृतिक लक्षणों को एक पीढ़ी से दूसरी पीढ़ी तक पहुँचाती है।
4. संस्कृति निरंतर है (Culture is Continuous)-यह सतत प्रक्रिया है। यह एक धारा की तरह है जो सदियों से एक पीढ़ी से दूसरी पीढ़ी में बह रही है। संस्कृति मानव जाति की स्मृति है।
5. संस्कृति बहुपक्षीय है (Culture is Multilateral)-समाज में कोई भी व्यक्ति एक से अधिक संस्कृतियों के साथ सम्बन्धित हो सकता है। इसका मतलब यह

है कि संस्कृति बहुपक्षीय होती है। हम केवल किसी एक विशेषता के कारण नहीं जाने जाते अपितु किसी भी काल खण्ड में विभिन्न सांस्कृतिक समूहों से सम्बन्ध रखते हैं।

6. संस्कृति परिवर्तनशील है (Culture is Changeable)-संस्कृति गतिशील होती है। ये कभी भी स्थिर नहीं रहती अपितु परिवर्तनशील है। सांस्कृतिक प्रक्रियाएँ सदैव बदलती रहती है। ये परिवर्तन प्रत्येक समाज तथा प्रत्येक पीढ़ी में अपनी-अपनी गति के अनुसार बदलता रहता है।
7. स्वीकृति ही संस्कृति है (Acceptance is Culture)-जो स्वीकार हो जाये, वही संस्कृति होती है। सभी समाजों की स्वीकृतियाँ समय और परिस्थितियों के अनुसार बदलती रहती है। ये एक पीढ़ी से दूसरी पीढ़ी तक चलती नहीं है अपितु कुछ स्वीकृतियाँ हस्तांतरित होती है। स्वीकृतियां या सहमति सामाजिक अनुबन्धों द्वारा तय होती हैं।
8. संस्कृति आवश्यकताओं की पूर्ति करती है (Culture fulfill the needs)संस्कृति समूह की उन भौतिक एवं अभौतिक आवश्यकताओं को पूरा करती है जो साझा उद्देश्य द्वारा प्रेरित होती हैं।
9. संस्कृति एकीकृत है (Culture is Integrated)-संस्कृति के सभी पक्ष परस्पर सम्बद्ध होते हैं। किसी भी संस्कृति का विकास विभिन्न भागों को परस्पर सम्बद्ध करने से होता है जैसे नैतिकता, रीति-रिवाज, रहन-सहन, विश्वास, सम्मान, मूल्य तथा धर्म परस्पर जुड़े होते हैं।
10. संस्कृति सन्तुष्टि प्रदान करती है (Culture is Gratifying)-संस्कृति संतुष्टि देती है तथा समाज में सर्व मानव की मानसिक व भौतिक आवश्यकताओं की पूर्ति हेतु अवसर प्रदान करती है। संस्कृति को समझकर भागीदारी करने से हर मानव को भौतिक व मानसिक सन्तुष्टि मिलती है।

संस्कृति के बारे में भ्रान्ति (Misconception regarding Culture)

भारत सरकार के एक मंत्रालय का नाम पर्यटन तथा संस्कृति मंत्रालय (Ministry of Tourism and Culture) है जिसके अंतर्गत एक संस्कृति विभाग (Department of Culture) है। इस विभाग का कार्य भारत में संगीत, रंगमंच, नृत्य तथा साहित्य का विकास करना है। इससे ऐसा भ्रम हो जाता है कि संस्कृति का कार्यक्षेत्र इन्हीं विषयों अथवा गतिविधियों तक सीमित रहता है।

शिक्षा पर संस्कृति का प्रभाव (Influence of Culture on Education)

शिक्षा और संस्कृति के घनिष्ठ संबंधों का उल्लेख करते हुए ब्रायेल्ड ने लिखा है। ''संस्कृति की सामग्री से ही शिक्षा का प्रत्यक्ष रूप से निर्माण होता है और यही सामग्री शिक्षा को न केवल उसके स्वयं के उपकरण वरन् उसके अस्तित्व का कारण भी प्रदान करती है।''

1. संस्कृति का शिक्षा के उद्देश्यों पर प्रभाव (Influence of Culture on Objectives of Education)-शिक्षा के उद्देश्य समाज में प्रचलित आचार-विचार दार्शनिक धाराओं, धार्मिक तत्वों, विश्वासों, मान्यताओं तथा आवश्यकताओं के आधार पर निर्मित होते है।

2. संस्कृति का पाठ्यक्रम पर प्रभाव (Influence of Culture on Curriculum)- पाठ्यक्रम समाज की संस्कृति के अनुसार तैयार किया जाता है। शिक्षा की कार्यप्रणाली पाठ्यक्रम के माध्यम से समाज की सांस्कृतिक जरूरतों को महसूस करने की कोशिश करती है जो सभी शैक्षिक गतिविधियों और कार्यक्रमों के रूप में दिखती है।
3. संस्कृति का शिक्षण-विधि पर प्रभाव (Influence of Culture on Teaching Methods)-समाज के बदलते सांस्कृतिक पैटर्न शिक्षण के तरीकों पर अपना प्रभाव डालते हैं। पहले शिक्षण शिक्षक केंद्रित था जहाँ शिक्षक बच्चे को ज्ञान देते थे। अब यह छात्र केंद्रित हो गया है। शिक्षक शिक्षण से पहले बच्चे की आवश्यकताओं, रूचियों, दृष्टिकोण, झुकाव, व्यवहार आदि पर विचार करता है। इस तरह शिक्षा भविष्य के लिए, प्रभावी जीवन के लिए बच्चे को तैयार करने की एक विधि है। संक्षेप में हम कह सकते हैं कि सांस्कृतिक और सामाजिक परिस्थितियाँ एक शक्तिशाली तरीके से शिक्षण की विधियों और तकनीकों को उत्पन्न करती हैं।
4. संस्कृति का अध्यापक पर प्रभाव (Influence of Culture on Teacher)- अध्यापक, वस्तुतः समाज की संस्कृति का एक जीवित प्रतिरूप होता है। वह शिक्षण की युक्तियों द्वारा अपनी संस्कृति को फैलाता है। बालक उसके विचारों से प्रभावित होकर उसकी संस्कृति को अपनाते हैं।
5. संस्कृति का संचरण (Transmission of Culture)-संरक्षण की प्रक्रिया में एक पीढ़ी तक संचरण की प्रक्रिया शामिल है। प्रसिद्ध समाजशास्त्री **ओटावे** ने सही टिप्पणी की है कि "शिक्षा का कार्य सामाजिक मूल्यों और आदर्शों को समाज के युवा और सक्षम सदस्यों तक पहुँचाना है।"
6. संस्कृति का विकास (Development of Culture)-शिक्षा का कार्य समाज की प्रगति और निरंतर विकास के लिए सांस्कृतिक आदर्शों और मूल्यों में आवश्यक और वांछनीय परिवर्तन लाना है, जिसके बिना सामाजिक प्रगति नहीं हो सकती। शिक्षा व्यक्ति की आवश्यकताओं के सभी क्षेत्रों में अनुसंधान और गहरी जांच द्वारा सांस्कृतिक प्रक्रियाओं को संशोधित करती है।
7. व्यक्तित्व का विकास (Personality Developement)-शिक्षा का उद्देश्य बच्चे के व्यक्तित्व का विकास करना है। यह सोच, व्यवहार और सांस्कृतिक मूल्यों के विविध सांस्कृतिक पैटर्न की समझ देता है ताकि बच्चे समाज के विकास के साथ शारीरिक, मानसिक, नैतिक, सामाजिक और बौद्धिक रूप से अधिकतम सीमा तक विकसित हो सकें।
8. सांस्कृतिक अंतराल को हटाना (To Remove Cultural Differences)- वैज्ञानिक और तकनीकी आविष्कारों के कारण भौतिक संस्कृति तेज गति से विकसित होती है, जबकि गैर-भौतिक संस्कृति में विचारों, मूल्यों और मानदंडों का समावेश होता है, और दोनों के बीच एक अंतर पैदा होता है। शिक्षा ही एकमात्र साधन है जिसके द्वारा इन अंतरालों को कम किया जा सकता है।

इस प्रकार, शिक्षा और संस्कृति एक दूसरे पर अन्योन्याश्रित और पूरक हैं। हालाँकि भारत में शिक्षा की मौजूदा प्रणाली अपनी संस्कृति से विकसित नहीं हुई है। जरूरत इस बात की है कि शिक्षा का संबंध हमारी अपनी संस्कृति से होना चाहिए। सांस्कृतिक विरासत से संबंधित शिक्षा प्रणाली से नहीं। ठीक ही कहा गया है-'शिक्षा की मौजूदा प्रणाली

मुख्य रूप से पश्चिमी विज्ञान और साहित्य और जीवन की छोटी आबादी के बीच जीवन जीने के आदर्शों और सरकार के तहत सेवाओं के लिए प्रशिक्षित व्यक्तियों के जीवन पर आधारित है।

राष्ट्रीय शिक्षा नीति (1986) में शिक्षा के सांस्कृतिक संबंधित कार्य (Cultural related Work of Education in National Education Policy—1986)

शिक्षा नीति 1986 में शिक्षा के सांस्कृतिक संबंध में निम्न कार्य दर्शाए गए हैं-

1. औपचारिक शिक्षा पद्धति और देश की समृद्ध तथा विविधतापूर्ण सांस्कृतिक परम्पराओं के बीच विद्यमान खाई को कम करना होगा।
2. आधुनिक टेक्नोलोजी के नशे में नई पीढ़ी की जड़े भारत के इतिहास और सांस्कृतिक से कटनी नहीं चाहिए। हर कीमत पर संस्कृति-विहीनता मानवगुण विहीनता और अलगाव से बचना होगा।

सांस्कृतिक अंतर (Cultural Differences)

किसी भी राष्ट्र या समाज की अपनी एक संस्कृति होती है जिसमें उनका अपना पहनावा, भाषा, मान्यताएं, प्रथाएं, अभिव्यक्ति आदि विशेषताओं का होना पाया जाता है। जहाँ विभिन्न समाजों में समानता होती है तो वहीं कुछ अंतर भी पाए जाते हैं। सांस्कृतिक अंतर की परिभाषा इस प्रकार है-

"सांस्कृतिक अंतर में सामाजिक रूप से अधिग्रहीत मूल्यों, विश्वासों और आचरण के नियमों की एकीकृत और रखरखाव प्रणाली शामिल है जो एक सामाजिक समूह से दूसरे में अलग-अलग स्वीकृत व्यवहारों की सीमा को प्रभावित करती है।"

सांस्कृतिक अंतर विभिन्न मान्यताओं, भाषाओं, व्यवहारों, प्रथाओं और अभिव्यक्तियों को किसी भी राष्ट्र के सदस्यों के लिए अद्वितीय माना जाता है। सांस्कृतिक अंतर को हम इस उदाहरण द्वारा समझ सकते हैं-जैसे कि किसी कार्यस्थल पर कुछ कर्मचारी जो अपने सहकर्मियों की तुलना में छोटे या अधिक उम्र के हैं, या जो कर्मचारी दूसरों की तुलना में अधिक शैक्षिक/व्यवसायिक डिग्री रखते हैं और ऐसे व्यक्ति जो महानगरीय क्षेत्रों या छोटे शहरों से आते हैं। इतनी विभिन्नताओं के बावजूद ऐसा माना जाता है कि कर्मचारियों में अक्सर मतभेद होने की तुलना में अधिक समानताएं होती हैं, लेकिन ये सभी अंतर कभी-कभी समानता को पछाड़ देते हैं। हालांकि ये विभिन्न अंतर एक जीवंत कार्यालय बनाये रखने में सक्षम हैं लेकिन कभी-कभी ये अंतर संस्कृति टकराव से उत्पन्न कुछ समस्याओं का कारण बन सकते हैं। जहाँ ये सांस्कृतिक अंतर किसी कार्यस्थल या समाज की विशेषता होते हैं और लोग एक दूसरे की विविधता का सम्मान करते है और इन अंतरों के बावजूद समानताएं अधिक होने के कारण वे साथ-साथ जीते हैं।

यही सांस्कृतिक अंतर उनके बाहरी वातावरण के साथ व्यक्तियों के संबंधों को पहचानकर योगदान करते हैं। इन समूहों के परिणाम को पहचान कर उनके योग्य व्यवहार और व्यक्तित्व अंतर में चित्रित किया जा सकता है। सामाजिक दक्षताओं के रूप में संबोधित करना एवं आत्म-प्रकटीकरण, मुखरता, सहयोग करने की इच्छा, व्यक्तिगत या साझा पारस्परिक शैली के पदों को बनाए रखने के स्तरों में अंतर शामिल कर सकते हैं।

21

मिश्रित संस्कृति

(Composite Culture)

भारत विविधताओं का देश है। हम विभिन्न भाषाएँ बोलते हैं। विभिन्न प्रकार का खाना खाते हैं, अलग-अलग त्योहार मनाते हैं और भिन्न-भिन्न धर्मों का पालन करते हैं। लेकिन लोग जब नई जगह बसना शुरू करते हैं तो उनके रहन-सहन में धीरे-धीरे थोड़ा बदलाव आ जाता है। कुछ चीजें नई जगह की अपना लेते हैं और कुछ चीजों में वे पुराने ढर्रे पर चलते हैं। इस तरह उनकी भाषा, भोजन, संगीत, धर्म आदि में नए और पुराने का मिश्रण होता रहता है। उनकी संस्कृति और नई जगह की संस्कृति में आदान-प्रदान होता है। परिणामस्वरूप 'मिश्रित संस्कृति' जन्म लेती है यानी मिली-जुली संस्कृति।

मिश्रित संस्कृति की व्याख्या समय-समय पर बदलती रहती है और बदलती रहेगी। जिस पर प्रमुख रूप से निम्न तत्वों का प्रभाव रहता है-

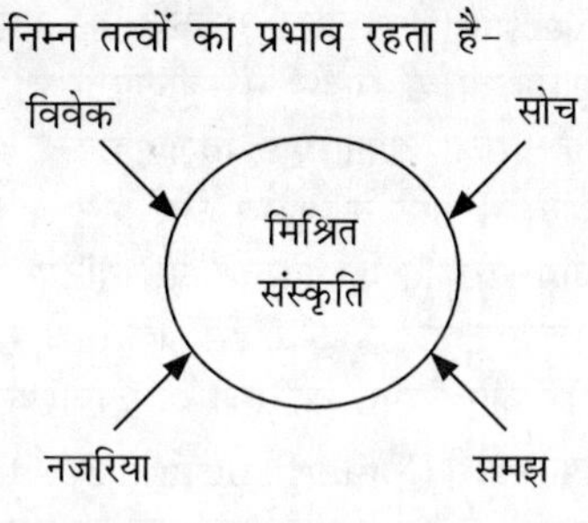

सप्रंत्य (Concept)

मिश्रित संस्कृति से तात्पर्य एक ऐसी संस्कृति से है जो सभी तरह की संस्कृतियों के कुछ-कुछ अंशों को समाये हुए होती है। मिश्रित शब्द का प्रयोग सर्वप्रथम डॉ. जॉनसन के शब्द कोष में हुआ है। इसका अर्थ विभिन्न भागों के निर्मित (Made up of various part) से है, अर्थात् जो विभिन्न संस्कृतियों को समाये हुए हो, इसमें कोई सीमा नहीं होती, सभी के क्रियाकलापों, रहन-सहन व रीति-रिवाजों का मिला-जुला रूप मिलता है। भारतीय संस्कृति एक मिश्रित संस्कृति है। यह एक मिश्रित संस्कृति विकसित करता है जो हिंदू धर्म के माध्यम से आती है और दूसरी ओर मुस्लिम और अन्य संस्कृतियों का संगम हैं। भारत शांति, प्रेम और एकता का दुनिया में सबसे अच्छा उदाहरण है, ''विविधता में

एकता का दावा करने के लिए, उप-महाद्वीप के सभी गुणों से मिलकर, निश्चित रूप से भारत एक ऐसा उपमहाद्वीप है जहां इसकी संयमी संस्कृति और सिद्धांतों को विकसित करते हुए धरातल पर इसकी ताकत बनी हुई है। गांधीवादी सिद्धांत और पंचशील आदर्श भारतीय सभ्यता और संस्कृति के प्रत्यक्ष परिणाम हैं। यहाँ सभी मान्यताओं, विश्वासों, धर्मों का सम्मान होता है और सभी को एक समान अवसर प्राप्त हैं।

जहाँ विभिन्न प्रकार की संस्कृतियों तथा खान-पान, पहनावा, भाषा, विचारों, परम्पराओं, मूल्यों, विश्वासों, धर्मों जैसों विविधताओं का सम्मान होता हो उसे मिश्रित संस्कृति कहते हैं। भारत देश इसका एक उदाहरण है क्योंकि यहाँ विभिन्न प्रकार की संस्कृतियाँ हैं, जो विभिन्न भाषाई संस्कृति, वैचारिक संस्कृति, आध्यात्मिक संस्कृति, कला और साहित्यिक संस्कृतियों का संगम है। इन सबको मिलाकर साथ-साथ एक-दूसरे से सीखना, एक-दूसरे की परम्पराओं का सम्मान करना, इसके महत्वपूर्ण तत्वों में से एक है।

मिश्रित संस्कृति का महत्व (Importance of Composite Culture)

मिश्रित संस्कृति का महत्व इस प्रकार है-

1. निरन्तरता और बदलाव (Continuity and Change)-मिश्रित संस्कृति का महत्व होता है कि उसमें निरंतरता होती है। बदलते सामाजिक, आर्थिक परिदृश्य में बदलाव भी होता रहता है। बदलते वैज्ञानिक युग में सभी संस्कृतियों में बदलाव को भी तेज या धीमी गति से स्वीकार किया जाता है। भारत इसका एक उदाहरण है जहाँ संस्कृति के सभी पक्षों में निरन्तरता और बदलाव देखने को मिलता है।
2. सार्वभौमिकता (Universality)-मिश्रित संस्कृति का एक महत्त्व यह भी है कि ये बदलाव को सार्वभौमिकता के सन्दर्भ में स्वीकारती है। भारतीय संस्कृति जो कि एक मिश्रित संस्कृति है इसका अपना एक विशेष महत्व है। देश में उपस्थित इनके मूल्य, संस्कृति पूरे विश्व में राष्ट्र का गौरव और प्रतिष्ठा बढ़ाती है। सिर्फ भारत में ही नहीं, बल्कि भारतीय संस्कृति का विस्तार पूरी दुनिया में है। बहुत से अन्य देश इसकी संस्कृति से आकर्षित होते हैं और इस प्रकार के राष्ट्र में बसना पसंद करते हैं। यह मिश्रित संस्कृति और परंपरा की एक और विशिष्टता है।
3. भौतिकवादी और अध्यात्मवादी (Materlistic and Sprituality)-मिश्रित संस्कृति की एक विशिष्टता यह भी है कि वह भौतिक ओर अभौतिक दोनों तरह की संस्कृति द्वारा फलीभूत होती है जैसे भारत की संस्कृति जिसमें एक चुंबकीय शक्ति है जो बहुत से लोगों को आकर्षित करती है। भारत की संस्कृति और परंपराओं के बारे में जानने की कोशिश करने से व्यक्ति की जिज्ञासा बढ़ती है। हमारे देश में जीवन शैली, परंपराओं, रीति-रिवाजों, दृष्टिकोण, धर्म, क्षेत्र, जाति और बहुत कुछ में विविधता है। दुनिया भर में लोग इस तरह के एक ज्वलंत और विविध जीवन शैली तथा मातृभूमि के लिए हमारी सोच और स्नेह में एकता को समझने के लिए बड़े आश्चर्य में हैं। यह वही है, जो भारत की मिश्रित संस्कृति की सुंदरता है।
4. धार्मिक स्वतंत्रता (Religious Freedom)-भारत को विविधता में एकता वाला देश कहा जाता है, जहां कई धर्मों के लोग (हिंदू, मुस्लिम, सिख, ईसाई, पारसी आदि)

एक साथ रहते हैं। प्रत्येक धर्म अपने अनुयायियों को शांतिपूर्ण और फलदायी जीवन जीने, ईश्वर से प्रार्थना करने, साफ दिल रखने, किसी को नुकसान न पहुंचाने, दान करने, समाज में योगदान करने के लिए प्रेरित करता है। ये सभी भारतीय मूल्य प्रणाली का एक हिस्सा है, जो सही जीवन जीने के तरीके को दिशा प्रदान करते हैं।

5. विवाह और पारिवारिक संरचना (Marriage and Family Structure)- मिश्रित संस्कृति वाले देशों में परिवारों का ढांचा परम्पराओं, मूल्यों एवं विश्वासों के अनुसार भिन्न-भिन्न होता है। विवाह संस्कारों में भी परम्परा एवं आधुनिकता का योग दिखाई पड़ता है। मिश्रित संस्कृति वाले देश भारत को देखे तो यहाँ अभी भी संयुक्त परिवारों का विशाल अस्तित्व है जहां नई पीढ़ी पुरानी पीढ़ी का ख्याल रखती है और बुजुर्ग अपने ग्रैंड-बच्चों के साथ समय बिताते हैं और उन्हें अतीत के मूल्य और नैतिकता के ज्ञान के साथ बढ़ने में मदद करते हैं। आपके माता-पिता और दादा-दादी के पास आपके साथ रहने का भी एक वरदान है, जब आप बडे हो गए हैं और अपने जीवन की जिम्मेदारी ली है, तो कई बार आपको एहसास होगा कि उन्होंने आपके सामने आने वाली चुनौतियों का सामना किया है और भविष्य में उनका सामना करेंगे। उनका ज्ञान और अनुभव ज्यादातर मामलों में प्रासंगिक और सहायक होगा। कम से कम एक अलग आत्मविश्वास होता है जब कोई जानता है कि जब चीजें गलत हो जाती हैं तो आपके पास देखभाल या समर्थन करने के लिए आपके साथ खड़े हैं।

6. पहनावे में विविधता (Diverssity in Clothing)-समय और उपलब्धता के आधार पर मिश्रित संस्कृति वाले देशों में लोगों के पहनावों में भी विविधिता होती हैं जहाँ पश्चिमी संस्कृति का आधुनिक भारतीयों में आकर्षण होता है वहीं हमारे पारंपरिक तरीके से कपड़े पहनने का प्रचलन अभी भी है ओर अधिकांश लोग अपनी उम्र के अनुसार जाने-अनजाने में इसका पालन करते हैं। यह आश्चर्य की बात नहीं है कि कई पश्चिमी लोग भारतीय वेशभूषा को पसंद करते हैं और आपको आश्चर्य हो सकता है कि उनमें से कुछ एक भारतीय के रूप में साड़ी का आभूषण पहनते हैं। मिश्रित संस्कृति वाले देश में विभिन्न मान्यताओं मूल्यों एवं परम्पराओं के आधार पर भी पहनावों में विविधता होती है।

7. भोजन में विविधता (Variety in Food)-जैसे कि धर्म के मामले में भारत के कई क्षेत्र (राज्य) हैं और प्रत्येक राज्य के भोजन का अलग स्वाद है जो अपने तरीके से भोजन बनाते हैं। उल्लेख या गिनती करने के लिए बहुत सारे हैं लेकिन एक ही व्यंजन का अलग-अलग अवस्था में अलग स्वाद है और अलग-अलग व्यंजनों में स्पष्ट रूप से अंतर है। मिश्रित संस्कृति वाले देश में भारत के भोजन में स्वाद और पोषण दोनों होते हैं और इन सभी को चखने के लिए एक दशक का समय बिताया जा सकता है, लेकिन सूची समाप्त नहीं होगी। अनगिनत मसाले हैं जो प्रत्येक व्यंजन के साथ विशिष्ट रूप से उपयोग किए जाते हैं।

8. भाषाई विविधता (Diversity in Language)-इस प्रकार की संस्कृति वाले राष्ट्रों में राज्यों की संख्या की तुलना में कई या अधिक भाषाएं हैं, और प्रत्येक भाषा अपने तरीके से अद्वितीय है। भारत में हिंदी राष्ट्रीय भाषा है, लेकिन प्रत्येक व्यक्ति

की अपनी मातृभाषा में आत्मीयता होती है। हालांकि, कई बोलियाँ होने के बावजूद, हमारे लोग एक-दूसरे के प्रति विनम्रता एवं एक-दूसरे का सम्मान करते हैं और अन्य भाषाओं के ज्ञान के बिना भी एक-दूसरे के प्रति विनम्रता रखते हैं।

9. त्योहारों में विविधता (Diversity in Festivals)-मिश्रित संस्कृति में कई धर्मों, भाषाओं, मान्यताओं और क्षेत्रों वाले देश जैसे भारत को विभिन्न त्योहारों को मनाने का लाभ है। अधिकतर ये त्योहार धर्म की परवाह किए बिना मनाए जाते हैं, जैसे होली-रंग का त्योहार, दीपावली-रोशनी का त्योहार, ईद, रमज़ान, क्रिसमस, बुध पूर्णिमा, गुरु पर्व और बहुत सारे अन्य त्योहार भी है। प्रत्येक त्योहार एक ही खुशी, धूमधाम और उत्साह के साथ मनाया जाता है। खुशी केवल एक धर्म के लोगों तक ही सीमित नहीं है, बल्कि अन्य सभी लोग कार्यक्रमों में बराबर हिस्सा लेते हैं। हमारे देश भारत के अलावा शायद ही कोई अन्य देश होगा जहाँ अन्य धर्मों के त्योहारों के साथ-साथ विभिन्न धर्मों के लोग उत्सव का आनंद ले रहे हों।

10. संस्कृति की लय को बनाए रखने में चुनौतियाँ (Challenges of Maintaining Culture)-यद्यपि हम अपनी मिश्रित संस्कृति और विविधता में एकता को बहुत गर्व के साथ साझा करते हैं, लेकिन इतने बड़े राष्ट्र में शांति और अखंडता को बनाए रखना समान रूप से चुनौतीपूर्ण है। जहां विविध दृष्टिकोण वाले लोग कभी-कभी कुछ मुद्दों पर संकीर्णता से विचार करते हैं। हमारी सरकार ने निस्संदेह समाज के सभी संप्रदायों के लोगों के अहंकार और आवश्यकताओं को पूरा करने में बहुत प्रयास किए हैं। अब तक हमने बहुत अच्छा किया है और अखंडता के साथ एक बड़ी मिश्रित संस्कृति वाला होने की प्रतिष्ठा को बनाए रखा है।

मिश्रित संस्कृतियों वाले देशों में विविधता तो होती ही है और न्याय, सम्मान, मूल्यों के आधार पर यहाँ सभी लोग मिलकर रहते हैं। भारत जैसे देश में जो कि शांति, प्रेम और एकता का देश है। मिश्रित संस्कृति का दुनिया में सबसे अच्छा उदाहरण है, 'विविधता में एकता' जैसे मूल्यों के साथ यहां के नागरिक एक सुंदर भविष्य की ओर इशारा करते हैं जो लोकतान्त्रिक मूल्यों को समाये हुए है। सहनशीलता, आपसी विश्वास, एक-दूसरे का सम्मान आदि गुण ही इस प्रकार की संस्कृति के वाहक हैं।

22

बहुसंस्कृतिवाद
(Multiculturism)

बहुसंस्कृतिवाद "विविध संस्कृतियों का सह-अस्तित्व है, जहां संस्कृति में नस्लीय धार्मिक या सांस्कृतिक समूह शामिल हैं और यह प्रथागत व्यवहार, सांस्कृतिक मान्यताओं और मूल्यों, सोच के तरीकों और संचार शैलियों में प्रकट होता है। इस सन्दर्भ में कुछ विद्वानों ने इसे अपने शब्दों में स्पष्ट करने का प्रयास किया है जो इस प्रकार है-

बहुसंस्कृतिवाद एक शब्द है जो अलग-अलग और जरूरी सांस्कृतिक और शैक्षिक मुद्दों की मेजबानी के लिए शॉर्टहैंड के रूप में काम करने के लिए आया है। लैंगिक अध्ययन, जातीय और नस्लीय अध्ययन, सकारात्मक कार्रवाही, परिसर पर भाषण की स्वतंत्रता, समझौता और शैक्षिक प्रशासकों के बीच भ्रष्टाचार से संबंधित तक सभी शीर्षक, बहुसंस्कृतिवाद के तहत प्रसारित किए गए हैं। -ए.ई. बरनेस

सफल बहुसंस्कृतिवाद समुदाय के बंधनों का निर्माण करता है जो अंतर्जातीय मित्रता का नेतृत्व करते हैं। -डायने रेविच

शिक्षा के निहितार्थ (Implication for Education)

बहुसांस्कृतिक शिक्षा या शिक्षण के किसी भी रूप में संदर्भित करती है जो विभिन्न सांस्कृतिक पृष्ठभूमि के लोगों के इतिहास, ग्रंथों, मूल्यों, विश्वासों और दृष्टिकोणों को शामिल करती है। उदाहरण के लिए, कक्षा स्तर पर, शिक्षक एक विशेष कक्षा में छात्रों की सांस्कृतिक विविधिता को दर्शाने के लिए पाठों को संशोधित या शामिल कर सकता है। कई मामलों में, "संस्कृति" को व्यापक अर्थों में परिभाषित किया गया है, जिसमें जातीयता, राष्ट्रीयता, भाषा, धर्म, वर्ग, लिंग, यौन अभिविन्यास और विशिष्ट आवश्यकताओं या विकलांग छात्रों के लिए लागू "असाधारणता" शब्द शामिल है।

सामान्यतया, बहुसांस्कृतिक शिक्षा सभी छात्रों के लिए शैक्षिक हिस्सेदारी के सिद्धांत पर आधारित है, संस्कृति की परवाह किए बिना, और यह विभिन्न सांस्कृतिक पृष्ठभूमि से छात्रों के लिए शैक्षिक अवसरों और सफलता के लिए बाधाओं को दूर करने का प्रयास करती है। व्यवहार में, शिक्षक शैक्षिक नीतियों, कार्यक्रमों, सामग्रियों, पाठों और अनुदेशात्मक प्रथाओं को संशोधित या समाप्त कर सकते हैं जो या तो विविध सांस्कृतिक दृष्टिकोणों के समावेशी या अपर्याप्त रूप से भेदभावपूर्ण है। बहुसांस्कृतिक शिक्षा यह भी मानती है कि छात्र जिस तरह से सीखते ओर सोचते हैं, वह उनकी सांस्कृतिक पहचान

और विरासत से गहरे से प्रभावित होती है, और सांस्कृतिक रूप से विविध छात्रों को सिखाने के लिए प्रभावी ढंग से शैक्षिक दृष्टिकोण की आवश्यकता होती है और उनकी सांस्कृतिक पृष्ठभूमि को पहचानते हैं। इस प्रकार, बहुसांस्कृतिक शिक्षा का उद्देश्य सभी छात्रों, विशेष रूप से सांस्कृतिक समूहों के छात्रों को सिखाना और सफलता में सुधार करना है, जिन्हें ऐतिहासिक रूप से कम करके आंका गया है या जो कम शैक्षिक उपलब्धि और प्राप्ति से पीड़ित हैं।

अनुदेशात्मक रूप से, बहुसांस्कृतिक शिक्षा ग्रंथों, सामग्रियों संदर्भों और ऐतिहासिक उदाहरणों के उपयोग को बढ़ा सकती है, जो विभिन्न सांस्कृतिक पृष्ठभूमि के छात्रों के लिए समझ में आते हैं या जो उनके विशेष सांस्कृतिक अनुभव को दर्शाते हैं जैसे कि छात्रों को ऐतिहासिक आंकड़ों के बारे मे पढ़ाना जो महिला, विकलांग, या समलैंगिक थे। चूंकि संयुक्त राज्य अमेरिका के स्कूलों ने पारंपरिक रूप से ग्रंथों, शिक्षण सामग्री और सांस्कृतिक उदाहरणों का उपयोग किया है, जो आमतौर पर यहां तक कि विशेष रूप से अमेरिकी दृष्टिकोण को दर्शाते हैं, अन्य सांस्कृतिक दृष्टिकोण अक्सर अनुपस्थित होते हैं। नतीजतन, कुछ छात्र–जैसे हाल ही में आए अप्रवासी या रंग के छात्र, उदाहरण के लिए–सांस्कृतिक या भाषाई बाधाओं के कारण एक शैक्षिक नुकसान पर रखा जा सकता है जिन्हें अनदेखा किया गया है।

बहुसांस्कृतिक संस्कृति स्कूल

निम्नलिखित कुछ तरीके हैं जिनसे बहुसांस्कृतिक संस्कृति स्कूलों में स्थापित की जा सकती है–

- **छात्र संस्कृतियाँ**–कक्षा शिक्षक और अन्य शिक्षक एक विद्यालय में छात्रों की सांस्कृतिक पृष्ठभूमि के बारे में जान सकते हैं, और फिर जानबूझकर सीखने के अनुभवों और उनके व्यक्तिगत सांस्कृतिक दृष्टिकोण और विरासत से संबंधित सामग्री को शामिल कर सकते हैं। छात्रों को एक कक्षा में अन्य छात्रों की सास्कृतिक पृष्ठभूमि के बारे में जानने के लिए प्रोत्साहित किया जा सकता है, और विभिन्न संस्कृतियों के छात्रों को अपने सांस्कृतिक अनुभवों पर चर्चा करने और साझा करने के अवसर दिए जा सकते हैं।
- **सीखने की सामग्री**–ग्रंथों और शिक्षण सामग्री में कई सांस्कृतिक दृष्टिकोण और संदर्भ शामिल हो सकते हैं। उदाहरण के लिए, उत्तरी अमेरिका में उपनिवेशवाद पर एक सबक विभिन्न सांस्कृतिक दृष्टिकोणों को संबोधित कर सकता है, जैसे कि यूरोपीय बसने वाले, स्वदेशी अमेरिकी और अफ्रीकी दास।
- **संसाधन आबंटन**–बहुसांस्कृतिक शिक्षा आम तौर पर इक्विटी के सिद्धांत पर समर्पित होती है यानी, शैक्षिक संसाधनों, कार्यक्रमों और सीखने के अनुभवों का आबंटन और वितरण सख्त समानता के बजाय आवश्यकता और निष्पक्षता पर आधारित होना चाहिए। उदाहरण के लिए जो छात्र अंग्रेजी भाषा में पारंगत नहीं है वे द्विभाषी सेटिंग्स में सीख सकते हैं और द्विभाषी ग्रंथों को पढ़ सकते हैं, और उन्हें अपने अंग्रेजी बोलने वाले साथियों की तुलना में तुलनात्मक रूप से अधिक अनुदेशात्मक समर्थन प्राप्त हो सकता है ताकि वे अकादमिक रूप से पीछे न रहें।

- **महत्वपूर्ण विश्लेषण**-संभावित रूप से पूर्वाग्रही या पक्षपाती सामग्री को पहचान करने के लिए शिक्षक-शिक्षण सामग्री की जानबूझकर जांच कर सकते हैं। शिक्षक और छात्र दोनों ही अपनी-अपनी सांस्कृतिक मान्यताओं का विश्लेषण कर सकते हैं, और फिर चर्चा कर सकते हैं कि शिक्षण सामग्री, शिक्षण पद्धति या स्कूलों की नीतियां सांस्कृतिक पूर्वाग्रह को कैसे दर्शाते हैं, और पूर्वाग्रह को खत्म करने लिए उन्हें कैसे बदला जा सकता है।

निम्नलिखित कुछ महत्त्वपूर्ण तरीके हैं जिनसे बहुसांस्कृतिक शिक्षा स्कूलों को बेहतर बनाने के प्रयास कर सकती है-

- **पाठ्यक्रम डिजाइन**-शिक्षण सामग्री और सीखने के अनुभवों में, पहले से हटाए गए उपसंस्कृति की पृष्ठभूमि और दृष्टिकोण तेजी से स्कूली पाठ्यक्रम में प्रतिनिधित्व कर रहे हैं। इसके अलावा, छात्रों के सीखने के मानकों और विशेष उम्र और ग्रेड के स्तर पर क्या करने की उम्मीद की जा रही है, का संक्षिप्त विवरण-अधिक से अधिक सांस्कृतिक विविधता को प्रतिबिंबित करने के लिए विकसित हो रहा है। (उदाहरण के लिए, सामान्य कोर राज्य मानक जानबूझकर अंग्रेजी के शैक्षिक अनुभवों पर विचार करते हैं)। इसके अलावा, अन्य शैक्षिक कार्यक्रम हैं, जैसे कि जातीय और लैंगिक अध्ययन, जो विशिष्ट सांस्कृतिक समूहों पर ध्यान केंद्रित करते हैं और स्कूल सीखने के अनुभव और सामाजिक-न्याय कार्यक्रम भी छात्रों को अपने स्कूल या समुदाय में सांस्कृतिक पूर्वाग्रह की जांच करने और संबोधित करने के लिए प्रोत्साहित कर सकते हैं।
- **स्कूल अध्यापकों से**-विभिन्न सांस्कृतिक पृष्ठभूमि के शिक्षकों को काम पर रखने के बारे में जिले और स्कूल भी अधिक सक्रिय हो रहे हैं। जबकि बहुसांस्कृतिक शिक्षा के प्रस्तावक यह दावा नहीं करेंगे कि रंग विशेष के शिक्षक अन्य शिक्षकों की तुलना में अधिक कुशल हैं, उनके तर्क देने की संभावना है कि स्टाफ के फैसले स्कूल के बुनियादी मूल्यों को दर्शाते हैं और छात्रों को विभिन्न प्रकार की सांस्कृतिक पृष्ठभूमि के शिक्षकों और रोल मॉडल होने से लाभ होगा।
- **शिक्षक शिक्षा**-बहुसांस्कृतिक शिक्षा ने शिक्षकों की तैयारी को भी प्रभावित किया है। 1980 के दशक की शुरुआत में मान्यता प्राप्त संगठनों और शिक्षा के राज्य विभागों ने बहुसांस्कृतिक शोध और प्रशिक्षण को शामिल करने के लिए शिक्षक-शिक्षा कार्यक्रमों की आवश्यकता शुरू की। कैलिफोर्निया, फ्लोरिडा और मेसोचुसेट्स जैसे राज्यों ने बहुसांस्कृतिक शिक्षा और अंग्रेजी में शिक्षकों को दूसरी भाषा के रूप में प्रशिक्षित करने के महत्वाकांक्षी प्रयास किए।

23

मूल्य
(Values)

परिचय (Introduction)

मूल्य वह सिद्धांत हैं जिसके लिए मनुष्य जीता है। मूल्य वह प्रक्रिया है जो हमें समाज में रहकर दूसरों के साथ व्यवहार व आचरण करना सिखाते हैं। मूल्य मानव व्यक्तित्व के आधार हैं और मानव व्यवहार को प्रभावित करने वाले बहुत शक्तिशाली लेकिन मूक बल हैं।

आमतौर पर, मूल्य का अर्थ नैतिक विचारों, सामान्य अवधारणाओं या दुनिया के प्रति झुकाव या कभी–कभी केवल रुचियों, दृष्टिकोण, वरीयताओं, आवश्यकताओं भावनाओं और प्रस्तावों के लिए किया जाता है। लेकिन समाजशास्त्री इस शब्द का अधिक सटीक अर्थ में उपयोग करते हैं, इनके अनुसार मूल्य मानवीय व्यवहार के ऐसे पैमाने हैं जिनके आधार पर गलत–सही, अच्छे–बुरे का निर्णय लिया जाता है। समाज में गतिशीलता के कारण समाज के मूल्य अस्थिर है एवं बदलते रहते हैं। मूल्य किसी आदमी की वस्तु के उस गुण की और संकेत करता है जो उस वस्तु या व्यक्ति को महत्त्वपूर्ण या आदरणीय बनाता है। इस प्रकार मूल्य व्यक्ति की संस्कृति के अनुरूप होते हैं।

मूल्य के अर्थ एवं परिभाषा (Meaning and Definitions of Values)

हिंदी भाषा का ''मूल्य'' शब्द अंग्रेजी भाषा के ''वैल्यू'' (Value) शब्द का पर्याय है।

''वैल्यू'' शब्द की उत्पत्ति लैटिन भाषा के ''वैलियर'' (Vallere) शब्द से हुई है, जिसका अर्थ है योग्यता (Ability), उपयोगिता (Utility) व महत्त्व (Importance)

व्युत्पत्ति के आधार पर हम कह सकते हैं कि ''व्यक्ति या वस्तु का वह गुण जिसके आधार पर उसका उपयोग या महत्त्व जाना जाता है, मूल्य कहलाता है।''

मूल्य से जुड़े विभिन्न मत इस प्रकार हैं–

विचारक

सुखवादी मत
मूल्य वह हैं जो मनुष्य की इच्छा को तृप्त करते हैं।

विकासवादी मत
मूल्य वह हैं जो जीवनवर्धक होते हैं।

पूर्णतावादी मत
मूल्य वह हैं जिनसे आत्मलाभ होता है।

मूल्य की परिभाषाएँ विभिन्न विद्वानों ने दी हैं। कुछ परिभाषाएँ इस प्रकार हैं-

1. एम. टी. रामजी (M.T. Ramji)-"मूल्य वह है जिसकी इच्छा की जाए या जिसकी तलाश की जाए।"
2. अर्बन (Urban)-"मूल्य वह हैं जो मानव इच्छाओं की तृप्ति करे।"
3. आर.के. मुखर्जी (R.K. Mukerjee)-"मूल्यों को सामाजिक दृष्टि से स्वीकृत उन इच्छाओं और लक्ष्यों के रूप में परिभाषित किया जाता है जिन्हें अनुबंधन, अधिगम या समाजीकरण की प्रक्रिया द्वारा अभ्यन्तरीकृत किया जाता है तथा जो प्राथमिकताओं, स्तरों तथा आकांक्षाओं का रूप ग्रहण कर लेती हैं।"
4. जॉनसन (Johnson) के अनुसार "मूल्य हमें समाज में दूसरों के साथ व्यवहार कैसा होना चाहिए ये बताते है।"
5. लेस्की (Lesky) "क्या सही है क्या गलत, क्या वांछनीय है और क्या अवांछनीय तथा क्या अच्छा है और क्या बुरा इन सबकी पहचान कराना ही मूल्य है।"
6. आलपोर्ट (Allport) "मूल्य वह प्रेरणा है जो व्यक्ति के प्रयत्नों को संतुष्ट करता है, जिससे वह अपने लक्ष्य को प्राप्त कर सके।"

मूल्यों से जुड़ी विचारधाराएँ (Trends related to Values)

मूल्यों की प्रकृति के विषय में तीन विचारधाराएँ प्रचलित हैं-

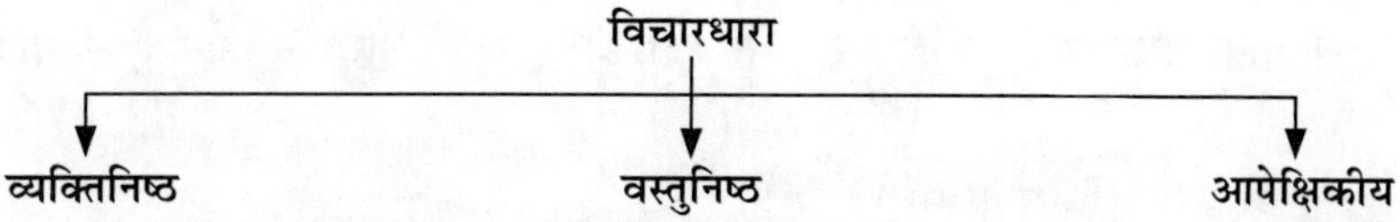

1. **व्यक्तिनिष्ठ विचारधारा:** इस विचारधारा के अनुसार "मूल्य इच्छा, रुचि, आकांक्षा, परिश्रम, कार्य, संतोष और संकल्पशक्ति जैसे तत्वों पर निर्भर होते हैं।"

   इन सभी तत्वों के फलस्वरूप व्यक्ति के निजी जीवन में मूल्य विकसित होते हैं तथा वे व्यक्ति के अनुभवों से जुडे रहते हैं।
2. **वस्तुनिष्ठ विचारधारा:** इस विचारधारा के अनुसार मूल्य व्यक्ति से स्वतंत्र होते हैं। वे व्यक्ति में निहित नहीं होते। उनमें वस्तुनिष्ठता होती है।
3. **आपेक्षिकीय विचारधारा:** इस विचारधारा के अनुसार मूल्यों को मूल्य प्रदान करने वाले व्यक्ति और उसके परिवेश के मध्य एक संबंध माना जाता है।

   इसके अनुसार मूल्यों को अंशतः भावना और अंशतः तर्क समझा जाता है और यह माना जाता है कि मूल्य नियामक और संख्यात्मक नियमों के निम्न स्तर हैं।

मूल्यों की विशेषताएँ (Characteristics of Values)

मूल्यों की निम्नलिखित विशेषताएँ होती हैं-

1. अमूर्त-मूल्य अमूर्त होते हैं।
   - ये विश्वव्यापी व अलिखित होते हैं।
   - मूल्य व्यक्ति के व्यवहार से झलकते हैं।

मूल्यों की विशेषताएँ

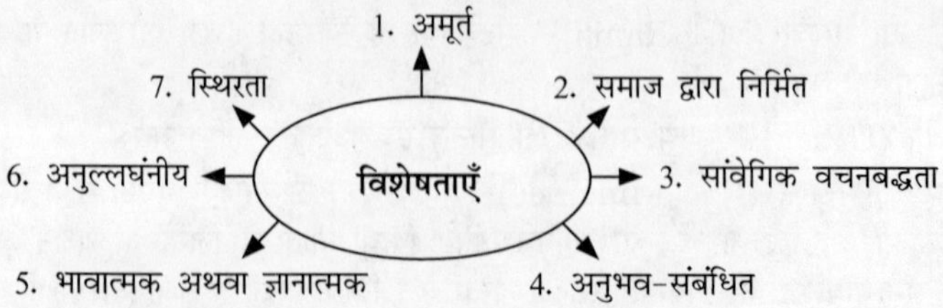

2. समाज द्वारा निर्मित-समाज ही इनका निर्माण करता है और यह समाज के सदस्यों को एक दूसरे से जोड़ते हैं।
3. सांवेगिक वचनबद्धता-मूल्य सशक्त सांवेगिक वचनबद्धता है। व्यक्ति जिस वस्तु को मूल्यवान मानता है। उसे अत्यधिक पसंद करता है। उसकी बहुत चिंता करता है।
4. अनुभव-संबंधित-मूल्य निरंतर ही अनुभवों से संबंधित रहते हैं और अनुभव ही उन्हें रूप देते हैं व उनका परीक्षण करते हैं।
5. भावात्मक अथवा ज्ञानात्मक-मूल्य में भावात्मक तत्व के साथ ज्ञानात्मक तत्व भी निहित रहता है।
6. अनुल्लघंनीय-इनका उल्लंघन कोई नहीं करता, जो करता है समाज उसे दंडित करता है।
7. स्थिरता-मूल्य सापेक्षित रूप से स्थिर होते हैं। मूल्यों में परिवर्तन आसानी से नहीं होता है।

मूल्यों के प्रकार (Types of Values)

समय तथा परिस्थितियों की आवश्यकताओं के अनुरूप दार्शनिकों और संस्थाओं ने मूल्यों को वर्गीकृत करने का प्रयास किया है–

1. सी. गोलाइटली (Golighty) के अनुसार

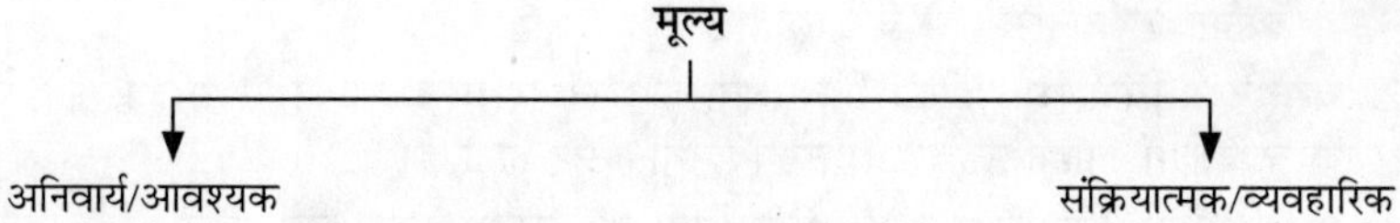

2. पैरी (Parry) के अनुसार

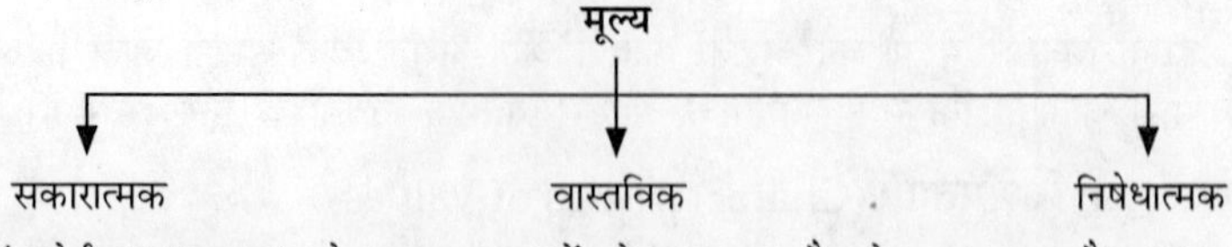

3. ऑलपोर्ट (Allport) के अनुसार मूल्यों के छः भाग है जो इस प्रकार है–

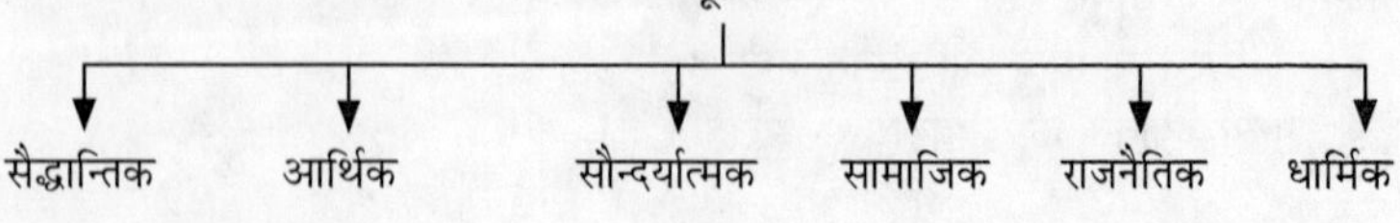

4. राष्ट्रीय शैक्षिक अनुसंधान एवं प्रशिक्षण परिषद् (NCERT) ने शिक्षा में सामाजिक, नैतिक एवं आध्यात्मिक मूल्यों के आधार पर दस्तावेज में 83 मूल्यों का उल्लेख किया है, जिनमें से कुछ इस प्रकार है-
   (i) दूसरों के सांस्कृतिक मूल्यों को सराहना
   (ii) अस्पृश्यता विरोध
   (iii) नागरिकता
   (iv) दूसरों की चिंता
   (v) दूसरों का ध्यान रखना
   (vi) सहयोग
   (vii) सामान्य अच्छाई
   (viii) प्रजातांत्रिक नियम लेना
   (ix) व्यक्ति को महत्ता
   (x) शारीरिक कार्य का सम्मान, आदि।
5. लेविस (Lewis) के अनुसार

मूल्य

आंतरिक | बाह्य | अंतर्निहित | सहायक

व्यापक दृष्टि से मूल्यों को निम्नलिखित तीन वर्गों में विभाजित किया जा सकता है-

मूल्य

1. सामाजिक मूल्य | 2. नैतिक मूल्य | 3. सांस्कृतिक मूल्य

1. सामाजिक मूल्य (Social Vaules)

मनुष्य एक सामाजिक प्राणी है। इसलिए उसे सामाजिक मानदंडों के साथ सामाजिक अनुभवों और स्वीकृति के अनुरूप विकास करना होगा। यह सामजिक दृष्टिकोण से काफी आवश्यक है।

राधा कमल मुखर्जी के अनुसार सामाजिक मूल्य सामाजिक मान, लक्ष्य या आदर्श हैं जिनके आधार पर विभिन्न सामाजिक परिस्थितियाँ तथा विषयों का मूल्यांकन किया जाता है।

विभिन्न प्रकार के सामाजिक मूल्यों का विश्लेषण कुछ इस प्रकार किया जा सकता है।

1. **सामाजिक अनुरूपता** (Social Conformity)-मनुष्य को समाज की उम्मीदों और समाज द्वारा स्वीकृत कार्यों का पालन करना होता है। समाज द्वारा नियमों के उल्लघंन करने पर उसे दंड प्राप्त होता है।
2. **अनुशासन** (Discipline)-समाज में सरलता पूर्ण जीवन जीने के लिए अनुशासन आवश्यक होता है।
3. **सामाजिक संवेदनशीलता** (Social sensitiveness)-इंसान को समाज के प्रति संवेदनशील होना आवश्यक है।
4. **परोपकारी** (Altruistic)-इंसान के लिए आवश्यक है कि वह सामाजिक सेवाओं की भावना खुद में विकसित करे।
5. **सामाजिक न्याय** (Social Justice)-सामाजिक न्याय के प्रति सकारात्मक दृष्टिकोण विकसित करना अनिवार्य है।

6. **साथी की भावना एवं हम-भावना** (Fellow feelings and we feelings) साथी की भावना एवं हम की भावना तथा हम-विकास को महसूस करना आवश्यक मूल्य है।

पंचशील मूल्य *(Panchsheel of Values)*

सामाजिक मूल्यों के अन्तर्गत हम निम्नलिखित पाँच मूल्यों को भी सम्मिलित कर सकते हैं–

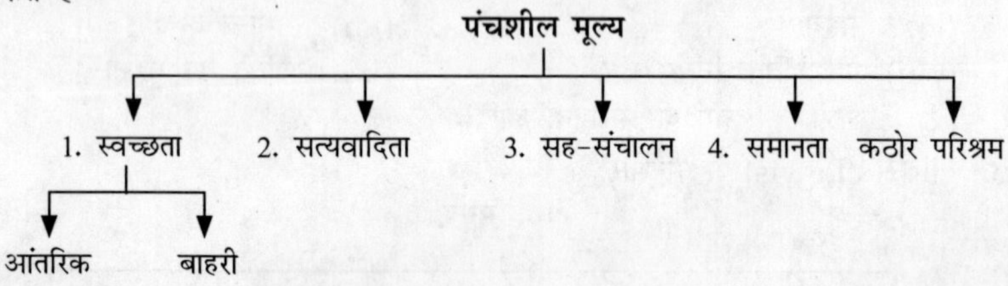

2. नैतिक मूल्य (Moral Values)

नैतिक मूल्य मानव व्यक्तित्व का एक महत्वपूर्ण हिस्सा है। उसी कारण से एक बच्चे में नैतिक मूल्यों के विकास को अत्यधिक महत्व दिया जाता है। कई मनोवैज्ञानिकों ने नैतिक मूल्य विकास का विस्तार से अध्ययन किया है और नैतिकता के विकास के विभिन्न चरणों को दिया। इनमें से सबसे लोकप्रिय है–

कोह्लबर्ग *(Kohlberg)* ***का नैतिकता सिद्धांत***

नैतिक मूल्य समाज के लिए अनिवार्य हैं। कुछ मूल्य जो हमें निश्चित रूप से खुद में और बच्चों में विकसित करना अनिवार्य है वह इस प्रकार हैं–

1. आदर करना (Respect) 2. बिना शर्त प्यार और दया (Unconditional Love and Kindness) 3. सत्यवादिता (Truthfulness) 4. ईमानदारी (Honesty) 5. कठोर परिश्रम (Hard-Work) 6. सह-संचालन (Co-operation) 7. दया की भावना (compassion) 8. माफी की भावना (Forgiveness) 9. अच्छा चरित्र और आचरण (Good character & conduct) 10. नैतिक स्थिरता (Moral stability)

3. सांस्कृतिक मूल्य (Cultural Values)

प्रत्येक संस्कृति की एक मूल्य प्रणाली होती है और अपने मूल्यों के कारण भारत की संस्कृति को आज भी विश्व भर में उत्तम संस्कृति माना जाता है। यह बौद्धिक, सौंदर्यात्मक तथा नैतिक पक्षों में सुंदरता प्रदान करती है। जैसे–

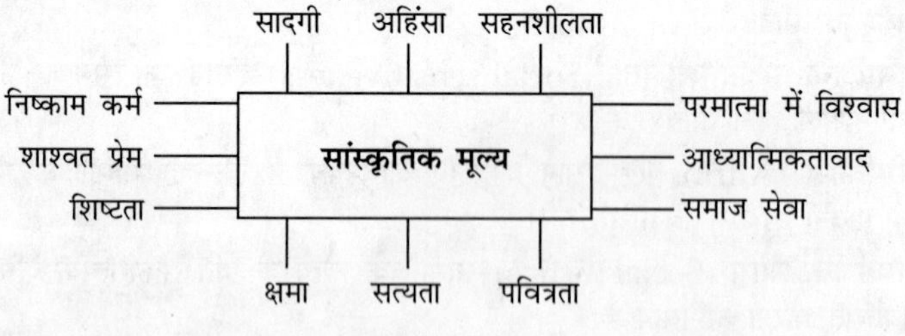

मूल्यों का महत्व *(Importance of Values)*

मूल्य व्यक्ति के जीवन का एक महत्त्वपूर्ण अंश हैं। मूल्य हमारे व्यक्तित्व का निर्माण करते हैं। मूल्यों के महत्त्व को इस प्रकार समझा जा सकता है।

1. **मूल्य और समाज** (Value and Society)-मूल्य हमारे समाज की उप प्रणाली को तैयार करने में अहं भूमिका निभाते हैं। जैसे-हमारी राजनैतिक प्रणाली हमारे मूल्यों से परिभाषित होती है।
2. **मूल्य और परिवार** (Value and Family)-पारिवारिक वातावरण और इसके विकास को हमारी मूल्य प्रणाली द्वारा परिभाषित किया गया है। किसी भी परिवार की प्रतिष्ठा पूरी तरह से उसके मूल्यों पर निर्भर करती है।
3. **मूल्य और इलाका या क्षेत्र** (Value and Locality)-किसी भी इलाके या क्षेत्र में किया जाने वाला व्यवहार उनके मूल्यों पर निर्भर करता है।
4. **मूल्य और व्यक्ति** (Value and Person)-किसी भी समाज की तरक्की और विकास उस समाज के व्यक्ति के मूल्यों पर निर्भर करता है। मूल्यों के अभाव में विकास बाधित होता है।
5. **मूल्य और शिक्षण संस्थान** (Value and Educational Institute)- विभिन्न शैक्षणिक संस्थानों का वातावरण मूल्य प्रणाली का पालन करने पर निर्भर करता है।

मूल्यों का उद्देश्य *(Objectives of Values)*

मूल्यों के निम्नलिखित उद्देश्य होते हैं-

1. किसी के जीवन को दिशा देना।
2. किसी के जीवन और आदर्शों को अर्थ देना।
3. स्वस्थ और संतुलित व्यक्तित्व विकसित करने के लिए।
4. अच्छी नागरिकता बनाना।
5. चरित्र और नैतिकता का विकास करना।
6. राष्ट्रीय एकीकरण और राष्ट्रीय विकास में सहयोग करना।
7. पर्यावरण और उसके संशोधन के साथ समायोजित करने के लिए।
8. मनुष्य की इच्छाओं को पूरा करने के लिए।
9. ध्वनि मूल्यों के आधार पर एक व्यक्तिगत समाज का विकास करना।
10. आत्म-बोध और आत्म-विश्वास प्रदान करना।

शैक्षिक मूल्यों का उद्देश्य *(Objectives of Educational Values)*

1. व्यावसायिक दक्षता प्राप्त करना।
2. आजीविका अर्जित करना और भौतिक समृद्धि प्राप्त करना।
3. सामाजिक दक्षता को बढ़ावा देना।
4. अनुभव को पुनर्गठित करना और पुनर्निमाण करना।
5. नेताओं और कुशल श्रमिकों का उत्पादन करना।
6. अवकाश के समय का उपयोग करना।

24

मूल्यों के विभिन्न स्त्रोत
(Various Sources of Values)

स्त्रोत (Sources)

मूल्यों की अवधारणा पर चर्चा करने के बाद, अगला चरण यह विचार करना है कि मूल्यों के स्त्रोत क्या हैं। मूल्यों के विभिन्न स्त्रोत होते हैं। प्रारम्भिक स्तर पर माता-पिता, परिवार के अन्य सदस्य, समाचार-माध्यम एवं शिक्षक मूल्यों के स्त्रोत होते हैं। इन मूल्यों का विकास व्यक्तिगत अनुभवों के साथ-साथ परिवेश में घटने वाली घटनाओं से पूरे जीवन होता रहता है। इनके अलावा अन्य महत्वपूर्ण स्त्रोत भी हैं जैसे-धर्म, दर्शन, साहित्य, सामाजिक रीति-रिवाज, संगठन, राजनीति एवं इतिहास आदि अनेको स्त्रोत है। संक्षेप में मूल्यों के विभिन्न स्त्रोत इस प्रकार हैं-

1. **धर्म** (Religion)-संसार में अधिकांश लोग किसी न किसी धर्म को मानते हैं। सभी धर्म श्रद्धा और विश्वास पर आधारित होते हैं तथा धर्म मूल्यों का स्त्रोत इस प्रकार से है-
   - धर्म एक व्यक्ति की मूल्य प्रणाली को आकार देता है।
   - हर धर्म के अपने मूल्य होते हैं।
   - यह उन लोगों के व्यवहार और मूल्य पैटर्न को नियंत्रित करता है, जो इसे मानते हैं और इसका पालन करते हैं।
2. **दर्शन** (Philosophy)-वास्तविकताओं को समझने में दर्शन ही मुख्य स्त्रोत है। इसके द्वारा ही व्यक्ति के जीवन के सभी आयामों को समझा जाता है। संक्षेप में मूल्यों के सन्दर्भ में दर्शन की भूमिका इस प्रकार है-
   - जीवन का दर्शन व्यक्ति और समाज के विचार पैटर्न, जीवन शैली और मूल्य स्वरूप को पूरी तरह से नियंत्रित करता है।

   जैसे-एक आदर्शवादी (Idealistic) व्यक्ति के अनुसार मूल्य शाश्वत और सार्वकालिक होते हैं।
3. **साहित्य** (Literature)-कोई भी बालक जिस प्रकार का साहित्य पढ़ता है उसी प्रकार की घटनाओं एवं कहानियों के बारे में जानता है। उसके अनुरूप ही मूल्यों का निर्माण करता है। इस प्रकार हम मूल्य एवं साहित्य के सम्बन्ध को इस प्रकार समझ सकते हैं।
   - साहित्य मूल्यों का एक प्रभावी और महत्वपूर्ण स्त्रोत है।
   - साहित्य और भाषा का मूल कार्य लोगों में सही प्रकार के मूल्यों को बढ़ावा देना है।

4. **सामाजिक रीति-रिवाज** (Social Customs)-सामाजिक रीति-रिवाज से तात्पर्य कई कारकों से है जैसे-सामाजिक मानदंड, विश्वास, प्रथाएँ, काम, शिष्टाचार आदि जो हमारे मूल्य प्रणाली को परिभाषित करने में महत्वपूर्ण भूमिका निभाते हैं। वे सभी मूल्यों के निर्माण में सहायक होते हैं। एक-दूसरे का अभिवादन, स्वागत एवं सम्मान करने के तौर-तरीके इस प्रकार मूल्यों के स्त्रोत होते हैं।
5. **परिवार** (Family)-परिवार ही हर बालक की पहली पाठशाला होती है क्योंकि परिवार में ही बालक अपने माता-पिता, भाई-बहनों से अनुकरण द्वारा व्यवहारों को सीखता है। उनके क्रियाक्लाप, बातचीत, रीति रिवाजों एवं अन्य क्रियाक्लापों को देखकर अपने मूल्यों का विकास करता है। जिन चीजों व क्रियाक्लापों को वह देखता है धीरे-धीरे उन्ही बातों को वह सही मानने लगता है। यह मूल्य नकारात्मक या सकारात्मक किसी भी प्रकार के हो सकते हैं।
6. **संगठन** (Organisation)-कोई भी व्यक्ति सामाजिक जीवन या व्यवसायिक जीवन में जिस समूह या संगठन का सदस्य होता है उसी के विचारों से वह प्रभावित रहता है। संगठन सरकारी हो या गैर-सरकारी सभी की कोई न कोई विचारधारा अवश्य होती है और संगठन किसी उद्देश्यों के अर्थ में कार्य संस्कृति का निर्माण करता है। वह व्यक्ति उन्ही क्रियाक्लापों एवं विचारों को सही मानकर स्वीकार करता है। इस प्रकार संगठन भी मूल्यों के निर्माण का स्त्रोत होता है।
7. **इतिहास** (History)-दुनिया के सभी देशों का अपना इतिहास होता है। इस इतिहास की कोई न कोई घटनाएँ या निष्कर्ष जीवन के सन्दर्भ में कुछ संदेश या प्रेरणा जरूर देती है। इन संदेशों को लोग मूल्यों के रूप में स्वीकार लेते हैं जैसे भारत में रामायण, महाभारत की घटनाओं से लोग निष्कर्ष निकालते हैं। इस प्रकार इतिहास भी मूल्यों का प्रमुख स्त्रोत है।
8. **स्कूल** (School)-स्कूल में बच्चे की औपचारिक शिक्षा होती है। वहाँ सभी बच्चे शिक्षकों से व्यवहार, बातचीत करने के तरीके, निर्णय प्रक्रिया एवं अन्य क्रिया-क्लापों को सीखते हैं। अध्यापकों को वह आदर्श मानता है और उनकी सभी बातों को गम्भीरता से लेता है। इस प्रकार बच्चों में धीरे-धीरे मूल्यों का निर्माण होने लगता है। इस प्रकार समझ आता है कि स्कूल बच्चे के मूल्य निर्माण में एक अहम भूमिका निभाते हैं।
   - स्कूल तीन तरीकों से मूल्य निर्माण में भाग लेता है।

   (i) **स्कूल पाठयक्रम के नियमित विषय** (Regular subjects of school curriculum)-यह मूल्य शिक्षा के पहले स्त्रोत हैं। आम तौर पर विभिन्न विषयों जैसे विज्ञान, गणित, इतिहास, नागरिक शास्त्र, साहित्य आदि जो हम स्कूल में पढ़ाते हैं वह अपने आप में कुछ निश्चित मूल्य हैं। इन विषयों से छात्रों में कुछ प्रकार के मूल्य विकसित होते हैं।

   (ii) **सह-पाठयक्रम गतिविधियों द्वारा मूल्यों का विकास** (Development of Values through Co-curricular Activities)-बच्चों में मूल्यों की समझ विकसित करना एक महत्वपूर्ण कार्य है। शिक्षण अधिगम प्रक्रिया का प्रमुख उद्देश्य बच्चे के संज्ञानात्मक विकास के साथ-साथ उसके व्यवहार में सकारात्मक परिवर्तन

लाना है। शिक्षण के द्वारा बच्चों के ज्ञानात्मक, भावनात्मक एवं क्रियात्मक पक्षों का ज्ञान कराया जाता है तो वही सह-पाठ्यक्रम गतिविधियों से बच्चें के मस्तिष्क में सोचने, समझने, निर्णय लेने, चिंतन करने जैसी विशिष्ट क्रियाओं को तीव्र किया जाता है। फलस्वरूप बालक अपने वातावरण की सभी इकाईयों के बारे में सोचने, समझने लगता है। विभिन्न गतिविधियों के माध्यम से इनकी उपयोगिता एवं महत्व को जानने व समझने लगता है। यह प्रक्रिया ही बालकों में मूल्यों को पहचानने की योग्यता को विकसित करती है। इस प्रकार विभिन्न पाठ्य सहगामी क्रियाओं की भूमिका मूल्यों की पहचान में महत्वपूर्ण हो जाती है।

सह-पाठ्यक्रम गतिविधियाँ बच्चों में कुछ ऐसे मूल्य विकसित करती हैं, जो न केवल शिक्षा के साथ सीमित हैं, बल्कि युवा विद्यार्थियों को आत्म अभिव्यक्ति और आत्म-पूर्ति के अवसर भी प्रदान करते हैं। ऐसी क्रियाओं द्वारा छात्र सेवा के पथ पर मिल-जुलकर कार्य करने की अभिवृत्तियों तथा कौशलों का विकास कर पाता है। जैसे-

- स्कूल में तथा उससे बाहर सामूहिक सेवा क्रियाओं द्वारा मूल्यों का विकास करना।
- प्रातः कालीन सभा की योजना द्वारा मूल्यों का विकास करना।
- प्रदर्शनियों द्वारा मूल्यों का विकास करना।
- नाटकों द्वारा मूल्यों का विकास करना।
- भाषण आयोजन द्वारा मूल्यों का विकास करना।
- NCC और NSS द्वारा मूल्यों का विकास करना।
- सहनशीलता एवं धैर्य विकसित करना।
- विविध प्रकार के मेलों के आयोजन से मूल्यों का विकास करना।
- विभिन्न महापुरुषों की जयन्ती को मनाकर मूल्यों का विकास करना।
- खेलकूद प्रतियोगिताओं के आयोजन से मूल्यों का विकास करना।
- राष्ट्रीय पर्वों के आयोजन द्वारा मूल्यों का विकास करना।
- कार्यशालाओं के आयोजन द्वारा मूल्यों का विकास करना।

सृजनात्मक क्रियाएँ भी बच्चे के मूल्य विकसित करने में सहायक होती हैं। इसलिए समय-समय पर विद्यालय में ऐसी क्रियाओं का आयोजन किया जाता है। जैसे - संगीत, कला, नाटक, भाषण, नृत्य, यात्राएँ, क्लब आदि।

(iii) **स्कूल का वातावरण** (School Environment)-स्कूल का वातावरण छात्रों में कई प्रकार के मूल्य विकसित करता है। व्यक्तिगत उदाहरण, शिक्षकों की कड़ी मेहनत शिक्षकों के आदर्श छात्रों को जीवन में सही मूल्य प्राप्त करने में मदद करते हैं।

मूल्यों के विकास में अध्यापक की भूमिका
(Role of Teacher in Values Development)

मूल्यों को विकसित करने में अध्यापक की बहुत बड़ी भूमिका होती है और पाठ्यक्रम को मूल्य केंद्रित बनाना तब तक संभव नहीं है जब तक अध्यापक का स्वयं का दृष्टिकोण मूल्य आधारित नहीं है।

छात्रों में मूल्यों को बढ़ाने के लिए, शिक्षक द्वारा निम्नलिखित तरीके अपनाये जा सकते हैं-

1. **प्रेरणा स्त्रोत** (Inspiration)–छात्रों के लिए मूल्यों के एक जीवित मॉडल का पालन करना चाहिए। छात्र उन्हें कॉपी करने की कोशिश करते हैं और छात्र उनके जैसे रहने और आचरण करने का प्रयास करते हैं।
2. **मूल्य-उन्मुख शिक्षा को बढ़ावा देना** (Promote Value Oriented Education)-शिक्षक को उन्मुख शिक्षा को बढ़ावा देना चाहिए। हर संभव प्रयास कर मानवीय संबंधों को विकसित करना चाहिए।
3. **सह-पाठ्यगामी संबंधी गतिविधियाँ** (Co-Curricular Activities)-शिक्षक को विभिन्न प्रकार की सह-पाठ्यक्रम गतिविधियों का आयोजन करना चाहिए जैसे की महान व्यक्तियों के जन्मदिन को मनाना, मूल्यों पर विस्तार व्याख्यान, घोषणा-पत्र, प्रतियोगिता, नाटक और स्किट्स आदि।
4. **खेल** (Sports)-खेल छात्रों में कई मुख्य मूल्यों का संचार करता है। जैसे-अनुशासन, सम्मान, सहयोग, विराम, हार-जीत आदि।
5. **शिक्षण के तरीके** (Method of Teaching)-मूल्यों को बढाने के लिए शिक्षक निम्नलिखित तरीकों (Methods) का प्रयोग कर सकता है।

मूल्य शिक्षा प्रदान करने के तरीके

प्रत्यक्ष	अप्रत्यक्ष
- कक्षा में सीधे छात्रों को मूल्य शिक्षा प्रदान करना जैसे- 1. कहानियों के माध्यम से। 2. मूल्यों पर चर्चा करके। 3. महान पुरुषों की जीवनी के माध्यम से।	- समय सारणी में अवधि को अलग किए बिना मौजूदा शिक्षा और सह-पाठ्यगामी गतिविधियों के माध्यम से अप्रत्यक्ष रूप से मूल्य शिक्षा प्रदान करना। जैसे- 1. ड्रामा आयोजन करना 2. पोस्टर या स्लोगन लिखवाकर। 3. टीम-बिल्डिंग गतिविधियों द्वारा।

6. **मूल्य-उन्मुख आउटलुक** (Value-oriented Outlook)-शिक्षक के पास मूल्य-उन्मुख दृष्टिकोण होना चाहिए। शिक्षक को स्वयं मूल्य-उन्मुख शिक्षा में विश्वास होना चाहिए, तभी वह बच्चों को मूल्यों के बारे में सिखा पाएगा।
7. **पुस्तकालय का उपयोग** (Use of Library)-बच्चों में समय के सदुपयोग से सम्बन्धित मूल्य को विकसित करने के लिए शिक्षक को उन्हें पुस्तकालय का उपयोग करने के लिए प्रेरणा देनी चाहिए। इस प्रकार वह बच्चों को आत्मनिर्भर बना सकता है। इससे बच्चों में स्वाध्ययन का गुण भी विकसित होता है।
8. **शिक्षा एक मिशन के रूप में** (Education as a Mission)-शिक्षक को निस्वार्थ भाव से काम करना चाहिए और हर पल छात्रों के कल्याण के बारे में सोचना चाहिए। शिक्षा को एक मिशन के रूप में लिया जाना चाहिए न कि एक पेशे के रूप में।

25

शान्ति के लिए शिक्षा
(Education for Peace)

अवधारणा (Concept)

शान्ति शिक्षा वह विज्ञान है जो मानव की मौलिक आवश्यकताओं तथा सामाज की यथार्थ प्रकृति या स्वरूप का अध्ययन करता है जिनमें इन आवश्यकताओं की पूर्ति होती है। यह शिक्षा या विज्ञान लोगों को मानव अधिकारों के विषय में जागरूक बनाती है। शान्ति शिक्षा वह शिक्षा है जो अशोषित, अहिंसक (Non-violent) तथा न्याय प्रिय समाज का निर्माण करती है।

डा. मर्सी अब्राहम के विचार में, ''शान्ति शिक्षा शान्तिप्रिय लोगों के लिए शिक्षा है जो इस धरती पर शान्ति कायम करने के योग्य होंगे। यह विशेषत: भावात्मक एवं धार्मिक शिक्षा हैं। साथ ही यह स्वयं में शिक्षा हैं।''

शान्ति के लिए शिक्षा (Education for Peace)

विज्ञान और तकनीकी के युग में जहाँ भौतिक विकास ऊँचाईयों पर है वहीं आज परिवार, समाज और विश्व स्तर पर देखने से ज्ञात होता है कि मानव शान्ति से नहीं जी पा रहा है। अत: समय की माँग को देखते हुए यह आवश्यक हो चला है कि शान्ति के लिए शिक्षा में प्रावधान हों क्योंकि आज हम स्थानीय राष्ट्रीय और वैश्विक स्तर पर अभूतपूर्व हिंसा के युग में जी रहे हैं। शैक्षिक संस्थान, जिन्हें शान्ति की पौधशाला माना जाता था वे आज हिंसा भड़काने व फैलाने के केन्द्र दिखाई पड़ रहे हैं। अत: शान्ति के लिए शिक्षा का उद्देश्य जीवन के लिए शिक्षा से है जिसके उद्देश्य सिर्फ आजीविका के लिए प्रशिक्षण मात्र नहीं वरन् लोगों को ऐसे मूल्यों, कौशलों और अभिवृत्तियों से युक्त करना, जिससे उन्हें दूसरों के साथ सौहार्दपूर्ण/भावपूर्ण व्यवहार करने वाले पूर्ण व्यक्ति और उत्तरदायी नागरिक बनने में मदद मिल सकें।

शान्ति के लिए शिक्षा कोई नवीन सम्प्रत्यय नहीं है क्योंकि पूर्व में भी नैतिक शिक्षा और मूल्य शिक्षा भी इसी कड़ी में किये गये प्रयास हैं। विद्यालयी शिक्षा के लिए राष्ट्रीय पाठ्यचर्चा की रूप रेखा-2000 के अनुसार धर्म मूल्य-सृजन का एक स्रोत है। मूल्य और अभिवृत्तियाँ शान्ति की संस्कृति का निर्माण करने वाली सामग्री होती है। अत: शान्ति के लिए शिक्षा में मूल्य-शिक्षा भी समाहित है और यह पढ़ाई के भार में कमी लाने की बात करती है न की उसे बढ़ाने की। विद्यालयों में पूर्ण समन्वय और न्यायपूर्ण व्यवस्था की

ओर चलने का प्रयास है क्योंकि मनुष्य जिस व्यवस्था में रहता है वहीं सब क्रियाक्लाप उसके संज्ञान में स्थापित हो जाते हैं और उसी के अनुरूप वह परिवार व समाज में अन्य लोगों के साथ व्यवहार करता है।

शान्ति के लिए शिक्षा की आवश्यकता को देखते हुए कुछ विद्वानों एवं आयोगों की रिपोर्ट सार अग्रलिखित है-

- मारिया मान्टेसरी के अनुसार-"सारी शिक्षा शान्ति के लिए ही है।"
- महात्मा गाँधी के अनुसार-"अगर हम विश्व को वास्तविक शक्ति का पाठ पढ़ाना चाहते हैं तो हमें शुरूआत बच्चों से करनी होगी।"
- माध्यमिक शिक्षा आयोग (1952-53) के अनुसार-"शैक्षिक प्रक्रिया का लक्ष्य होना चाहिए, छात्रों के चरित्र और व्यक्तित्व का ऐसा प्रशिक्षण, ताकि वे अपनी सारी क्षमताओं को पहचान सके और समुदाय की उन्नति के लिए काम कर सकें।"
- विश्वविद्यालय अनुदान आयोग की रिपोर्ट (1962) के अनुसार-"अगर हम आध्यात्मिक प्रशिक्षण को अपने संस्थानों से बाहर कर दें, तो हम अपने संपूर्ण ऐतिहासिक विकास के प्रति बेईमान हो जाएंगे।

उपरोक्त विचारों से स्पष्ट है कि शान्ति के लिए शिक्षा को ऐसे ज्ञान, कौशल, अभिरुचि और मूल्यों का पोषण करना है जिनसे शान्ति की संस्कृति निर्मित होती है। दीर्घकालीन रूप से ऐसे लोग तैयार करना जो समस्याओं का समाधान करने वाले और अमनपसंद हो। मानवीय मूल्यों के एक ढांचे के भीतर बच्चें का भौतिक, भावनात्मक, बौद्धिक और सामाजिक विकास किया जाना आवश्यक हैं।

शान्ति के लिए शिक्षा के दो मुख्य निहितार्थ हैं जो इस प्रकार हैं-

1. शान्ति मानवीय अस्तित्व के सभी पहलुओं और आयामों को परस्पर निर्भर तरीके से अपने भीतर शामिल किए हुए है। जो लोग स्वयं में शांतचित्त हैं, वही दूसरों के साथ शान्तिपूर्ण व्यवहार कर सकते हैं और ऐसी संवेदनशीलता का विकास कर सकते हैं, जो प्रकृति के प्रति उचित और महत्त्वपूर्ण दृष्टि के लिए जरूरी है। आध्यात्मिक शान्ति के बिना न तो विकास और न ही स्थिरता होती है।
2. आपसी प्यार, स्वतन्त्रता और शान्ति जैसे मूल्य दूसरों में बाँटकर ही पोषित किये जा सकते हैं। इनके बाँटने से ही इनकी समृद्धि होती है अर्थात् परस्परता में शान्ति समाहित होती है।

शान्ति के लिए शिक्षा के मुख्य कार्यक्षेत्र

शान्ति के लिए शिक्षा देने के लिए सभी नागरिकों के व्यक्तित्व का ऐसा निर्माण किया जाए जो परस्पर सहभागिता, समस्या समाधान, सभी के विचारों के सुनने समझने की योग्यता सम्पन्न हो। इसके लिए शिक्षा के मुख्य कार्यक्षेत्र निम्नलिखित हैं-

1. शिक्षा के द्वारा व्यक्तियों में शान्ति के प्रति झुकाव पैदा करना।
2. भारतीय संविधान में लिखित सामाजिक न्याय की अवधारणा पर बल देना।
3. शिक्षा के द्वारा राष्ट्रीय अखण्डता को बढ़ावा देने के प्रयास करना।
4. विद्यार्थियों के भीतर उन सामाजिक कौशलों और अभिरुचियों का पोषण करना जो दूसरों के साथ सामंजस्य पूर्वक जीने के लिए जरूरी हैं।

5. धर्म निरपेक्ष संस्कृति और कर्त्तव्यों को प्रचारित करने की आवश्यकता है।
6. जीवन शैली संबंधी एक आन्दोलन के रूप में शान्ति के लिए शिक्षा पर बल देना।
7. शिक्षा के द्वारा राष्ट्रीय अखण्डता को बढ़ावा देने का प्रयास करना।

शान्ति के लिए शिक्षा हेतु कुछ गतिविधियाँ

शान्ति के लिए शिक्षा हेतु विद्यालयों में विभिन्न गतिविधियाँ कराई जा सकती हैं। कुछ चुनिन्दा गतिविधियाँ जो सह-पाठ्यक्रम के जरिए कराई जा सकती हैं, वो इस प्रकार हैं-

1. अंतर्राष्ट्रीय दिवसों जैसे मानवाधिकार दिवस, साक्षरता दिवस, पर्यावरण दिवस, विश्व स्वास्थ्य दिवस आदि का आयोजन करना।
2. विभिन्न दिवसों पर वाद-विवाद, संगोष्ठी और दृश्य-श्रव्य आयोजन में शान्ति को शामिल कर विद्यार्थियों में शान्ति स्थापित करने का कौशल विकसित करना।
3. प्राकृतिक एवं मानवकृत व्यवस्थाओं की समझ एवं भागीदारी के लिए उचित दृष्टिकोण का निर्माण करना।
4. विभिन्न नाटकों, कविता लेखन, निबन्ध प्रतियोगिता का आयोजन करना जिसमें शान्ति केन्द्रित मुददे लिए गए हों।
5. संवेदनशीलता और संज्ञानशीलता को बढ़ावा देने के लिए वास्तविक परिस्थितियों पर आधारित कहानियों एवं उन पर चर्चाओं को बढ़ावा देना।
6. विद्यालयों एवं पास-पड़ोस में राष्ट्रीय दिवसों एवं उत्सवों का आयोजन करना।
7. दूसरों के प्रति संवदेनशीलता विकसित करना।

शान्ति के लिए शिक्षा सम्बन्धित कुछ सुझाव

शान्ति के लिए शिक्षा हेतु कुछ महत्त्वपूर्ण सुझाव हैं जो इस प्रकार हैं-

1. सभी विद्यालयों में शान्ति क्लब और शान्ति पुस्तकालयों की स्थापना की जाए।
2. शान्ति मूल्यों और कौशल को प्रोत्साहित करने हेतु पाठ्य सामग्री तैयार की जाये।
3. शान्ति के लिए शिक्षा देने के लिए हितधारकों जैसे अध्यापकों और अभिभावकों की कार्यशालाएँ आयोजित की जाए।
4. महिलाओं के प्रति सम्मान और जिम्मेदारी की भावना को प्रोत्साहित करने हेतु कार्यक्रम आयोजित किये जाए।
5. भारतीय सांस्कृतिक और धार्मिक विविधता को समझने हेतु कार्यक्रम आयोजित किए जाए।
6. मानवाधिकार दिवस, पर्यावरण संरक्षण दिवस, बालिका दिवस, महिला दिवस आदि के आयोजन किए जाए।
7. परस्पर न्याय और शान्ति के मूल्यों को बढ़ावा देने हेतु फिल्मों, वृत्तचित्रों आदि को संग्रहकर विद्यालयों में दिखाये जाए।
8. विद्यालयों से सम्बन्धित किसी भी क्षेत्र में व्याप्त असमानताओं को कम करना जिससे किसी भी प्रकार की असमानता और सामाजिक विभाजन को बढ़ावा न मिल सके।

9. विद्यालयों में हिंसा के विभिन्न कारणों यथा–मनोवैज्ञानिक, शारीरिक, आपराधिक या ढाँचागत से सम्बन्धित उपायों हेतु एक मैनुअल बनाकर उपलब्ध कराया जाए।
10. विद्यालय के वातावरण को प्रत्येक प्रकार की हिंसा से अलग रखा जाए। विद्यार्थियों को अनुशासन बनाये रखने और सुधारने में भागीदार बनाया जाए।

शैक्षिक नीति के प्रमुख मार्गदर्शक सिद्धांत
(Main Guiding Principles of Educational Policy)

शिक्षा को संयुक्त राष्ट्र के चार्टर, यूनेस्को के संविधान और मानव अधिकारों की सार्वभौमिक घोषणापत्र में उल्लिखित किया गया है। जिसमें कहा गया है कि शिक्षा मानव व्यक्तित्व के पूर्ण विकास और मानव अधिकारों और मौलिक स्वतंत्रता के सम्मान को मजबूत करने के लिए निर्देशित किया जाए। यह सभी राष्ट्रों, नस्लीय या धार्मिक समूहों के बीच समझ, सहिष्णुता और मित्रता को बढ़ावा देगा और शांति के रखरखाव के लिए संयुक्त राष्ट्र की गतिविधियों को आगे बढ़ाएगा। साथ ही प्रत्येक व्यक्ति को पैरा 3 में निर्दिष्ट उद्देश्यों की पूर्ति के लिए सक्रिय रूप से योगदान करने में सक्षम बनाने के लिए और अंतर्राष्ट्रीय एकजुटता और सहयोग को बढ़ावा देने के लिए जो व्यक्तियों और समुदायों के जीवन को प्रभावित करने वाली विश्व की समस्याओं को हल करने और मौलिक अधिकारों और स्वतंत्रता का प्रयोग करने में आवश्यक हैं। निम्नलिखित उद्देश्यों को शैक्षिक नीति के प्रमुख मार्गदर्शक सिद्धांतों के रूप में माना जाना चाहिए, जो इस प्रकार हैं–

1. अंतर्राष्ट्रीय आयाम और सभी स्तरों पर और सभी रूपों में शिक्षा को वैश्विक परिप्रेक्ष्य के सन्दर्भ में होना चाहिए।
2. सभी लोगों, उनकी संस्कृतियों, सभ्यताओं, मूल्यों और जीवन के तरीकों के लिए समझ और सम्मान, घरेलू जातीय संस्कृतियों और अन्य देशों की संस्कृतियों को समाहित करना चाहिए।
3. लोगों और राष्ट्रों के बीच बढ़ती निर्भरता के बारे में जागरूकता पैदा करना।
4. दूसरों के साथ संवाद करने की क्षमता का विकास करना।
5. न केवल अधिकारों, बल्कि व्यक्तियों, सामाजिक समूहों और एक–दूसरे के प्रति राष्ट्रों पर निर्भर कर्त्तव्यों के बारे में जागरूकता।
6. अंतर्राष्ट्रीय एकजुटता और सहयोग के लिए आवश्यकता की समझ विकसित करना।
7. बड़े पैमाने पर अपने समुदाय, अपने देश और दुनिया की समस्याओं को हल करने के लिए व्यक्ति की ओर से तत्परता के लिये तैयार करना।

विभिन्न कौशलों के सीखने, प्रशिक्षण, सूचना और कार्यक्रम के संयोजन से, अंतर्राष्ट्रीय शिक्षा को व्यक्ति के उचित बौद्धिक और भावनात्मक विकास को आगे बढ़ाना चाहिए। इसे कम विशेषाधिकार प्राप्त समूहों के साथ सामाजिक जिम्मेदारी और एकजुटता की भावना विकसित करनी चाहिए और हर व्यक्ति को आचरण में समानता के सिद्धांतों का पालन करना चाहिए। शिक्षा के द्वारा गुणों और क्षमताओं को विकसित करने में

भी मदद करनी चाहिए जो व्यक्ति को राष्ट्रीय और अंतर्राष्ट्रीय स्तर पर समस्याओं की एक महत्वपूर्ण समझ हासिल करने में सक्षम बनाती हैं। तथ्यों और विचारों को समझने और समझाने के लिए, एक समूह में काम करने के लिए, स्वतंत्र चर्चा में भाग लेना और किसी भी चर्चा के लिए लागू प्रक्रिया के प्राथमिक नियमों का पालन करना तथा प्रासंगिक तथ्यों और कारकों के तर्कसंगत विश्लेषण के आधार पर मूल्य-निर्णय लेने में सक्षम होना चाहिए। शिक्षा को विस्तार, आक्रामकता और वर्चस्व के लिए युद्ध, या दमन के उद्देश्यों के लिए बल और हिंसा के उपयोग के लिए युद्ध की अनुपस्थिति पर ध्यान देना चाहिए और हर व्यक्ति को शांति के रख रखाव के लिए उसकी जिम्मेदारियों को समझना और ग्रहण करना चाहिए।

यह स्वयं में समानता, न्याय व भाईचारे के साथ जीने का आत्मविश्वास तथा अंतर्राष्ट्रीय शांति को मजबूत करने और उनके सभी रूपों और अभिव्यक्तियों में उपनिवेशवाद और नव-उपनिवेशवाद के खिलाफ संघर्ष में गतिविधियों के लिए योगदान देना चाहिए। सभी रूपों के नस्लवाद और रंगभेद की किस्मों के खिलाफ और साथ ही साथ अन्य विचारधाराएं जो नस्ल के राष्ट्रीय और नस्लीय घृणा और जो इस सिफारिश के उद्देश्यों के विपरीत हैं। शिक्षा को उन स्थितियों के उन्मूलन की दिशा में निर्देशित किया जाना चाहिए जो मानव अस्तित्व और कल्याण को प्रभावित करने वाली प्रमुख समस्याओं को बनाए रखती है या बढ़ाती हैं। असमानता, अन्याय, बल के उपयोग के आधार पर अंतर्राष्ट्रीय सहयोग के उपायों की ओर चलने की मानसिकता का विकास करे। शिक्षा जो इस संबंध में आवश्यक रूप से एक अंत:विषय प्रकृति की होनी चाहिए, ऐसी समस्याओं से संबंधित होना चाहिए। लोगों के अधिकारों की समानता, और आत्मनिर्णय के लिए लोगों का अधिकार सुरक्षित रहने चाहिए। शांति के लिए शिक्षा को नागरिकता केन्द्रित होना चाहिए। मूल्य आधारित शिक्षा और न्याय, समानता, बंधुत्व, सहयोग, विश्वास को बढ़ावा देने वाली होनी चाहिए। लोगों के व्यक्तित्व का ऐसा निर्माण किया जाए जो आपस में सौहार्द के साथ मिल-जुल कर जीना सीख सके तथा उत्तरदायी नागरिकता के गुणों जैसे समाजवाद, लोकतन्त्र, धर्मनिरपेक्षता आदि का विकास कर सकें।

शांति के लिए शिक्षाः मूल्य और कौशल

शांति की संस्कृति को शिक्षा में बढ़ावा देने के लिए कुछ पाठ्यक्रम सम्बंधित सुझाव इस प्रकार हैं-

व्यक्तित्व निर्माण के लिए शांति मूल्य

- प्यार, सत्य, पवित्रता-शारीरिक और मानसिक दोनों (सोचने, बोलने और करने में एकरूपता) की समझ विकसित करना।
- सौंदर्य और सौहार्द-एकता की सराहना करना।
- लोगों और प्रकृति की विविधता, प्रशंसा की भावना की समझ विकसित करना।
- जिम्मेदारी का भाव, अहिंसा, भाषण और अभिव्यक्ति की स्वतंत्रता की समझ विकसित करना।
- विश्वास की स्वतंत्रता, अधिकार और कर्त्तव्यों के पालन की समझ विकसित करना।

शांति मूल्य और साझा आध्यात्मिकता

- आंतरिक-शांति की आकांक्षा, आंतरिक साधन द्वारा विकास।
- विचार, विवेक और विश्वास की स्वतंत्रता।
- धार्मिक प्रथा की स्वतंत्रता।
- धार्मिक पर्यवेक्षणों के लिए पारस्परिक सम्मान।
- राज्य द्वारा सभी धर्मों के उपचार की समानता।

शांति मूल्य, मानव अधिकार और लोकतंत्र

- गौरव
- समानता
- न्याय
- सभी लोगों के अधिकारों का संरक्षण
- भागीदारी

शांति के लिए शिक्षा को बढावा देने के लिए उपरोक्त विषयों को समाहित करके एक ऐसी पाठ्यवस्तु तैयार की जा सकती है जो विद्यार्थियों में सहयोग, समानता, न्याय, साथ-साथ जीने की संस्कृति को स्थापित कर सके।

अत: समाज में सह अस्तित्व, विश्वास, न्याय, अवसरों की समानता, संसाधनों का उचित उपयोग, धार्मिक मान्यताओं, विचारों की अभिव्यक्ति व भागीदारी के अवसर आदि प्राप्त होने पर स्वयं समाज और वैश्विक स्तर पर शांति के साथ व्यक्ति का जीवन व्यतीत हो सकता है। इसलिए भविष्य की इस चुनौती को देखते हुए शिक्षा के माध्यम से इस स्थिति को प्राप्त किया जा सकता है।

इकाई-IV

शिक्षा और सामाजिक परिवर्तन
(Education and Social Change)

प्रस्तुत इकाई **'शिक्षा और सामाजिक परिवर्तन'** शिक्षण-अधिगम प्रक्रिया में महत्वपूर्ण है। शिक्षा और समाज दोनों ही एक-सिक्के के दो पहलू है। शिक्षा का मुख्य उद्देश्य एक सभ्य समाज का निर्माण करना और समाज का उद्‌देश्य शिक्षा के कार्य को सभ्य तरीके से संचारित करना है। इस तरह दोनों एक-दूसरे के पूरक हैं। जैसे-जैसे समाज की आवश्यकतायें बदलती है वैसे-वैसे ही शिक्षा के उद्देश्य बदलते रहते हैं। लेकिन समाज और शिक्षा की कड़ी को जोड़ने का कार्य शिक्षण-अधिगम प्रक्रिया से पूर्ण होता है। इसलिए शिक्षण अधिगम के द्वारा ही समाज की रूपरेखा, सामाजिक परिवर्तन की प्रक्रिया, सामाजिक परिवर्तन की विशेषतायें, सामाजिक परिवर्तन के कारण और सामाजिक परिवर्तन के अभिकरण जैसे मुख्य मुद्‌दों को एक शिक्षक द्वारा कक्षा कक्ष से ही प्रभावशील विधि से संचालित या हस्तान्तरित किया जा सकता है। इसी सन्दर्भ में जॉन डीवी ने कहा कि ''कक्षा कक्ष समाज की एक छोटी इकाई है'' इस तरह शिक्षक की भूमिका महत्वपूर्ण है। शिक्षक को समाज के सभी पक्षों को समझना महत्वपूर्ण होता है। इसी के आधार पर शिक्षक यह सुनिश्चित कर पाता है कि कक्षा में बैठा प्रत्येक बच्चा किस दृष्टिकोण का है? किस तरह की संस्कृति और सामाजिक वातावरण में बच्चे का पालन-पोषण हुआ है। शिक्षक को कक्षाकक्ष में जाने से पूर्व अगर इन सभी प्रश्नों की समझ हो तो निश्चित रूप से ही कक्षा कक्ष का संचालन एक शिक्षक प्रभावशाली तरीके से कर पायेगा। कक्षा अनुशासित होने के साथ-साथ अध्यापक और बच्चों के बीच एक अच्छी समझ पैदा होगी जिससे शिक्षण-अधिगम प्रक्रिया को अच्छे तरीके से चलाया जा सकता है।

एक ओर शिक्षा सामाजिक परिवर्तन का कारण है तो दूसरी ओर शिक्षा, सामाजिक परिवर्तन की अनुगामी भी है। शिक्षा के माध्यम से लोगों की सोच, व्यवहार आदि में परिवर्तन लाकर सामाजिक परिवर्तन किया जा सकता है। परन्तु वहीं कई बार सामाजिक परिवर्तन का प्रभाव भी शिक्षा व्यवस्था को प्रभावित करता है।

प्रस्तुत इकाई एक शिक्षक को सामाजिक परिवर्तन के कारणों और अभिकारणों से परिचित करवा, शिक्षण अधिगम प्रक्रिया को और सुदृढ़ बनाने में उसकी मदद करेगी। जिससे शिक्षा और समाज दोनों का विकास सकारात्मक दिशा में होगा।

26

शिक्षा और सामाजिक परिवर्तन
(Education and Social Change)

सामाजिक परिवर्तन की अवधारणा (Concept of Social Change)

परिवर्तन प्रकृति का नियम है। संसार में कोई इकाई ऐसी नही है, जो स्थिर रहती हो। उसमें कुछ न कुछ परिवर्तन होता है। प्रकृति में जड़ एवं चेतन इकाई है जो सत्ता/खाली स्थान/मूल ऊर्जा में संप्रक्त है अर्थात् प्रत्येक जीव एवं सभी प्रकार की वस्तुऐं इसी खाली स्थान में क्रियाशाली रहती है। अतएव स्थिर समाज की कल्पना करना किसी युग में संभव नहीं है। मैकाइवर तथा पेज का कहना है कि ''समाज परिवर्तनशील तथा गत्यात्मक दोनों है।''

सामाजिक परिवर्तन मनुष्य एवं समूह अथवा एक समूह तथा दूसरे के पारस्परिक संबंधों में होने वाला परिवर्तन है। वास्तव में समाज से संबंधित विभिन्न पहलुओं, सामाजिक संरचना, प्रकार्यों, सामाजिक संस्थाओं, घटनाओं और प्रक्रियाओं में होने वाले परिवर्तन को ही सामाजिक परिवर्तन कहा जाता है।

मनुष्य एक सामाजिक प्राणी है। उसने अपने स्वभाव व प्रकृति के कारण तथा अपनी सुरक्षा के लिए समाज की रचना की। प्रत्येक समाज ने धीरे-धीरे अपनी संस्कृति, रीति-रिवाज, परम्पराएं तथा विशिष्टताएं विकसित कर ली है। इन विशिष्टताओं के कारण एक समाज दूसरे समाज से पृथक हो गया, किन्तु विभिन्न समाज की संस्कृति रीति-रिवाज तथा सांस्कृतिक विशेषताओं में समय के साथ-साथ परिवर्तन होते रहे, यह परिवर्तन आज भी हो रहे हैं और निरंतर होते रहेंगे। किसी भी समाज के रीति-रिवाज, रहन-सहन, परम्पराओं, नीतियों तथा आचार-विचार में जो परिर्वतन होते रहते हैं, उन्ही को हम सामाजिक परिवर्तन की संज्ञा देते हैं।

शाब्दिक अर्थ

सामाजिक परिवर्तन दो शब्दों से मिलकर बना है-सामाजिक तथा परिवर्तन। 'सामाजिक' शब्द की व्याख्या करते हुए विख्यात समाजशास्त्री फिशर लिखते हैं कि समाज के सम्बन्धों के जाल को ही 'सामाजिक' कहा जाता है। इसी प्रकार परिवर्तन का अर्थ है-भूत अवस्था को नवीन रूप प्रदान करना। इस प्रकार सामाजिक परिवर्तन का अर्थ है-समाज की घटनाओं, संगठन, स्वरूप, सम्बन्धों तथा परम्पराओं की भूतकालीन अवस्थाओं को नई अवस्था प्राप्त होना या प्रदान करना।

परिवर्तन के अभाव में हमारी सामाजिक उपलब्धि, सामाजिक सीख तथा सामाजिक नियन्त्रण कुछ भी संभव नहीं है। निश्चित और निरंतर परिवर्तन मानव समाज की विशेषता है क्योंकि समाज के रूढ़िवादी तत्व प्राचीनता से ही चिपटे रहना पसंद करते हैं। स्त्री स्वतंत्रता और समान अधिकार की भावना, स्त्रियों की शिक्षा, पर्दा प्रथा, स्त्रियों का आत्म-निर्भर होना, दलितों, दमितों और निम्न जातियों की प्रगति आदि अनेक परिवर्तनों को आज भी समाज के कुछ तत्व स्वीकार नहीं कर पाते हैं।

ग्रीन के शब्दों में, ''परिवर्तन से सामंजस्य स्थापित करना ही हमारे जीवन का ढंग बन चुका है।''

इस प्रकार हम कह सकते हैं कि सामाजिक परिवर्तन स्वाभाविक है और अवश्यम्भावी है। परिवर्तन के बिना समाज अथवा सृष्टि के किसी भी उत्पाद की कल्पना करना हास्यास्पद है।

सामाजिक परिवर्तन की व्याख्या एवं विश्लेषण को समाजशास्त्रियों ने अत्यधिक महत्वपूर्ण मानते हुए समाजशास्त्र की विषय-वस्तु का एक अंग बताया है।

अगस्त कोम्टे ने समाजशास्त्र की विषय वस्तु को निम्न दो प्रमुख भागों में विभक्त किया है-

1. सामाजिक स्थैतिकी-इसमें महत्वपूर्ण सामाजिक संस्थाओं का अध्ययन किया जाता है।
2. सामाजिक गत्यात्मकता-इससे सामाजिक विकास एवं सामाजिक परिवर्तन का अध्ययन किया जाता है।

परिभाषाएँ (Definitions)

कुछ विद्वानों ने सामाजिक परिवर्तन की निम्न परिभाषाएं दी हैं-

1. जॉनसन के अनुसार-''अपने मूल अर्थ में सामाजिक परिवर्तन का अर्थ ढांचे में परिवर्तन है।''
2. किग्सलें डैविस के मत में-''सामाजिक परिवर्तन से हम केवल उन्हीं परिवर्तन को समझते हैं जो सामाजिक संगठन अर्थात् समाज के ढ़ांचे और प्रकार्यों में घटित होते हैं।''
3. मैकाइवर एवं पेज के अनुसार-''समाजशास्त्री होने के नाते हमारी रुचि सामाजिक संबंधों में है केवल इन सामाजिक संबंधो में होने वाले परिवर्तनों को ही सामाजिक परिवर्तन कहते हैं।
4. जेन्सन के मत में, ''सामाजिक परिवर्तनों को लोगों के कार्य करने तथा विचार करने के तरीकों में होने वाले रूपान्तरण के रूप में परिभाषित किया जा सकता है।
5. बोटोमोर के अनुसार-''सामाजिक परिवर्तनों के अंतर्गत उन परिवर्तनों को सम्मिलित किया जा सकता है जो सामाजिक संरचना, सामाजिक संस्थाएं तथा उनके पारस्परिक संबंधों में घटित होते हैं।
6. जोन्स के शब्दों में-''सामाजिक परिवर्तन वह शब्द है जो सामाजिक प्रक्रियाओं सामाजिक प्रतिमानों सामाजिक अन्त: क्रियाओं तथा सामाजिक संगठन के किसी भाग में गठित होने वाले हेर-फेर या संशोधनों के लिए प्रयोग किया जाता है।''

सामाजिक परिवर्तन का अर्थ (Meaning of Social Change)

परिवर्तन प्रकृति का नियम है समाज का कोई भी पक्ष इससे अछूता नहीं रह सकता है। सामान्य अर्थों में सामाजिक ढांचे में अथवा सामाजिक व्यवस्था में किसी भी प्रकार के परिवर्तन को सामाजिक परिवर्तन कहते हैं।

मानव व्यवहार का ही दूसरा नाम सामाजिक परिवर्तन है।

"सामाजिक परिवर्तन का अर्थ-लोगों के कार्यों को करने तथा विचार करने की पद्धतियों में संशोधन है।"

"सामाजिक परिवर्तन में केवल वे ही परिवर्तन माने जाते हैं जो सामाजिक संगठन अर्थात् समाज के ढ़ांचे और कार्य में घटित होते है।"

"सामाजिक ढांचे अथवा सामाजिक संरचना में होने वाले परिवर्तन को ही सामाजिक परिवर्तन कहते हैं।"

"सामाजिक परिवर्तन जीवन की स्वीकृत रीतियों में परिवर्तन के अंतर को कहते हैं चाहे यह परिवर्तन भौगोलिक दशाओं के परिवर्तन से हुआ हो या सांस्कृतिक साधनों, जनसंख्या की रचना या सिद्धांतों के परिवर्तन से, चाहे संसार द्वारा संभव हो सका या समूह के अंदर हुए आविष्कारों के परिणाम स्वरूप हुआ हो।"

सामाजिक परिवर्तन की प्रक्रिया (Process of Social Change)

सामाजिक परिवर्तन की प्रक्रिया का तात्पर्य समाज में घटित होने वाले परिवर्तनों से है। प्रारंभ में समाजशास्त्रियों ने उद्विकास, प्रगति एवं सामाजिक परिवर्तनों में कोई भेद नहीं किया था और इन तीनों अवधारणाओं का प्रयोग एक ही अर्थ में करते थे। सन् 1922 में सर्वप्रथम ऑगबर्न (Ogburn) ने अपनी पुस्तक "सामाजिक परिवर्तन" में इन तीनों के भेद को स्पष्ट किया। वही कुछ विद्वानों ने सामाजिक ढाँचे में होने वाले परिवर्तन को सामाजिक परिवर्तन की प्रक्रिया कहा है। इस विषय पर सभी समाजशास्त्री एकमत नहीं है। परिवर्तन प्रक्रिया की अवधारणा को समझने के लिए यहाँ दो मुख्य विचारों को प्रस्तुत किया जा रहा है।

1. शास्त्रीय मत (Classical view)

इस मत के समर्थक ऑगबर्न है। इनके मतानुसार सामाजिक एवं सांस्कृतिक परिवर्तन एक ही है तथा इसको ही इन्होंने सांस्कृतिक परिवर्तन कहा है। समाजशास्त्री स्पेन्सर ने भी सामाजिक परिवर्तन व सामाजिक विकास को एक ही माना है। इनके अनुसार सामाजिक परिवर्तन समरूप, धीरे-धीरे व प्रगतिशील होते हैं और विकास की निश्चित अवस्थाओं से होकर आगे बढ़ते हैं। ऑगबर्न ने संस्कृति को भौतिक व अभौतिक संस्कृति में बाँटा है। भौतिक संस्कृति के अंतर्गत उन सभी वस्तुओं को माना जिन्हें मनुष्यों ने अपने उपभोग के लिए बनाया है। जैसे-कार, कंप्यूटर, मोबाइल, फोन, टेलीविजन आदि-आदि। जबकि अभौतिक संस्कृति के अंतर्गत समाज के सदस्यों के विचार, मूल्य, सिद्धांत व आदर्श आते हैं। इनके अनुसार पहले संस्कृति के भौतिक तत्वों में परिवर्तन होता है फिर अभौतिक तत्वों में अर्थात् पहले भौतिक संस्कृति और फिर अभौतिक संस्कृति में परिवर्तन होता है।

2. नवीन मत (New view)

इस मत के समर्थक समाजशास्त्री मुर्डोक (Murdock) के अनुसार सामाजिक परिवर्तन चार अवस्थाओं यथा नव-प्रवर्तन (Innovation), सामाजिक स्वीकृति (Social

Acceptance), चयनित विलोपन (Selective Elimination) और एकीकरण (Integration) से गुजरकर होता है। नव-प्रवर्तन की अवस्था में व्यक्ति कुछ नई आदतें डालता है जो बाद में समाज के अन्य व्यक्तियों के लिए अनुकरणीय बन जाती है। इस अवस्था में नई खोज भी की जाती है और उन्हें जीवन में प्रयोग भी किया जाता है। कभी-कभी व्यक्ति नई खोज न करके अन्य संस्कृतियों से आदतें ग्रहण करता है और उन्हें अपनाकर समाज में नवीनता लाता है। चूंकि यह नवीनता स्वयं द्वारा सृजित न करके दूसरी संस्कृतियों से ली जाती है अतः इसे सांस्कृतिक ग्राह्यता भी कहते हैं।

संक्षेप में सामाजिक परिवर्तन की दूसरी अवस्था (सामाजिक स्वीकृति) में कोई आदत एक व्यक्ति द्वारा स्वीकारी जाती है तो यह सामाजिक परिवर्तन नहीं लाती है। परंतु उसे देखकर एक वर्ग के लोग उसे स्वीकार कर अपनी आदत बना लेते हैं तो यह संस्कृति का भाग बन जाती है। अतः सामाजिक परिवर्तन में सामाजिक स्वीकृति अत्यंत आवश्यक है। सामाजिक परिवर्तन की तीसरी अवस्था 'चयनित विलोपन' है। जब कोई आदत उपयोगी व लाभकारी हो तथा संतुष्टि देती है तो लोग उसे स्वीकार करते हैं तथा प्रयोग करते हैं। परंतु नई खोजों के आ जाने से यह आदत अनुपयोगी हो जाती है और लोग इसे छोड़कर नई आदतों को स्वीकार कर लेते हैं। यही चयनित विलोपन होता है। इस मत के अनुसार सामाजिक परिवर्तन की चौथी अवस्था 'एकीकरण' के अंतर्गत भी समाज के सदस्यों द्वारा कई तरह की आदतों को ग्रहण करने के बाद भी कुछ को ही सामाजिक स्वीकृति मिलती है जो बाद में संस्कृति का हिस्सा बन जाती हैं। ये सभी आदतें धीरे-धीरे आपस में समायोजित होकर एक समग्रता का रूप लेकर संस्कृति का ही हिस्सा बन जाती है तथा यह एकीकरण की प्रक्रिया निरंतर चलती रहती है।

सामाजिक परिवर्तन के अंतर्गत निम्न तथ्यों को शामिल किया गया है-

- सामाजिक परिवर्तन की प्रक्रिया का संबंध एक व्यक्ति अथवा व्यक्तियों, विश्वासों एवं मूल्यों में परिवर्तन से न होकर समाज के सभी अथवा अधिकांश लोगों की जीवनशैली में परिवर्तन से है।
- सामाजिक परिवर्तन की प्रक्रिया का संबंध मानव के सामाजिक संबंधों में परिवर्तन से है।
- सामाजिक ढांचे एवं प्रकार्य में होने वाले परिवर्तन को सामाजिक परिवर्तन की प्रक्रिया कहते हैं।

अतः उपरोक्त मतों से स्पष्ट है कि भौतिक, अभौतिक संस्कृति व आदतों को स्वीकारने व जीवन में प्रयोग करने की प्रक्रिया को सामाजिक परिवर्तन की प्रक्रिया कहते हैं। जो मानवीय संबंधों, व्यवहारों, प्रथाओं, परिस्थितियों, मूल्यों एवं सामाजिक संरचनाओं में होते हैं।

सामाजिक परिवर्तन की प्रक्रिया की विशेषताएँ
(Characteristics of the Process of Social Change)

समाजशास्त्री **मूरे** ने आधुनिक समाजों में सामाजिक परिवर्तन की प्रक्रिया की निम्न विशेषताओं का वर्णन किया है-

- सामाजिक परिवर्तन की प्रक्रिया एक अपवाद नहीं वरन् अनिवार्य नियम है। इसका तात्पर्य यह नहीं है कि सामाजिक परिवर्तन के अंतर्गत सामाजिक संरचना के सभी तत्व पूर्ण रूप से बदल जाते हैं, अपितु इसका अर्थ यह है कि सामाजिक संरचना

के किसी-न-किसी अंग में परिवर्तन अवश्य होता है। सामाजिक पुनर्निमाण की अवधि में इसकी गति सबसे अधिक रहती है।

- स्वाभाविक ढंग से एवं सामान्य गति से जो परिवर्तन होता है, उसका प्रभाव हमारे विचारों तथा सामाजिक संरचना पर अधिक पड़ता है।
- पहले के समाजों की तुलना में आधुनिक समाजों में परिवर्तन अधिक होते हैं।
- परिवर्तन का फैलाव सामाजिक जीवन के सभी क्षेत्रों में देखा जा सकता है, फिर भी विचारों और संस्थाओं में परिवर्तन की जो गति है, उससे अधिक गति भौतिक वस्तुओं के क्षेत्र में देखने को मिलती है।
- आधुनिक समाजों में सामाजिक परिवर्तन की प्रक्रिया न तो मनमाने ढंग से की जाती है और न ही उसे प्राकृतिक नियमों पर स्वतंत्र व असंगठित छोड़ दिया जाता है।
- प्रत्येक समाज में सामाजिक नियोजन के द्वारा इसे नियंत्रित कर इच्छित उद्देश्यों की पूर्ति की दिशा में क्रियाशील बनाया जाता है।
- सामाजिक परिवर्तन की प्रक्रिया के संबंध में अनुमान लगाया जा सकता है। किंतु उसके बारे में निश्चित रूप से कुछ नहीं कहा जा सकता है।
- सामाजिक परिवर्तन की प्रक्रिया गुणात्मक होती है अर्थात् एक स्थिति दूसरी स्थिति को परिवर्तित करती है और यह क्रम तब तक चलता है जब तक इसके अच्छे या बुरे प्रभावों से संपूर्ण समाज परिचित नहीं हो पाता।

सामाजिक परिवर्तन के कारण और प्रभाव
(Causes and Effect of Social Change)

प्रत्येक घटना किसी कारणवश ही होती है। अतः सामाजिक परिवर्तन भी किसी-न-किसी कारण का ही परिणाम होता है। सामाजिक परिवर्तन के कारणों एवं उनके प्रभाव को समझना होगा जो परिवर्तन के लिए उत्तरदायी है। विभिन्न विद्वानों ने सामाजिक परिवर्तन के लिए विभिन्न कारणों को उत्तरदायी माना है, जिनमें से प्रमुख कारण निम्नलिखित हैं-

1. **प्राकृतिक कारण** (Natural Cause)-प्राकृतिक कारणों के अंतर्गत हम उन सभी प्राकृतिक इकाईयों एवं क्रियाओं को सम्मिलित करते हैं, जिनमें कुछ न कुछ परिवर्तन होते रहते हैं जैसे-पृथ्वी, आकाश, पहाड़, जंगल, वर्षा, झरने, भूकंप, बाढ़, अकाल, सूनामी एवं महामारी आदि। ये सभी मिलकर प्राकृतिक पर्यावरण का निर्माण करते हैं। प्राकृतिक पर्यावरण सदैव मानवीय संबंधों एवं व्यवहारों को प्रभावित करता रहता है।
2. **जनसंख्यात्मक कारण** (Population Cause)-किसी देश की जनसंख्या, जन्म तथा मृत्यु दर, आवास-प्रवास, लिगांनुपात, बालक, युवा तथा वृद्धों की संख्या आदि सामाजिक संरचना, सामाजिक संगठन को प्रभावित करते हैं। परिवार एवं विवाह का स्वरूप, गरीबी, बेरोजगारी, परिवार नियोजन, जन्म निरोध संबंधी सरकार की नीति आदि पर जनसंख्यात्मक कारकों का प्रभाव पड़ता है। जनसंख्या के आधार पर ही उस देश की सामाजिक सरंचना ज्ञात की जा सकती है। जनसंख्या की कमी व अधिकता उत्पादन, आर्थिक विकास, राजनीतिक संबंध व नियोजित परिवर्तन के नियमों को निर्धारित करने के साथ-साथ सरकार व सामाजिक नीति को भी प्रभावित करते हैं।

3. **प्रौद्योगिकीय कारण** (Technological Causes)-आज के युग में प्रौद्योगिकी सामाजिक परिवर्तन का अत्यंत महत्वपूर्ण कारक है। यदि यह कहा जाए कि पिछले करीब पाँच सौ वर्षों में जितने परिवर्तन हुए हैं, उनके पीछे सबसे प्रमुख कारक प्रौद्योगिकी है। जैसे ही समाज में आविष्कारों द्वारा यंत्रीकरण होता है, फलस्वरूप उत्पादन प्रणाली बदलती है। जिससे साथ ही साथ सामाजिक संबंधों, परिस्थितियों और भूमिकाओं, सामाजिक व्यवस्था और सामाजिक सरंचना में बदलाव आता है, यही सामाजिक परिवर्तन है। प्रौद्योगिकी ने जहाँ सुख सुविधाएँ बढ़ाने में योगदान दिया है, वहाँ कुछ समस्याओं को भी उत्पन्न किया है। नवीन प्रौद्योगिकी के कारण जहाँ औद्योगिकरण और नगरीकरण की प्रक्रिया तेज हुई, वही अनेक श्रम समस्याएँ और नगरीय जीवन से संबंधित समस्याएँ उत्पन्न हुई हैं।
4. **आर्थिक कारण** (Economic Causes)-सामाजिक संस्थाओं, व्यवस्थाओं व संगठनों को प्रभावित करके सामाजिक परिवर्तन लाने में आर्थिक कारण भी सहायक होते हैं। आर्थिक कारक सामाजिक संस्थाओं में भी परिवर्तन लाते हैं। वर्तमान में पुराने रीति-रिवाजों व मान्यताओं का प्रभाव कम हुआ है, मनोरंजन का व्यापीकरण हुआ है। इसी प्रकार से जब आर्थिक उतार चढ़ाव व तेजीमंदी आती है तो उसका भी सामाजिक संस्थाओं पर प्रभाव पड़ता है। आर्थिक समृद्धि एवं खुशहाली के समय विवाह एवं जन्म-दर में वृद्धि होती है। जिससे परिवार का आकार बढ़ जाता है। दूसरी ओर आर्थिक मंदी के समय में विवाहों की संख्या एवं जन्म दर गिर जाती है, परिवार का आकार छोटा हो जाता है और तलाक दर बढ़ जाती है। इस प्रकार परिस्थितियाँ परिवार एवं विवाह की संस्था को प्रभावित करती हैं। स्पष्ट है कि जब आर्थिक परिस्थितियाँ बदलती हैं तो वे सामाजिक संस्थाओं पर प्रत्यक्ष रूप से प्रहार करती हैं।
5. **सांस्कृतिक कारण** (Cultural Cause)-संस्कृति व्यक्ति के सामाजीकरण और व्यक्तित्व निर्माण में अपूर्व सहयोग देती है। जैसे ही किसी संस्कृति में परिवर्तन आता है, व्यक्ति में भी परिवर्तन आने लगता है, इस परिवर्तन के साथ-साथ सामाजिक संबंधों, व्यवहारों, परिस्थितियों और भूमिकाओं तथा समग्र रूप में सामाजिक संरचना में बदलाव आता है। यही बदलाव सामाजिक परिवर्तन है। संस्कृति या सांस्कृतिक कारणों और सामाजिक परिवर्तनों के बीच गहरा संबंध पाया जाता है। संस्कृति जिसके अंतर्गत धर्म, प्रथा, संस्थाएँ, रूढ़ियाँ, मूल्य, आदर्श, विश्वास आदि आते हैं, लोगों के बीच होने वाली अंत: क्रिया और सामाजिक क्रिया संबंधों को अनेक रूप से प्रभावित करती है।
6. **मनोवैज्ञानिक कारण** (Psychological Cause)-समस्त मानव समाज एवं संस्कृति में परिवर्तन मानव के मस्तिष्क की उपज है, अत: सामाजिक संबंधों में परिवर्तन के मनोवैज्ञानिक कारण भी होते हैं। मानव में जिज्ञासा की प्रवृत्ति पाई जाती है। इस प्रवृत्ति ने ही मानव को आविष्कार करने एवं अज्ञात को खोजने की प्रेरणा दी। मानव ने अनेक ऐसे आविष्कार किए हैं जिन्होंने उसके जीवन को ही बदल दिया। जिज्ञासा के कारण ही वह चंद्रमा पर पहुँचा, समुद्र की गहराई तक गया और दूर

देशों की यात्रा की। मानव मस्तिष्क नवीनता चाहता है। मानसिक असंतोष एवं संघर्ष सामाजिक संबंधों को प्रभावित करते हैं। पारिवारिक विघटन एवं विवाह-विच्छेद का कारण परिवार के सदस्यों तथा पति-पत्नी का मानसिक अनुकूलन न हो पाना भी है। मानसिक एवं सामाजिक तनाव, संबंधों को तोड़ देते हैं तथा लोगों में निराशा पैदा कर देते हैं। ये हत्या, आत्महत्या तथा अपराध के लिए भी उत्तरदायी है।

7. **राजनीतिक कारण** (Political Cause)-राजनीतिक कारण भी सामाजिक परिवर्तन लाने में महत्वपूर्ण भूमिका निभाते हैं। राजनीतिक दलों की अपनी-अपनी सामाजिक, आर्थिक, धार्मिक एवं राजनीतिक नीतियाँ होती हैं। एक दल के स्थान पर दूसरा दल सत्ता में आता है तो समाज में भी परिवर्तन आता है। भारत में भी अंग्रेजों के सत्ता छोड़कर जाने के बाद भारत सरकार ने अनेक सुधार किये हैं। बैंकों का राष्ट्रीयकरण किया गया, छुआछुत की समाप्ति व ग्रामीण विकास के लिए प्रयत्न हुए, जागीरदार प्रथा एवं दास प्रथा को समाप्त किया गया, राजाओं के विशेषाधिकार समाप्त कर दिए गये। इस प्रकार राजनीतिक कारक भी सामाजिक परिवर्तन लाने में महत्वपूर्ण भूमिका निभाते है।
8. **युद्ध कारण** (Wars Cause)-बीरस्टीड कहते हैं कि ''कई लेखकों के अनुसार सामाजिक परिवर्तन युद्धों, छुटपुट लड़ाइयों तथा राजवंशों की विजय और पराजय और महायुद्धों की कहानी है।'' इस दृष्टि से इतिहास को युद्धों के संदर्भ में ही समझा जाना चाहिए और इन युद्धों की कहानियाँ ही सामाजिक परिवर्तन की कहानी है। युद्ध भी अनेक सामाजिक परिवर्तन लाते हैं। युद्ध के कारण कई लोग शरणार्थी बन जाते हैं और उन्हें नए स्थान पर जाकर बसना तथा वहाँ की संस्कृति के अनुरूप ढलना होता है। युद्ध के कारण सामाजिक एवं राजनीतिक व्यवस्था तहस नहस हो जाती है, कई स्त्रियाँ विधवा एवं बच्चे अनाथ हो जाते हैं तथा परिवार नष्ट हो जाते हैं, वेश्यावृत्ति एवं अपराध पनपते हैं। इस प्रकार युद्ध एवं सैनिक शक्ति सामाजिक परिवर्तन में महत्वपूर्ण भूमिका निभाते हैं।
9. **वैचारिक कारण** (Ideological Cause)-विचार एवं विचारधाराएँ भी सामाजिक परिवर्तन लाने में महत्वपूर्ण भूमिका निभाते हैं। मार्क्स ने यह विचार दिया कि सांस्कृतिक पिरामिड के मूल में आर्थिक कारक ही है तथा सामाजिक व राजनीतिक संगठन, कला, साहित्य, विज्ञान, दर्शन, धर्म सभी उपरी संरचनाएँ इस पिरामिड की मूल संरचना आर्थिक कारणों पर ही निर्भर है। वैचारिक परिवर्तन प्रथाओं, संस्थाओं, रीति-रिवाजों एवं कानून में परिवर्तन लाता है। एक विचारधारा को मानने वाले राजनीतिक दल के स्थान पर जब दूसरी विचारधारा को मानने वाले राजनीतिक दल सरकार बनाता है, तो समाज में कई नए परिवर्तन दृष्टिगोचर होते हैं।
10. **महान लोगों की भूमिका** (Role of Great People)-इतिहास में सामाजिक परिवर्तन की राजनीतिक व्याख्या महान लोगों के संदर्भ में की गई है। ऐसा कहा जाता है कि इतिहास कभी भी महान लोगों के प्रभाव से विमुक्त नहीं रहा है। पेरेदो का भी मत है 'इतिहास महापुरुषों का जीवन ही तो है और समाज में जितने भी आंदोलन हुए हैं उनके पीछे कोई न कोई प्रतिभा अवश्य रही है'। हिटलर,

मुसोलिनी, चर्चिल, रूजवेल्ट, गाँधी आदि महापुरुषों ने समाज को परिवर्तित करने में अपनी-अपनी महत्वपूर्ण भूमिका निभाई है। यह सच है कि महान व्यक्तियों का सामाजिक बुराईयों एवं कुप्रथाओं को समाप्त करने में महत्वपूर्ण योगदान होता है।

11. **प्रसार** (Spreading)-सांस्कृतिक जगत के परिवर्तन में प्रसार का प्रमुख योगदान रहा है। पश्चिमीकरण, आधुनिकीकरण तथा भूमंडलीकरण जैसी प्रक्रियाओं का मुख्य आधार प्रसार ही रहा है। आधुनिक युग में प्रौद्योगिकी का इतना विकास हुआ है कि प्रसार की गति बहुत तेज हो गई है।

12. **कानून** (Law)-सरकार द्वारा बनाए गए कानून सामाजिक नियंत्रण बनाए रखने में सहायक होते हैं तथा दूसरी ओर सामाजिक परिवर्तन भी सहायक होते हैं। कानून तथा नियमों द्वारा सामाजिक नियमों की रक्षा होती है तथा व्यक्ति इनका पालन करते हैं तथा जो उनका पालन नहीं करते हैं उनको दंडित किया जाता है। इससे सामाजिक व्यवस्था बनी रहती है। कानून तथा नियमों के द्वारा ही जमींदारी प्रथा का अंत, बाल-विवाह, सती-प्रथा, बहु-विवाह, छुआ-छूत को समाप्त करके सामाजिक जीवन में बहुत व्यापक परिवर्तन लाए गए हैं। इस प्रकार कानून भी समाज में परिवर्तन में सहायक होते हैं।

सामाजिक परिवर्तन के अभिकरण (Agencies of Social Change)

सामाजिक परिवर्तन

मनुष्य एक सामाजिक प्राणी है। मनुष्य और समाज का आपस में बहुत घनिष्ठ संबंध है। अतीत काल से ही यह ज्ञात होता है कि मनुष्य की आवश्यकता समाज के साथ जुड़ी हुई हैं और समाज की आवश्यकता मनुष्य के साथ जुड़ी है। एक अकेला मानव कभी समाज का निर्माण नहीं कर सकता और न ही कभी अपनी सभी आवश्यकताओं की पूर्ति स्वयं कर सकता है। मानव को अपनी जरूरतों और अपने विकास के लिए समाज का हिस्सा बनना ही पड़ता है। इसी प्रकार समाज भी स्वयं निर्मित नहीं हो सकता। समाज को बनने और आगे उन्नति के मार्ग पर अग्रसर होने हेतु सभी का सहयोग चाहिए होता है, चाहे वह किसी भी जाति, धर्म, लिंग व आयु का क्यों ना हो। सभी व्यक्ति एकजुट होकर आगे बढ़ते हैं और अपने व्यक्तिगत और सामाजिक लक्ष्यों को प्राप्त कर अपनी भावी पीढ़ी का दिशा निर्देशन करते हैं। परंतु कई बार ऐसी परिस्थितियाँ उत्पन्न होती हैं, जो एक समाज को आगे बढ़ने से रोकती हैं, चाहे वह कोई प्राकृतिक कारक, आर्थिक स्थिति को बनाए रखने हेतु रेपो रेट (Repo Rate), मुद्रा स्फीति और मुद्रा अवस्फीति आदि जिनमें परिवर्तन करना पड़ता है। उसी प्रकार समाज में सभी की भागीदारी, एकता, अखंडता बनाए रखने हेतु परिवर्तन करना होता है।

परिवर्तन तो एक सर्वव्यापी प्रक्रिया है। प्रत्येक वस्तुओं में समय, स्थान और परिस्थिति के अनुसार परिवर्तन होता है। इसी प्रकार से बदलती हुई आवश्यकता को देखते हुए परिवर्तन आना स्वाभाविक है, यह तो प्रकृति का नियम है। एक छोटा-सा बीज बड़े होकर पेड़ बनने तक कई स्थितियों को पार करता है। इसी प्रकार समाज एक बालक से लेकर वृद्ध तक को, निरक्षर से साक्षर, विभिन्न धर्मों और संस्कृतियों के अनुयायियों से लेकर व्यक्तिगत हितेषियों को स्वयं में समाए हुए हैं। इतनी अधिक विविधता को स्वयं

में समाने और फिर उसको बांधने के लिए समाज को समय-समय पर नया धरातल स्वीकारना पड़ता है।

सामाजिक परिवर्तन के अभिकरण (Agencies of Social Change)

समाज में परिवर्तन लाने वाले विभिन्न अभिकरण हैं जिनके द्वारा परिवर्तन की दिशा में आगे बढ़ा जा सकता है–

1. **सोशल मीडिया** (Social Media)-सोशल मीडिया समाज में परिवर्तन लाने का महत्वपूर्ण माध्यम हैं। वर्तमान समय में भारत में करीब 46 करोड़ लोग सोशल मीडिया (Social Media) से जुड़े हुए हैं। यह लोगों को एकत्रित कर सूचना को स्थानांतरित करने में महत्वपूर्ण भूमिका अदा करता है। लोगों की आवश्यकताओं को समझ कर समाज में परिवर्तन लाता है।

   मीडिया ने लोगों को जागरूक बनाया है वर्तमान समय में प्रत्येक मानव अपने अधिकार को जानता है। मीडिया भी लोगों को जागरूक समाज की रूढ़िवादी धारणाओं में परिवर्तन करने में मदद करता है।
2. **शिक्षा** (Education)-शिक्षा वह सबसे प्रमुख माध्यम है जो समाज के साथ प्रत्यक्ष रूप से जुड़ी होती है। प्राचीन समय में राज्य का प्रमुख उद्देश्य ऐसे नागरिक तैयार करना था जो हर समय राज्य की सुरक्षा के लिए तैयार रहे। तो उन्हें उसी प्रकार की शिक्षा दी जाती थी, जो युद्ध में सहायक हो। वर्तमान समय में राज्य का उद्देश्य एकता और अखंडता पूर्ण समाज को गठित करना है इसलिए शिक्षा के उद्देश्य भी इसी प्रकार के बनाए जाने चाहिए। विद्यालयों का पाठ्यक्रम विद्यार्थियों को प्रेम, सहिष्णुता व अहिंसा का ज्ञान प्रदान करे। इस प्रकार शिक्षा के द्वारा समाज में निश्चित रूप से परिवर्तन लाया जा सकता है। शिक्षा वर्तमान आवश्यकता को समझ कर उसे अमल करने में अत्यंत प्रभावकारी है।
3. **परिवार** (Family)-सामाजिक परिवर्तन में परिवार की प्रमुख भूमिका है। प्रत्येक परिवार के अपने कुछ संस्कार, मूल्य, नियम, कानून और मापदंड होते है जो उसे आगे बढ़ने में सहायता करते है। इस प्रकार विभिन्न परिवारों के द्वारा समाज का निर्माण होता है। यदि परिवार में बालकों को सामाजिक मूल्यों, रीति-रिवाजों के बारे में बताया जाए तो निश्चित रूप से एक स्वस्थ समाज का निर्माण होता है। यदि समाज में कोई व्यवस्था उचित नहीं है तो विभिन्न परिवारों के द्वारा अपने घरों से परिवर्तन ला कर समाज में परिवर्तन लाया जा सकता है।
4. **गैर सरकारी संस्थाएँ** (NGO'S)-वर्तमान समय में कई ऐसे NGO सक्रिय हैं जो सामाजिक जागरूकता और जन कल्याण के लिए कार्य करते हैं। इसमें कुछ सरकारी और कुछ गैर सरकारी संस्थाएँ शामिल हैं जो प्रत्येक नागरिक के भले के लिए काम करती हैं। यदि इन संस्थाओं को समाज में कोई नियम सामाजिक अहित में दिखता है तो यह विभिन्न अभियान चलाकर, कार्यक्रम आयोजित करवा कर समाज में परिवर्तन लाते हैं।
5. **दर्शन** (Philosophy)-यह कथन उचित है कि प्रत्येक व्यक्ति का अपना दर्शन होता है। मानव अपना संपूर्ण जीवन अपने दर्शन के अनुसार ही व्यतीत करता है।

जैसे-प्रकृतिवाद, आदर्शवाद, यथार्थवाद और अस्तित्ववाद आदि अनेक दर्शन की शाखाएँ है जो मानव जीवन को दिशा प्रदान करती हैं। यदि समाज में कोई नियम या मान्यता सामाजिक हित के विरुद्ध है, तो दर्शन सामाजिक परिवर्तन कर समाज को राह प्रदान करने में बहुत महत्वपूर्ण भूमिका अदा करता है। दर्शन समाज में नए मानदंड स्थापित कर उनको प्राप्त करने के लिए रास्तों को निर्देशित करता है।

6. **क्रांति** (Revolution)-समय-समय पर समाज में बदलाव लाने के लिए क्रांति भी बहुत अहम रही है, मानव ने क्रांतियों के माध्यम से सामाजिक बुराईयों ओर कुरीतियों चाहे वह सती प्रथा, बाल विवाह व दहेज प्रथा क्यों न हो। इन सभी बुराईयों को जड़ से समाप्त किया है। इसी प्रकार क्रांति के माध्यम से समाज में परिवर्तन किया जा सकता है। यह समाज में फैली विषमताओं को समाप्त कर मानवता लाने का अच्छा माध्यम है।

निष्कर्ष (Conclusion)

समाज अपने स्वरूप, आधार व परिस्थितियों के अनुसार स्वयं को परिवर्तित करता रहा है और इसका प्रमुख उद्देश्य समाज की प्रत्येक इकाई को लाभांवित करवाना है। यदि कई बार समाज की कुछ मान्यताओं और रूढ़िगत धारणाओं के कारण समाज के प्रत्येक तबके को लाभ नहीं मिल पाता है तो इसी प्रकार के सामाजिक माध्यमों के द्वारा समाज में परिवर्तन लाया जा सकता है ताकि समाज के अंदर एकता बनी रहे और समाज अपने उद्देश्यों को प्राप्त कर सर्वकल्याण की दिशा में आगे बढ़ सके।

सामाजिक परिवर्तन में शिक्षा के कार्य

(Function of Education in Social Change)

सामाजिक परिवर्तनों के क्षेत्र में शिक्षा के कार्य निम्नलिखित हैं–

1. **सामाजिक परिवर्तनों को अपनाने में लोगों को तैयार करना**-शिक्षा का एक महान कार्य है कि वह सामाजिक परिवर्तनों को अपनाने के लिए जनता को तैयार करे। जब शिक्षित लोग परिवर्तनों को अपनायेंगे तो समाज के अन्य लोग भी उन्हें आसानी से स्वीकार कर लेंगे।
2. **परिवर्तन के विरोध को दूर करना**-समाज के कुछ लोग, वर्ग या तत्व ऐसे भी होते हैं, जो सामाजिक परिवर्तन का विरोध करते हैं। कुछ लोग ऐसे परम्परावादी होते हैं, जिनका काम ही विरोध करना होता है। शिक्षा ऐसे विरोधी लोगों को परिवर्तन के महत्व को समझाती है। वह अन्धविश्वास समाप्त करके विरोधियों को भी सहयोगी व साथी बनाती है।
3. **सामाजिक परिवर्तन की समीक्षा करना**-परिवर्तनों के गुण-दोषों को देखने के बाद ही पता चलता है कि परिवर्तन उचित है या नहीं। यह विश्लेषण एवं समीक्षा शिक्षा ही कर सकती है।
4. **नये परिवर्तनों का मूल**-शिक्षा के कारण खोज एवं आविष्कारों को बल मिलता है। आविष्कार समाज में परिवर्तन लाते हैं। इन दोनों के बीच का सम्बन्ध क्रिया प्रतिक्रिया जैसा है। शिक्षा ही परिवर्तनों का मूल है। वही समाज में नये सुधारों के लिए रास्ता खोजती है।

5. **सामाजिक परिवर्तनों में नेतृत्व करना**-शिक्षित व्यक्तियों ने सदा से सामाजिक परिवर्तनों का नेतृत्व किया है जैसे-राजा राममोहन राय, महात्मा गांधी, स्वामी दयानन्द आदि। शिक्षा ही जनतांत्रिक व्यवस्था के लिए नेतृत्व पैदा करती है।
6. **ज्ञान के क्षेत्र में विस्तार करना**-शिक्षा का कार्य है ज्ञान प्रदान करना। ज्ञान से ही खोज एवं आविष्कार होते है। खोज एवं आविष्कार से ही समाज आगे बढ़ता है।
7. **सामाजिक अनुकूल में सहयोग**-दुर्खीम के मतानुसार ''शिक्षा बच्चों की भाषा, धर्म, नैतिकता तथा सामाजिक प्रथाओं के माध्यम से सामान्य सामाजिक परम्परा का प्रसारण कर सम्पूर्ण समाज में जीवन व्यतीत करने योग्य बनाती है।''

स्कूल का अर्थ (Meaning of School)

स्कूल शब्द की उत्पत्ति एक ग्रीक शब्द 'Schole' से हुई है। इस शब्द का अर्थ है-'अवकाश'। प्राचीन यूनान में अवकाश के स्थानों को ही स्कूल के नाम से पुकारा जाता था। अवकाश शब्द का स्पष्टीकरण करते हुए, ए.एफ. लीच ने लिखा है, ''वाद-विवाद या वार्ता के स्थान जहां एथेन्स के नौजवान अपने अवकाश के समय खेल-कूद, व्यायाम और युद्ध के प्रशिक्षण में व्यतीत करते थे। धीरे-धीरे ये स्थान दर्शन तथा उच्च कला के स्कूलों में बदल गए। एकेडमी के सुन्दर बागों में व्यतीत किए जाने वाले अवकाश के माध्यम से वर्तमान स्कूल का विकास हुआ।''

स्कूल एक सामाजिक संस्था है। समाज का विकास भारतीय शिक्षा आयोग (1964-66) में अनुभव किया, ''भारत के भाग्य का निर्माण इस समय उसकी कक्षाओं में हो रहा है। हमारा विश्वास है कि यह कोई चमत्कारी शक्ति अथवा आलंकरिक नहीं है। विज्ञान और आत्मज्ञान पर आधारित इस दुनिया में शिक्षा ही लोगों की खुशहाली, कल्याण तथा सुरक्षा के स्तर को निर्धारित करती है। हमारे स्कूलों और कॉलेजों में निकलने वाले विद्यार्थियों की योग्यता तथा संख्या पर ही राष्ट्रीय पुर्ननिर्माण के उस महत्त्वपूर्ण कार्य की सफलता निर्भर रहेगी। जिसका प्रमुख लक्ष्य हमारे रहन-सहन का स्तर ऊंचा उठाना है।

सामाजिक परिवर्तन की विशेषताएँ (Characteristics of Social Change)

शिक्षा, सामाजिक परिवर्तन का एक सशक्त कारण है। आज प्रत्येक शिक्षा शास्त्री तथा समाजशास्त्री इस तथ्य को निर्विवाद होकर स्वीकार करता है। शिक्षा के द्वारा तीव्र सामाजिक परिवर्तन संभव है। इसे यदि दूसरी तरह कहा जाए तब भी सत्य है कि समाज ने शिक्षा की व्यवस्था केवल इसलिए की ताकि इसके द्वारा सामाजिक परिवर्तन लाया जा सके। शिक्षा वास्तव में कई उपायों से परिवर्तन का मार्ग प्रशस्त करती है। इनमें से कुछ उपाय निम्नलिखित हैं-

1. शिक्षा समाज की संस्कृति का हस्तान्तरण, परिवर्तन तथा चयन करके सांस्कृतिक परिवर्तन लाती है। सांस्कृतिक परिवर्तन ही सामाजिक परिवर्तन है।
2. शिक्षा व्यक्तियों के दृष्टिकोणों को उदार तथा व्यापक बनाती है। अत: वे नवीनताओं को स्वीकार करने में संकोच नहीं करते हैं।
3. शिक्षा समाज की आर्थिक स्थिति को प्रभावित करती है। शिक्षा के कारण समाज की आर्थिक उन्नति होती है और यह आर्थिक प्रगति सामाजिक परिवर्तन लाती है।
4. शिक्षा समाज में व्याप्त बुराइयों तथा कुरीतियों से जनसाधारण को अवगत कराकर उनके विरुद्ध जनमत निर्माण करती है और इस प्रकार समाज की बुराइयां तथा कुरीतियां दूर हो जाती है।

5. शिक्षा समाज में हो रहे परिवर्तनों की समीक्षा, मूल्यांकन तथा समालोचन कर परिवर्तनों की गति को तीव्र करती है तथा उन्हें वांछित शिक्षा प्रदान करती है।
6. शिक्षा समाज के शाश्वत मूल्यों की रक्षा करती है तथा समाज को पतन की ओर जाने से रोकती है।
7. शिक्षा के द्वारा व्यक्तियों की संकीर्ण भावनाएं दूर होती हैं, वे परस्पर सहयोग की भावना से रहना सीखते हैं तथा व्यापक राष्ट्रीय व सामाजिक हितों को ध्यान में रखकर सोचते हैं।

सामाजिक जागरूकता और सामाजिक परिवर्तन
(Social Awareness and Social Change)

सामाजिक जागरूकता

समाज का अर्थ है विभिन्न प्रकार के लोगों की संगठित इकाई जो किसी न किसी प्रकार से एक-दूसरे पर आश्रित होते हैं। एक-दूसरे की आवश्यकताओं की पूर्ति करते हैं। समाज में रहने वाले लोगों का मुख्य लक्ष्य होता है कि वह पारस्परिक मध्यस्ता के माध्यम से अपने समाज को उन्नति की ओर लेकर जाए। इसके लिए समाज को समय की आवश्यकता और माँग के साथ अवगत रहना पड़ता है। इसी काम के लिए समाज को अपनी पुरानी मान्यताओं को त्याग नई मान्यताओं को अपनाना पड़ता है। समाज में रहने वाले लोगों की इच्छाओं के अनुसार स्वयं को क्रियाशील बनाना पड़ता है।

अपनी इच्छाओं, आवश्यकताओं, माँग के अनुसार सचेत रहकर परिवर्तन करना ही जागरूकता कहलाता है। यह कथन पूर्णतः उचित है कि जागरूकता और विकास एक-दूसरे के पूरक हैं। समाज को अपना विकास करने के लिए जागरूक रहना ही पड़ता है। अतः समाज में रहने वाले लोगों के निरंतर विकास के लिए जागरूक रहना ही सामाजिक जागरूकता कहलाता है।

सामाजिक परिवर्तन (Social Change)

प्रत्येक समाज की अपनी एक संरचना होती है, व्यवहार प्रतिमान होते हैं। समय और परिस्थितियों के अनुसार समाज के इन प्रतिमानों, संरचनाओं में कम या अधिक गति से परिवर्तन होता रहता है, इसी प्रक्रिया को समाजशास्त्रीय भाषा में सामाजिक परिवर्तन कहते हैं। यह दो शब्दों से मिलकर बना है-समाज और परिवर्तन। संबंधों के आधार पर व्यक्तियों के संगठित स्वरूप को समाज कहते हैं यह सामाजिक संबंधों का जाल है। परिवर्तन अर्थात् पहले की स्थिति में बदलाव। व्यक्तियों की भाषा, विचार, मूल्य, आवश्यकताओं, संस्कृति आदि में किसी न किसी रूप में बदलाव होता रहता है। अतः समाज के रीति-रिवाजों, मूल्यों, विश्वासों आदि में बदलाव को सामाजिक परिवर्तन कहा जाता है। सामाजिक परिवर्तन के संबंध में कुछ परिभाषाएँ इस प्रकार हैं–

डासन तथा गेटिस-"सांस्कृतिक परिवर्तन ही सामाजिक परिवर्तन है।" (Cultural change is social change).

मैकाइवर तथा पेज-"सामाजिक ढाँचे में होने वाला परिवर्तन ही सामाजिक परिवर्तन है।" (Change in social structure is social change)

सामाजिक जागरूकता एवं सामाजिक परिवर्तन

सामाजिक जागरूकता एवं सामाजिक परिवर्तन एक-दूसरे पर निर्भर हैं। समाज में जागरूकता बढ़ने से सामाजिक परिवर्तन में गति आती है। अतः सामाजिक जागरूकता से आने वाले कुछ सामाजिक परिवर्तनों को निम्न बिन्दुओं के आधार पर समझा जा सकता है-

1. **समाज में बदलाव**-समाज में बदलाव लाने के लिए सामाजिक जागरूकता आवश्यक है क्योंकि जो समाज अपने कर्त्तव्यों और नियमों के प्रति जागरूकता और समय की मांग को समझता है केवल वही अपने भीतर परिवर्तन ला सकता है। यदि इतिहास में देखें तो महात्मा गाँधी, रवींद्रनाथ टैगोर व स्वामी विवेकानंद यह सभी समय की मांग से परिचित थे। इस सामाजिक जागरूकता के कारण ही वह समाज में बदलाव ला पाए।
2. **सामाजिक उन्नति के लिए**-समाज को नई ऊँचाई पर ले जाने के लिए और सामाजिक उन्नति के लिए सामाजिक जागरूकता का होना आवश्यक है। भारत एक बहुत बड़ा देश है। इनमें अनेकों समाज और सांस्कृतियाँ सम्मिलित हैं। अतः यहाँ का सामाजिक तथा सांस्कृतिक ढाँचा बहुत जटिल बन गया है। उसमें उन्नति के लिए जागरूकता का होना आवश्यक है।
3. **राष्ट्रीय विकास के लिए**-प्रत्येक राष्ट्र का दायित्व है कि वह सुदृढ़ तथा उन्नत समाज की स्थापना करें। इसलिए भारत की शिक्षा का मुख्य उद्देश्य सामाजिक जागरूकता और सामाजिक कल्याण का होना चाहिए। भारतीय शिक्षा आयोग (1964-66) ने शिक्षा को भारतीय समाज के जीवन, आवश्यकताओं तथा आंकाक्षाओं के अनुकूल बनाने के लिए राष्ट्रीय शिक्षा नीति का सुझाव दिया था।
4. **आध्यात्मिक मूल्यों का विकास**-समाज में अनुशासनहीनता व उच्छृंखलता का दौर चल रहा है। उसका कारण है आध्यात्मिक व नैतिक मूल्यों में हो रही कमी। आध्यात्मिक व नैतिक मूल्यों के द्वारा व्यक्ति को अच्छा नागरिक बनाया जा सकता है। अच्छा नागरिक ही उन्नत समाज का निर्माण करता है और इन मूल्यों के विकास के लिए जागरूकता आवश्यक है।
5. **सार्वजनिक कल्याण के लिए**-शिक्षा सामाजिक जागरूकता लाने और सार्वजनिक कल्याण करने का उत्तम माध्यम है। भारत की वर्तमान परिस्थितियों में सामाजिक विकास के इस उद्देश्य की पूर्ति के लिए, सर्वप्रथम हमें विद्यालयों में सामाजिक मूल्यों के विकास का प्रबंध करना चाहिए। इसकी कमी के कारण ही बाधाएँ उत्पन्न हो रही है। अतः हमारी शिक्षा का उद्देश्य सामाजिक कल्याण होना चाहिए। जिससे समाज में अंध-विश्वास तथा कुरीतियों की समाप्ति की जा सके।
6. **सामाजिक समायोजन के लिए**-सामाजिक जागरूकता के द्वारा सामाजिक समायोजन को बढावा मिलता है। समायोजित व्यक्ति ही राष्ट्र और समाज के कल्याण में सहायक हो सकता है तथा समायोजित व्यक्ति का निर्माण मात्र शिक्षा द्वारा ही संभव हैं। यहाँ तक की शिक्षा ही समायोजन है।

शिक्षा के द्वारा सामाजिक जागरूकता

शिक्षा एक सशक्त माध्यम है जिससे सामाजिक जागरूकता को लाया जा सकता है। शिक्षा के तीनों स्वरूप यथा औपचारिक, अनौपचारिक एवं निरौपचारिक के अन्तर्गत विभिन्न

क्रियाकलापों से सामाजिक जागरूकता को बढ़ाया जाता है। संक्षेप में कुछ महत्त्वपूर्ण बिन्दु इस प्रकार हैं-

1. **शिक्षा के उद्देश्य**-सामाजिक जागरूकता के लिए शिक्षा के उद्देश्य का महत्वपूर्ण स्थान है। शिक्षा के जिस प्रकार के उद्देश्य होते हैं, उसी प्रकार का परिणाम प्राप्त होता है। इसी प्रकार समाज में जागरूकता लाने के लिए शिक्षा के उद्देश्य भी इस प्रकार के हों जो समाज को उसके मूल्यों व कर्त्तव्यों से परिचित करवाए।
2. **पाठ्यक्रम**-पाठ्यक्रम द्वारा शैक्षिक उद्देश्यों को व्यावहारिक रूप दिया जाता है। इस प्रकार पाठ्यक्रम भी सामाजिक परिवर्तन के अनुरूप ही परिवर्तित होना चाहिए। इस प्रकार का पाठ्यक्रम विस्तृत, बाल-केंद्रित, समुदाय केंद्रित, सह-संबंधित तथा लचीला होना चाहिए। विभिन्न विषय तथा भिन्न-भिन्न कार्यक्रम सम्मिलित किये जाने चाहिए।
3. **शिक्षण विधियाँ**-शिक्षक सामाजिक जागरूकता की प्रक्रिया में महत्वपूर्ण योगदान होता है। उसे विद्यार्थियों में उचित दृष्टिकोण तथा मूल्य विकसित करने चाहिए। एक अच्छा अध्यापक अपने शिक्षण में अच्छी विधियों के समावेशन द्वारा विद्यार्थियों के व्यवहार में अपेक्षित व्यवहारगत परिवर्तत कर पाता है।
4. **अनुशासन**-विद्यालयों में अनुशासन के मानदंडों को सीखना एक विद्यार्थी का परमदायित्व होता है। एक अध्यापक को अपनी कक्षा में प्रजातांत्रिक अनुशासन का निर्माण करना चाहिए और विद्यार्थियों का मार्गदर्शन करना चाहिए क्योंकि यह विद्यार्थी वर्ग ही भविष्य में समाज की एक उपयोगी इकाई बनकर सामाजिक जागरूकता लाने में पहल करेगा।
5. **कुशल नेतृत्व**-विद्यार्थियों को विद्यायल में नेतृत्वकारी गुणों को शिक्षा दी जानी चाहिए जिससे प्रत्येक छात्र के अंदर कुशल नेतृत्व का गुण विकसित हो और विद्यार्थी न केवल अपना वरन् समाज का भी नेतृत्व कर सके और समाज की बदलती हुई माँग और आवश्यकताओं के अनुरूप समाज में परिवर्तन लेकर आये।
6. **आदर्श का अनुसरण**-विद्यालयों में छात्रों को महान व्यक्तियों जैसे-महात्मा गाँधी, स्वामी विवेकांनद और मदर टैरेसा आदि सामाजिक कार्यकर्त्ताओं के बारे में पढ़ना चाहिए। छात्रों को इनसे प्रेरित होने के लिए प्रेरणा लेनी चाहिए ताकि वर्तमान समाज का छात्र भविष्य में एक उपयोगी सामाजिक नागरिक बनकर उभरे और समाज में जागरूकता का संचार करें।

अतः सामाजिक जागरूकता और सामाजिक परिवर्तन साथ-साथ चलने वाली निरंतर प्रक्रिया है। समय के अनुसार सामाज की आवश्यकताएँ, माँग, आकांक्षाएँ, मूल्यों, आदर्शों में परिवर्तन होता रहता है। इन परिर्वतनों के अनुरूप समाज में जागरूकता का होना आवश्यक है। विभिन्न माध्यमों जैसे, शिक्षा, संचार, जनचेतना, जन चर्चा आदि से समाज में जागरूकता आती है जो आवश्यकतानुसार समाज में होने वाले परिवर्तनों को स्वीकारते भी हैं और इन परिवर्तनों में भागीदारी भी करते हैं। शिक्षा और समाज का ढाँचा भी परिवर्तित होता रहता है। कुशल नेतृत्व, अनुशासन एवं आदर्श आचरणों का अनुसरण करके समाज में परिवर्तन सामाजिक एवं राष्ट्रीय उन्नति में सहायक सिद्ध होता है।

सामाजिक परिवर्तन में बाधक तत्त्व (Factor Resisting Social Change)

प्रत्येक समाज में परिवर्तन तो होता ही रहता है, परंतु समय और परिस्थितियों के अनुसार कुछ समाजों में तेज गति, तो कुछ में मंद गति से होता रहता है। सामाजिक परिवर्तन में जागरूकता की महत्त्वपूर्ण भूमिका होती है। समाज में जागरूकता की कमी से शिक्षा, रूढ़िवादिता, जातिप्रथा, प्रान्तीयता, गरीबी, भाषाई संकीर्णता, संकीर्ण दृष्टिकोण, धार्मिक कट्टरता, जनसंख्या, संस्कृति एवं व्यक्तिगत स्वार्थ आदि तत्व सामाजिक परिवर्तन में बाधक होते हैं।

कुछ बाधक तत्व इस प्रकार है-

1. **व्यक्तिगत स्वार्थ** (Personal Interest)-उचित जागरूकता के अभाव एवं लोगों का व्यक्तिगत स्वार्थ सामाजिक परिवर्तन में बाधा उत्पन्न करता है। किसी नये परिवर्तन के कारण यदि व्यक्ति को अपने अधिकार या प्रतिष्ठा में कमी का अहसास होता है, तो वह परिवर्तन को स्वीकार नहीं करता और परम्पराओं से चिपके रहने की प्रेरणा देता है तथा व्यक्तिगत स्वार्थ के कारण परिवर्तन का विरोध करता है।
2. **सांस्कृतिक जड़ता** (Cultural Intertie)-प्रगतिशील राज्यों की शिक्षा भी प्रगतिशील होती है, फिर भी विभिन्न समाजों में कुछ एक व्यक्ति ऐसे पाये जाते हैं जो यह मानते हैं कि जो विचार, मूल्य, विश्वास हमारे पूर्वजों के हैं वे ही ठीक है, हमें बिना जाँचे उन्हें ही स्वीकार करना चाहिए। अत: सांस्कृतिक जड़ता से तात्पर्य पूर्वजों से प्राप्त मूल्यों, विश्वासों एवं परंपराओं को बिना समझे मानने से है जिसके कारण कुछ लोग दास बन जाते हैं और किसी भी परिस्थिति में उनको छोड़ना नहीं चाहते हैं। इस प्रकार सांस्कृतिक जड़ता भी सामाजिक परिवर्तन में बाधक होती है।
3. **उचित शिक्षा का अभाव** (Lack of Proper Education)-शिक्षा के दो भाग होते हैं यथा कौशल और दृष्टिकोण। यहाँ उचित शिक्षा का मतलब संकीर्णता से निकलकर व्यापक दृष्टिकोण बनाने से है। एक व्यापक दृष्टिकोण वाला व्यक्ति विवेक पूर्वक निर्णय लेकर समाज में होने वाले परिवर्तनों को स्वीकार कर एवं समझकर उनके साथ चलता है। दृष्टिकोण विकास की उचित शिक्षा के अभाव में भी सामाजिक परिवर्तन बाधित होता है।
4. **नवीनता का भय** (Fear of New Things)-प्रत्येक समाज में ऐसे व्यक्ति भी होते हैं जो समाज की वर्तमान स्थिति में ही संतुष्ट होते हैं। अपनी सुरक्षा उसी परिस्थिति में मानते हैं और बिना समझे वो किसी भी प्रकार के परिवर्तन को स्वीकारने से डरते हैं और सोचते हैं कि कही यह नवीन परिवर्तन उनका कोई अहित न कर दे। अत: इस प्रकार के व्यक्ति समाज में परिवर्तन नहीं चाहते और बाधक बने रहते हैं।

सामाजिक जागरूकता और सामाजिक परिवर्तन में शिक्षक की भूमिका (Role of Teacher in Social Awareness and Social Change)

समाज में जागरूकता एवं सामाजिक परिवर्तन के संदर्भ में शिक्षक की भूमिका महत्त्वपूर्ण है। जीवन के प्रारंभिक वर्षों में सभी बच्चे किसी न किसी विद्यालय में शिक्षक के समक्ष होता है। अत: एक अध्यापक बच्चों को एवं समाज के अन्य व्यक्तियों को परिवर्तन के

लिए मानसिक रूप से तैयार कर सकता है। समाज में होने वाले परिवर्तनों को जल्दी स्वीकार करने के साथ समाज को विकास के पथ पर ले जा सकता है। इस दृष्टि से शिक्षक के कार्य निम्नलिखित हैं–

1. सामाजिक परिवर्तन को प्रोत्साहित करने के लिए शिक्षक को विषय की सीमा से बाहर तर्क द्वारा निष्कर्ष निकलवाना चाहिए।
2. शिक्षक को तर्कपूर्ण/वैज्ञानिक शिक्षण विधियाँ प्रयोग करनी चाहिए।
3. शिक्षक को विद्यार्थियों के समक्ष स्वयं को आदर्श रूप में प्रस्तुत करना चाहिए, जिससे विद्यार्थी उनका अनुकरण करके अपने विचारों को प्रगतिशील बना सकें।
4. शिक्षक को कक्षा एवं विद्यालय का ऐसा वातावरण बनाना चाहिए जिसमें विद्यार्थी नई प्रवृत्तियों, आकांक्षाओं को स्वीकारने के लिए स्वयं ही प्रेरित हो।
5. शिक्षक को विद्यार्थी-केंद्रित तथा समुदाय-केंद्रित शिक्षा प्रदान करनी चाहिए।
6. शिक्षक सामाजिक परिवर्तन में आने वाली बाधाओं से स्वयं जागरूक हो, जिससे वह स्वयं उन बाधाओं को दूर कर सके।
7. शिक्षक विद्यालयी क्रियाक्लापों में जनसहभागिता के द्वारा भी सामाजिक परिवर्तन में सहभागिता करा सकता है।
8. शिक्षक में राष्ट्रीय एवं अंतर्राष्ट्रीय स्तर की समझ होनी चाहिए। जिससे शिक्षक अपने विद्यार्थियों में भावनात्मक एकता, राष्ट्रीय एकता तथा अंतर्राष्ट्रीय सद्भावना का विकास कर सके।
9. शिक्षक को नवीन शोधों, अनुसंधान एवं संचार के विभिन्न माध्यमों द्वारा अपने ज्ञान का नवीनीकरण करते रहना चाहिए।
10. शिक्षक को लोगों के मन से सांस्कृतिक जड़ता की भावना को दूर करने एवं नवीन परिवर्तन के लिए जागरूक करना चाहिए।

आज विज्ञान एवं तकनीकि युग में सामाजिक परिवर्तन बहुत ही तीव्र गति से हो रहे हैं। अतः ऐसे में लोगों का जागरूक होना नितांत आवश्यक है। अगर लोग जागरूक नहीं होगें तो परिवर्तन को स्वीकारने के स्थान पर वो बाधक बनेगे। अतः एक शिक्षक जो समाज को दिशा एवं नेतृत्व देता है। वह लोगो में जागरूकता लाये एवं सामाजिक परिवर्तन को गति प्रदान कर समाज को विकसित करें।

सामाजिक परिवर्तन हेतु शिक्षा (Education for Social Changes)

यदि समाज शिक्षा के माध्यम से सामाजिक परिवर्तन लाना चाहता है, तो उस समाज को यह सदैव ध्यान रखना होगा कि हर प्रकार की शिक्षा सामाजिक परिवर्तन नहीं ला सकती है। उस समाज को अपनी शिक्षा-प्रणाली की भी पुनर्रचना करनी होगी और शिक्षा को वह रूप प्रदान करना होगा जिससे वह सामाजिक परिवर्तन लाने में अधिक सक्षम हो सके। इस कार्य के लिए ऐसी शिक्षा-व्यवस्था की आवश्यकता है। जो सामान्य रूप से निम्न कार्य कर सके–

1. **शाश्वत मूल्यों की स्थायी करने वाली**–प्रत्येक समाज यह चाहता है कि समाज में जो भी परिवर्तन आए, उनके परिणामस्वरूप समाज उन्नति की ओर अग्रसर हो।

आवश्यकताओं, आदर्शों, मूल्यों आदि में जो परिवर्तन होते हैं। उन्हीं के अनुसार सामाजिक व्यवस्था शिक्षा के स्वरूप को तय करती है। अतः अग्रलिखित तथ्यों के आधार पर कहा जा सकता है कि शिक्षा, सामाजिक परिवर्तन के उत्पाद के रूप में उपलब्ध है–

1. **सामाजिक शक्तियों के कारण शैक्षिक परिवर्तन**–समाज को गतिशील बनाये रखने के लिए प्रत्येक समाज में कुछ शक्तियाँ होती है। जैसे समाज में राजनीतिक, आर्थिक एवं सामाजिक समूह, समाज की आवश्यकताएँ, समाज की आकांक्षाएँ, समाज के मूल्य तथा समाज के विभिन्न आचरण प्रतिमान आदि। जब भी कभी इन शक्तियों में परिवर्तन होने लगता है तो उसी के अनुरूप शिक्षा के स्वरूप, उद्देश्यों, पाठ्यक्रमों आदि में भी परिवर्तन होता है।
2. **सामाजिक आवश्यकताओं के कारण शैक्षिक परिवर्तन**–काल और परिस्थिति के अनुसार प्रत्येक समाज की अपनी आवश्यकताएँ होती है, उन आवश्यकताओं की पूर्ति हेतु ही शिक्षा की व्यवस्था की जाती है। जैसे-जैसे समाज की आवश्यकताओं में बदलाव आता है उसी के अनुरूप शिक्षा में परिवर्तन आता है। स्वतंत्र भारत में हमने प्रजातांत्रिक, समाजवादी, धर्मनिरपेक्ष गणराज्य की स्थापना की है तो इसी के अनुरूप शैक्षिक उद्देश्यों को पूरा करने के लिए प्रौढ़ शिक्षा, दिव्यांगों के लिए शिक्षा, निःशुल्क एवं अनिवार्य प्राथमिक शिक्षा, अल्पसंख्यकों, वंचित वर्गों के बालक/बालिकाओं के लिए शिक्षा के विशेष प्रबंध किये गये है।
3. **सांस्कृतिक परिवर्तनों के कारण शैक्षिक परिवर्तन**–सभी समाजों में सांस्कृतिक परिवर्तन भी होता रहता है। जिस कारण शिक्षा में भी परिवर्तन होते रहते हें। संस्कृति दो स्वरूपों, भौतिक एवं अभौतिक में पायी जाती है। पहले भौतिक संस्कृति में परिवर्तन होता है और फिर अभौतिक संस्कृति में। विज्ञान एवं तकनीकी युग में भौतिक संस्कृति में तीव्र परिर्वतन होते हैं। जिनके साथ समायोजन करने के लिए शिक्षा में परिवर्तन होते रहते हैं।

अतः उपरोक्त विवेचना के आधार पर यह स्पष्ट है कि शिक्षा और सामाजिक परिवर्तन साथ-साथ चलने वाली प्रक्रिया है। जहाँ एक ओर शिक्षा से सामाजिक परिवर्तन होता है वहीं दूसरी ओर शिक्षा की अपनी कुछ सीमाएं हैं। परिवर्तन के अन्य अनेकों कारण हैं जैसे-समाज की आवश्यकताओं, मूल्यों, आकांक्षाओं, विभिन्न प्रकार के समूहों की गतिशीलता आदि-आदि। दूसरी और सामाजिक परिवर्तन के उपरांत, शिक्षा का स्वरूप, शिक्षा के उद्देश्य, शिक्षा के पाठ्यक्रम, शिक्षक प्रक्रिया एवं मूल्यांकन में भी परिवर्तन होता है। जो समाज की आवश्यकताओं को पूरा कर सके। भारत जैसे लोकतांत्रिक देशों में समावेशी अवसर एवं प्राकृतिक संसाधनों के साथ-साथ रोजगार के अवसर उपलब्ध कराना शिक्षा की एक बड़ी चुनौती है। नागरिकों की उचित मानसिकता का विकास करना जिससे सभी नागरिक सामाजिक परिवर्तनों को सहज रूप से स्वीकार सकें और विश्व परिवार की संकल्पना को साकार कर सके।

शिक्षा का सामाजिक परिवर्तन में महत्व

(Importance of Education in Social Changes)

शिक्षा की सामाजिक परिवर्तन में विशेष भूमिका है। इस संदर्भ में कुछ विचार नीचे दिए गए हैं–

1. गांधी जी शिक्षा के माध्यम से समाज में शान्तिपूर्ण क्रान्ति लाना चाहते थे। उनके अपने शब्दों में "बेसिक स्कूल समाज में सामाजिक क्रांति का सूत्रधार बने।"
2. जॉन डीवी के अनुसार-"शिक्षा सामाजिक प्रगति एवं सुधार की बुनियादी विधि है।"
3. डॉ. राधाकृष्णन के शब्दों में-"शिक्षा परिवर्तन का एक साधन है जो कार्य समाज में परिवार, धार्मिक, सामाजिक एवं राजनैतिक संस्थाओं द्वारा होता था वह आज शिक्षा संस्थाओं द्वारा किया जाता है।
4. इलवुड का कहना है-"शिक्षा ही मुख्य साधन है जिसकी ओर समाज सब प्रकार की प्रगति के लिए अभिमुख हो।"
5. शिक्षा आयोग के अनुसार-"यदि हिंसक क्रांति के बिना इस परिवर्तन को व्यापक स्तर पर प्राप्त करना है तो इसका केवल एक ही साधन है और वह है-'शिक्षा'।"
6. रस्किन के अनुसार-"शिक्षा लोगों को शिष्ट बनाने की प्रक्रिया है।"
7. शिक्षा नीति 1986 के अनुसार शिक्षा के कार्य पर इस प्रकार प्रकाश डाला गया है। "शिक्षा वर्तमान तथा भविष्य के निर्माण का अनुपम साधन है।" शिक्षा द्वारा ही लोगों को सुसंस्कृत बनाने का माध्यम माना गया है। संगठित श्रमिक संघी के विकास से मिल मालिकों और मजदूरों के सम्बन्धों में परिवर्तन आया है। शिक्षा के नगरीकरण एवं जनतांत्रिक व्यवहार की प्रौढ़ता के कारण भारत की कठोर जाति-प्रथा बहुत कुछ शिथिल हो गयी है।

शिक्षा सामाजिक परिवर्तन का साधन है

सामाजिक विकास के लिए यह जरूरी है कि समाज अपनी पुरानी सोच को छोड़कर नवीन विचारों को अपनाए। कार्य करने की नवीन तकनीक का प्रयोंग करे। ऐसा करने के लिए व्यक्तियों की सोच एवं दृष्टिकोण को बदलने का कार्य शिक्षा ही करती है। यही समाज को आधुनिकीकरण की ओर अग्रसर करती है।

सामाजिक समस्याओं में सामाधान में मदद करती है-पर्यावरण प्रदूषण, बढ़ती जनसंख्या तथा साम्प्रदायिकता जैसी समस्याएं राष्ट्रीय विकास में बाधक है। इनके समाधान के लिए लोगों में इनके प्रति जागरूकता पैदा करना जरूरी है। यह कार्य भी शिक्षा ही करती है। इससे देश का प्रत्येक नागरिक इन समस्याओं के बुरे परिणामों के प्रति सचेत हो जाता है तथा उनके समाधान के लिए अपना हर संभव योगदान देने के लिए तत्पर हो जाता है।

निष्कर्ष

निष्कर्ष रूप में यह कहा जा सकता है कि शिक्षा व समाज एक दूसरे पर आश्रित है। दोनों एक दूसरे को प्रभावित करते हैं। इन दोनों के इस परस्पर सम्बन्ध के कारण ही कोई भी समाज अपने सामाजिक, आर्थिक, सांस्कृतिक तथा राजनैतिक लक्ष्यों को प्राप्त कर विकास की ओर अग्रसर हो सकता है।

इकाई-V

मानवाधिकार और बाल अधिकार
(Human Rights and Child Rights)

प्रस्तुत इकाई **मानव अधिकार और बाल अधिकार**, एक सभ्य समाज और राष्ट्र के लिए महत्वपूर्ण है। जिसमें शिक्षा की भूमिका ओर महत्वपूर्ण हो जाती है क्योंकि किसी राष्ट्र, समाज और मानव के विकास का एकमात्र साधन शिक्षा ही है जो एक सभ्य समाज का निर्माण करती है। एक सर्वोदय समाज का निर्माण तभी हो सकता है जब उस समाज का प्रत्येक व्यक्ति समाज के रीति-रिवाजों, संस्कृति और सभी तौर तरीकों से अवगत होगा। समाज में उन्हें कौन-कौन से अधिकार हैं। जैसे-बच्चों के अधिकार, मानवाधिकार, संरक्षण के लिए बाल अधिकार, राष्ट्रीय आयोग, इत्यादि से उन्हें अवगत होना चाहिये जिससे कि उनकी भूमिका समाज में एक अच्छे नागरिक की तरह हो सके। अपने अधिकारों के साथ-साथ अपने कर्त्तव्यों का पालन भी सही रूप में कर सकें। जिससे एक सभ्य समाज का निर्माण करने में सहायक सिद्ध हो सकें। अब बात करें कि शिक्षण-अधिगम प्रक्रिया में इसकी क्या भूमिका है? क्यों एक भावी अध्यापक को इससे अवगत होना चाहिये? तो हाँ जब तक हम समाज के निर्माण व शिक्षा की बात करते हैं, तो शिक्षण-अधिगम प्रक्रिया इन दोनों के बीच की कड़ी है।

शिक्षण-अधिगम प्रक्रिया के द्वारा ही इन अधिकारों से अवगत किया जाता है। इसलिए कक्षा कक्ष में जाने से पहलें एक अध्यापक को बच्चों के अधिकारों से अवगत होना चाहिए जब शिक्षक बच्चों को कक्षा में अपने विषय के साथ किसी ना किसी रूप में जोड़कर प्रस्तुत करता है, तो अवश्य ही कक्षा में उपस्थित सभी बच्चे मानव अधिकारों से अवगत होंगें और समाज में अपनी प्रभावशील भूमिका को निभाने में सक्षम हो सकेंगे। इस तरह प्रस्तुत इकाई की प्रासंगिकता पठन-पाठन में महत्वपूर्ण साबित हो जाती है।

27

मानव अधिकार
(Human Rights)

प्रस्तावना (Introduction)

मानव अधिकारों के संबंध में आज प्रतिदिन कुछ न कुछ सुनने को मिल जाता है। वर्तमान में व्यक्ति द्वारा अखबारों, टेलीविजन, रेडियो तथा समाचार के साधनों के द्वारा मानव अधिकारों के संबंध में जानकारी प्राप्त को जाती है। आज सरकारों का ध्यान मानव अधिकारों की ओर अत्यधिक देखा जा रहा है। सरकारों द्वारा इसे अपना एक दायित्व माना जाता है जिसकी पूर्ति हेतु वह सतत रूप से क्रियाशील हैं। वर्तमान में मानव अधिकारों की सुरक्षा के लिए देश द्वारा बहुत सुविधाएं प्रदान की जा रही हैं। जिसके परिणामस्वरूप पूर्व की तुलना में मानव अधिकारों की सुरक्षा प्रभावी रूप से की जा सकी है। मानव अधिकारों का अर्थ किसी देश के द्वारा दिए जाने वाले अपने नागरिकों को कुछ विशेष प्रकार के अधिकार होते हैं। जिसके आधार पर मानव का अधिकतम विकास करने की ओर बल दिया जाता है। यह देखा जाता है कि व्यक्ति को अपना विकास करने के लिए अधिकार चाहिए। जिस प्रकार यदि बालक को अपने परिवार में अधिकार प्रदान न किए जाए तो निश्चय ही उसके द्वारा अपने परिवार में रहकर भी अपना विकास नहीं किया जाएगा। उसी प्रकार यदि देश में नागरिकों को अधिकार प्रदान न किए जाए तो निश्चय ही देश में रहकर भी व्यक्ति द्वारा भली-भांति अपना विकास नहीं किया जा सकेगा। इसलिए आज अधिकारों की ओर बहुत अधिक बल दिया जा रहा हैं। मनुष्य संसार में बुद्धिशील माना जाता है। वह परिस्थितियों के अनुरूप ढलने में समर्थ है। जिस समय वह अपने समक्ष परिस्थिति अनुकूल पाता है। उस समय भी वह उन परिस्थितियों में अधिक सुगम परिस्थितियों का निर्माण करना चाहता है। यदि उसे समान रूप से नौकरी करने का अधिकार प्रदान किया गया है तो केवल वह इस अधिकार से ही अपनी संतुष्टि करने में असमर्थ है। वह चाहेगा कि अब उसे उसके कार्यों के आधार पर वेतन प्राप्त हो। इस प्रकार अधिकारों की चाहत व्यक्ति के मन में हमेशा ही रही है। इसका उदाहरण एक परिवार के रूप में दिया जा सकता है। जब बालक छोटा होता है तो उस समय उसे परिवार में केवल खेलने-कूदने का अधिकार प्रदान किया जाता है। जिससे उसका शारीरिक विकास ही हो पाता है। इसके अतिरिक्त यह देखा जाता है कि जब बालक कुछ और बड़ा हो जाता है तो उस समय उसे पढ़ने का अधिकार प्रदान किया जाता है। एक समय ऐसा आता है कि वह अपने अलग परिवार का निर्माण करना चाहता है। वह इस

अधिकार को भी प्राप्त करना चाहता है। यदि देखा जाए तो अधिकारों की चाह व्यक्ति में निरंतर बढ़ती ही रहती है। जब तक वह जीवित रहता है। तब तक उसे अधिकारों की चाह है। उसे विभिन्न प्रकार के अधिकार प्रदान करने की पूर्णता प्रदान की जाती है।

मानव अधिकार शब्द से ही इसका अर्थ प्रतिबिंबित होता है अर्थात् यह अधिकार प्रत्येक मानव को मानव होने के कारण प्राप्त है। इन अधिकारों को प्राप्त करने तथा इनका उपयोग करने हेतु और किसी विशेषता अथवा योग्यता की जरूरत नहीं है। यह अधिकार सभी व्यक्तियों को प्राप्त होता है, क्योंकि कोई भी मानव, मानव होने का परित्याग नहीं कर सकता। अत: वह इन सभी अधिकारों का भी परित्याग नहीं कर सकता। आधारभूत रूप से मानव अधिकार उन सब परिस्थितियों की उपलब्धि हैं जिससे मानव अपनी उन सब अंतर्निहित योग्यताओं को विकसित कर सकता है, जो उसे प्रकृति ने प्रदान की हैं और सबसे बड़ा व प्रमुख तथ्य यह है कि ये परिस्थितियाँ मानव की सम्मानपूर्ण स्थिति को बनाए रखने में सहायक होती हैं। इसमें जन्म, प्रजाति, धर्म, रंग, लिंग, अथवा इसी प्रकार अन्य किसी तत्व का कोई महत्व नहीं होता। इस रूप में देखा जाए तो मानव अधिकारों का उद्देश्य मानव सभ्यता के प्रारंभ में ही ढूंढा जा सकता है। जब मानव ने समूह में रहना प्रारंभ किया था। तब से परस्पर एक दूसरे के साथ उनकी अंतत: क्रियाएं बढ़ने लगी थी। भारत में भी लोकतांत्रिक राज्य की स्थापना की गई है। जहां पर नागरिकों को विभिन्न प्रकार के अधिकार प्रदान किए गए हैं। जिससे उनके द्वारा भली-भांति अपना जीवन व्यतीत किया जा रहा है तथा अपने मार्ग में आने वाली विभिन्न समस्या को आसानी से दूर किया जा रहा है। यह देखा जाता है कि एक लोकतांत्रिक व्यवस्था में ही नागरिकों के द्वारा अपना सर्वांगीण विकास भली-भांति किया जा सकता है। इसी अवस्था में उन्हें सफलतापूर्वक विभिन्न क्रियाएं करने की छूट प्रदान की जाती है।

अधिकार (Right)

अधिकार शब्द को परिभाषित करते हुए हैरोल्ड लास्की ने कहा है, "अधिकार मानव की ऐसी परिस्थितियां हैं जिसके बिना सामान्यता कोई व्यक्ति अपने व्यक्तित्व का पूर्ण विकास नहीं कर सकता। वर्तमान स्थिति में मानवाधिकारों को यह कहना तर्क संगत होगा कि ऐसे अधिकार जिसके बिना एक मानव अपने व्यक्तित्व के पूर्ण विकास के बारे में सोच भी नहीं सकता जो कि मानव में मानव होने के नाते आवश्यक रूप से मिलने चाहिए।

मानवाधिकार का अर्थ एवं परिभाषा
(Meaning and Definitions of Human Rights)

मानव एक कल्पनाशील एवं समझकर विवेकपूर्ण व्यवहार करने वाली इकाई है। इसको कुछ ऐसे मूलभूत तथा अहरणीय अधिकार प्राप्त हैं जो मानव को जन्म से ही मानवोचित गुण होने के कारण प्राप्त है। ये अधिकार मानव की गरिमा बनाये रखने के लिए अति आवश्यक हैं। मानवाधिकारों का अर्थ ऐसे अधिकारों से भी है जो उसे जन्मजात प्राप्त होते हैं। ये सभी मानव के प्रदत अधिकार हैं जिनमें किसी प्रकार का कोई भेद-भाव नहीं होता है तथा प्रकृति में समानता के सिद्धांत पर आधारित हैं। इस प्रकार मानव अधिकार सभी के लिए समान होते हैं। चाहे वो किसी भी धर्म, जाति, लिंग, वंश या राष्ट्रीयता से संबंध रखते हो। ये अधिकार सभी व्यक्तियों के लिए आवश्यक हैं क्योंकि मानवाधिकार, मानव की गरिमा एवं स्वतंत्रता के साथ-साथ उसके नैतिक, सामाजिक, शारीरिक और भौतिक

कल्याण में भी सहायक होते है। मानव अधिकार इसलिए भी जरूरी हैं क्योंकि ये मानव के भौतिक तथा अभौतिक विकास के लिए सही स्थिति प्रदान करते हैं। इन अधिकारों के बिना सामान्यत: कोई भी मानव अपना पूर्ण विकास करने में सक्षम नहीं हो सकता हैं। अत: मानव जाति के लिए मानवाधिकार का होना अति आवश्यक है।

मानव अधिकार आवश्यक रूप से मानवीय आश्यकताओं पर आधारित हैं। इन आवश्यकताओं में कुछ जड़ (शरीर) तथा कुछ चैतन्य (मन) की हैं, दोनों ही प्रकार की आवश्यकताएं पूरी होना हर मानव के लिए आवश्यक है। अत: मानव अधिकारों में इस बात को निर्दिष्ट किया गया है कि कतिपय कार्य व्यक्तियों की इच्छा के विरुद्ध नहीं किया जा सकता या नहीं किया जाना चाहिए। इस अवधारणा से प्रत्येक मानव को अपमानजनक व्यवहार से संरक्षण मिलता है। दूसरे शब्दों में कहा जाये तो मानवाधिकार ऐसे अधिकार हैं जो प्रत्येक व्यक्ति को समाज से प्राप्त होने चाहिए। यदि समाज इन अधिकारों का सही प्रकार से प्रयोग करता है तो किसी भी अंतराष्ट्रीय कानून या संगठन की सहायता और संरक्षण की आवश्यकता नहीं है। सामाजिक दृष्टि से व्यक्तियों के व्यक्तित्व विकास के लिए मानव अधिकार अति आवश्यक हैं जो सभी व्यक्तियों को मिलने ही चाहिए। कहना गलत न होगा कि मानव अधिकारों के संरक्षण की आवश्यकता सरकारों द्वारा व्यक्तियों के क्रियाकलापों पर नियंत्रण में वृद्धि के कारण प्रकट हुई है। साथ ही इन्हें किसी राज्य सरकारों द्वारा छीना नहीं जा सकता। अत: मानव अधिकार आज के समय में महत्त्वपूर्ण विषय के रूप में जाना जाता है। मानव अधिकार को विभिन्न राज्यों की सांस्कृतिक पृष्ठभूमि, विधिक प्रणाली तथा आर्थिक, सामाजिक और राजनैतिक स्थितियों में भिन्नता के कारण परिभाषित करना कठिन है। वास्तव में मानव अधिकार एक सरल व सामान्य परंतु व्यापक शब्द है। इसके अंतर्गत सिविल, राजनैतिक और आर्थिक तथा सामाजिक और सांस्कृतिक अधिकारों को भी शामिल किया गया है। चूंकि मानव अधिकार का विचार मानवीय गरिमा के विचार से संबंधित है, अत: उन सभी अधिकारों को मानव अधिकार कहा जा सकता है, जो मानवीय गरिमा को बनाये रखने के लिए आवश्यक हैं। फिर भी कुछ विद्वानों ने इनको परिभाषित करने का प्रयास किया है जो इस प्रकार हैं–

डी.डी. बसु के अनुसार–"मानव अधिकारों को उन न्यूनतम अधिकारों के रूप में परिभाषित करते हैं, जिन्हें प्रत्येक व्यक्ति को बिना किसी भेदभाव के मानव परिवार का सदस्य होने के फलस्वरूप राज्य या अन्य लोक प्राधिकारी के विरुद्ध प्राप्त होने चाहिए।"

डॉ. रजनी कोठारी–"एक मानव का दूसरे मानव द्वारा किया गया शोषण मानवाधिकार पर कुठाराघात है।"

ए.ए. सईद के अनुसार–"मानव अधिकारों का सम्बन्ध व्यक्ति की गरिमा से है एवं आत्म-सम्मान का भाव जो व्यक्तिगत पहचान को रेखांकित करता है तथा मानव समाज को आगे बढ़ाता है।"

मैकने के अनुसार–"अधिकार मानव के सामाजिक हित की वे लाभदायक परिस्थितियाँ है, जो उसके सच्चे विकास के लिए आवश्यक हैं।"

होलैण्ड के अनुसार–"अन्य व्यक्ति के कार्यों को अपनी शक्ति के स्थान पर समाज के बल द्वारा प्रभावित करने की व्यक्तिगत क्षमता को अधिकार कहते हैं।"

वैकेंट चलैया के अनुसार–"मानवाधिकार हमारी प्रकृति में निहित है, और इनके बिना हम व्यक्ति के रूप में जीवन व्यतीत नहीं कर सकते।"

अतः उपरोक्त वर्णित मानवाधिकारों के अर्थ एवं परिभाषा के आधार पर हम यह कह सकते हैं कि मानवाधिकार प्रत्येक मानव को प्राप्त वे मूलभूत अधिकार हैं जो उसे बिना किसी भेदभाव के मानव होने के नाते प्राप्त होते हैं। ये अधिकार न तो पैदा किये जा सकते और ना ही खरीदे जा सकते हैं। ये व्यक्ति के व्यक्तित्व के सर्वांगीण विकास के लिए अनिवार्य स्थितियाँ हैं। ये भी राजनीतिक, सामाजिक व सांस्कृतिक, परिप्रेक्ष्य में मिलने आवश्यक हैं, अन्यथा उसके व्यक्तित्व का हनन एवं प्रतिष्ठा का ह्रास होगा। ये बहुआयामी अर्थात् राजनैतिक, आर्थिक व सांस्कृतिक हैं तथा इनकी स्वीकृति व राज्य का संरक्षण प्राप्त है।

मानव अधिकार की प्रकृति एवं विशेषतायें
(Nature and Charactrisics of Human Rights)

मानव अधिकार की प्रकृति एवं विशेषताओं को हम निम्नलिखित बिन्दुओं के आधार पर समझेंगे-

मानव अधिकार की प्रकृति (Nature of Human Rights)

मानवाधिकार व्यापक रूप में नैतिक और वैद्य हो सकते हैं। नैतिक अधिकार वे होते हैं जो व्यक्ति की मानवाधिकार नैतिकता पर आधारित होते हैं। इन अधिकारों को राज्य के नियमों का अनुमोदन प्राप्त नहीं होता है और इसलिए इनका उल्लंघन भी वैधानिक रूप से दंडनीय नहीं माना जाता है। इनका पालन व्यक्ति अपने अंतः करण अथवा अपनी स्वाभाविक प्रेरणा से करता है।

नैतिक अधिकारों के विपरीत वैध अधिकार वे होते हैं जो राज्य के कानूनों के द्वारा मान्य तथा रक्षित होते हैं और लोकतांत्रिक राज्यों में सामान्यता इन अधिकारों को न्यायिक संरक्षण प्राप्त होता है। वैध अधिकारों में नागरिक और राजनैतिक दोनों प्रकार के अधिकार सम्मिलित होते हैं। व्यक्तियों को अनिवार्य रूप से इनका पालन करना पड़ता है। इनका उल्लंघन करने पर राज्य द्वारा व्यक्ति को दंडित किया जा सकता है। नीतिशास्त्र केवल सामान्य मानव के ऐच्छिक कर्मों का ही मूल्यांकन करता है, मानसिक दृष्टि से विक्षिप्त व्यक्तियों, बहुत छोटे बालकों तथा पशुओं के कर्मों का नहीं। मानव के कार्यों को मुख्यतः दो वर्गों में विभाजित किया जा सकता है यथा ऐच्छिक कार्य तथा अनैच्छिक कार्य।

ऐच्छिक कार्य (Voluntary Work)

जिन कर्त्तव्यों का निर्वाह करने में मानव को पूर्ण स्वतंत्रता प्रदान की जाती है, उन्हें उनके ऐच्छिक कार्य कहा जाता है। इन कर्त्तव्यों पर मानव का स्वयं नियंत्रण पाया जाता है। इन पर राज्य के द्वारा मानव पर किसी प्रकार का दबाव नहीं डाला जाता। उसे अपनी इच्छानुसार कार्य करने की पूर्ण रूप से स्वतंत्रता प्राप्त होती है। इन कर्त्तव्यों को सचेतन तथा नैतिक कर्त्तव्य भी कहा जा सकता है। इनके आधार पर व्यक्ति समाज में नैतिकता का समावेश करने में बढ़ावा देता है। उसके इन कर्त्तव्यों में सामाजिकता तथा नैतिकता का समावेश भली-भांति देखा जा सकता है। जब किसी व्यक्ति के द्वारा समाज में किसी अन्य व्यक्ति की सहायता की जाती है तो उस समय उसके द्वारा किए जाने वाले कार्य को उसके ऐच्छिक कार्य कहा जा सकता है। जो कि उसके द्वारा

अपनी इच्छा के अनुरूप किया जाता है। उस पर राज्य द्वारा किसी प्रकार का दबाव नहीं डाला जाता है। इस प्रकार स्पष्ट हो जाता है कि मनुष्य के द्वारा किए जाने वाले ऐच्छिक कार्यों पर राज्य का नियंत्रण न होकर व्यक्ति का स्वयं नियंत्रण होता है तथा वह इनका संचालन अपनी स्वयं की बुद्धि के आधार पर करता है।

अनैच्छिक कार्य (Involuntary Work)

अनैच्छिक कार्य वे हैं जिन पर मानव का कोई नियंत्रण नहीं रहता और जिन्हें करने अथवा न करने के लिए वह स्वतंत्र नहीं होता। उदाहरणार्थ पाचन क्रिया, हृदय की धड़कन, रक्त-संचार आदि क्रियाएं मानव के जीवन के लिए अनिवार्य हैं, किंतु ये सब क्रियाएं उसके नियंत्रण में नहीं होती और वह इन्हें जान-बूझकर स्वयं नहीं करता। यही कारण है कि इन क्रियाओं को अनैच्छिक कार्य कहा जाता है। इसी अर्थ में मानसिक दृष्टि से विक्षिप्त व्यक्तियों, बहुत छोटे शिशुओं तथा पशुओं के कार्य भी अनैच्छिक माने जाते हैं। क्योंकि वे इन कार्यों को अपनी स्वतंत्र इच्छा के अनुसार सोच-समझकर नहीं करते। वे ये सब कार्य कुछ ऐसी शक्तियों के वशीभूत होकर करते हैं जिन पर उनका कोई नियंत्रण नहीं होता। इनके संबंध में कर्त्ता को किसी प्रकार की स्वतंत्रता नहीं होती।

सामाजिक व्यवहार (Social Behaviour)

दूसरों के साथ मिलकर रहते हुए सामंजस्य पूर्ण सामाजिक जीवन व्यतीत करना मानव की आवश्यकता है। यदि मानव बिल्कुल अकेला रहता और उसके कार्य अन्य व्यक्तियों के कार्यों को न तो प्रभावित करते, और न उनके द्वारा प्रभावित होते तो नैतिकता की आवश्यकता ही न होती। परंतु सभी सामान्य मानवों को जन्म से मृत्यु तक किसी भी समुदाय में रहकर सामाजिक जीवन जीना पड़ता है। फलतः उनके अधिकार और कार्य किसी न किसी रूप में एक-दूसरे के जीवन को अवश्य प्रभावित करते हैं। मानवों की इच्छाओं, आकांक्षाओं, उद्देश्यों एवं स्वार्थों में भेद तथा विरोध के कारण उनमें परस्पर संघर्ष उत्पन्न होता है। जिसके परिणामस्वरूप व्यवस्थित और सामंजस्यपूर्ण सामाजिक जीवन बहुत कठिन हो जाता है। वस्तुतः इसी कठिनाई को दूर करने के लिए नैतिकता का विकास हुआ जो ऐसे नैतिक नियमों अथवा सिद्धांतों का निर्माण करने का प्रयत्न करता है। जिनके द्वारा समाज में यथा संभव अधिकाधिक व्यवस्था एवं सामंजस्य की स्थापना की जा सके। इस प्रकार स्पष्ट है कि सामाजिक जीवन व्यतीत करने वाले सभी साधारण मानवों के लिए नीति का विशेष महत्व है।

सहानुभूति एवं उदारता (Sympathy and Generosity)

व्यक्ति के जीवन की यह विशेषता मानी जाती है कि वह सदा अन्य व्यक्तियों के साथ सहानुभूति एवं उदारता से जीवन व्यतीत करता है। मानव में अनेक अच्छाइयों तथा अनेक बुराईयों का समावेश पाया जाता है। यह उसके जीवन की विशेषता भी मानी जाती है। मानव जन्म से ही न तो अच्छाइयां अपने साथ लाता है तथा न ही बुराइयों का समावेश ही उसके भीतर रहता है। इसलिए मानव समाज में आकर ही अपने व्यक्तित्व में अनेक प्रकार की अच्छाइयों तथा बुराइयों का समावेश करता है। मानव का जन्म परिवार में होता है। परिवार में ही उसका पालन-पोषण होता है तथा परिवार ही उसकी प्रथम पाठशाला भी माना जाता हैं। वह परिवार के विभिन्न सदस्यों से अनेक प्रकार की अच्छाईयों तथा

बुराइयों का समावेश सीखता है। यदि परिवार के सदस्यों में सहानुभूति की भावना है तो निश्चय ही बालक पर इसका प्रभाव स्पष्ट रूप से देखा जा सकता है। उसमें भी नैतिकता तथा सामाजिक भावना का विकास विशेष रूप से होगा। इसी प्रकार यदि व्यक्ति के परिवार में अनैतिकता का समावेश है तथा वहां पर बड़े-बूढ़ों का आदर नहीं किया जाए तो निश्चय ही उसके द्वारा भी इसी प्रवृत्ति का विकास अपने भीतर किया जाएगा। इस प्रकार यह कहा जा सकता है कि बालक पर परिवार का बहुत गहरा प्रभाव पड़ता है। परिवार को चरित्र निर्माण की प्रथम सीढ़ी भी कहा जाता है। बालक का मस्तिष्क कोमल होता है। उसे जिस प्रकार के कार्य सिखाए जाते हैं, वह उन्हीं का समावेश अपने मस्तिष्क में करता है। उसके माता-पिता द्वारा उसे जो शिक्षा प्रदान की जाती है। उसी के अनुरूप वह अपने चरित्र का निर्माण करता है। इसके पश्चात बालक को विद्यालय में चरित्र निर्माण हेतु भेजा जाता है। विद्यालय की परिधि में आकर बालक द्वारा अपना विशेष रूप से विकास किया जाता है। यहां पर उसे सहानुभूतिपूर्ण व्यवहार उसके शिक्षक के द्वारा सिखाया जाता है। शिक्षक के द्वारा कही जाने वाली प्रत्येक बात को वह अपने जीवन में व्यावहारिक स्वरूप देने का प्रयत्न करता है। व्यक्ति का संपर्क अंत में समाज से होता है। वह जन्म से लेकर मृत्यु तक समाज की परिधि में ही निवास करता है तथा वही पर उसके द्वारा अपना विकास भी किया जाता है। समाज में आकर वह अनेक लोगों द्वारा किए जाने वाले व्यवहारों को अपने व्यवहार में परिणत करता है। इस प्रकार चरित्र निर्माण में समाज द्वारा भी व्यक्ति की बहुत सहायता प्रदान की जाती है। व्यक्ति में समय-समय पर अनेक संवेग तथा भावनाओं का उत्पन्न होना स्वाभाविक माना जाता है। जब तक जीवित रहता है उसके अंदर संवेगों का विकास होना स्वाभाविक है। आज व्यक्ति के कार्यो पर नैतिकता का बंधन लगाया जाता है। व्यक्ति के द्वारा आज जो भी कार्य किए जा रहे हैं, उन सभी के पीछे उसकी नैतिकता का समावेश पाया जाता है। ये गुण व्यक्ति को व्यक्ति का विकास करने में सहायता प्रदान करते हैं।

मानव अधिकार की आवश्यकता एवं महत्व
(Need and Importance of Human Rights)

मानव अधिकारों की आवश्यकता एवं महत्त्व को समझने से पहले मानव को समझना पड़ेगा। मानव के जीने के दो आयाम यथा भौतिक एवं अभौतिक हैं। भौतिक आयाम में हम ज़िंदा रहने के लिए आवश्यक वस्तुएँ जैसे रोटी, कपड़ा, मकान आदि की जरूरत की बात करते हैं। वही दूसरी और अभौतिक वस्तु जैसे सम्मान, समानता, समझ आदि दोनों तरह की आवश्यकता सभी मानव की पूरी होगी तभी जीना संभव है। वर्तमान स्थिति को देखे तो भारत एवं विश्व में अभी भी धर्म, जाति, रंग, लिंग, क्षेत्र, भाषा आदि के आधार पर एक मानव दूसरे मानव के साथ भेद-भाव करता पाया जाता है। जिसकी वजह से आज भी भारत एवं विश्व में करोड़ों लोग भूख के शिकार हैं और अपने शरीर की आवश्यकता रोटी से भी वंचित है। समझ के लिए शिक्षा की आवश्यकता है जो अभी भी लाखों बच्चों का सपना ही बना हुआ है, शिक्षा अगर मिल भी रही है तो सभी विद्यार्थियों को गुणवत्तापूर्वक शिक्षा मिलना अभी शेष है। जिसके चलते मानव इस धरती पर एक-दूसरे से सहयोगपूर्वक जीता नहीं दिख रहा बल्कि एक दूसरे के साथ संघर्ष, द्वंद्व करता दिख रहा है। एक दूसरे के जीने के अधिकारों पर नियंत्रण किए हुए है। हर

मानव अपनी मूलभूत आवश्यकताओं जैसे रोटी, कपड़ा, मकान, समझ आदि के लिए संघर्ष करता दिखाई दे रहा है। इसके अलावा विभिन्न मत को मानने वाले लोग अपने-अपने ढंग से आस्था को भी मानने के लिए पूर्ण स्वतंत्र दिखाई नहीं पड़ रहे हैं। कुछ असामाजिक तत्व इसमें भी बाधा उत्पन्न करते हैं। जिससे मानव भावनात्मक रूप से अपने को आहत महसूस करता है। अत: हर मानव को भारत एवं विश्व में मानव होने के चलते कुछ सामाजिक राजनैतिक, आर्थिक, भावनात्मक अधिकारों की आवश्यकता है। जिससे हर कोई अपनी योग्यता एवं समझ के अनुसार इस धरती पर अपनी अपनी भागीदारी सुनिश्चित कर सकें और सम्मानपूर्वक अपना जीवन जी सकें। संक्षेप में हम मानव अधिकारों की आवश्यकता एवं महत्व को निम्न बिंदुओं के माध्यम से समझ सकते हैं–

1. सभी को पढ़ने अर्थात् अपनी समझ एवं कौशल को विकसित करने के समान अवसर मिल सके।
2. सभी को अपने मत के अनुसार पूजा अर्चना करने का अवसर मिल सके।
3. सभी को अपनी रोटी, कपड़ा, मकान, स्वास्थ्य सेवा की आवश्यकता पूरी करने का अवसर मिल सके।
4. अमानवीय कार्यों जैसे बाल मजदूरी, बाल विवाह, शोषण, शारीरिक यातना आदि से मुक्ति दिलानें के लिए।
5. सभी को अपने धर्म या राष्ट्रीयता की सीमा से बाहर स्वेच्छा से विवाह करने की स्वतंत्रता के लिए।
6. सभी को राजनीतिक भागीदारी के समान अवसरों के लिए।
7. सभी मानवों को न्याय के समान अवसर सुनिश्चित करने के लिए।
8. सभी को सामाजिक, आर्थिक, सांस्कृतिक अधिकार सुनिश्चित करने के लिए।
9. तर्क सम्मत विचारों की अभिव्यक्ति के लिए।
10. दास प्रथा एवं दास व्यापार से मुक्ति पाने के लिए।
11. सभी स्त्री एवं पुरूष के सामान्य कार्य के लिए समान वेतन देने के लिए।

उपरोक्त मुद्दों के अलावा अन्य कोई भी ऐसी बाधा जो सभी मानव के सम्मानपूर्वक जीने में बाधा उत्पन्न करती है उसके लिए मानव अधिकारों की आवश्यकता होती है। जिससे हर मानव किसी भी प्रकार के शोषण जैसे धार्मिक स्वतंत्रता, वैचारिक अभिव्यक्ति, किसी भी प्रकार के उत्पीड़न, छुआछूत के खिलाफ सांस्कृतिक एवं शैक्षिक अधिकार प्राप्त कर सके।

मानव अधिकारों की सार्वभौमिक घोषणा 1948
(Universal Announce of Human Rights 1948)

संयुक्त राष्ट्र संघ ने अपनी आर्थिक एवं सामाजिक परिषद् को मानवाधिकारों की सूची बनाने एवं उनके क्रियान्वयन का जिम्मा सौपा। इस परिषद् ने 21 जून 1946 को 18 सदस्यीय मानवाधिकार आयोग का गठन किया। आयोग द्वारा प्रस्तुत मानवाधिकारों की सार्वभौमिक घोषणा को 10 दिसंबर, 1948 को संयुक्त राष्ट्र की महासभा द्वारा स्वीकृति प्रदान की गई। इस विश्वव्यापी घोषणा पत्र में मानव समाज के गरिमायुक्त जीवन मापने के लिए सामाजिक, आर्थिक और राजनैतिक क्षेत्र से संबंधित बिंदुओं का समावेश किया गया है। इस घोषणा में 30 अनुच्छेद हैं, जिनका संक्षिप्त विवरण इस प्रकार है।

अनुच्छेद 1. सभी मानव स्वतंत्र पैदा हुए हैं अतः सभी गरिमा और अधिकारों की दृष्टि से समान हैं। सभी तर्क एवं विवेक से संपन्न हैं तथा उन्हें एक-दूसरे के प्रति भाई-चारे की भावना रखनी चाहिए।

अनुच्छेद 2. प्रत्येक व्यक्ति इस घोषणा पत्र में शामिल किये गये सभी अधिकारों और स्वतंत्रताओं का हकदार है। इसमें वंश, लिंग, भाषा, वर्ग, धर्म राजनीति या अन्य विचारधारा, राष्ट्रीय-सामाजिक उद्‌भव, संपत्ति, जन्म या अन्य परिस्थिति के आधार पर कोई विभेद नहीं किया जायेगा। इसके अतिरिक्त किसी देश या राज्य क्षेत्र, चाहे वह स्वाधीन हो, न्याय के अधीन हो, स्वायत्तशासी हो या प्रभुता पर किसी मर्यादा के अधीन हो, राजनीतिक अधिकारिता विषयक या अंतर्राष्ट्रीय परिस्थिति के आधार पर उस देश या राष्ट्र क्षेत्र के किसी व्यक्ति से कोई विभेद नहीं किया जायेगा।

अनुच्छेद 3. प्रत्येक व्यक्ति को प्राण, स्वतंत्रता और सुरक्षा का अधिकार है।

अनुच्छेद 4. किसी भी व्यक्ति को गुलामी या दासता में नहीं रखा जायेगा। दास प्रथा और दास व्यापार सभी प्रकारों से वर्जित किया जायेगा।

अनुच्छेद 5. किसी भी व्यक्ति को यातना नहीं दी जायेगी और न ही किसी के प्रति निर्दय, अमानुषिक या अपमानजनक व्यवहार होगा।

अनुच्छेद 6. प्रत्येक व्यक्ति को विधि (कानून) के समक्ष व्यक्ति के रूप में मान्यता का अधिकार है।

अनुच्छेद 7. सभी व्यक्ति विधि (कानून) के समक्ष समान है और किसी विभेद के बिना विधि के समान संरक्षण के हकदार हैं।

अनुच्छेद 8. संवैधानिक व कानून प्राप्त मौलिक अधिकारों के उल्लंघन की दिशा में किसी भी सक्षम राष्ट्रीय न्यायालय से प्रत्येक को न्याय मांगने का अधिकार होगा, जोकि उन्हें कानूनी रूप से प्राप्त है।

अनुच्छेद 9. किसी भी व्यक्ति को मनमाने ढंग से गिरफ्तार, नजरबंद या देश निकालने की सजा नहीं दी ज़ायेगी।

अनुच्छेद 10. सभी को समान हक है कि वो अपने अधिकारों और कर्त्तव्यों को निश्चित करने के मामलों में उन पर लगाये गये अपराधिक मामलों में उनकी सुनवाई न्यायोचित और सार्वजनिक रूप से स्वतंत्र व निष्पक्ष अदालत द्वारा हो।

अनुच्छेद 11. प्रत्येक व्यक्ति, जिस पर दंड संहिता में वर्णित अपराध का आरोप है, को तब तक निर्दोष माना जायेगा, जब तक उसका अपराध कानूनी ढंग से लोक अदालत में साबित नहीं हो जाता, और जहाँ उसे अपने बचाव का पूर्ण अवसर प्राप्त है।

अनुच्छेद 12. किसी भी व्यक्ति को अन्य के घर, परिवार या निजी मामले में हस्तक्षेप करने का अधिकार नहीं है। यदि कोई ऐसा करता है तो उसे ऐसे हस्तक्षेप या हमले के विरूद्ध संरक्षण का अधिकार है।

अनुच्छेद 13. प्रत्येक को अपने देश में स्वतंत्र रूप से आने जाने और बसने का अधिकार है। साथ ही साथ प्रत्येक व्यक्ति को अपने देश के साथ किसी भी देश में जाने व अपने देश में वापिस आने का अधिकार है।

अनुच्छेद 14. प्रत्येक व्यक्ति को राजनैतिक उत्पीड़न से बचने के लिए अन्य देशों में शरण लेने का अधिकार है।

अनुच्छेद 15. (1) प्रत्येक व्यक्ति को किसी भी राष्ट्र विशेष की नागरिकता का अधिकार है।

(2) किसी भी व्यक्ति को मनमाने ढंग से अपने देश की राष्ट्रीयता से वंचित नहीं किया जायेगा तथा उसे अपनी राष्ट्रीयता को बदलने का अधिकार प्राप्त होगा।

अनुच्छेद 16. (1) व्यस्क स्त्री और पुरुष को धर्म, जाति तथा राष्ट्रीयता में भेदभाव किये बिना शादी करने का, अपना परिवार बसाने का अधिकार है। वे विवाहित जीवन के दौरान तथा संबंध-विच्छेद होने पर समान अधिकारों के हकदार है।

(2) विवाह के इच्छुक पक्षकारों से स्वतंत्र और पूर्ण सहमति से ही विवाह किया जाएगा।

(3) परिवार समाज की नैसर्गिक और सामाजिक इकाई है। इसे समाज और राज्य द्वारा संरक्षण का हक है।

अनुच्छेद 17. (1) प्रत्येक व्यक्ति को अकेले और दूसरों के साथ मिलकर संपत्ति रखने का अधिकार है।

(2) किसी को भी उसकी संपत्ति से मनमाने ढंग से वंचित नहीं किया जायेगा।

अनुच्छेद 18. प्रत्येक व्यक्ति को विचार अंतःकरण और धर्म की स्वतंत्रता का अधिकार है। इस अधिकार के अंतर्गत अपने धर्म या विश्वास को परिवर्तित करने की स्वतंत्रता और अकेले या अन्य व्यक्तियों के साथ मिलकर तथा सार्वजनिक रूप से या अकेले शिक्षा, व्यवहार, पूजा और पालन में अपने धर्म या विश्वास को प्रकट करने की स्वतंत्रता दी है।

अनुच्छेद 19. प्रत्येक व्यक्ति को अपने विचारों की अभिव्यक्ति करने की स्वतंत्रता का अधिकार है। इस अधिकार के अंतर्गत हस्तक्षेप के बिना अभिमत रखने और किसी भी संचार माध्यम से सूचनाओं को खोजने, प्राप्त करने तथा प्रसार करने की स्वतंत्रता शामिल है।

अनुच्छेद 20. (1) प्रत्येक व्यक्ति को शांतिपूर्वक सभा करने और समिति बनाने का स्वतंत्र अधिकार है।

(2) किसी भी व्यक्ति को किसी समिति सभा में शामिल होने के लिए बाध्य नहीं किया जा सकता है।

अनुच्छेद 21. (1) प्रत्येक व्यक्ति को अपने देश की सरकार में सीधे या स्वतंत्रतापूर्वक चुने गये प्रतिनिधियों के माध्यम से भाग लेने का अधिकार है।

(2) प्रत्येक व्यक्ति को अपने देश की लोक सेवा में चुने जाने का समान अधिकार है।

(3) लोगों की इच्छा ही सरकार के अधिकार का आधार होगा। यह इच्छा समयानुसार उचित चुनावों में अभिव्यक्त की जायेगी।

अनुच्छेद 22. प्रत्येक व्यक्ति को सामाजिक सुरक्षा का अधिकार है तथा आर्थिक, सामाजिक एवं सांस्कृतिक अधिकार है। जो व्यक्ति की गरिमा तथा व्यक्ति के स्वतंत्र विकास के लिए अपरिहार्य है।

अनुच्छेद 23. (1) प्रत्येक व्यक्ति काम करने, स्वतंत्र रूप से रोजगार चुने और काम के अनुकूल सुविधाएँ तथा बेरोजगारी के विरूद्ध संरक्षण का अधिकार है।

(2) प्रत्येक व्यक्ति को भेद-भाव किये बिना समान काम के लिए समान वेतन पाने का अधिकार है।

(3) प्रत्येक व्यक्ति को, जो कार्य करता है, ऐसे न्यायोचित और अनुकूल पारिश्रमिक पाने का अधिकार है, जिससे स्वयं उसका और उसके परिवार का मानव गरिमा के अनुरूप जीवन यापन सुनिश्चित हो सके, और यदि आवश्यक हो तो सामाजिक संरक्षण के अन्य साधनों द्वारा अनुपूरित किया जाए।

(4) प्रत्येक व्यक्ति को व्यवसाय संघ बनाने एवं उसका सदस्य बनने का अधिकार है।

अनुच्छेद 24. प्रत्येक व्यक्ति को विश्राम और अवकाश का अधिकार है। इसके अंतर्गत काम के घंटों की उचित सीमा निर्धारित होना और समय-समय पर मजदूरी (वेतन) सहित अवकाश सम्मिलित है।

अनुच्छेद 25. (1) प्रत्येक व्यक्ति को एक ऐसा जीवन जीने का अधिकार है, जो स्वयं और उसके परिवार के स्वास्थ्य व कल्याण के लिए पर्याप्त है। इसके अंतर्गत भोजन, वस्त्र, निवास स्थान, चिकित्सा तथा अन्य आवश्यक सेवाएँ भी शामिल हैं। साथ ही उसे बेरोजगार, रूग्णता, आशक्तता, वैधव्य तथा उसके नियंत्रण के बाहर की परिस्थितियों में जीवन यापन के अभाव की दिशा में सुरक्षा का अधिकार भी प्राप्त है।

(2) प्रत्येक को मातृत्व और बाल्यकाल की विशेष देखभाल और सुविधा का हक है। सभी बच्चों को समान सामाजिक सुरक्षा का अधिकार है।

अनुच्छेद 26. (1) प्रत्येक व्यक्ति को शिक्षा का अधिकार है। कम-से-कम प्रारंभिक और मौलिक स्वास्थ्य में उन्हें नि:शुल्क शिक्षा प्राप्त होगी। प्राथमिक शिक्षा अनिवार्य होगी, तकनीकी और रोजगारपरक शिक्षा साधारणत: उपलब्ध कराई जायेगी और उच्च शिक्षा, सभी व्यक्तियों को गुणागुण के आधार पर समान रूप से प्राप्त होगी।

(2) शिक्षा का लक्ष्य मानवीय व्यक्तित्व का संपूर्ण विकास और मानवाधिकारों के साथ-साथ मौलिक स्वतंत्रता को सम्मान देना तथा उसे मजबूती प्रदान करना होगा। यह सभी राष्ट्रों के बीच समझ, सहनशीलता

और मित्रता की भावना का विकास करेगी। साथ ही यह जाति या धार्मिक गुणों और संयुक्त राष्ट्र की शांति बनाए रखने वाले कार्यक्लापों को बढ़ावा देगी।

(3) माता-पिता को चयन का पूर्णाधिकार है कि उनकी संतान को किस प्रकार की शिक्षा दी जायेगी।

अनुच्छेद 27. प्रत्येक व्यक्ति को समुदाय के सांस्कृतिक जीवन में मुक्त रूप से भाग लेने, कलाओं का आनंद लेने और वैज्ञानिक प्रगति तथा उसके फायदों में हिस्सा प्राप्त कर सकने का अधिकार है।

अनुच्छेद 28. प्रत्येक व्यक्ति को इस घोषणा पत्र में दिए गए सामाजिक और अंतर्राष्ट्रीय अधिकारों को साकार करने का स्वतंत्र अधिकार है।

अनुच्छेद 29. (1) प्रत्येक व्यक्ति का यह कर्त्तव्य है कि अपने व्यक्तित्व के साथ-साथ वह स्वतंत्र रूप से अपने समुदाय का भी विकास करे।

(2) इन अधिकारों तथा स्वतंत्रताओं का प्रयोग किसी भी प्रकार से संयुक्त राष्ट्र सिद्धांतों तथा उद्देश्यों के विरुद्ध नहीं किया जा सकता है।

अनुच्छेद 30. इस घोषणा से किसी भी प्रावधान का ऐसा निर्वहन नहीं किया जा सकता जिससे किसी व्यक्ति, दल अथवा राज्य को ऐसे कार्य करने का अधिकार मिले जिससे घोषणा के उद्देश्यों की प्राप्ति में बाधा पड़े।

उपरोक्त वर्णित अनुच्छेदों से स्पष्ट है कि सार्वभौमिक घोषणा की प्रस्तावना के अनुसार मानव समुदाय के प्रत्येक व्यक्ति को सम्मान एवं समानता के साथ मानवाधिकारों की प्राप्ति का हक मिलेगा और विश्व में स्वतंत्रता न्याय एवं शांति की स्थापना हो सकेगी। इसके लिए संयुक्त राष्ट्र संघ के सभी सदस्य देश मिलकर विश्व में मानवधिकारों के प्रति सम्मान एवं उसे स्वीकार करने के लिए जागृति लाने का प्रयास करेगें।

बच्चे के अधिकार : संयुक्त राष्ट्र सम्मेलन 1989
(Rights of Child : U.N. Convention 1989)

प्रत्येक व्यक्ति को समानता, स्वतंत्रता एवं गरिमापूर्ण तरीके से जीने का अधिकार है। इन अधिकारों में चिकित्सा सुविधा का अधिकार, प्रदूषणमुक्त वातावरण में जीने का अधिकार, अपमानजनक व्यवहार न होने संबंधी अधिकार, महिलाओं के साथ सम्मानजनक व्यवहार न होने संबंधी अधिकार, महिलाओं के साथ सम्मानजनक व्यवहार का अधिकार, ज्ञानार्जन का समान अधिकार आदि। इन अधिकारों का हनन किसी धर्म, जाति, भाषा, लिंग क्षेत्र के आधार पर नहीं किया जा सकता है। किसी भी कल्याणकारी राज्य में सरकारों का ये दायित्व बनता है कि वह सभी के मानवाधिकारों की रक्षा करें जोकि एक बेहतर समाज के लिए आवश्यक है।

यह तो सर्वसमाज को स्पष्ट है कि बच्चे देश के भविष्य होते हैं। भावी नागरिक होने के नाते देश का भविष्य उन पर टिका होता है। परंतु उनके संतुलित विकास में अनेक बाधाएं व रूकावटें लगातार बनी हुई हैं। बच्चों के अधिकारों में सबसे बड़ी समस्या बाल श्रम व भीख माँगने की प्रवृत्ति है। बाल श्रम के साथ-साथ बच्चों में अशिक्षा, कुपोषण, विकास की कमी, विभिन्न प्रकार की बिमारियाँ शामिल है। वहीं दूसरी ओर बच्चों के

साथ विभिन्न छोटे-बड़े अपराध, बलात्कार, अपहरण, कन्याओं को बेचना, शिशु हत्या, भ्रूण हत्या तथा बाल विवाह जैसे अपराध भी होते हैं। बच्चों के विकास में बाधक ये तत्व किसी एक राष्ट्र विशेष के नहीं है वरन् यह समस्या कम या ज्यादा सभी राष्ट्रों में बनी हुई संयुक्त राष्ट्र संघ की स्थापना के बाद सारे विश्व में मानव जाति के उन्नयन के प्रति चेतना जाग्रत हुई और मानव अधिकारों के संरक्षण के लिए तथा मानव को गरिमा बनाये रखने के लिए अंतर्राष्ट्रीय समाज सक्रिय हुआ। बच्चों के संदर्भ में भी अंतर्राष्ट्रीय संगठन सक्रिय हुए और 10 दिसंबर 1948 को मानव अधिकारों की सार्वजनिक घोषणा में भी बालकों और बालश्रम के बारे में भी उपबंध रखे गये थे। मानवाधिकारों की सार्वजनिक घोषणा के अनुच्छेद 25 के परिच्छेद 2 के अंतर्गत यह प्रावधान किया गया कि शैशवावस्था में विशेष देखभाल और सहायता की बात करता है। बालकों के संबंध में सार्वजनिक घोषणा के अन्य सिद्धांतों के साथ बच्चों की देखभाल का सिद्धांत संयुक्त राष्ट्र संघ महासभा द्वारा 20 नवंबर 1959 को अंगीकार किये गये "बालकों के अधिकारों की घोषणा" में शामिल किये गये। अन्य कई अंतर्राष्ट्रीय दस्तावेजों में भी कहा गया कि बालक की देखभाल पारिवारिक स्नेह तथा प्रसन्नता के वातावरण के साथ-साथ प्यार और समझदारी से होनी चाहिए। परंतु ये सिद्धांत राज्यों पर बाध्यकारी नहीं थे। अतः यह महसूस किया गया कि ऐसा अधिनियम तैयार किया जाये जो विधिक रूप से बाध्यकारी हो।

बाल अधिकारों पर संयुक्त राष्ट्र सम्मेलन (UNCRC) उनकी जाति, धर्म या क्षमताओं की परवाह किये बिना हर बच्चे का नागरिक, राजनीतिक, आर्थिक, सामाजिक ओर सांस्कृतिक अधिकारों को स्थापित करने के लिए एक कानूनी रूप से बाध्यकारी अंतर्राष्ट्रीय समझौता है। जिसको भारत सहित विश्व के अधिकांश देशों द्वारा स्वीकारा गया है। 20 नवंबर 1989 में संयुक्त राष्ट्र संघ द्वारा अंगीकार किया गया तथा 2 सितंबर 1990 से लागू हुआ।

बच्चों के अधिकारों के संरक्षण के लिए किये गये समझौते में 54 अनुच्छेद हैं, जिसका संक्षिप्त विवरण इस प्रकार है।

यह सभा बच्चों को शक्ति प्रदान करने का एक साधन है। जो ऐसे वातावरण बनाने का प्रयास है जिसमें सभी बच्चे सुरक्षापूर्वक रहते हुए अपनी क्षमता का विकास कर सके। यह सभा तीन बुनियादी तथ्यों को मान्यता देता है।

1. व्यस्कों की तुलना में बच्चे विशेष मानव अधिकार रखते हैं।
2. व्यस्कों की तुलना में बालकों के मानवाधिकारों का स्तर अधिक ऊँचा है।
3. इनके बहुत सारे अधिकार बच्चों के माता-पिता, समाज एवं राज्य के दायित्व पर निर्भर है।

संयुक्त राष्ट्र संघ्र की इस सभा (Convention) में दिये गये बालकों के अधिकारों को तीन समूहों में बाँटा गया है जो इस प्रकार है-

(अ) सिविल और राजनैतिक अधिकार-इस समूह के अंतर्गत प्राप्त अधिकार निम्नलिखित है-

1. जीवन और विकास का अधिकार राज्य का दायित्व है।
2. जन्म के बाद नाम का अधिकार और राष्ट्रीयता पाने का अधिकार।
3. बालकों के संबंध में उनकी बात सुनने का अधिकार।

4. अभिव्यक्ति, सूचना, विहार और अंतर्रात्मा की स्वतंत्रता का अधिकार।
5. समूह बनाने और शांतिपूर्ण तरीके से एकत्रित होने का अधिकार।
6. उनके व्यक्तिगत जीवन की गोपनीयता की सुरक्षा का अधिकार।
7. उत्पीड़न, अमानवीय व्यवहार, मृत्यु और अन्य गैर कानूनी कार्य जो उनकी स्वतंत्रता को प्रभावित करते हैं, से सुरक्षा का अधिकार।
8. स्वतंत्रता का हनन होने पर उन्हें कानूनी सहायता एवं गरिमापूर्ण व्यवहार पाने का अधिकार।
9. सशस्त्र संघर्ष में सुरक्षा पाने का अधिकार तथा 15 वर्ष से कम आयु के बालकों को सेना में भर्ती नहीं किया जा सकता।
10. सशस्त्र संघर्षों के दौरान प्रभावित बच्चों के उत्पीड़न शोषण से मुक्ति तथा उनके सामाजिक पुनर्वास का अधिकार।
11. अपराधों के लिए आरोपित बच्चों को उचित कानूनी प्रक्रिया व कानूनी सहायता पाने का अधिकार।

(ब) आर्थिक अधिकार-बच्चों को प्राप्त आर्थिक अधिकार निम्नलिखित हैं-

1. सभी प्रकार के आर्थिक शोषण से सुरक्षा का अधिकार।
2. स्वास्थ्य के लिए हानिकारक कार्यों से सुरक्षा का अधिकार।
3. सामाजिक सुरक्षा से बच्चों को लाभ प्रदान करने का अधिकार।
4. काम के उचित घंटों और उचित परिस्थितियों में काम पाने का अधिकार।
5. पर्याप्त स्तर का जीवन यापन करने का अधिकार और आवश्यकता पड़ने पर भत्ता पाने का अधिकार।

(स) सामाजिक और सांस्कृतिक अधिकार-बच्चों को प्राप्त सामाजिक और सांस्कृतिक अधिकार निम्नलिखित हैं-

1. प्राथमिक स्तर पर नि:शुल्क एवं अनिवार्य शिक्षा का अधिकार।
2. ऐसी शिक्षा पाने का अधिकार जो बच्चों का सर्वागीण विकास करे और बच्चों की अपनी सांस्कृतिक और प्राकृतिक मान्यताओं को विकसित करे।
3. विकलांग बच्चों को विशेष सुरक्षा, शिक्षा ओर प्रशिक्षण पाने का अधिकार।
4. बच्चों की देखभाल के लिए उत्तरदायी माता-पिता व अन्य के द्वारा दुर्व्यवहार अथवा मारपीट से सुरक्षा का अधिकार।
5. स्वास्थ्य एवं चिकित्सा संबंधी स्तरीय सुविधायें पाने का अधिकार।
6. स्वास्थ्य शिक्षा पाने, स्वास्थ्य की देखभाल और हानिकारक, परम्परागत प्रथाओं से मुक्ति पाने का अधिकार।
7. अल्पसंख्यक बच्चों को अपनी संस्कृति के अनुसार आचरण करने का अधिकार।
8. शरणार्थी बच्चों को विशेष सुरक्षा पाने का अधिकार।
9. बच्चों की खरीद-फरोक्त, अपहरण और व्यापार से मुक्ति पाने का अधिकार।
10. मादक पदार्थों व अस्वास्थ्यकर दवाओं के प्रयोग से सुरक्षा तथा इनके उत्पादन और वितरण में जबरदस्ती लगाये जाने से सुरक्षा का अधिकार।
11. यौन शोषण और वैश्यावृत्ति तथा अश्लीलता संबंधी उत्पीड़न से मुक्ति पाने का अधिकार।

बाल अधिकार सम्मेलन (यू. एन. 1989)

बाल अधिकारों पर सर्वप्रथम पहल पोलैण्ड की सरकार ने की। बाद में कुछ गैर-सरकारी संगठनों, अतंर्राष्ट्रीय बाल कैथोलिक ब्यूरो और संयुक्त राष्ट्र विशेषज्ञों के मध्य लगभग एक दशक तक हुई वार्ताओं के बाद वर्ष 1989 में संयुक्त राष्ट्र महासभा में बच्चों के विशिष्ट अधिकारों को मौलिक अधिकार के रूप में स्वीकार किया गया। तदुपरान्त संयुक्त राष्ट्र की विशेष महासभा में 8 अक्टूबर, 2002 को बच्चों के विकास सुरक्षा हेतु विशेष रणनीति बनाई। इस रणनीति में बच्चों के 54 मूलभूत अधिकारों को पारित किया गया, जो निम्न प्रकार से हैं-

अनुच्छेद 1. बच्चे से तात्पर्य 18 वर्ष से कम आयु के प्रत्येक मनुष्य से हैं। बशर्ते कि बच्चे पर प्रयोज्य कानूनों के अंतर्गत, बच्चा इस उम्र से पहले व्यस्कता प्राप्त नहीं कर लेता।

अनुच्छेद 2. बच्चे के माता-पिता, अथवा परिजनों की हैसियत, गतिविधियों, व्यक्त विचार देखकर बच्चों में भेदभाव नहीं किया जायेगा।

अनुच्छेद 3. बच्चों से संबद्ध सभी कार्यो में, चाहे वे निजी अथवा सार्वजनिक सामाजिक कल्याण संस्थाओं, अदालतों, प्रशासनिक अधिकारों अथवा विधायी निकायों द्वारा किए जाएँ, बच्चे के सर्वोत्तम हितों पर सबसे पहले ध्यान दिया जाएगा।

अनुच्छेद 4. इस समझौते में स्वीकृत अधिकारों के क्रियान्वयन के लिए समझौते में शामिल देश सभी उपयुक्त विधायी, प्रशासनिक और अन्य उपाय करेंगे।

अनुच्छेद 5. समझौते में शामिल देश अथवा माता-पिता स्थानीय रीति-रिवाजों के अनुसार विस्तारित परिवार अथवा समुदाय के सदस्यों, कानूनी अभिभावकों अथवा बच्चे के लिए कानूनी तौर पर जिम्मेदार अन्य व्यक्तियों के ऐसे दायित्वों और कर्त्तव्यों का, बच्चों की उभरती क्षमताओं के अनुरूप सम्मान करेंगे। जिन दायित्वों, अधिकारों और कर्तव्यों से इसे समझौते में किए गए अधिकारों का बच्चों द्वारा इस्तेमाल किए जाने में उचित दिशा और निर्देश मिलते हैं।

अनुच्छेद 6. समझौते में शामिल देश मानते हैं कि हर बच्चे को जीने का जन्मजात अधिकार है।

अनुच्छेद 7. जन्म के तुरंत बाद ही बच्चे का पंजीकरण करा लिया जायेगा। जन्म से ही उसे अपना नाम होने, एक राष्ट्रीयता प्राप्त करने तथा जहाँ तक संभव हो माता-पिता द्वारा उचित देखभाल किए जाने तथा यह जानने का अधिकार होगा कि उसकी सही देखभाल हो रही है।

अनुच्छेद 8. अगर किसी बच्चे को उसकी अस्मिता के कुछ या सभी घटकों में गैर-कानूनी तरीकों से वंचित किया गया हो तो समझौते में शामिल देश उसकी अस्मिता को जल्दी से जल्दी बहाल करने के लिए उपयुक्त सहायता और संरक्षण प्राप्त करेंगे।

अनुच्छेद 9. समझौते में शामिल देश माता-पिता दोनों से या किसी एक से अलग रखे गए बच्चे के इस अधिकार का सम्मान करेंगे कि वह माता-पिता दोनों से नियमित आधार पर व्यक्तिगत संबंध और सीधा संपर्क रख सके, बशर्ते कि ऐसा करना बच्चे के सर्वोत्तम हितों के प्रतिकूल न हों।

अनुच्छेद 10. यदि बच्चे के माता-पिता अलग-अलग देशों में रहते हैं तो उसे असाधारण परिस्थितियों में छोड़कर माता-पिता दोनों से नियमित आधार पर निजी संबंध ओर सीधे संपर्क रखने का अधिकार होगा।

अनुच्छेद 11. सदस्य देश विदेश में बच्चों के अवैध स्थानांतरण एवं गैर वापसी से निपटने के उपाय करेंगे।

अनुच्छेद 12. अपने विचार बना सकने वाले बच्चे को समझौते में शामिल देश आशवस्त करेंगे कि उससे जुडे हर मुद्दे पर स्वतंत्र रूप से अपने विचार व्यक्त करने का उसे अधिकार है।

अनुच्छेद 13. (1) बच्चे को अभिव्यक्ति का स्वतंत्र अधिकार है।

(2) यह अधिकार कुछ प्रतिबंधों के तहत हो सकता है। लेकिन ये प्रतिबंध केवल कानूनी तथा आवश्यक होने चाहिए।

(क) अन्य व्यक्तियों के अधिकारों अथवा प्रतिष्ठा के लिए।

(ख) राष्ट्रीय सुरक्षा अथवा सार्वजनिक स्वास्थ्य अथवा नैतिकता के लिए।

अनुच्छेद 14. समझौते में शामिल देश विचारों, अंतरात्मा और धर्म की आजादी के बच्चे के अधिकार सुनिश्चित करेंगे।

अनुच्छेद 15. समझौते में शामिल देश संगठन बनाने की आजादी तथा शांतिपूर्ण तरीके से एकत्र होने की बच्चों की आजादी के अधिकार को स्वीकार करते हैं।

अनुच्छेद 16. किसी भी बच्चे के सम्मान और प्रतिष्ठा पर गैरकानूनी तरीके से हमला नहीं किया जायेगा।

अनुच्छेद 17. जन-संचार माध्यम को बच्चों के सामाजिक और सांस्कृतिक हित के लिए और शिक्षा देने के लिए प्रयोग करें तथा उनकी आवश्यकताओं का ध्यान रखें।

अनुच्छेद 18. माता-पिता अपने बच्चों की सुविधाओं का पूर्णरूप से ध्यान रखे जिसके वे हकदार हैं।

अनुच्छेद 19. समझौते के अनुसार बच्चों को मानसिक हिंसा, चोट, यौन-शोषण, दुर्व्यवहार से बचाया जा सके।

अनुच्छेद 20. समझौते में शामिल देश अपने राष्ट्रीय कानूनों के अनुरूप ऐसे बच्चों की देखभाल की वैकल्पिक व्यवस्था करेंगे।

अनुच्छेद 21. समझौते के अनुसार बच्चों को गोद लेने का प्रावधान तथा उनका संरक्षण शामिल है।

अनुच्छेद 22. समझौते में शामिल देश यह सुनिश्चित करने के लिए उचित प्रयास करेंगे कि अगर कोई बच्चा शरणार्थी हक दिये जाने की मांग करता है, वह

चाहे माता-पिता अथवा अन्य किसी व्यक्ति के साथ हैं अथवा नहीं, उस बच्चे को उचित संरक्षण और समझौते तथा अन्य ऐसी अंतर्राष्ट्रीय मानव अधिकार अथवा मानवीय प्रसंविदाओं, जिसके कि ये देश सदस्य हैं, के अनुसार मिलने वाले अधिकार दिलाने में मानवीय सहायता मिले।

अनुच्छेद 23. विकलांग बच्चों की आत्मनिर्भरता को प्रोत्साहन देना तथा समाज में इन बच्चों की भागीदारी की सुविधा होनी चाहिए।

अनुच्छेद 24. समझौते में शामिल देश बच्चों के स्वास्थ्य के लिए नुकसानदेह परम्परागत प्रथाओं को समाप्त करने के सभी प्रभावी और उचित उपाय करेंगे।

अनुच्छेद 25. समझौते में शामिल देश किसी भी ऐसे बच्चों को दिए जा रहे उपचार और उपचार के दौरान उसे रखे जाने से संबंद्ध अन्य परिस्थितियों की समय-समय पर समीक्षा के अधिकार को मानते हैं, जिस बच्चे को सक्षम अधिकारियों ने उसके शारीरिक तथा मानसिक स्वास्थ्य की देखभाल, संरक्षण और उपचार के लिए रखा है।

अनुच्छेद 26. समझौते में शामिल देश सामाजिक बीमा सहित सामाजिक सुरक्षा से लाभ उठाने के हर बच्चे के अधिकार को मान्यता देंगे।

अनुच्छेद 27. समझौते में शामिल देश मानते हैं कि हर बच्चे को उसके भौतिक, मानसिक, आध्यात्मिक, नैतिक और सामाजिक विकास के लिए समुचित जीवन-स्तर पाने का अधिकार हैं।

अनुच्छेद 28. समझौते में शामिल देश यह सुनिश्चित करने के उपयुक्त उपाय करेंगे कि स्कूल में अनुशासन लागू करने के तरीके बच्चे की मानवीय गरिमा तथा इस समझौते के प्रावधानों के अनुरूप हों।

अनुच्छेद 29. बच्चे के व्यक्तित्व, प्रतिमाओं तथा मानसिक और शारीरिक योग्यताओं का पूर्ण विकास करना।

अनुच्छेद 30. जिन देशों में जातीय, धार्मिक अथवा भाषायी अल्पसंख्यक और देश के आदिवासी रहते हैं, वहाँ इन अल्पसंख्यक वर्गों के अथवा आदिवासी बच्चे को उसके ग्रुप के अन्य बच्चों के समुदाय को अपनी संस्कृति तथा भाषा से वंचित नहीं करना चाहिए।

अनुच्छेद 31. बच्चों की कला, संस्कृति तथा मनोरंजन को प्रोत्साहन देना चाहिए।

अनुच्छेद 32. रोजगार के लिए न्यूनतम आयु तथा विभिन्न रोजगारों के लिए अलग-अलग न्यूनतम आयु निर्धारित करेंगे।

अनुच्छेद 33. समझौते में शामिल देश बच्चों को, संबंद्ध अंतर्राष्ट्रीय संधियों में परिभाषित नशीले पदार्थों के अवैध इस्तेमाल से बचाने और ऐसे पदार्थों के अवैध उत्पादन पर उपाय करेंगे।

अनुच्छेद 34. किसी भी बच्चे के साथ दुर्व्यवहार तथा अवैध रूप से कार्य करना, फुसलाना या जोर-जबरदस्ती करना मना है।

अनुच्छेद 35. किसी भी बच्चे के अपहरण को रोकने के लिए सभी राष्ट्रीय व द्विपक्षीय उपाय करेंगे।

अनुच्छेद 36. समझौते में शामिल देश बच्चों के कल्याण के लिए अनुचित शोषण से उनको बचाएगें।

अनुच्छेद 37. किसी भी बच्चे को स्वाधीनता से गैर-कानूनी तरीके से दूर नहीं किया जायेगा।

अनुच्छेद 38. 15 वर्ष से कम उम्र के बालकों से पहले उनसे ज्यादा उम्र के लोगों को सेना में भर्ती किया जाए।

अनुच्छेद 39. बच्चों को शोषण, अपमान जनक परिस्थिति, दुर्व्यवहार से बचाने की बात की गयी।

अनुच्छेद 40. अनजाने में बच्चों से कोई गलत कार्य हो जाने पर उन पर दोष नहीं लगाया जायेगा।

अनुच्छेद 41. समझौतो की किसी भी बात पर शामिल देशों के कानून का कोई असर नहीं होगा।

अनुच्छेद 42. बच्चों के अधिकारों को सबको जानना चाहिए।

अनुच्छेद 43. समिति के सदस्य चार वर्ष के लिए चुने जाएगें। दुबारा मनोनीत होने पर वे फिर चुनाव में हिस्सा ले सकते है। इस अनुच्छेद में समिति के सदस्यों के विषय में बताया गया है।

अनुच्छेद 44. इस समझौते के लागू करने के सम्बन्ध में रिपोर्ट।

अनुच्छेद 45. सूचना के आधार पर समिति सुझाव दे सकती है।

अनुच्छेद 46. इस समझौते पर सभी देश हस्ताक्षर कर सकेंगे।

अनुच्छेद 47. इस समझौते की पुष्टि की जानी है। पुष्टि की प्रसंविदाएँ संयुक्त राष्ट्र महासचिव के पास जमा की जाएगी।

अनुच्छेद 48. कोई भी देश समझौते में शामिल हो सकता है।

अनुच्छेद 49. यह समझौता पुष्टि या शामिल होने की बीसवीं प्रसंविदा के संयुक्त राष्ट्र महासचिव को सौंपें जाने की तिथि के तीसवें दिन से लागू हो जाएगा।

अनुच्छेद 50. अगर कोई संशोधन लागू होता है तो इसे स्वीकृत करने वाले देशों के लिए यह बाध्यकारी होगा।

अनुच्छेद 51. इस समझौते के उद्देश्य तथा लक्ष्य से मेल नहीं खाने वाली आपत्ति की अनुमति नहीं दी जाएगी।

अनुच्छेद 52. समझौते में शामिल कोई देश संयुक्त राष्ट्र महासचिव को लिखित अधिसूचना भेज कर इस समझौते को अस्वीकार कर सकता है।

अनुच्छेद 53. संयुक्त राष्ट्र महासचिव को उस समझौते के दस्तावेजों और प्रसंविदाओं को रखने वाला अधिकारी (संग्राहक) नियुक्त किया गया है।

अनुच्छेद 54. इस समझौते का मूल पाठ, जिसके अरबी, चीनी, अंग्रेजी, फ्रेंच रूसी और स्पेनिश पाठ भी उतने ही प्रमाणिक हैं। संयुक्त राष्ट्र महासचिव के पास जमा किए हैं।

बाल अधिकारों के संरक्षण के लिए राष्ट्रीय आयोग के कार्य एवं कर्त्तव्य
(National Commission on Protection of Child Rights—Functions and Duties)

भूमिका

राष्ट्रीय बाल अधिकार संरक्षण आयोग–राष्ट्रीय बाल अधिकार संरक्षण आयोग (NCPCR) की स्थापना मार्च 2007 को बाल अधिकार संरक्षण आयोग अधिनियम 2005, को संसद के एक अधिनियम के तहत एक संवैधानिक निकाय के रूप में की गयी। यह आयोग बाल अधिकारों के सार्वभौमिक और अखंडता के सिद्धांतों पर बल देता है। दुनिया के बच्चों की स्थिति पर यूनिसेफ (2005) की रिपोर्ट के अनुसार ''खतरे में बचपन'', भारत के लिए बोल रहा है, भारत में लाखों बच्चे स्वास्थ्य, शिक्षा, सुरक्षा, पोषण एवं अपने अधिकारों से वंचित है। अत: यह आयोग देश के बच्चों से जुड़ी नीतियों में आवश्यक आवाज को अधिकारिक मान्यता प्रदान करता है। आयोग के लिए 18 वर्ष तक के बच्चों की सुरक्षा समान महत्त्व रखती है। अत्यधिक कमजोर बच्चों के लिए प्राथमिक कार्यकलापों को परिभाषित करती है। इसमें उन क्षेत्रों में ध्यानाकर्षण शामिल है जो पिछड़ा है अथवा कुछ निश्चित परिस्थितियों वाले समुदायों अथवा बच्चें हैं। इस आयोग की मान्यता यह है कि केवल कुछ बच्चों के ऐड्रेसिंग के दौरान, अनेक कमजोर बच्चों के बहिष्करण में दोष हो सकता है जो परिभाषित अथवा लक्षित वर्गों में आ सकते हैं। इसे व्यवहार में लाने में, सभी बच्चों तक पहुँचने का कार्य संकट में पहुँच जाता है। बाल अधिकारों के उल्लंघन की सामाजिक सहनशीलता जारी रहती है। आयोग के इस कार्यक्रम का प्रभाव लक्षित जनसंख्या पर पड़ेगा और बाल संरक्षण के हित में एक वातावरण का निर्माण होगा।

अत: आयोग के लिए, बच्चों को मिलने वाले सभी अधिकार पारस्परिक सुदृढ़ीकरण और अन्योन्याश्रित के रूप में देखे जाते हैं। समाज में सभी बच्चे, जो किसी भी आधार पर पिछडे, वंचित, कमजोर बच्चों के अधिकारों पर विशेष ध्यान देते हैं और बालकों के सर्वागीण विकास के लिए समस्याओं के हल निकालता है और आवश्यकतानुसार अनुसंधान भी कराता है।

आयोग में एक अध्यक्ष की नियुक्ति केंद्र सरकार द्वारा तीन वर्ष की अवधि के लिए की जाती है। किसी ऐसे व्यक्ति को अध्यक्ष के रूप में चुना जाता है। जिसने बाल कल्याण को बढ़ावा देने के लिए उत्कृष्ट कार्य किया हो। इसके अतिरिक्त छ: अन्य सदस्य होते हैं। जिन्होंने शिक्षा, बाल स्वास्थ्य, देखभाल, कल्याण, विकास, बाल न्याय, हाशिये पर पड़े उपेक्षित, अपंग व अपरिव्यक्त बच्चों की देखभाल या बाल श्रम उन्मूलन, बाल मनोविज्ञान और कानून के क्षेत्र में विशेषज्ञता हासिल हो।

राष्ट्रीय बाल अधिकार संरक्षण आयोग के कार्य एवं कर्त्तव्य

1. बाल अधिकारों की सुरक्षा की जाँच तथा समीक्षा करना एवं उनके प्रभावी क्रियान्वयन के लिए उपायों की सिफारिश करना।
2. बाल अधिकारों के उल्लंघन की जांच करना तथा ऐसे मामलों में कार्यवाही की अनुशंसा करना।
3. केंद्र सरकार को प्रतिवर्ष या जैसा आयोग को सही लगता है, उन सुरक्षा के प्रावधानों के कार्य पर रिपोर्ट प्रस्तुत करना।

4. बच्चों के अधिकारों को बाधित करने वाले कारकों जैसे आतंकवाद, सांप्रदायिक हिंसा, दंगे, प्राकृतिक आपदा, घरेलू हिंसा, एच.आई.वी. एड्स, देह व्यापार, उत्पीड़न, शोषण, पोर्नोग्राफी तथा वेश्यावृत्ति की जाँच करना एवं उपयुक्त उपचारात्मक उपायों की अनुशंसा करना।
5. बाल अधिकारों के क्षेत्र में अनुसंधान का संचालन करना।
6. बाल अधिकारों पर अंतर्राष्ट्रीय दस्तावेजों का अध्ययन करना व मौजूदा नीतियों कार्यक्रमों व अन्य क्रियाक्लापों का समय-समय पर समीक्षा करना एवं उनके प्रभावी क्रियान्वयन के लिए अनुशंसा करना।
7. बाल अधिकार साक्षरता का प्रसार करना एवं मीडिया, सेमिनार तथा अन्य साधनों के जरिए समाज में जागरूकता फैलाना।
8. बाल अधिकारों के उल्लंघन, बच्चों की सुरक्षा तथा विकास के लिए उपलब्ध कानून का क्रियान्वयन न होने की जाँच करना और अपनी ओर से नोटिस भेजना।
9. विशेष देखभाल तथा सुरक्षा की आवश्यकता वाले बच्चों से जुड़े मामलों को देखना तथा उचित उपचारात्मक कदमों की अनुशंसा करना।
10. किसी संस्थान जहाँ बच्चों को उपचार, सुधार या सुरक्षा के लिए रोका जाता है, जो केंद्र या राज्य सरकार तथा किसी अन्य प्राधिकरण के तहत आते हो, की जाँच करना तथा आवश्यकता पड़ने पर इन संस्थाओं को उपचारात्मक कार्यवाही का आदेश देना।
11. संविधान द्वारा प्रद्धत संरक्षणों की पुनः समीक्षा करना और उनको प्रभावी रूप से लागू करने के लिए सुझाव देना।
12. कोई अन्य कार्य जो बच्चों के अधिकारों को बढ़ावा देने के लिए आवश्यक हो।

अतः संक्षेप में हम कह सकते हैं कि बाल अधिकार संरक्षण अधिनियम के लिए कमीशन के तहत एक सांविधानिक विकास के रूप में मार्च 2007 में स्थापित किया गया था। 2005 में यह रक्षा को बढ़ावा देने और देश में बच्चों के अधिकारों की रक्षा के लिए स्थापित किया गया था। आयोग में एक अध्यक्ष और छह सदस्य होते हैं जो अच्छी तरह से बच्चों के कल्याण में निपुण हैं। भारत में बाल अधिकारों के संरक्षण के लिए राष्ट्रीय आयोग की स्थापना की। यह आयोग अपने स्तर पर बच्चों की समस्याओं को हल करने की कोशिश करता है जो स्वास्थ्य, पोषण, सुरक्षित पीने के पानी आदि की तरह विभिन्न समस्याओं से पीडितों के लिए है। इस आयोग ने इस तरह के तरीके से बाल अधिकारों के साथ-साथ जागरूक लोगों की रक्षा करने के लिए प्रयास किए हैं। भारतीय संविधान के समग्र विकास के लिए बच्चों को अधिकार दे दिया है।

भारतीय परिप्रेक्ष्य में बच्चों की स्थिति
(Status of Children in Indian Perspective)

भारत में बच्चों की स्थिति (Condition of Children in India)

दुनिया के बच्चों की स्थिति पर यूनिसेफ (2005) की रिपोर्ट के अनुसार, खतरे में बचपन, भारत के बारे में बोल रहा है, भारतीय बच्चों एवं लाखों लोगों के लिए समान रूप से स्वास्थ्य, पोषण, शिक्षा को सुरक्षित करने के लिए उनके अधिकारों से वंचित कर रहे हैं।

भारत की राष्ट्रीय योजना (National Planning of India)

भारत बच्चों के जीवित रहने, सुरक्षा और विकास पर विश्व घोषणा करने के लिए एक हस्ताक्षरकर्त्ता है। विश्व शिखर सम्मेलन में किए गएं प्रतिबद्धता के अनुसरण में, मानव संसाधन विकास मंत्रालय के तहत महिलाओं की एवं बाल विकास विभाग बच्चों के लिए कार्यवाही की एक राष्ट्रीय योजना तैयार की हैं। विश्व शिखर सम्मेलन एक्शन प्लान की सिफारिशों के अधिकांश भाग भारत की राष्ट्रीय योजना में परिलक्षित होते हैं।

योजना में प्राथमिकता वाले क्षेत्रों, स्वास्थ्य, पोषण, शिक्षा, पानी, सफाई और पर्यावरण योजना कठिन परिस्थितियों में बच्चों पर विशेष ध्यान देता हैं। भारत के संदर्भ में सम्मेलन के उद्देश्यों की एक रूपरेखा प्रदान करना है।

बाल अधिकारों के संरक्षण के लिए राष्ट्रीय आयोग
(National Commission on Protection of Child Right)

सरकार राष्ट्रीय और राज्य विधान की समीक्षा करने और सम्मेलन के प्रावधानों के साथ लाइन में जाने के लिए कार्यवाही कर रहा हैं। समाज में सम्मेलन से जुड़े विभिन्न हितधारकों को लागू करने में प्रगति का आकलन करने के लिए उपर्युक्त निगरानी प्रक्रियाओं को विकसित किया है। बाल अधिकार संरक्षण के लिए राष्ट्रीय आयोग (N.C.P.C.R.) बाल अधिकार अधिनियम 2005, संसद के एक अधिनियम (दिसंबर 2005) के संरक्षण के लिए आयोग के तहत मार्च 2007 स्थापित किया गया था। आयोग के आदेश सभी कानूनों, नीतियों, कार्यक्रमों और प्रशासनिक तंत्र बाल अधिकारों पर संयुक्त-राष्ट्र सम्मेलन भारत के संविधान में निहित रूप में बाल अधिकार परिप्रेक्ष्य के अनुरूप रहे हैं या नहीं, यह सुनिश्चित करने के लिए है।

बच्चे का अर्थ (Meaning of Child)

अंतर्राष्ट्रीय कानून के अनुसार 18 वर्ष से कम आयु के व्यक्ति को बच्चा स्वीकार किया जाता है। भारत में भी 18 वर्ष से कम आयु के व्यक्तियों को इसी श्रेणी में रखा गया है। क्योंकि भारत में 18 वर्ष की आयु प्राप्त करके ही लोगों को वोट या एक ड्राइविंग लाइसेंस पाने या कानूनी अनुबंध करने का अधिकार प्राप्त है। यही कारण है कि 18 वर्ष से कम आयु की लड़की तथा 21 वर्ष से कम आयु के लड़के की शादी नहीं कर सकते हैं। 1992 में UNCRC द्वारा पुष्टि करने के बाद, भारत में किशोर न्याय पर अपना कानून बदला ताकि 18 वर्ष से कम उम्र के हर व्यक्ति को देखभाल और संरक्षण मिल सके। कानूनी रूप से सभी बच्चे राज्य से सहायता प्राप्त करने के हकदार हैं। वही भारतीय संविधान की धारा 21(क) में बच्चे की आयु 6 से 14 वर्ष निर्धारित की गयी है, जबकि बच्चो की देखभाल और संरक्षण अधिनियम में बच्चे की उम्र 18 वर्ष तक ही मानी गयी है।

राष्ट्रीय बाल अधिकार संरक्षण आयोग का गठन
(Constitution of National Commission for Protection of Child Rights)

इस आयोग में एक अध्यक्ष और छः सदस्य होते हैं। आयोग का अध्यक्ष किसी ऐसे विख्यात व्यक्ति को चुना जाता है जिसने बालकों के कल्याण को बढ़ावा देने लिए उत्कृष्ट कार्य किये हो। केन्द्र सरकार द्वारा नियुक्त किये जाने वाले छः सदस्यों में से

कम से कम दो सदस्य महिला होगी। ये सभी सदस्य शिक्षा, बाल स्वास्थ्य, देख-रेख बाल विकास, किशोर न्याय या तिरस्कृत बालकों या नि:शक्त बालकों की देखरेख, बाल श्रम या बालकों के कष्टों का आहरण, बाल मनोविज्ञान या समाजशास्त्र और बालकों से संबंधित कानून के क्षेत्र में श्रेष्ठता, योग्यता, सत्यनिष्ठा और अनुभव रखने वाले होते हैं। इस आयोग का कार्यालय दिल्ली में है।

आयोग के कार्य एवं शक्तियाँ (Functions and Powers of Commission)

1. बाल अधिकारों के संरक्षण के लिए उपयुक्त सुझाव देना एवं उनके प्रभावी क्रियान्वयन के लिए उपायों की सिफारिश करना।
2. केन्द्र सरकार को वार्षिक रूप में या एक निश्चित अन्तराल पर रिपोर्ट प्रस्तुत करना।
3. बाल अधिकारों के अतिक्रमण की जाँच करना एवं कार्यवाही की अनुशंसा करना।
4. बाल अधिकारों को बाधित करने वाले कारकों जैसे-आतंकवाद, सांप्रदायिक हिंसा, दंगें, प्राकृतिक आपदा, घरेलू हिंसा, एच.आई.वी./एड्स, अवैध व्यापार, दुर्व्यवहार, उत्पीड़न व शोषण, अश्लील साहित्य और वेश्यावृत्ति की जाँच करना एवं उपचारी उपायों की अनुसंसा करना।
5. बाल अधिकारों से सम्बन्धित संधियों व अन्तर्राष्ट्रीय दस्तावेजों का अध्ययन कर उनके क्रियान्वयन की सिफारिशें करना।
6. बाल अधिकारों के सम्बन्धित क्षेत्रों में अनुसंधान को बढ़ावा देना।
7. समाज में बाल अधिकार संबंधी जानकारी का प्रसार करना।
8. किसी भी संस्था में बाल अधिकारों के उल्लंघन, बालकों के उपचार, संरक्षण और विकास के लिए बनाये गये कानूनों के लागू न होने के मामलों की देखरेख करना और सम्बन्धित प्राधिकारियों से चर्चा करना।
9. बाल अधिकारों से सम्बन्धित मामलों के परिवादों की जाँच एवं न्यायालय की अनुमति से उसमें हस्तक्षेप करना।
10. सिविल न्यायालय के समान कुछ चुनिदां विषयों के सम्बन्ध में आयोग के पास शक्तियां होगीं जैसे-किसी व्यक्ति को समन करना तथा हाजिर कराना, किसी दस्तावेज का पेश किया जाना आदि।

बाल अधिकार संरक्षण के बारे में राष्ट्रीय आयोग के अवलोकन
(Observation of National Commission on Child Right Protection)

बाल अधिकारों व प्रथाओं को सुनिश्चित करने और इस संबंध में संयुक्त राष्ट्र संघ के घोषणा पत्र के प्रति भारत की प्रतिबद्धता के लिए, भारत सरकार ने बाल अधिकारों के संरक्षण के लिए राष्ट्रीय आयोग की स्थापना की। आयोग के अध्यक्ष के अलावा 29 दिसंबर 2006 को संसद के एक अधिनियम के तहत अधिसूचित एक सांवैधिक निकाय हैं। इसमें बच्चे के स्वास्थ्य, शिक्षा, चाइल्डकेयर, विकास, किशोर न्याय, विकलांग बच्चों के उन्मूलन के क्षेत्रों से छह सदस्य होंगे।

आयोग शिकायतों में बच्चों के अधिकारों और कानूनों के प्रभावी क्रियान्वयन की जांच कर बच्चों से संबंधित कार्यक्रमों को सुनिश्चित करेंगे। बाल अधिकारों के अभाव से संबंधित मामलों का संज्ञान, सुरक्षा और बच्चों के कल्याण के उद्देश्य से नीतिगत फैसले

लेकर बच्चों के लिए राहत की घोषणा की है और राज्य सरकारों को उपचारात्मक उपायों को जारी करने वाले कानूनों और दिशा-निर्देशों का पालन करने को कहा गया है।

ग्राम पंचायतों की देश में बच्चों के अधिकारों के संरक्षण के लिए एक महत्वपूर्ण भूमिका है। ग्राम पंचायतों की बच्चों के अधिकार के लिए सीधी पहुंच है क्योंकि वे इस कार्य के लिए अनुकूल हैं। ग्राम पंचायतों के स्तर पर स्कूलों, समाज कल्याण, छात्रावास, आंगनवाड़ी केन्द्रों, स्वास्थ्य विभाग और प्राथमिक स्वास्थ्य केन्द्रों के उप-केन्द्रों के रूप में सभी सार्वजनिक संस्थानों की निगरानी करने के लिए सुसज्जित किए जा रहे हैं। वे सभी संबंधित विभागों के अधिकारियों के साथ संलग्न हैं और बच्चों के सर्वोत्तम हित में, ग्राम पंचायत और निर्वाचन क्षेत्र के लिए उन्हें जवाबदेह सुनिश्चित करने का अधिकार हैं। कई राज्यों में ग्राम पंचायतें बच्चों और उनके अधिकारों की देखभाल करने में एक विशाल भूमिका निभा रही हैं।

इतना ही नहीं, बच्चों के अधिकारों की रक्षा और कल्याण के लिए समर्पित कानून हैं। भारत में सभी नागरिकों के लिए आवश्यक लगाव की आवश्यकता हैं। केवल कानून सभी प्राणियों की सक्रिय भागीदारी के बिना सुरक्षा नहीं दे सकता। शिक्षा के द्वारा हम लोगों को उनके अधिकारों और कर्तव्यों के बारे में बताकर जानकारी प्रदान कर सकते हैं। और उन्हें अपने अधिकारों के प्रति जागरूक बना सकते हैं।

बाल अधिकारों के संरक्षण के लिए दिल्ली आयोग के कार्य एवं कर्त्तव्य (Delhi Commission on Protection of Child Rights : Functions and Duties)

बाल अधिकारों के संरक्षण के लिए दिल्ली आयोग अठारह वर्ष से नीचे दिल्ली के बच्चों के सर्वोत्तम हितों एवं सेवा के लिए, बाल अधिकार अधिनियम, 2005 के संरक्षण के लिए आयोग के प्रावधानों के तहत गठित किया गया है। आयोग को जांच करने और बाल अधिकारों के संरक्षण के लिए किसी भी कानून के तहत सुरक्षा उपायों की समीक्षा करने और उनके प्रभावी क्रियान्वयन के लिए उपायों की सिफारिश करने का अधिकार है। सरकार को वार्षिक और विशेष रिपोर्ट में पेश, बाल अधिकारों के उल्लंघन की जांच करने और इस तरह के मामलों में कार्यवाही की सलाह देते हैं। आतंकवाद, हिंसा, आपदा, एचआईवी/एड्स, तस्करी, मल-उपचार, साहित्य और वेश्यावृत्ति से प्रभावित बच्चों के अधिकारों को बाधित करने वाले कारकों की जांच करना। आयोग को उपचारात्मक उपायों की सिफारिश करने का भी अधिकार है। विशेष देखभाल तथा हाशिए और वंचित बच्चों में कानून के साथ संघर्ष में बच्चों, किशोरों, बच्चों के परिवार के बिना और उपयुक्त उपचारात्मक उपायों के लिए कैदियों के बच्चों सहित संरक्षण की जरूरत है। बच्चों से संबंधित मामले इस आयोग में भी समय-समय पर संधियों, अंतर्राष्ट्रीय उपकरणों, सरकार की नीतियों, कार्यक्रमों और बाल अधिकारों पर गतिविधियों की समीक्षा कर सकते हैं। बच्चों के सर्वश्रेष्ठ हित में उनके प्रभावी कार्यान्वयन के लिए सिफारिशें कर सकते हैं। आयोग भी बच्चों के अधिकारों के संबंध में अनुसंधान, साक्षरता और जागरूकता को बढ़ावा दे सकता है। मीडिया, प्रकाशन, संगोष्ठी आदि के माध्यम से आयोग किसी भी किशोर हिरासत घर और सरकार द्वारा चलाए जा रहे आवासीय संस्थानों का निरीक्षण कर सकते हैं या सामाजिक संगठनों बच्चों की उचित देखभाल, उपचार,

सुधार और पुनर्वास सुनिश्चित करने के लिए और आवश्यक सुधारात्मक कार्यवाही के लिए संबंधित अधिकारियों के साथ इस मामले को उठा सकते हैं। सरकार की गतिविधियों में बच्चों को देखने के लिए गंभीरता से विचार देने की एक संस्कृति विकसित करने के लिए आयोग का उद्देश्य हैं।

आयोग निम्नलिखित जांच शुरू करने के लिए और इससे संबंधित मामलों के संबंध में स्वत: मोटो नोटिस लेने के लिए सशक्त है।

1. बाल अधिकारों के अभाव और उल्लंघन।
2. बच्चों के संरक्षण और बच्चों के विकास प्रदान करने वाले कानूनों का कार्यान्वयन नहीं करना।
3. कठिनाइयों को कम करने और बच्चों के कल्याण के आगामी और ऐसे बच्चों को राहत प्रदान करने के उद्देश्य से नीतिगत फैसले, दिशा-निर्देश का पालन न होना।

दिल्ली आयोग के कार्य एवं कर्त्तव्य

बाल अधिकारों के संरक्षण के सम्बन्ध में दिल्ली आयोग के कार्य एवं कर्त्तव्य इस प्रकार है-

1. बाल अधिकारों के संरक्षण के लिए कानूनी सुरक्षा का सुझाव और उपायों की सिफारिश करने के लिए।
2. बाल अधिकारों के उल्लंघन और कार्यवाही की शुरूआत में पूछताछ।
3. आतंकवाद से प्रभावित बच्चों के अधिकारों की जांच करने, हिंसा, आपदा एचआईवी/एड्स, तस्करी, मल-उपचार शोषण, अश्लीलता और वेश्यावृत्ति उपचारात्मक उपायों की सिफारिश।
4. देखभाल और संरक्षण की जरूरत में बच्चों के मामलों में व्यथित, हाशिए, वंचित, किशोरों कानून के साथ संघर्ष में, बच्चों के परिवार के बिना और बच्चों के लिए उपयुक्त उपचारात्मक उपायों के लिए।
5. संधियों की समीक्षा, अंतर्राष्ट्रीय उपकरण, सरकार द्वारा बच्चों के सर्वोतम हित में नीति, कार्यक्रम और क्रियाएं।
6. रिसर्च, साक्षरता एवं बाल अधिकार और मीडिया के माध्यम से रक्षोपाय, प्रकाशन, सेमीनार आदि के बारे में जागरूकता।
7. किशोर/बच्चों का निरीक्षण, उचित देखभाल, उपचार सुधार और संरक्षण के लिए अवासीय संस्थान।
8. शिक्षा के अधिकारों के कार्यान्वयन की निगरानी।
9. बचाव एवं बाल श्रम पुनर्वास के मामलों पर नजर रखने के लिए।
10. शिकायतों की जांच करने के लिए और संबंधित मामलों की सर्वप्रथम से सूचना लेने के लिए।
    (i) अभाव और बाल अधिकारों के उल्लंघन।
    (ii) सुरक्षा और बच्चों के विकास के लिए उपलब्ध कराने के कानूनों के अमल न करने के लिए कठिनाइयों को कम करने और बच्चों के कल्याण को सुनिश्चित

करने और इस तरह के बच्चों को राहत प्रदान करने या उपयुक्त अधिकारियों के साथ इस तरह के मामलों से उत्पन्न मुद्दों को लेने के उद्देश्य से नीतिगत फैसले, दिशा-निर्देश के निर्देश का पालन न करना।

11. इस तरह के अन्य कार्यों के बच्चों के अधिकारों को बढ़ावा देने के इसके बाद के कार्य करने के लिए आकस्मिक किसी भी अन्य बात के लिए आवश्यक विचार कर सकते हैं।

आयोग को निम्नलिखित मामले के संबंध में सिविल हाईकोर्ट के सभी अधिकार दिये गये हैं।

1. भारत के किसी भी हिस्से से किसी भी व्यक्ति की बुलाना और हाजिरी कराना तथा शपथ पत्र पर उसकी जांच कराना।
2. शपथ पत्र पर साक्ष्य तैयार करना।
3. न्यायालय के किसी भी कार्यालय से कोई सार्वजनिक रिकार्ड की या उसके प्रतिलिपि का अनुरोध।
4. गवाहों या दस्तावेजों की जांच के लिए कमीशन जारी करना।
5. किसी मामले को ऐसे मजिस्ट्रेट को भेजने की शक्ति होगी जिस उसका विचारण करने की अधिकारिता है।
6. जांच के पूरा होने पर, आयोग को निम्नलिखित कार्य करने की शक्ति है–
   (i) जांच के दौरान बाल अधिकारों और कानून के प्रावधानों का उल्लंघन करने पर अभियोजन या अन्य उपयुक्त कार्यवाही शुरू करने के लिए संबंधित सरकार को सिफारिश करना।
   (ii) इस तरह के दिशा-निर्देश, आदेश या कि कोई आवश्यक समझे प्रदेश के लिए सुप्रीम कोर्ट या दिल्ली उच्च न्यायालय के दृष्टिकोण करने के लिए।
   (iii) आवश्यक रूप में पीड़ित या उसके परिवार के सदस्यों को इस तरह की अंतरिम राहत प्रदान करने के लिए संबंधित सरकार प्राधिकरण की सिफारिश करने का।

सन्दर्भ सूची
(References)

ओड. के. लक्ष्मीलाल (2004), शिक्षा की दार्शनिक पृष्ठभूमि, राजस्थान हिन्दी ग्रन्थ अकादमी, जयपुर

एन.सी.ई.आर.टी (2005), राष्ट्रीय पाठ्यक्रम रूपरेखा, नई दिल्ली

कुमार अशोक, संदीप कुमार (2019), शिक्षा और समाज, बुकमैन पब्लिकेशन, दिल्ली

कुमार अशोक (2018), विद्यालय नेतृत्व और प्रबन्धन, पैरागान इन्टरनेशनल पब्लिशर्स, नई दिल्ली

कुमार अशोक, पुरी लवली (2015), शिक्षा और समाज, दोआबा पब्लिकेशन, दिल्ली

कुमार अशोक (2015), शिक्षा के दार्शनिक आधार, ए.पी.एच. पब्लिकेशन हाउस, दिल्ली

चंचल कुमार, कविता रानी, सुमन लता, डॉ. जगदीप कौर (2018), शिक्षा के ऐतिहासिक एवं सामाजिक आधार, ट्वेन्टी फर्स्ट सेंचुरी, पब्लिकेशन पटियाला, पंजाब,

चतुर्वेदी सीताराम, शिक्षा दर्शन, लखनऊ : हिन्दी समिति सूचना विभाग, 1970

डॉ. शिवपाल सिंह, राकेश कुमार केशरी (2017), शिक्षा के दार्शनिक और सामाजिक परिदृश्य, इण्टरनेशनल पब्लिलशग हाउस, मेरठ

दुरानी नील (1955), शिक्षा के सिद्धान्त, इलाहाबाद, लोक भारती प्रकाशन।

प्रेमनाथ (1969), शिक्षा के सिद्धान्त, इलाहाबाद, लोक भारती प्रकाशन।

रस्कआर (1972), शिक्षा के दार्शनिक आधार, जयपुर हिन्दी ग्रन्थ अकादमी जयपुर।

शांति के लिए शिक्षा (2010), राष्ट्रीय फोकस समूह का आधार पत्र, राष्ट्रीय शैक्षिक अनुसंधान और शिक्षण परिषद्, नई दिल्ली

Aggarwal J.C. (2005), *Philosophical and Sociological Prospective of Education*, Shipra Publication, Delhi.

Bharti B.D.: *Theory & Principles of Education Delhi*: Doaba Houre, 1960.

Brameid, Theodore: *Cultural Foundation of Education*. New York: Harper & Brothers, 1957.

Brown Francis J: *Educational Sociology*, New York: American Hall Inc., 1954.

Child J.L.: *America Pragmatism and Education*, N.Y. Henery Holt & Co., 1956.

Das Gupta: *Indian Philosophy* Vol. 1, 2 & 3 London: Cambridge University Press, 1954.

Dewey, John (1940): *Democracy and Education*, New York: Macmillan & Co.

Frasier G.W.: *Introduction to the Study of Education*. N.Y. Harper Brother, 1956.

Gandhi M.K., (1951), Basic Education, Ahmedabad, Navjivan Publishing House, Ahmedabad.

Hocking W.B.: *Types of Philosophy*, New York: Charles Scribness Sons, 1959.

Johnston H.: *Philosophy of Education*. N.Y. Mc-Graw Hill Book Co., 1963.

Kabir Humayan (1962): *Indian Philosophy of Education*, Bombay: Asia Publishing House.

Kil Patrik W.H.: *Philosophy of Education*, New York: MacMillan & Co., 1954.

Kumar Sandip (2016), *Inclusive Education for Children with Special Education Needs*-Academic Avenue, New Delhi.

Max Muller, F: *The Six Systems of Indian Philosophy*, Culcutta: Sushil Gupta, 1955.

Park, Soe (Ed.) (1963): *Sclected Reading* in the *Philosophy of Education New York*, McMillan Company.

Radhakrishan, R.: *Indian Philosophy*. Volumes I and II. London: George Allen & Unnin Ltd., 1927.

Sri Aurobindo (1946): *A system of national education*, Calcutta, Arya Publishing House, Delhi.

Verma M. (1969): *The Philosophy of Indian Education* Meerut, Meerakshi Bakashan.

अभ्यास हेतु प्रश्न
(Questions for Practice)

Chapter-3

A. लघु उत्तरात्मक प्रश्न (Short Answer Type Questions)

1. आदर्शवाद अर्थ तथा परिभाषा स्पष्ट करे।
   Explain the meaing and definitions of idealism.
2. आदर्शवाद के बुनियादी सिद्धांतों पर चर्चा करे।
   Discuss the fundamentals of Idealism.
3. सत्यम्, शिवम् सुन्दरम् को समझाओ।
   Explain Truth, Beauty and Godness.
4. आदर्शवाद शिक्षा पद्धति में शिक्षक का क्या स्थान है?
   What is place of teacher in Idealistic education system.
5. आदर्शवाद के दो-दो गुण व दोषों का वर्णन करो।
   Write any two merits and two demerits of idealism.

B. निबंधात्मक प्रश्न (Essay Type Questions)

1. आदर्शवाद का अर्थ बताओ। इसकी प्रमुख विशेषताओं को लिखो।
   Explain in the meaning of idealism. Write its features.
2. शिक्षा में आदर्शवाद के प्रत्यय का वर्णन करो।
   Explain the concept of idealism in education.
3. आदर्शवाद के विभिन्न सिद्धांतों का वर्णन करो।
   Explain various principles of idealism.
4. आदर्शवादी दृष्टिकोण से अनुशासन के स्वरूप व शिक्षक की भूमिका को स्पष्ट करो।
   What should be the structure of discipline and the role of teacher according to the Idealistic philosophy.

Chapter-4

A. लघु उत्तरात्मक प्रश्न (Short Answer Type Questions)

1. प्रकृतिवाद विचारधारा को सिद्धातों सहित समझाएं।
   Explain the ideology of naturalism with their principles.
2. आज के युग में प्रकृतिवादी विचारधारा कितनी प्रासंगिक है। अपने शब्दों में स्पष्ट करे।
   How relevant is naturalism in present era? Explain in your words.

3. प्रकृतिवाद के अनुसार शिक्षा के उद्देश्यों और पाठ्यक्रम की व्याख्या करे।
   Explain the aims of education and curriculum according to natrualism.
4. प्रकृतिवादी विचारधारा के गुण और दोष का वर्णन करो।
   Explain the merits and demerits of naturalism.
5. प्रकृतिवाद के विभिन्न रूपों की चर्चा करें।
   Discuss he various forms of naturalism.
6. प्रकृतिवाद में ज्ञानमीमांसा की चर्चा करे।
   Discuss the epistemology in naturalism.
7. प्रकृतिवाद की अवधारणा को स्पष्ट करें।
   Explain the concept of naturalism.

Chapter-5

1. निम्नलिखित विकल्पों में से सही विकल्प चुनकर लिखिए।
   (i) प्रयोजनवाद शब्द की उत्पत्ति हुई है?
   1. लैटिन से 2. ग्रीक से
   3. फ्रेंच से 4. अंग्रेजी से उत्तर : 2
   (ii) "प्रयोजनवाद मस्तिष्क का स्वभाव और दृष्टिकोण है। यह सत्य और विचारों की प्रकृति का सिद्धांत है। अंत में यह वास्तविकता का सिद्धांत है।" यह कथन है-
   1. रॉस का 2. प्लेटो का
   3. विलियम जेम्स का 4. प्रेट का उत्तर : 3
   (iii) प्रयोजनवाद का आधारभूत सिद्धांत है-
   1. सत्य सदा परिवर्तनशील है
   2. सत्य मानव निर्मित है
   3. बहुतत्ववाद का समर्थन
   4. उपरोक्त सभी उत्तर : 4
2. प्रयोजनवाद से आप क्या समझते हैं? सिद्धातों के साथ स्पष्ट करें।
   What do you understand by pragmatism? Explain with principles.
3. प्रयोजनवाद की विशेषताओं को स्पष्ट करे।
   Explain the characteristics of pragmatism.
4. प्रयोजनवाद में अध्यापक और छात्र की भूमिका को स्पष्ट करे।
   Explain the role of teacher and students in pragmatism.
5. प्रयोजनवाद के गुण और दोष की चर्चा करें।
   Discuss the merits and demerits of pragmatism.
6. प्रयोजनवाद में तत्व मीमांसा, ज्ञान मीमांसा एवं मूल्य मीमांसा की चर्चा करें।
   Discuss the metaphysics, epistemalogy and axiology in pragmatism.
7. प्रयोजनवाद के पाठ्यक्रम को स्पष्ट करें।
   Explain the curriculum of pragmatism.
8. प्रयोजनवाद की शिक्षण विधियों को स्पष्ट करें।
   Explain the teaching methods of pragmatism.

Chapter-6

1. समग्र मानवता के कल्याण के लिए मानववाद सेवा का दर्शन है। इसका विश्वास है कि मानव का कल्याण तर्क, बुद्धि तथा लोकतंत्र द्वारा संभव है। यह किसने कहा है?
   (अ) लेमन (ब) कुम्बस
   (स) साबिरा जैदी (द) पं. नेहरू
2. ''मनुष्य, मनुष्य का दार्शनिक हो गया है। एक नया मानववाद क्षितिज पर उदीयमान है, किंतु इस बार यह संपूर्ण मानवता को अपने में समेटे हुए है।'' यह किसने कहा है?
   (अ) पंडित नेहरू (ब) डॉ. राधाकृष्णन
   (स) स्वामी विवेकानंद (द) डॉ. जाकिर हुसैन
3. मानववादी विचारधारा के अनुसार शिक्षा के उद्देश्य के संबंध में कौन सा कथन सही है?
   (अ) संपूर्ण योग्यताओं और क्षमताओं का विकास
   (ब) उच्चतम मूल्यों का विकास
   (स) आत्मबोध को जागृत करना
   (द) उपरोक्त तीनों कथन सही है।
4. मानवतावाद की तत्व मीमांसा, ज्ञान मीमांसा और मूल्य मीमांसा की चर्चा करें।
   Discuss the Metaphysics, Epistomalogy and Axiology of humanism.
5. मानवतावादी दर्शन की मूल विशेषताओं की चर्चा करें।
   Discuss the main characteristics of humanism.
6. मानवतावाद के अनुसार शिक्षा के उद्देश्य क्या है?
   What are the aims of education according to humanism.
7. मानवतावाद में पाठ्यक्रम को स्पष्ट करें।
   Explain the curriculum in humanism.
8. मानवतावाद में शिक्षण विधियों एवं अनुशासन को समझाइये।
   Explain the teaching methods and discipline in humanism.

Chapter-7

I. लघु उत्तरात्मक प्रश्न (Short-Answer Type Questions)

1. प्रयोजनवाद क्या है? इसकी कोई दो परिभाषाएँ लिखो।
   What is Pragmatism? Write any two definitons of it.
2. उपयोगितावाद के विभिन्न रूपों की व्याख्या दो।
   Explain the various kinds of Pragmatism.
3. उपयोगितावादी शिक्षा की विशेषताएँ लिखो।
   Write the features of Pramatic education.
4. ''उपयोगितावादी दर्शन, आदर्शवादी व प्रकृतिवादी दर्शनों के मध्य वाला दर्शन हैं।'' व्याख्या करो।
   "Pragmatism is midway between Idealism and Naturalism." Explain.
5. उपयोगितावाद के अनुसार आप पाठ्यक्रम का निर्माण कैसे करोगे?
   How will you develop curriculum according to Pragmatism?
6. उपयोगितावाद के कोई दो सिद्धांतों का वर्णन करों।
   Discuss any two principles of Pragmatism.

7. प्रयोजनवाद व अनुशासन पर नोट लिखो।
   Write a note on Pragmatism and discipline.
8. आदर्शवाद, प्रकृतिवाद व उपयोगितावाद में शिक्षक की भूमिका की व्याख्या करो।
   Explain the role of teacher according to Idealism, Naturalism and Pragmatism.
9. प्रोजेक्ट विधि किस वाद की देन है? संक्षेप में वर्णन करो।
   Which ism has given project method of Teaching? Write in brief.
10. उपयोगितावाद शिक्षा के कोई दो गुण व दोष लिखो।
    Write two merits and demerits of Pragmatic education.
11. उपयोगितावाद की शिक्षण-विधियों की क्या देन है?
    What is the contribution of Pragmatism to Teaching methods?
12. वर्तमान शिक्षा पर उपयोगितावाद (Pragmatism) का प्रभाव बताओ।
    Show the influence of Pragmatism on the present education.
13. दर्शन-शास्त्र की आदर्शवादी व प्रकृतिवादी विचारधारा में शिक्षा के उद्देश्यों की तुलना करो।
    Compare the aims of education of Idealistic and Naturalistic schools of philosophy.
14. शिक्षा में प्रकृतिवाद व उपयोगितावाद में अंतर स्पष्ट करो।
    Bring out clearly the difference between Naturalism and Pragmatism in Education)
15. प्रकृतिवाद व आदर्शवाद के पाठ्यक्रम संबंधी विचार स्पष्ट करो।
    Compare Naturalism and Idealism on the basis of curriculum.

II. निबंधात्मक प्रश्न (Essay Type Questions)

1. शिक्षा में उपयोगितावादी दर्शन-शास्त्र व इसकी शिक्षा में उपयोगिता की चर्चा करो।
   Discuss the Pragmatic philosophy and its various implications in education.
2. शिक्षा के उद्देश्यों, विधियों व पाठ्यक्रम को ध्यान में रखते हुए, शिक्षा के उपयोगितावाद दर्शन का मूल्यांकन करो।
   Critically evaluate pragmatic philosophy of education with reference to aims, methods and curriculum.
3. शिक्षा के दर्शन के रूप में प्रयोगवाद के मुख्य सिद्धांत क्या है?
   What are the principles of Pragmatism as a philosophy of education.
4. शिक्षा के क्षेत्र में उपयोगितावाद की क्या देन हैं? भारतीय स्कूलों में शिक्षा के दर्शन के रूप में, इसे कहाँ तक वास्तविकता के साथ निभाया जा रहा है?
   Discuss the contribution of Pragmatism to the educational thought. How far is it practicable in the Indian schools?
5. प्रकृतिवाद, उपयोगितावाद, आदर्शवाद के शैक्षिक दर्शनों के रूपों का तुलनात्मक अध्ययन पेश करो।
   Compare and contrast Naturalism, Pragmatism and Idealism as philosophy of education.

Chapter-8

1. "गाँधी जी केवल एक दार्शनिक एवं नेता ही नहीं थे, वरन् एक महान शिक्षाविद् भी थे।" विवेचना कोजिए।
2. गाँधी जी के शिक्षा दर्शन पर प्रकाश डालिए। गाँधी जी के अनुसार शिक्षा का अर्थ, शिक्षा के उद्देश्य, पाठ्यक्रम, शिक्षण विधि एवं शिक्षक के स्थान के संबंध में अपने विचार व्यक्त कीजिए।
3. शिक्षा के क्षेत्र में गाँधी जी के योगदान की विवेचना कीजिए। वर्तमान में गाँधी जी के शिक्षा संबंधी विचार कहाँ तक प्रासंगिक है, स्पष्ट कीजिए।
4. महात्मा गाँधी की बेसिक शिक्षा का समीक्षात्मक विवेचन कीजिए। वर्तमान भारत में इसकी सार्थकता स्पष्ट कीजिए।
5. गाँधी जी के शैक्षिक उद्देश्यों में वैयक्तिक एवं सामाजिक उत्थान का समन्वय है। स्पष्ट करें।

Chapter-9

1. टैगोर के शिक्षा-दर्शन के आधार पर शिक्षा के उद्देश्य एवं शिक्षण पद्धति पर प्रकाश डालिए।
2. टैगोर के शिक्षा-दर्शन का मूल्यांकन कीजिए तथा पाठ्यक्रम एवं शिक्षक के स्थान के संबंध में उनके विचारों को स्पष्ट करे।
3. 'टैगोर मानवता के भविष्यवक्ता थे', इस कथन की विवेचना करे।
4. टैगोर आधुनिक भारत के शैक्षिक पुनरुत्थान के सबसे महान पैंगम्बर थें। स्पष्ट कीजिए।
5. "टैगोर ने व्यक्तिगत तथा सामाजिक आदर्शों का शिक्षा में समन्वय किया है।" इस दृष्टि से इनके शिक्षा-दर्शन पर प्रकाश डालिए।

Chapter-10

1. मारिया मांटेसरी के अनुसार शिक्षा के उद्देश्य क्या हैं?
2. मांटेसरी पद्धति के सिद्धान्तों की व्याख्या कीजिए?
3. मांटेसरी पद्धति के अंतर्गत पाठ्यक्रम की विशेषताओं का उल्लेख कीजिए?
4. मांटेसरी पद्धति के गुण व दोंषों की उदाहरण सहित व्याख्या कीजिए।
5. रिक्त स्थानों की पूर्ति–
   (i) मांटेसरी पहले .... प्रारंभ करना चाहती है। (लिखना)
   (ii) मांटेसरी पद्धति में बच्चों को .... शिक्षा दी जाती है। (खेल)
   (iii) मांटेसरी विद्यालय को .... भी कहते है। (बालघर)
   (iv) मांटेसरी विद्यालय में शिक्षा .... उपकरणों के सहारे दी जाती है। (शैक्षिक)
   (v) मांटेसरी विद्यालय में शिक्षक का स्थान .... का होता है। (निर्देशक)
   (vi) मांटेसरी के अनुसार 3 से 7 वर्ष की आयु के मध्य .... विशेष रूप से क्रियाशील रहती है। (ज्ञानेंद्रियां)

Chapter-11

1 फ्रोबेल के शैक्षिक-दर्शन पर प्रकाश डालिए।
2. फ्रोबेल द्वारा दी गई शिक्षण विधियों की व्याख्या करें।
3. किंडरगार्टन पद्धति के गुण एवं दोष लिखें।

4. फ्रोबेल द्वारा सुझायें गये पाठ्यक्रम की चर्चा करें।
5 फ्रोबेल के शिक्षा-दर्शन की सीमाओं को स्पष्ट करें।

Chapter-12

1. गिजुभाई के शैक्षिक सिद्धान्तों की चर्चा करें।
2. गिजुभाई द्वारा बताई गई शिक्षण-विधियों को स्पष्ट करें।
3. गिजुभाई के अनुसार पाठ्यक्रम किस प्रकार का होना चाहिए? स्पष्ट करें।
4. गिजुभाई के बारे में शिक्षाविद्वों के विचारों को बताइये।
5. ''वर्तमान काल में बाल केंद्रित शिक्षा ने शिक्षा के क्षेत्र में क्रांति की है''-स्पष्ट करें।
6. गिजु भाई के अनुसार बालक की दुनिया का वर्णन करे।
7. बाल केंद्रित शिक्षा की क्या-क्या समस्याऐं है? स्पष्ट कीजिए।
8. बाल साहित्य में गिजुभाई के योगदान की समीक्षा कीजिए।
9. बाल केंद्रित शिक्षा का महत्त्व बताइए।

Chapter-26

1. सामाजिक परिवर्तन की अवधारणा से आप क्या समझते हैं?
2. सामाजिक परिवर्तन का क्या अर्थ है? उचित परिभाषाओं द्वारा स्पष्ट करें।
3. सामाजिक परिवर्तन के शास्त्रीय एवं नवीन मत की चर्चा करें।
4. सामाजिक परिवर्तन के कारणों एवं प्रभाव की चर्चा उचित उदाहरणों सहित करें।
5. सामाजिक परिवर्तन के विभिन्न अभिकरणों को स्पष्ट करते हुए सामाजिक परिवर्तन में शिक्षा के कार्यों की चर्चा करें।
6. सामाजिक जागरूकता और सामाजिक परिवर्तन से क्या तात्पर्य है? शिक्षा द्वारा सामाजिक जागरूकता कैसे लायी जा सकती है? उदाहरण सहित स्पष्ट करें।
7. सामाजिक परिवर्तन के बाधक तत्वों की चर्चा उचित उदाहरणों सहित करें।
8. ''शिक्षा, सामाजिक परिवर्तन के साधन और उत्पाद के रूप में''-इस वाक्य को उदाहरणों सहित स्पष्ट करें।

Chapter-27

1. मानवाधिकार से आप क्या समझते हैं? स्पष्ट करें।
2. मानव अधिकारों की प्रकृति एवं विशेषताओं की चर्चा करें।
3. मानव अधिकारों की आवश्यकता और महत्त्व की चर्चा करें।
4. मानव अधिकारों की सार्वभौम घोषणा (1948) की चर्चा करें।
5. संयुक्त राष्ट्र सम्मेलन (1989) में दिये गये बच्चे के अधिकारों की चर्चा करें।
6. बाल अधिकारों के संरक्षण हेतु राष्ट्रीय आयोग के कार्य एवं कर्त्तव्य क्या है? स्पष्ट करें।
7. बाल अधिकारों के संरक्षण हेतु दिल्ली आयोग के कार्य एवं कर्त्तव्यों को स्पष्ट करें।
8. बच्चों के अधिकारों की समझ आपके लिए कैसे उपयोगी है? स्पष्ट करें।